THE ROMAN EMPIRE AND THE SILK ROUTES

罗马帝国与丝绸之路

古代世界经济·帕提亚帝国·中亚·汉朝

The Ancient World Economy and the Empires of Parthia, Central Asia and Han China

[英] 拉乌尔·麦克劳克林————著　　周云兰————译

RAOUL MCLAUGHLIN

SPM 南方出版传媒
广东人民出版社
·广州·

图书在版编目（CIP）数据

罗马帝国与丝绸之路 /（英）拉乌尔·麦克劳克林著；
周云兰译 . —广州：广东人民出版社 , 2019. 10
　　ISBN 978-7-218-13386-7

　　Ⅰ. ①罗… Ⅱ. ①拉… ②周… Ⅲ. ①罗马帝国—贸
易史 ②丝绸之路—历史 Ⅳ. ① F749 ② K928. 6

中国版本图书馆 CIP 数据核字（2019）第 043408 号

广东省版权著作权合同登记号：图字：19-2017-172

The Roman Empire and the Silk Routes
Copyright © Raoul McLaughlin, 2016
First published in 2016 in UK by Pen & Sword Books Ltd
All rights reserved.
Simplified Chinese rights arranged through CA-LINK International LLC

Luomadiguo Yu Sichouzhilu

罗马帝国与丝绸之路

【英】拉乌尔·麦克劳克林 著　周云兰 译　　版权所有　翻印必究

出 版 人：肖风华

策划编辑：詹继梅
责任编辑：马妮璐　刘　宇
责任技编：周　杰　易志华
装帧设计：人马艺术设计·储平

出版发行：广东人民出版社
地　　址：广州市大沙头四马路 10 号（邮政编码：510102）
电　　话：（020）83798714（总编室）
传　　真：（020）83780199
网　　址：http://www.gdpph.com
印　　刷：山东临沂新华印刷物流集团有限责任公司
开　　本：787mm×1092mm　1/16
印　　张：22　字　　数：310 千
版　　次：2019 年 10 月第 1 版　2019 年 10 月第 1 次印刷
定　　价：78. 00 元

如发现印装质量问题，影响阅读，请与出版社（020－83795749）联系调换。
售书热线：（020）83795240

古代世界经济与帕提亚帝国、中亚各国以及中国汉朝

目 录
Contents

◆━━━━◆━━━━━◆━━━━◆

前言：古代世界经济

本书主要介绍古代世界的长途贸易，研究古代商人如何将宝贵的资源贩卖到遥远的其他国家，从而帮助这些国家实现繁荣发展。此外，本书还探讨了中国汉朝如何打造横跨中亚的丝绸之路，以及罗马帝国从丝绸之路的贸易通商活动中获得了多少好处。

本次研究考查了与罗马帝国敌对的草原政权，并为一门名为"罗马帝国与草原民族：帕提亚人、塞种人、贵霜人、萨尔马提亚人和匈奴人"的大学专题课程提供研究资料。本书有五个附录，作为评估古代经济的证据背景，具体包括各国经济收入数据和军事实力资料。

声名显赫的古典学者与古代历史学家往往不愿对考古遗迹进行细致的研究，也不愿查阅东方文明的文献史料，因此，学术界并不重视相关课题。尽管长期存在学术争论，本书仍试图从古老资料中找出相关证据。

除了本书之外，目前只有约翰·希尔的《从玉门到罗马》（*Through the Jade Gate to Rome*，2009 年）详细地论述了中国与古罗马之间的关系。这部学术著作逐字引用了大段的古代汉语文本、大量的注释和现代的分析。我们也发现，约翰·谢尔登在对戈岱司所著的《希腊拉丁作家远东古文献辑录》（2012 年）进行评论时，也曾查阅过与远东有关的古典文献。

十九世纪德国地理学家和探险家费迪南·冯·李希霍芬男爵［第一次世界大战中德国王牌飞行员曼弗雷德·冯·里希特霍芬（外号"红男爵"）的叔叔］第一次提出了"丝绸之路"一词。十九世纪七十年代初，费迪南·冯·李希霍男爵调查了从阿富汗穿过中亚到达中国的陆上路线。他研究古代中国与罗马文献中记载的各种路线，想要确定是否有可能建设一条横跨中亚、连接德国经济与中国市场的铁路线。

"丝绸之路"一词无疑是恰当的。沿途的山区、沙漠环境和稀缺资源意味着古代人穿越中亚的可行路线非常有限。当地出土的古代文献显示，中国政府确定了几条官方路线，并限制其下辖民众只能走固定的路线。中国古籍《魏略》除了简要介绍相关路线，还载明中国政府以法律形式对预定路线进行确认。在当时，这样的法律规定有其合理性，因为这些陆路运输的是全球最重要的商品——丝绸。同时代的希腊和罗马古籍将中国称为"丝国"或"丝族"，这进一步印证了丝绸的重要性。最早明确提及中国（锡奈）的希腊文献《航行记》中有这样的记载："此国出产蚕丝、丝线、丝绸，由陆路经巴克特里亚（Bactria）运抵巴利加萨（Barygaza）（即从阿富汗到印度河港口）。"六世纪的拜占庭学者科斯马斯·印第科普莱特斯（Cosmas Indicopleustes）在描述世界格局时写道：想象一下，一条道路始于中国，穿过波斯，直达罗马境内。[1]

公元前 221 年，秦朝统一中国。两个世纪之前，罗马征服整个地中海地区，奥古斯都被拥立为皇帝。公元前 206 年至公元 220 年的四百多年间，中国处于汉朝统治之下，其鼎盛时期的人口与罗马帝国相当。不过，罗马的领土局限在西欧和地中海地区，而汉帝国的疆域则深入中亚。汉朝掌握着丰富的资源和先进的技术，借此对抗雄踞在广袤欧亚大陆、擅长骑射的游牧民族。中国汉朝的钢铁作坊能够大量生产优质钢，可以用于制造军队所需的杀伤力大、精确度高的连发弩。汉朝军队从费尔干纳（乌兹别克斯坦）带回了适合草原作战的优良战马品种，汉朝使节又从巴克特里亚（阿富汗）带回了紫花苜蓿种子。自此，中国的土地也可以为新的骑兵团提供丰富的战马饲料。公元前 121 年至公元前 100 年，西汉王朝征服塔里木各城邦，西进至河中地区，打通进入阿富汗、印度和伊朗的陆上道路。于是，在中国西汉王朝的保护下，一个以塔里木盆地的沙漠为中心的陆路交通系统发展成为一个各国通商往来的道路网络，现代学者称之为"丝绸之路"。

当中国不断巩固对塔里木地区的统治并通过巴克特里亚与印度建立联系时，整个世界都在发生变化。印度人口众多，地大物博，无论是高山峻岭、热带季风雨林，还是温暖的海滨地区，都出产了许多独特的产品。在巴克特里亚等中间市场，印度的香辛料、珍珠、象牙和棉花都被用于交换备受追捧、独一无二的中国丝绸。这些商业往来改变了南亚人的命运。公元前118年，就在中国首位使节从河中地区回国后的仅仅七年之后，一艘印度船只绕过阿拉伯半岛进入红海。航行途中，船只失事沉没。幸好，埃及托勒密王国的一艘巡逻船路过失事地点，成功救起了一名幸存者。劫后余生的印度水手被带到了托勒密八世·费斯康国王位于亚历山大市的王宫。在学会希腊语后，这名印度水手透露了利用季风航行至印度北部的秘密。托勒密八世赞助了首次希腊至印度的航海之旅。此次航行为地中海商人穿越印度洋进行商业冒险开创了先例。

罗马人很早就知道印度。但是，直到公元前一世纪，当商人开始通过统治古代伊朗的帕提亚帝国将丝绸贩卖到地中海时，罗马人才知道远东的存在。公元前100年，帕提亚人首次派人出使汉朝。正是通过这样的早期接触，他们才了解到，控制丝绸和钢材等中国商品的陆上贸易能够带来丰厚的利润。为此，帕提亚人千方百计阻止罗马人进入横跨伊朗的通商路线。处于安全和利益考虑，他们还进行消息封锁，想方设法防止汉朝的相关消息传到地中海地区。[2]

公元前31年，古代世界经济发生了第二次飞跃。当时，罗马将军屋大维打败了托勒密王朝女王克利奥帕特拉八世和她的丈夫马克·安东尼。这是罗马共和国的最后一次内战。此战告捷之后，屋大维控制了东部军团和附属国埃及，缴获了托勒密王朝世代积累的财富，并将财富分配给罗马城的市民。自此之后，罗马帝国的经济前景发生了巨大的变化。[3]与此同时，罗马帝国直接控制了从红海进入印度洋的航道。得益于以上两个积极因素，罗马帝国的经济进入繁荣时期。此后五年内，一百多艘罗马船只驶向印度，而地中海市场充满了东方的产品。截止到公元一世纪，埃及每年从印度进口超过 10 亿塞斯特斯的商品，而罗马帝国按季度从红海边境征税，可以征收到超过 2.5 亿塞斯特斯的税收。[4]

此外，通过对那些取道波斯湾和帕提亚商道（横穿伊朗）进入罗马的叙利亚的东方货物进行征税，罗马帝国获得了更高的收入。巴尔米拉边境城市出土的铭文证实，罗马帝国从商道征收了不少于 9000 万塞斯特斯的税收[5]。联系整个大背景，我们就能更好地理解这个数字所代表的意义。罗马帝国征服高卢后，要求高卢上缴价值 4000 万塞斯特斯的贡品。公元一世纪，驻守莱茵边境的 8 个罗马军团（8 万名士兵）需要 8800 万塞斯特斯的军事费用。[6]这意味着，罗马帝国从国际贸易中收取的税收超过所有属国的纳贡总和，足以应付罗马庞大正规军的花费。整个罗马帝国每年的支出接近 10 亿塞斯特斯，其中的三分之一来自通过印度洋和伊朗进行的东方贸易活动所获得的税收，这一点可以从古代文献中得到佐证。[7]

公元前 27 年，屋大维获得"奥古斯都大帝"的尊号，并正式成为罗马帝国的第一位皇帝。凭借国际贸易带来的新收入，奥古斯都大帝能够改革罗马军队，废除公民短期服役体制，建立了常备军队。罗马一举成为欧洲古代首个拥有常备军队的国家。按照奥古斯都的计算，罗马帝国需要将近 30 个军团（30 万名职业军人）才能对抗外部威胁并维持对其属国的控制（罗马治世）。罗马帝国每年的军事花费高达 3.3 亿塞斯特斯，这是罗马政府最大的一笔支出。[8]

东方贸易带来的税收为罗马帝国提供了军费，但是，这种经济繁荣背后的代价是罗马帝国不断输出黄金和白银来购买外国市场上的外来商品。老普林尼是罗马韦斯巴芗皇帝的顾问。据他估计，罗马帝国每年需要为国际贸易输出价值 1 亿塞斯特斯的黄金。这些黄金换来了阿拉伯的薰香、印度的香辛料以及中国的丝绸。罗马面临的问题是它的黄金和白银储备是有限的，而罗马人在东方市场上竞相购买的产品是东方各国独家生产的可再生资源。因此，罗马帝国的长期前景取决于它在古代世界经济中的地位，中国与中亚其他大国的利益影响着西方文明的命运。

第一章
钢铁与丝绸

古代史料表明，公元一世纪的全球总人口约为 2.5 亿人，其中约有 5000 万人受到罗马帝国的统治。[1] 当时的罗马城是全球最大的城市，居民总数超过 100 万人。[2] 但是，罗马帝国并非与世隔绝。罗马位于地中海的各大城市与亚洲的商业中心之间存在大量的经济联系。

在古代，全球许多地区生产的独特产品一旦流通到遥远的市场就身价倍增。罗马帝国首位元首奥古斯都统治期间（公元前 27 年—公元 14 年），在地中海各大集市上，来自阿拉伯、印度和中国的进口商品就像大众消费品一样随处可见，[3] 其中包括来自赛伯伊—希木叶尔王国和佐法尔地区（今日的也门地区）的哈德拉毛王国等阿拉伯南部国家的香料。这些名贵的香料被用于制作成香水以及希腊、罗马和波斯等国家宗教祭祀所用的香品。印度地区为整个古代世界提供了更受追捧、更加昂贵的香辛料。这些香辛料可以作为食物的调味品和药品的原料。印度地区主要出产宝石、象牙、珍珠、水晶和棉花。毗邻印度洋的大多数东部港口还出口海龟的龟壳。手艺精湛的罗马工匠能够将这些龟壳雕刻成精美的装饰品。商人和达官贵族们都乐意高价购买这些独特的舶来品。从整体来看，控制着贵重商品生产或运输的各个国家在古代世界经济中长期占据优势地位。

在罗马帝国，东方进口的商品成为社会繁荣、男性地位和女性之美的代名词。最重要的是，东方贸易运来了东方的钢铁和中国的丝绸。西方世界当时还没有掌握制造钢铁与丝绸所需的知识和技能。因此，罗马人不得不依靠外国进口商品来满足自身消费需求。中国的丝绸和钢铁通过从河中地区（乌兹别克斯坦）到美索不达米亚（伊拉克）的伊朗商队路线，横跨整个帕提亚帝国，进入罗马的叙利亚地区。[4] 商人们横渡波斯湾，将东方的货物从印度运到巴比伦尼亚的帕提亚市场（伊拉克南部）。[5] 旺盛的消费需求推动了国际贸易发展，为国际贸易提供了充足的资本。因此，罗马的贸易商们能够克服古代的种种限制，漂洋过海来到遥远的国度进行商业贸易。

钢铁与丝绸的制造

在罗马帝国的市集上，来自东方的钢铁售价非常昂贵，这是因为罗马帝国的钢铁作坊无法大量生产具有同等强度和锐利度的钢铁。钢铁是一种合金，其制作工序为：高温加热铁矿至熔融状态，然后，向熔融铁中加入能够提高强度的碳或其他元素。采用这种工艺生产钢铁时，钢铁的质量等级取决于熔炉的持续温度以及所添加元素的数量与品质。与纯铁相比，优质钢铁具有更高的硬度、韧性和抗拉强度。因此，相比纯铁打造的刀刃，用钢铁打造的刀刃能够长期保持锋利，并且具有更好的防锈性能。

广泛传播的钢铁技术有利于推动高效农具、建筑工具、盔甲和武器的生产，这本可以改善罗马文明的长远前景。但是，西方文明对熔融铁中需要加入的碳化合物缺乏足够的了解，因此，罗马帝国缺乏大量生产优质钢铁的专业知识。相反地，罗马人先在熔炉中加热铁矿石，接着通过"冶炼"工艺分离金属与废渣，最后得到锻铁。当时，整个罗马帝国都采用这种工艺来制造工具和兵刃。这样制得的锻铁也从木炭燃料中获得了微量的碳。出炉后的熟铁在冷却过程中会形成柔软的白色高温金属块，经锤子的击打和钳子的拉伸后，可锻造成各种形状。在此过程中，为了保持铁块的可塑性，需要反复将铁块投入炉中重新加热。最后，将锻造成型的铁器放入冷水中"淬火"，提高刀刃的硬度和强度。这样制得的铁被称为"锻铁"或"熟铁"。经油中淬火后，锻铁的可锻性提高，能够用于制造军靴的鞋钉，或者车轮的金属轮辋。罗马的军事基地储备有高强度的可锻铸铁，以及可以为军械士所用的炼铁平炉提供燃料的木炭。[6]

罗马帝国还有一种成本较高、技术较先进的炼铁方法，那就是"铸铁"制造工艺。生产铸铁时，需采用一个封闭的熔炉冶炼铁矿，并不断升高熔炉内的温度，直到铁矿熔化成半液体状态。然后，将熔融的金属倒进模子里面，得到成品的形状。在加热过程中，熔融的铁水迅速吸收大量的碳，因此，成品的"铸铁件"很硬，但也很脆。也就是说，这样的铸铁件很容易在重击下破裂或破碎，无法加热锻造，也无法通过锤击改变形状。事实上，罗马帝国的铸铁产量有限，这是因为当时的熔炉存在设计缺陷，无法轻易地达到并维持金属转化为熔融状态所需的高温。

锻铁的含碳量约为 0.5%，铸铁的含碳量约为 4%，而优质钢的含碳量接近 1%。相比锻铁，用优质钢制造的金属器具更加锋利和坚硬。这种含碳量的优质钢没有铸铁的脆性结构，能够承受较大的冲击和撞击。因此，古代冶金士需要解决的问题是如何通过控制炉内的碳含量来提高所制得的钢铁的品质。有时，罗马铁匠会制造出一种拥有优质钢性能的铁金属，但这些都是不容易复制的偶然事件。罗马政府后来发现，国内某些地区的铁矿石由于渣料存在天然化合物，能够生产出品质较好的钢铁。不过，罗马冶金士从未学会如何复制这个过程，故而无法利用普通铁矿生产出品质稳定的钢铁。

在古代社会，优质金属部件的使用可能会催生重要的技术进步。例如，在帝国时代，亚历山大市的希腊工程师曾使用小型的蒸汽动力装置进行试验。公元一世纪，亚历山大港的希罗设计了一个名为"汽转球"的原始蒸汽机。

该装置包括一个可绕轴旋转的铜球，并配有向外弯曲的喷嘴。将水送入装置，在铜球内加热，升压后的蒸汽冲出喷嘴，推动球体以一定速度旋转。[7] 然而，这些精巧发明最终并没有发展成更有实用价值的机器，其中一个原因就是缺乏合适的金属部件。

在罗马帝国国内，只有从阿尔卑斯山北侧诺里库姆省附近山区开采的铁矿中才能萃取出最优质的铁。由于诺里库姆铁矿中含有锰元素，最终制得的铁具有钢的性质，在整个罗马帝国供不应求。古罗马诗人奥维德曾这样写道：人类的欲望"比诺里库姆之火淬炼过的钢铁还要坚不可摧"。[8] 另一位诗人贺拉斯也曾写道："即使是诺里库姆制造的刀剑也无法斩断痛苦、愤怒等强烈的情感。"[9] 此外，他在描述死亡时曾写道："仿若从最高的塔顶纵身一跃，又仿若被阿尔卑斯之刃刺穿胸膛。"[10] 罗马政府认可诺里库姆铁矿资源的价值。罗马皇帝哈德良在位期间的罗马钱币上曾刻有"诺里库姆金属制品"（met nor）的字样。这可能是为了纪念皇帝曾驾临诺里库姆，或者是为了纪念在该地区发现了新的矿石资源（公元 134 年—公元 138 年）。

诺里库姆铁矿冶炼得到的铁金属被用于制造斧头、农具、凿子和石材切割设备。罗马的医生还发现，这种铁金属制造出的锋利刀片可以作为优质的手术刀，非常适合精细手术。例如，古罗马医学家盖伦就用这种铁金属设计制作了一个用于解剖人体脊椎的特殊仪器。事实证明，这种金属制作的仪器不易变钝、弯曲或断裂。因此，盖伦推荐医生们使用这种仪器来堕胎，或用来移除子宫内的死胎。这类手术需要的是"钝尖的单边直刃手术刀、剃刀、钝尖的柳叶刀以及用于肢解胎儿的环状刀"。[11]

有两个矿区负责开采诺里库姆铁矿石，两地相隔近 40 英里（即奥地利的埃尔茨山与艾森埃尔茨）。公元一世纪，金属生产主要集中在附近的维鲁努姆镇（罗马皇帝克劳狄治下的一个自治镇）。维鲁努姆镇位于现在的奥地利马格达伦斯贝格镇，其格局类似现代的意大利小镇。小镇内有许多面朝大广场（罗马小镇的中央广场）的商店（作坊工人的生活区）。广场北面的两家打铁铺开挖了两个地窖储藏室。两家打铁铺都在他们的石灰墙上张贴了买卖告示，上面写着远道而来的商人应该如何收取大订单的货物。钢环、铁盘、吊钩按批发价卖给客商，每批不少于 500 件。那些需要分装并运输的批次则重达一吨以上。一个订单销售了 115 个铁砧，而另一个订单则销售给一个商人 225 个铁砧。[12] 很多时候，商人们甚至翻越阿尔卑斯山，将这些货物运送到意大利。离那儿最近的港口是亚得里亚海海岸边的阿奎莱亚港，它与维鲁努姆镇的距离超过 120 英里。有些货物还被运到非洲西北部的作坊。其中一个买家名为奥罗修斯，是毛里塔尼亚国（Mauretania）瓦卢比利斯市（Volubilis）的公民，曾经多次考察维鲁努姆镇。[13] 瓦卢比利斯市与维鲁努姆镇相距 1200 英里，而它与地中海海岸相距 100 英里。

　　罗马建立的其他城市中也有因制铁而闻名于世的，比如西班牙东北部的比尔比利斯（卡拉泰乌德的附近）。比尔比利斯距离地中海海岸 100 英里，它不但制造钢铁，而且向其他省份出口钢铁。古罗马文学家马提亚尔就出生在比尔比利斯。他这样描述自己的家乡："此地因血腥的铁矿而为人所知，这里到处回荡着金属加工的噪声。"[14]

　　相比之下，中国汉朝的情况则完全不同。中国冶铁工匠采用了更加先进的冶炼炉，并在冶炼过程中发现了能够提高钢铁质量的天然化合物。通过不断的实践，他们提高了计量的精度，确保加入铁矿的化合物能够产生足够的碳，从而生产出质量稳定可靠的钢材。中国工匠当时已经制造出密闭的大型熔炉以及双动式活塞风箱。这种风箱能够通过竹子喷嘴产生稳定的蒸汽流。因此，工匠们能够更加轻易地使熔炉保持稳定的高温，并控制炉子内的反应。此外，中国的熔炉还以煤饼作为燃料，进一步提高了熔炉的温度并降低了燃料的成本，这一点意义重大。正因如此，工匠们可以通过向铁水中吹入可氧化的冷空气，将被大量制造的铸铁转化为钢（"百炼成钢"）。中国工匠还知道如何利用锻铁炼钢。他们用富含碳的果皮、少量炉渣、烧焦稻壳和特殊矿物粉末制成的混合物包裹金属制品，然后放入黏土坩埚中密封，并在高温下持续加热一段时间（长达 24 个小时），直至金属吸收了必要的碳元素和其他强化元素。中国的工匠们将这些技术用于大规模地制造刀、斧、凿、锛、钻头、锤子、犁头、锄头、铁锹、铲子、耙子、镰刀、手推车车轴、锅、平底锅和水壶。

得益于这一重大技术进步，中国汉朝能够大规模制造优质的金属制品，如可穿透铠甲的十字弓箭。汉朝清楚地知道，先进的钢铁制造技术让他们的军队在装备方面比对手更有优势。因此，汉朝想方设法阻止国内的钢铁制造技术外传到其他国家，并禁止向草原政权出售任何钢铁物资。然而，在巨大利益的驱动下，汉朝商人仍然违反禁令，高价向外国商人出售钢铁制品。钢铁走私成了令汉朝政府头疼的问题。此外，蒙古地区好战的匈奴人在侵犯汉朝边境的同时俘虏了汉朝的钢铁制造工匠。通过这些俘虏，匈奴人学会了如何制造优质的钢铁和武器，他们还将自己制造的武器出售给草原上的其他部落。[15] 于是，东方的优质钢铁制品就这样外流到了伊朗的帕提亚帝国。

钢制兵器的优势在公元前 53 年的卡莱战役的战场上得到充分体现。当时，一支罗马军团遭遇了来自伊朗东部的帕提亚精锐部队。帕提亚士兵使用的弓箭配有钢制箭镞，能够轻易穿透罗马人的盾牌和盔甲，而他们使用的钢矛也能穿透罗马士兵的整个身体。战场上，帕提亚铁甲骑兵身上穿着层层的钢铁护甲，无论罗马士兵怎么击刺和劈砍，他们的长矛、短刀和短剑似乎都无法伤到帕提亚人分毫。[16]

罗马帝国早期没有可以媲美帕提亚人的武器或盔甲。罗马人当时以为，帕提亚人的钢铁是用一种只有在遥远的东方才能找到的特殊铁矿制成的，他们从未尝试去了解如何才能制造这种金属。普林尼曾这样说道："帕提亚的钢铁优于所有其他铁合金，仅次于'丝国'或'丝族'（即中国）。"他解释道："所有的铁金属中，丝国的铁金属质量最上乘。除了优质的钢铁外，丝国人还给我们带来了精美的织物和动物的皮毛。"罗马人认为，远东地区之所以能够出产精美织物、大量宝石和美味调味料（香辛料与香料），是因为远东地区独特的地理与气候。这样一想，关于这些商品都是"自然资源"的说法似乎是合情合理的。罗马人从未想到，只需普通的化合物和正确的技术，罗马人的作坊也可以为他们的军队制造出大量的优质钢铁。

为了控制钢铁等东方货物的陆路交通，帕提亚人限制罗马人进入那些横穿伊朗境内的商道。不过，还是有一些钢铁通过印度和印度洋的海上贸易路线进入罗马市场。根据公元50年一位商人的行商手记——《厄立特里亚海航行记》记载，印度河流域和恒河流域附近的城市港口都出售中国的货物。印度也掌握了复杂的钢铁技术，他们通过向锻铁中加入含磷物质，能够制造出防锈的铁合金。波斯王朝的御医克特西亚斯（Ctesias）声称，波斯国王亚达薛西二世（公元前404年—公元前358年）拥有印度王室珍藏的一对佩剑，这对佩剑能够抵御季风天气造成的锈蚀。古罗马历史学家库尔提乌斯也记录了当亚历山大击败印度王波罗斯时，他获得了5700磅珍贵的印度钢铁（公元前326年）。马其顿工程师有可能使用这种能够抵御锈蚀的金属，建造了一座横跨幼发拉底河上游的永久性桥梁。根据普林尼的记录，罗马工程师在几个世纪之后不得不更换掉泽乌玛桥梁上用于固定但已锈蚀的铁链，但原来的链条仍然奇迹般地未受腐蚀。古印度王旃陀罗·笈多二世（公元375年—公元413年）时代修建的一根6吨铁柱目前依然矗立在今天的新德里。这根铁柱高23英尺，经过1000多年的风吹雨淋仍未锈蚀。在这样一个有着潮湿雨季和绵长旱季的地区，实在令人不可思议。

古罗马作家阿普列尤斯在列举可以代表古印度权力和财富的各类商品时曾提及东方钢铁的质量。他写道："有许多关于印度的传说，无一例外地提到了印度的大量象牙、丰产的辣椒、庞大的桂皮出口、精制的钢铁，以及矿山中的大量黄金和白银。"[17]根据罗马海关清单（即"亚历山大关税"）的记录，进口的"印度钢铁"在进入埃及时将被收税。这可能涉及各批次的东方钢铁以及防锈的印度合金。[18]

罗马帝国的边境按季征收进口税，税款可以缴现金，也可以用货物抵扣。

这意味着，罗马政府可能收到了大量的东方钢铁。然后，由于罗马的消费需求，大多数进口的钢铁可能被制成昂贵的陈列品，而没有被用作军团武器的原料。尽管证据不足，但我们有理由相信，罗马帝国进口的钢铁似乎被用于制造餐具等昂贵的小型家用物品了。亚历山大学派的神学家克莱曼特曾抱怨过这种风尚："没有镶银的象牙手柄，我们的餐刀就不能切割食物了吗？难道我们必须使用印度锻造的刀具才能切肉吗？"尽管如此，用东方钢铁制造出来的光亮刀具在当时仍被视为珍贵物品。克莱曼特描写道："有户人家的主人需要这种餐具，就像士兵在上战场前需要他们的武器。"[19]

罗马帝国的丝绸

据说，首批看到中国丝绸和钢铁的罗马人是公元前53年在罗马将军克拉苏率领下进入伊拉克北部的罗马士兵。当帕提亚骑兵开始穿过沙漠时，他们展开了丝绸制作的旗帜，丢掉厚呢披风，露出了闪闪发光的盔甲。克拉苏将军和他的士兵绝望地看着帕提亚军队策马而来，弓箭骑兵和重装枪骑兵骑在马上气势汹汹，他们的头顶上是迎风招展的彩色丝绸长旗。罗马历史学家弗洛鲁斯曾这样写道："扛着金线刺绣丝绸军旗的帕提亚军队突然出现，他们一瞬间从四面八方包抄过来，武器像狂风暴雨一样落到罗马士兵身上；于是，这支罗马军队就在这场可怕的屠杀中被屠戮殆尽。"

在古代世界，希腊科斯岛等部分地区会出产野丝绸。亚里士多德介绍了如何利用一种特殊大型蚕虫（这种蚕虫从丝虫变成飞蛾需要6个月）的吐丝制造野丝绸：妇人们"解开蚕虫的丝茧并抽出蚕丝，然后用丝缕纺织成布"。[20]普林尼则记录道：岛民们穿过矮灌木丛寻找虫茧，并用陶罐进行收集。这些陶罐将连续数月被保存在温暖的环境之中，直到飞蛾破茧而出。空茧将被浸泡在水中，然后拉伸成脆弱、断裂的细丝。茧丝纺成的丝线可织成稀有的半透明织物，希腊人和罗马人将其称为"科斯岛丝绸"。据普林尼的记载，这种轻薄织物呈"网状结构"，是一种"适合制作女性服装的奢侈材料"。

　　科斯岛出产的野丝绸比东方丝绸粗糙，而且没有东方丝绸的半透明光泽，但当时很多人因此搞不清楚东方丝绸的真正产地。例如，古罗马诗人普罗佩提乌斯与提布鲁斯曾表示，某些"科斯岛丝绸"又顺滑又有光泽。他们描述的很可能是中国丝绸，而不是地中海地区出产的丝绸。此外，由于东方丝绸由阿拉伯商人购自印度后又转卖给罗马人，不少人甚至以为丝绸为阿拉伯所制。这也解释了为何普罗佩提乌斯如此描述情人出现的场景，"她穿着阿拉伯丝绸制成的衣裳，整个人看上去光彩夺目"。根据古籍记载，随着罗马进口的中国丝绸数量剧增，粗糙的科斯岛丝绸被迫退出罗马奢侈品市场，最终在公元 20 年前后彻底消失。[21]

　　在罗马皇帝统治之前，东方丝绸稀有又昂贵，一直被视为希腊贵族的专享用品。然而，在帝国时期，东方丝绸服装成为时尚、身份象征以及最佳服装的代名词。公元前一世纪，商人们横穿古代波斯，将少量的中国厚纺丝绸运送至地中海海岸的腓尼基城市（如西顿和苏尔）。在这些叙利亚港口，手艺精湛的纺织工人将这些厚纺丝绸小心解开并重新纺成轻软的丝绸布料。[22]

丝绸作坊

　　未经上述加工而直接运抵罗马的东方蚕丝颜色暗淡、无光泽。这些厚纺丝绸经漂白、拆洗，被重新制作成轻薄、精美的丝绸布料。丝绸可以通过各种鲜艳的纺织染料进行染色，而染色后的丝绸则身价大涨。[23]在地中海地区，红色、蓝色和紫色染料的价格最高，这些染料提取自苏尔附近腓尼基海岸上海蜗牛的腺液。西班牙和小亚细亚某些树木的树皮中生活着一种昆虫，从它们身上可以提取一种深红色胭脂染料也能用于丝绸印染。由于顾客乐意支付材料费、加工费、染色费和裁缝费，因此丝绸服装的零售价格十分高昂。

　　罗马附近出土的铭文显示，这个城市曾经有一些专门从事丝绸买卖的布料商人。在公元一世纪或二世纪，在距离罗马北部 19 英里的蒂沃利小镇上，有一个名为马库斯·纳米尔斯·普罗库卢斯（M. Nummius Proculus）的男人为"优秀而贤惠的爱妻"瓦莱里娅·可里西斯（Valeria Chrysis）立碑作纪念。他在铭文里介绍自己是"丝绸制造商"。[24] 根据另外两篇铭文的记录，在距离罗马东部 10 英里的加比小镇上，有一位丝绸贸易商或"丝绸经销商"。[25] 罗马帝国还有一篇纪念塞米利·玛塞勒（Thymele Marcella）的铭文。根据这篇铭文记载，在丝绸贸易中，女性的地位至关重要。[26] 有些家庭作坊可能需要雇用很多的劳动力。庞贝古城的涂鸦文字显示，一个纺线工棚里有 13 个女性奴隶在工作。这些文字还显示了这些女奴已纺纱线的重量，以及她们所制衣物的长度。[27]

　　许多纺织工人可以按劳取酬。罗马皇帝狄奥克莱斯颁布的《最高价格法》规定了工人可以要求的最高工资。例如，轻质斗篷纺织工人的日工资与农村劳动者相同（25 个迪纳里厄斯小银币）。[28] 那些制作半丝质服装和无花纹全丝服装的丝绸工人也可以获得同样的工资，以及雇主支付的"修补费"。"菱形花纹丝绸面料"的制作工人每日可获得 40 个迪纳里厄斯小银币。熟练工的日工资更高。半丝大衣的刺绣工人的日工资是普通纺织工人的八倍（200 个迪纳里厄斯小银币）。真丝大衣制作工人的日工资可能是基础工资的十二倍（300 个迪纳里厄斯小银币）。[29]

　　有证据表明，埃及的城市作坊在近古时期仍在制造丝绸服装。公元 325 年的一份纸草文献显示，埃及的罗马总督命令俄克喜林库斯市尼罗城的地方参议员为皇家商铺购买丝绸。地方参议员购买了 150 套金线刺绣的丝绸内衣，每套价格为 6.5 万个迪纳里厄斯小银币。

　　在罗马皇帝奥勒留的统治时期，精加工的优质彩色丝绸比等重的黄金还要值钱。这一点可以从狄奥克莱斯皇帝在公元 301 年颁布的全国性《最高价格法》中得到证实。《最高价格法》规定，一个体力劳动者工作 12 天获得的收入应该足够购买一件大衣。[30] 而一磅白色丝绸面料的价格与 40 件军大衣的价格相同，比体力劳动者一整年的收入还要高。《最高价格法》规定，染成紫色的丝绸比白色的丝绸贵十二倍，也就是说一磅彩色丝绸面料的价格高于一个体力劳动者十年的收入。[31] 这些数据表明，在罗马帝国早期，每磅纯白色丝绸的价格可能高达 2000 塞斯特斯，而等重紫色丝绸的价格则将近 2.4 万塞斯特斯。但是，由于罗马社会刮起"炫富"的风潮，富人们乐意支付大价钱来购买昂贵的进口丝绸面料。

蚕丝业的"秘密"

野生虫茧所产的稀少布料在质量上往往比不上中国量产的丝绸。在野蚕丝生产过程中，幼虫破茧而出，茧丝断裂后长短不一，还有许多细丝缠绕。这意味着，成品面料光泽度低，弹性差，易磨损。随着时间流逝，野蚕丝制成的服装会越发粗糙并很快变形。此外，野生丝虫是种杂食动物，吐出的细丝天然带有杂色，呈现不均匀的米色，很难被漂白或染色。相比之下，中国的丝绸是由完整细密的蚕丝制成，解开后是连续的丝束，不会发生变色。因此，中国人能够用它制造独一无二的顺滑、耐穿的浅色丝绸服装。这种蚕丝很容易被漂白，可以染成一系列鲜艳的颜色，最后制成带有晶莹光泽的精美面料。

在古代，中国是唯一能够大量生产优质丝绸的国家，迄今已有数千年历史。中国古代有一个与人类发现丝绸有关的传说。一位公主在准备一碗热茶，附近桑树枝上的一个虫茧意外地掉入滚烫的茶水。虫茧上的细丝在茶水中慢慢解开，成了一条小丝束。公主看到了这一场景，并发现这种丝束可以被纺织成轻软而精美的服装。[32]

养蚕业的真正起源现在无从得知。但是，在目前出土的甲骨、玳瑁等文物上，有"蚕""桑树""丝"等古文字（可追溯至公元前 3000 年—前 2000 年）。[33] 从这些早期资料来看，中国人可以通过选种来提高家养蚕虫（家蚕）的产丝效率。经过数千年的精心培育，家蚕的产丝量已经是野生蚕的 10 倍之多。

中国的农户可以通过为国家生产丝绵或丝束来抵扣土地税和财产税。[34] 因此，中国政府累积了大量的丝绸。这些丝绸被用作送给友邦的政治礼物，借以维持外国政权对中国的依从性。直到公元前一世纪，养蚕业仍然是中国常见的家庭工业，中国制造的优质丝绸也依然备受外国的追捧。但是，中国人严格控制养蚕业，限制养蚕技术外传。汉朝利用它的垄断地位，成功地将丝绸出口到国外，占领国外市场，并将有价值的商品带回中国。

古中国生产的丝绸通常被纺成厚重、耐用的布料，主要用于制作实用的服装和其他日常必需品。为了对地方市场供应的丝绸进行补充，中国的皇家作坊也在大量生产丝绸。这种材料被收入中央政府库房，然后作为政府援助，由政府雇员发放给难民、寡妇和孤儿等弱势群体。剩余的所有丝绸将在市区销售，老百姓可以在那里购买丝绸。中国朝廷还将丝绸充当军饷，发放给边境的军队。朝廷很清楚，商人们将用当地的物资跟边境的军队交换宝贵的丝绸，然后再高价卖到外国的市场。

到了汉朝，许多农庄和庄园会单独辟出一片空地，用于栽种那些植株矮小但生长迅速的白桑。这种桑树的叶子是丝蚕的食物。在中国家庭中，养蚕一般是女人的工作，大多在室内进行。男人们主要负责照料田间地头的农作物和牲畜。养蚕制丝被认为是一项有价值的工作，让女性有机会为家庭的繁荣做出贡献，并有能力帮助家人缴纳国家征收的各种税费。

农妇们只需少数几个蚕茧，就能开始养蚕制丝。不过，蚕茧不能加工，否则茧内将没有成虫出现。家蚕的成虫不能飞，在交配产卵后会很快死亡。

每只雌蛾会产下大约 400 个微小的蚕卵，这些蚕卵会一直处于休眠状态，直到温度急剧上升促使蚕卵孵化。春天到来之前，蚕卵必须保持在卵期。春天到了之后，桑树长出新鲜的桑叶，可以用来喂养新一代的丝蚕幼虫。蚕卵须置于温暖环境（24℃）中发育五个月。然后，为了延长它们的生命周期，蚕卵须移至凉爽储藏室（5℃）中存放五个月。蚕虫的生命周期是一个微妙的过程。温度的波动，甚至是强烈的气味，都会中断蚕卵的孵化期或影响蚕虫的食欲。如果蚕卵过早孵化，幼蚕就没有可以吃的当季食物，那么一整批蚕虫就可能会死亡。

春天来临之际，在中国老太太、主妇和少女的悉心照料之下，针尖大小的灰色蚕卵可以孵出许多的幼蚕。为了加快蚕卵孵化，她们把蚕卵放入潮湿的环境，同时逐渐将温度提高至 24℃。刚刚孵化的幼蚕重约 0.5 毫克。但是，经过五周的喂养后，蚕虫的体重增加了 1 万倍。蛹期的蚕虫需要一个温暖的环境，须置于室内的蚕匾和篮子之内，并放入大量新鲜的桑叶（一日内需多次采摘）。每只蚕虫一天能够吃掉与其自身重量相等的桑叶。

丝蚕或丝虫有十六条腿，成对分布于身体两侧。胸部的六条腿可以爬行，剩余的十条腿是用来夹住桑叶的腹部伪足。蚕虫有着突出的下颚，尾部分化为两条腿，可以用来抓住树枝。复杂的身体结构，再加上"吐丝"的特点，这解释了为何古代学者认为东方的"丝虫"可能是一种蜘蛛。

在孵化后五到六周，蚕虫就会长到 3 英寸长，开始进入熟蚕阶段。每条蚕虫会从唾腺吐出一条纤细的蚕丝，并开始以"8"字形绕着蚕体吐丝数千次。它们需要四天才能用柔软富有弹性的蚕丝包裹住整个蚕体。吐丝时，蚕虫附在架子或假树枝之上。这样一来，蚕茧就会悬浮在空中，形成一个完美的圆柱形状。然后，蚕丝硬化，一个很大的蚕茧就此形成。每个蚕茧都由一条长达几千英尺的蚕丝构成，但 2000 多个这样的蚕茧才能制造出一磅的丝绸。

处理蚕丝时，须将蚕茧浸在滚烫的水中，杀死茧中的蚕蛹。这一切必须在蚕蛹分泌"溶茧酶"（"溶茧酶"能够溶解蚕丝纤维，这样蚕蛾就能咬破蚕茧）并破坏蚕茧之前完成。具体步骤包括：将蚕茧放入热水中搅拌，溶解掉蚕茧上一种能够将蚕丝黏合在一起的黏性蛋白（名为"丝胶"）；小心地抽出蚕蛹，找到蚕丝的末端，一点点解开蚕茧，得到一条纤细而有光泽的细丝。

每个蚕茧都由一根长达半英里（800米）的细丝构成，因此，缫丝是一个需要技巧且耗费时间的工序。缫丝完成后，细丝经"绞、捻、接"等操作，制成一条含有14根丝的丝线。制好的丝线可以被织成绸缎，或聚拢成纱，通过丝圈，卷成绞纱。废丝与破茧经过梳理，可纺制成纱线，其透明度和光泽度逊于上好的丝线。当养蚕人将蚕虫放在平整的桌面上时，蚕虫就会吐出一簇簇扁平的厚蚕丝（这就是丝绵），而不会形成圆柱形的蚕茧。这些扁平的厚蚕丝可以被梳理成蓬松的丝絮，是制作轻软蚕丝被和保暖冬装的理想材料。

后来，正宗的养蚕技术传到了中国西部边陲的塔里木地区。究竟是如何传播的？这至今仍是不解之谜。不过，在其后的几个世纪里，坊间一直流传着一个能够解释养蚕技术如何外传的传奇故事。据说，有一位名为玄奘的中国和尚在公元七世纪曾走过丝绸之路。途经于阗的一处绿洲时，玄奘和尚听到了一个关于中国养蚕技术为何外传至他国的故事。有人告诉玄奘和尚，于阗派遣使团觐见中国皇帝，请求了解养蚕制丝的技术。中国皇帝闻言，付之一哂并回道："养蚕制丝之法概不外传。"之后，皇帝下令全国边境关隘戒严，防患于阗人私带有助于阗建立养蚕业的任何物品出关。不过，于阗国王另谋蹊径。他向中国皇帝提出和亲要求，希望能迎娶一位中国公主回国。当中国皇帝同意和亲后，于阗国王派人告知即将和亲的公主："于阗人只有粗布衣裳可穿；如果公主想要穿着绫罗绸缎，可能必须带上一些桑树种子和蚕卵，这样的话，于阗人也能为公主制作出美丽的丝绸衣裳。"一听说这个情况，公主就购买了桑籽和蚕种，并藏在精美的凤冠之中。和亲队伍出关时，守关的士兵们彻底搜查了公主的衣服和财物，但不敢对公主进行搜身，也不敢搜查公主头上美轮美奂的凤冠。于阗国王在皇宫为公主举行了盛大的欢迎仪式，公主将藏在凤冠中的桑籽与蚕种交给了国王。不过，公主仍然顾念母国妇女的生计，于是叮嘱于阗人："不可杀蚕。"因此，于阗人总是等到蚕蛾破茧而出后，才用断裂的丝线制作丝绸，如此制得的丝绸纹理相对粗糙。可能，于阗人之所以不杀死蚕蛹，是为了遵守佛教禁止杀生的戒律。当地人告诉玄奘："只有当蚕蛾破茧而出后，才能开始从蚕茧抽丝。任何人只要违反此戒规，必将失去神灵的庇佑。"如此，"中国制丝业的秘密自此外传，而于阗人除了动物毛皮外，开始穿上精美的丝绸服装"。[35]

第二章
丝绸在罗马社会的应用

　　罗马帝国进口的中国丝绸通常为一卷卷的布料或一捆捆的丝束。这些布料和丝束需要重新纺织成轻软的丝绸服装，或加工成流行的男女服装款式。罗马人的丝绸服装往往被染成各种鲜艳的颜色，其中一些成为古代世界最为精美、最为尊贵的丝绸服饰。在罗马帝国的鼎盛时期，由于丝绸比西方世界用动物皮毛或植物纤维所制成的所有面料都更加光亮、坚韧、耐穿、轻盈和舒适，这些昂贵的丝绸服装成了最常见、最有争议的东方商品。

丝绸用于装饰

　　很早之前，罗马指挥官就开始通过获取大量的东方丝绸来谋取私利。公元前 46 年，尤利乌斯·恺撒在罗马市举行了一场盛大的凯旋仪式，希望借此掩盖前一任执政官庞培的辉煌功绩。在凯旋仪式当天，罗马广场的亚麻布遮阳篷全部被换成了精美的丝绸遮阳篷。古罗马历史学家卡西乌斯·狄奥描述道："尤利乌斯·恺撒为观众提供了丝绸遮阳篷，观众们的眼睛不会因太阳的强光感到刺痛。"罗马的普通老百姓从未在公共场合看到过如此多昂贵的丝绸布料，他们对这种布料的奇特颜色和晶莹光泽惊叹不已。据普林尼记载，"丝绸遮阳篷遮蔽了整个罗马广场，还延伸至神圣之道（起点为恺撒官邸）、市政大厦，以及大部分的游行路段。"一匹中国丝绸大约能被制成 20 平方英尺的丝绸面料，因此，每半英里的道路就需要用 800 匹丝绸。恺撒此举大获成功。相比凯旋游行和压轴上场的大型角斗比赛，人们更加津津乐道的是此次凯旋仪式上所展示的丝绸。普林尼记录道："在人们看来，此次的丝绸展览甚至比恺撒举办的角斗比赛还要精彩。"然而，许多士兵则认为这次的丝绸展览是一次"不计后果的挥霍行为"，浪费的金钱本可以用来犒赏士兵。

尤利乌斯·恺撒主持的这场丝绸展览奠定了丝绸作为皇室公开活动御用面料的地位，后来的罗马皇帝一直延续这一做法。公元 39 年，当卡利古拉（罗马帝国第三任皇帝）正式将新的领土赐给东部的藩王时，赐封仪式就在丝绸遮蔽下的罗马广场进行。仪式上，卡利古拉坐在演讲台的中间，两侧坐着的是罗马的执政官。演讲台的顶篷是用精美光亮的丝绸布料制成的。就是在这样一个华丽的演讲台上，恺撒大帝接见了那些藩王，而藩王们也登台发表了他们效忠罗马帝国的宣言。

在这场盛会的推动下，私人家庭越来越多地开始使用丝绸面料制作的衬垫或窗帘。老普林尼曾说道，当时流行在私人住宅的庭院内设置一顶红色的丝绸遮阳篷，并且只有顶级富豪们才有可能拥有这样时尚的丝绸遮阳篷。其他的古籍记载也印证了丝绸在罗马社会的受欢迎程度。例如，在古罗马剧作家塞内卡写的悲剧作品《淮德拉》中，有这样一句话：夜晚的天空"就像染了泰尔紫的丝绸斗篷"。[1]

尼禄·克劳狄乌斯在公元 54 年登上帝位之后，罗马的船队从印度的主要港口运回了大量的丝绸。因此，在尼禄时期，罗马皇家露天剧场所用的蓝色星条遮阳篷很有可能是用中国的优质丝绸制成的。[2]尼禄还下达了这样的命令：剧场遮阳篷必须染成紫色并绣上"尼禄本人在满天金星照耀下驾驶战车"的大幅刺绣。研究表明，罗马竞技场用东方面料制成的遮阳篷为观众遮挡烈日

的曝晒。[3] 罗马各大剧场也开始在戏剧中使用丝绸面料。古罗马诗人卢克莱修
这样描述当时的场景："宽敞的剧院里，柱子和房梁上飘扬着黄色、红色或栗
色的帷幕。""在丝绸帷幕绚丽色彩的映照下"，无论是台下的观众还是台上的
布景，"都光彩熠熠、飘飘欲仙"。卢克莱修还写道：在晴朗的日子里，"越是
围院重重的剧院，在层层的彩色丝绸的装点之下，越是变得美轮美奂"。[4]

丝绸用于宗教仪式

在罗马帝国时代，经过重新加工后的中国丝绸成为罗马步兵团团旗等军
队旗帜的常见装饰面料。丝绸的重量很轻，强韧的蛋白质纤维很容易被加工成
流苏、花边以及装饰性绣花线。丝绸布料还能用作画布。这些特性使得丝绸成
为军旗的理想装饰面料。众所周知，军旗是军人身份和对皇室效忠的最重要的
象征，无论是在游行中还是在冲突中，军旗都是罗马军队的军事重点和忠诚标
志。基于这些原因，必须恭敬地对待军旗，也必须使用最好的面料来制作军旗。

大不列颠北部的罗马帝国边境出土的墓葬铭文证实，整个罗马帝国都
在使用东方丝绸制作皇家旗帜。这篇铭文出土于泰恩河河畔的罗马科里亚堡
（Coria）。铭文上记载，一位名为巴拉塔斯（Barates）的叙利亚丝绸商人向
附近的哈德良长城驻军供应丝绸面料和装饰性花边。在这篇铭文中写着这样
的文字："致我亲爱的兄弟帕尔迈拉文（Palmyrene），他生前是罗马军队中
扛军团节杖的士兵（vexillarius），享年 68 岁。"从"扛军团节杖的士兵"一
词可见，这位名为巴拉塔斯的商人供应各类军旗：旗标、军旗以及团旗。他
还可能为私人买家供应丝绸。不过，从他写的铭文中可以看出，他最自豪的
是他为地方驻军提供制作军旗的丝绸面料。[5]

在整个罗马社会，人们将丝绸与虔敬联系在一起。彩色丝绸被切成条状，
制成用于祭祀的花环。这些花环被摆放在古代神灵的圣像前，敬献给家庭的

保护神。妇女们负责花环的制作。如果她们在花环中添加了最具异域色彩、最昂贵的丝绸面料，那么她们就将获得很高的社会地位。昂贵的丝绸花环还被用于祭祀逝去的亲人。人们将昂贵的丝绸花环摆放在坟墓上以示对逝者的尊重。普林尼曾描述过东方进口丝绸对祭祀花环的影响，他写道："以前的花环上如果没有缝上鲜花的花瓣，就不能算是时髦的花环。现在，鲜花的花瓣都被来自印度和远方大地的丝绸替代。"普林尼还写道，"由甘松叶或浸泡过香水的五彩丝绸制成的花环最受欢迎——因为这是女人们设计的最新奢侈品"。

　　在有些罗马人的想象中，他们的神灵会穿着女信徒们纺织的丝绸布料制成的"当季流行"服饰。[6] 古罗马作家阿普列尤斯笔下的主人翁在遇到埃及伊西斯女神时，女神"穿着精美的丝绸长袍，整件长袍流光溢彩，黄色、粉色、鲜红色、黑色和其他暗色交织变幻"。[7]

　　在某些特殊场合下，比如举行神灵雕像游行仪式时，需要给希腊与罗马神灵的裸体雕像穿上丝绸服装。根据阿普列尤斯的记载，罗马人给伊西斯女神的雕像穿上紫色的服装并戴上"小小的丝绸面纱"，信徒们穿着"缎带飘飘的藏红色棉质或丝质宽松服装"。[8] 古罗马诗人阿维阿努斯写道，伊奥尼亚地区举行祭祀酒神巴克斯的宗教游行活动时，女信徒们穿着丝绸披肩。古罗马诗人普鲁登修斯描述过罗马帝国主持公牛祭祀仪式的祭司的穿着：他戴着一顶金冠，穿着一件紧身托加长袍，腰间缠着一条丝绸腰带。人们穿着何种服饰参加宗教仪式可能有其现实的考量，但是，面料的选择具有重大的意义。[9]

　　阿普列尤斯描写过一个宗教游行仪式：信徒们穿着战士、猎人等特殊职业的特色服装；其中一个信徒"穿着镀金拖鞋和丝绸长袍，戴着昂贵的饰品和假发，他学女人扭着腰走路"。[10] 古罗马人相信，四季之神维尔图努斯能够随意变幻他的形象，因此，他的神像往往是雌雄莫辨，有穿着男装的，也有穿着女装的。诗人普罗佩提乌斯笔下的四季之神维尔图努斯曾这样说过："我有万般形象，汝可随意装扮——穿上丝绸服装，我就是高贵典雅的女人；穿上托加长袍，谁敢说我不像个男人？"

丝绸用于皇室服装

卡利古拉皇帝在位期间一直穿着昂贵的丝绸服装，包括某些学者认为过于女性化的、波斯风格的飘逸服装（公元 37 年—公元 41 年）。有一次，手下人挖出了亚历山大大帝的胸甲，卡利古拉皇帝就穿上了这件胸甲，里面套着"一件饰有金丝刺绣和大量印度宝石的紫色丝绸外套"（短款的军大衣）。此外，卡利古拉皇帝开始穿戴许多"神性"标志的服饰，以彰显他自己的崇高地位。有时，他还在下巴处黏上金色胡子，手持形似雷电的东西，装扮成众神之王朱庇特。有时，他挥舞三叉戟，打扮成海神涅普顿。卡利古拉皇帝还挂着一柄刻有双蛇缠绕和一对翅膀的手杖（信使之神赫耳墨斯的权杖）出现在民众的面前。有一次，卡利古拉皇帝甚至穿上了代表女神维纳斯的女式服装。古罗马历史学家卡西乌斯·狄奥评价道："他假装是神明，这样，民众就会向他祈求、祷告和献祭。其他时候，他在公共场合一般穿着丝绸服装或军装。"古罗马历史学家苏埃托尼乌斯在著作中总结了人们对卡利古拉皇帝着装的困惑："卡利古拉皇帝的服装不符合国家的服装风格，包括男性的着装标准和普通人的着装风尚。"[11] 然而，当看到皇帝穿着丝绸制作的众神特色服装时，罗马大众无比认可。

即使是以节俭著称的皇帝也选择在重要的国事场合穿着丝绸服装。例如，在纪念犹太战争结束（公元 71 年）的庆祝活动上，古罗马高级指挥官都穿着紫色和深红色丝绸服装。犹太历史学家约瑟夫斯曾描述过罗马庆典的场景："黎明时分，戴着桂冠的韦斯巴芗与提图斯穿着紫红色的传统长袍驾临庆典现场。"将军们来到屋大维门廊，元老院成员和高级官员们已经等候在那里。在庆典的高潮，士兵们大声欢呼，显示指挥官们的军事才能。这场盛会的中心人物被安排坐在看台上，他们都没有携带武器，稳稳地坐在象牙椅上，穿着丝绸长袍，还戴着象征胜利的桂冠。[12] 皇帝和指挥官们的行为进一步推动了丝绸织物的流行。

其他颓废或专制的罗马皇帝则经常因为穿着丝绸服装而受到批评。暴君康茂德（公元 180 年—公元 192 年）曾穿着精致的丝绸长袍去过剧院和角斗场。但他的着装被认为是庸俗的和不恰当的，因为他的腹股沟长了一个肿瘤，人们透过丝绸长袍可以看到他的肿瘤。康茂德还在公共娱乐方面花费巨资，并为整个皇宫的人员配备了昂贵的丝绸服装。

康茂德被谋杀之后，新任皇帝佩蒂纳克斯不得不拍卖皇宫珍宝，才有钱回报和奖励支持他称帝的军方人员。根据《罗马君王传》记载，"被拍卖的都是康茂德的物品，其中有些物品特别值得注意：饰有精美金丝刺绣的丝绸长袍；大衣、外套、风衣；萨尔马提亚风格的长袖大衣以及流苏饰边的军用斗篷"。

叙利亚出生的埃拉伽巴路斯皇帝在位时间（公元 218 年—公元 222 年）十分短暂，他试图用基于太阳崇拜的神秘异教（体现在对一种黑色石头的崇拜）来取代罗马的传统宗教。据《罗马君王传》记载，这位年轻的皇帝践行太监祭司那一套东方仪式，参与和其他男人的淫乱行为。埃拉伽巴路斯皇帝拒绝穿着亚麻织物，并穿着形似叙利亚祭司服装的丝绸长袍。这种长袍受到"腓尼基神职人员的长袍和米提亚人的豪华服装"的影响。据说，埃拉伽巴路斯皇帝"只允许使用丝绸面料"，"他认为羊毛是低级面料，因此讨厌羊毛制成的希腊和罗马服装"。他将丝绸引进皇宫，并广开宴席，只为向宾客展示那些他认为是"稀世珍品和荣耀象征的丝绸服装"。有传言称，埃拉伽巴路斯皇帝害怕起义军攻入皇宫，"曾命人制作了一条缠绕着紫色和朱红色丝绸的绳索，准备用来上吊自杀"。最终，埃拉伽巴路斯皇帝被他的禁卫军刺杀身亡。

相比之下，一个能够抵挡丝绸诱惑而不沉沦其中的皇帝就是一位"受人尊重"的皇帝。公元 168 年，马可·奥勒留皇帝卖掉了他的妻子从历代皇帝后妃那里得来的金丝刺绣的丝绸长裙。这场拍卖会的收入为马可·奥勒留皇帝提供了所需的战争经费，使其有能力组织军事力量，抵御侵犯罗马帝国北方边境的日耳曼部族。

亚历山大·塞维鲁皇帝（公元 222 年—公元 235 年）属于改革派，他限制皇室服装使用丝绸面料，拒绝"领主"的尊号，在公开场合通常穿着简单的红色军大衣或罗马市民常穿的纯白色托加长袍。根据《罗马君王传》记载，塞维鲁皇帝"几乎没有丝绸服装，也从不穿着完全由丝绸制成的服装，并且将部分由丝绸制作的服装也转赠他人"。公元三世纪，罗马皇帝在阅兵时通常穿着丝绸制作的服装。然而，亚历山大·塞维鲁皇帝"从不花费巨资制作阅兵时使用的军旗，或者为皇室制作饰有金线刺绣的丝绸服装。他公开表示，皇权并非建立在精美服装展示的基础之上，而是士兵的英勇善战"。

公元三世纪中叶，罗马陷入严重的军事危机。在此期间，务实的奥勒留皇帝（公元270年—公元275年）拒绝穿着丝绸服装。他在皇宫的衣橱里没有纯丝制作的衣服，他也不在朝廷上穿着任何丝绸服装。当他的皇后恳求他保留一件昂贵的紫色丝绸长袍时，他回答道："任何织物都不应该与等重量的黄金一样值钱。"

马库斯·克劳狄·塔西佗是由罗马元老院推举的最后一位罗马皇帝，他在公元275年上台称帝。在位期间，塔西佗穿着的托加长袍和外衣，与罗马城富人的穿着无异。他"禁止任何人穿着全部由丝绸制作的服装"。

丝绸用于男装制作

早期的罗马典籍证实，丝绸是一种经久耐穿、轻盈反光的面料。古罗马文学家马提亚尔曾从朋友保卢斯那里收到一份礼物——那是一个很薄的金属杯。据他描述，那个杯子"比蜘蛛网还要薄，比蚕丝还要轻"。丝绸以其防水性著称，因此更具吸引力。希腊作家普鲁塔克研究发现，古代有一场关于空气密度和大气压力的讨论。有一个名为席恩（Theon）的学者在讨论中提出了一个问题："如果材料能够像丝绸那样既纤薄又紧实，结果会怎样呢？"他解释道："油不能长久停留在布的表面（会渗漏）。但是，如果布料既紧密又纤细，那么油就会在表面滚动。"[13]

在保守的罗马人看来，丝绸等轻质柔滑的面料太过女性化，不适合作为男装的制作材料。罗马帝国的传统男装主要是托加长袍——一种由羊毛或亚麻面料制成的包裹全身的长款服装。传统托加长袍沉重而不实用，但是，这种服装表明穿着者是一位合法的罗马公民，享有法律赋予这个身份的地位和所有合法权利。罗马帝国的达官显贵们会在托加长袍上装饰某些彩色布条，作为自身阶层和权利的特定标志。在日常活动中，罗马公民会穿一件实用的短亚麻外衣，有点类似于罗马帝国其他大多数人穿着的那种衣服。

在早期的罗马皇帝看来，准确体现各阶层的身份至关重要。奥古斯都皇帝要求，罗马公民在国家活动中必须穿着托加长袍。公元前 20 年，奥古斯都皇帝有一次责成市政官员（高级官员），严防那些不穿披风又未正确穿着托加长袍的市民进入罗马广场或其邻近区域。[14]无独有偶，哈德良皇帝也曾下达过这样的命令：无论何时现身公共场所，元老和骑士都必须身着托加长袍。

当罗马帝国在共和时代颁布禁奢法律时，政府严格控制托加长袍的外观装饰。这些禁奢法律旨在维护皇室所敕封的社会地位和国家权力的公认标志。不过，由于罗马帝国在制定禁奢法律之时，东方丝绸尚未出现，因此，禁奢法律中没有关于对托加长袍面料进行任何装饰的规定。罗马帝国的法律禁止非公民穿着托加长袍，并且严格规定各类公民的长袍颜色和装饰。普通的托加长袍为灰白色，这是罗马人传统厚纺织物的天然颜色。此外，罗马男人在服丧期间通常穿着黑色的羊毛长袍。[15]通常情况下，竞选公共职位的候选人会用白垩粉漂白自己的托加长袍，使自己的服装看上去更白，以期在人群中脱颖而出。[16]元老、骑士和其他贵族们可以用紫色布条给托加长袍镶边，以显示他们更高的社会地位。地方行政长官与祭司们的托加长袍上饰有紫色条纹，作为他们官职的标志。[17]在最高等的托加长袍中，有一种为刺绣长袍（toga picta），这种长袍一般被染成紫色，并饰有金线刺绣。一般只有凯旋的将军和众神的雕像才能穿着这种长袍。在帝国时期，罗马皇帝和高级官员在特殊场合可以穿着刺绣长袍。[18]

　　罗马人一直很好地遵循着这些着装规定,直到东方的丝绸出现在罗马帝国并取代用于制作托加长袍的厚重羊毛。特别是丝绸、羊毛和亚麻能够混纺成一种更加吸引人的轻质面料,使用这种混纺面料制作的托加长袍可以使穿着者更加神采奕奕。由于东方丝绸的出现,没有传统功勋的罗马富人们也有机会展示自己的地位和财富。相比一个穿着羊毛或亚麻托加长袍的保守贵族,一个穿着白色半丝长袍的富有自由民看上去更有身份。

　　不料,公元 9 年,统治古代中国的汉朝皇室因宫廷阴谋被暂时篡权,塔里木地区断绝了与新皇王莽的联系,中国停止向中亚输送丝绸,漫长的商道也失去了中国的保护。这意味着,到达罗马市场的丝绸数量减少,丝绸的供应越来越紧缺,价格也越来越昂贵。尽管如此,拥有最佳商业人脉的富裕公民仍然可以买到丝绸面料,那些早前依靠土地发家并公开蔑视商业活动的罗马保守派人士却无法买到,这让许多保守派人士产生了不满。[19]

　　公元 16 年,保守派精英人士采取行动,呼吁元老院制定新的反奢侈法。新法的拥护者们关心的问题可能是:拥有商业人脉的有钱人是否比公认的贵族和传承的功勋世家更有威望?因此,他们要求新法必须对公民阶层和政治阶层使用财富的方式进行限制,其中就包括限制丝绸的穿着。一位名为弗朗托(Fronto)的前执政官为"禁止托加长袍或其他男装使用丝绸面料"这一禁令提供了一个有力的理由。他从道德层面阐述了他的观点,并要求"男性不应继续使用东方丝绸,因为这种面料降低了我们的身份"。[20]

　　维新派的观点都不成功,但他们从传统价值观的层面提出了强有力的申辩。公元 22 年,此事再次被重议,提贝里乌斯皇帝最终批准立法禁止罗马人在公共场合穿着丝绸服装。在此期间,东方的丝绸开始在罗马市场上销声匿迹。随着市面上丝绸数量的减少,新法很顺利地得到实施。公元 23 年,汉朝重新掌权,恢复了华夏帝国的稳定。同一时间,中亚塔里木地区出现了一个名为"叶尔羌"的强大王国。这个王国削弱政治对手,并在南部为塔里木盆地周围的商队建立了一条畅通的商道。于是，短短十年之内，丝绸之路得以恢复，大量丝绸再次进入罗马帝国。

罗马帝国一直实行禁止男装使用丝绸面料的禁令，直到卡利古拉于公元37年称帝。卡利古拉皇帝无视禁令，堂而皇之地穿着波斯风格的丝绸服装出现在罗马民众面前。根据古罗马历史学家苏埃托尼乌斯的记载，卡利古拉皇帝"穿着一件长袖外衣，有时还穿着法律明文禁止男性穿着的丝绸服装"。[21]慑于皇帝对丝绸服装的支持，守旧派们再也无法指责重新穿着丝绸服装的任何男性同胞。于是，罗马男人们很快就开始尽情穿着他们选择的丝绸服装，毕竟摆在他们面前的唯一障碍不过是保守派的守旧观点而已。

在丝绸回归流行男装的第一个阶段，蚕丝与羊毛被混纺成新的面料，制成的托加长袍更加轻盈和光滑。由于羊毛与蚕丝的结合，原本笨重的衣服变得更加舒适，在酷暑中还能反光降温。此外，丝绸还从另一方面改良了托加长袍，托加长袍上显示社会等级的彩色布条后来都采用色彩鲜艳的不透明丝绸制成。

根据普林尼的记载，在奥古斯都统治的后期，光滑丝绸制成的托加长袍第一次在罗马帝国广泛流行。为了说明传统的罗马修辞正在变得越来越有魅力和感召力，古罗马作家昆提利安通过丝绸服装作了一个比喻。他写道："我认同现在的服装风格，我认为托加长袍应该采用光滑的面料，但是我不赞成将蚕丝纺入布料。"[22]在一封宣扬斯多葛派价值观的信件里，古罗马剧作家塞内卡写道：大自然已经为每个地区的人类提供了充足的制衣材料，"我们不购买丝绸，也可以有衣蔽体"。[23]然而，一直到罗马帝国晚期，罗马人还在流行丝绸服装。古罗马诗人克劳迪安曾记载过这样一件事情：公元395年，一个大家族的俩兄弟都成为执政官。为了彰显他们的官衔，母亲为他们精心准备了饰有金丝刺绣的托加长袍，让他们穿着去参加就职仪式。华贵的托加长袍搭配上丝绸缠绕、金丝混纺的腰带，"上面闪闪发光的是中国人从某些娇嫩植物中梳理出来的丝线"。[24]

　　有购买能力的大多数罗马公民可能倾向于选择部分由丝绸制成的面料，最主要的原因在于：相比他们所拥有的其他任何材料，只有这种面料最能体现他们的社会地位。具体的丝绸消费总量无法计算，不过，罗马市记录在册的有权获得国家粮食救济的公民多达 20 多万人。[25] 奥古斯都皇帝执政早期的人口普查结果显示，整个罗马帝国境内，有 400 万—500 万人拥有公民身份。[26] 即使只有一小部分男性公民拥有丝绸制造的服装，用于男装制作的丝绸总量也非常巨大，对古代世界经济意义深远。

　　在帝国时代早期，罗马人通常在私人活动中穿着丝绸服装。根据古罗马文学家马提亚尔的记载，有一个名为左伊卢斯（Zoilus）的罗马人生性骄纵，经常在自己家的宴会上穿着奢侈的丝绸服装。每逢这种场合，肥胖的左伊卢斯都会穿着散发出浓浓香水味的"女性化长袍"躺在沙发上。当食物端上桌时，他会撑着紫色丝绸靠垫坐起身来，用肘部推开他的客人，喝着水晶杯里从帕提亚进口的美酒。然后，在客人离桌之前，左伊卢斯就要求大家安静，然后他自己躺在沙发上呼呼大睡，鼾声如雷。古罗马作家阿普列尤斯也曾描绘过罗马的盛宴场景：穿着丝绸长袍的侍者稳稳地将美酒倒入贵客的水晶高脚杯。[27]

　　当时，许多富裕的罗马男人在夏季穿着真丝长袍。他们这样做是有道理的，在酷热的夏季，其他面料既厚重又不舒服。亚历山大城的有钱人跟随流行趋势，穿上了染色鲜艳且绣有复杂图案的丝绸长袍。犹太哲学家斐洛曾质疑过这种流行趋势，他问道："是谁想要轻薄透明的夏季长袍？是谁想要像蜘蛛网一样精致的服装？我告诉你们，就是那些过于关注他人意见的虚荣的有钱人。"[28] 据古罗马诗人奥索尼乌斯记载，罗马城有一个出身草根的富人，为了提升自己的出身地位，在自己的丝绸长袍上织入了马尔斯、雷穆斯、罗慕路斯等名人和开国皇帝的名字。[29]

　　罗马的许多教师在教学时穿着厚重的羊毛长袍。这种长袍又被称为"大披风"（pallium），根据早期希腊哲学家所穿的大长袍改良制成。公元五世纪六十年代，一个特别炎热的夏天，古罗马诗人圣希多尼乌斯劝说一位罗马朋友尽快离开喧嚣城市的教学岗位，去另一位友人的乡下庄园避暑。他写道："每年的这个时候，男人们穿着亚麻长袍或者丝绸长袍，都热得大汗淋漓，而你不但里面穿着衣服，外面还罩着厚重的羊毛长袍。"他还努力劝说道："如果你为自己的健康着想，就应该立即离开那个令人窒息的城市。"

此外，丝绸还被作为奖品授予战车比赛的获胜者，此举进一步推动了丝绸作为男装的理想面料。在帝国时代后期，作为大型战车比赛赞助者的执政官还会提供昂贵的丝绸服装，作为获胜队伍的奖品。《罗马君王传》中记载，福利乌斯·普拉西德（Furius Placidus）担任罗马执政官期间，比赛奖品的价值几乎相当于一些人祖传的财产，具体的奖品包括"部分丝绸的大衣，带刺绣的细麻布大衣，甚至有马匹"。根据古罗马诗人阿波黎纳里斯所述，在公元五世纪，安特米乌斯皇帝订购了丝绸飘带，命人缠绕在棕榈叶和桂冠上，用来奖励战车比赛的获胜者。[30] 狄奥克莱斯皇帝颁布的《最高价格法》揭示了罗马帝国在公元四世纪初存在的丝绸服饰的种类。该法令记载的丝绸服饰包括部分丝绸的外衣、部分丝绸的有袖或无袖长大衣、有罩衫或无罩衫的纯色真丝大衣。[31] 裁缝们还可以给普通衣服的领口缝上光滑的丝绸领襟，不过这需要另外收费。[32]

在帝国时期，罗马从一个尚武慕强的国家转变成一个达官显贵拼命追求个人享受和累积贵重财物的社会。普林尼曾评价道："现在的男人夏季穿着丝绸服装是因为丝绸质地轻盈，他们竟然完全不以为耻。"他还感叹道，"曾经有段时间，我们罗马男人在夏天也穿着皮革制作的战甲。不料，现在的时尚变得如此奇怪，人们竟然认为托加长袍过于沉重"。或许，在普林尼看来，加入丝绸面料但仍保留罗马风格的大衣还是勉强可以接受的，但长长的丝绸袍子让人联想到贪图享乐的东方朝廷和波斯宦官的奇怪装扮。通过观察，普林尼对罗马服装给出总结性的评价："至少，罗马男人们没有穿上亚述风格的丝绸长裙，还是为这个国家保留了一点女性专有服饰的。不过，这也只是暂时的。"

丝绸用于女装制作

丝绸拥有独特的魅力和诱惑力,对罗马妇女有着特殊的吸引力。富裕的罗马妇女钟爱丝绸长裙,并且喜欢使用丝带、阳伞等丝绸配饰。丝绸价格昂贵,不是谁都穿得起的,但可以被织成薄透的轻纱般的布料,用于制作传统的罗马服饰。普林尼声称自己知道野蚕丝纺织透明布料工艺的发明者——这是一个女人,传说她名为帕姆菲尔(Pamphile)。据普林尼所述:"这个女人拥有一项毋庸置疑的技能,她设计制作的服装能够使穿着者看起来几近赤裸。"

共和时期,罗马贵妇们穿着斯托拉(stola)长袍。这是一种笨重的亚麻长裙,长及脚踝,其上有厚重的垂褶。古罗马诗人贺拉斯描述过这样一个场景:一群女仆围在一位体面的贵妇身边为其梳妆打扮,那个贵妇身上"穿着一件上衣,长长的袍子垂到脚踝处"。因此,他说"体面的女士总是穿得严严实实,轻易不让人瞧了去"。[33] 相反地,有钱的妓女则穿着完全不同的服装,肆意地展现自己的性感。妓女们以及因犯下通奸罪行而被休弃的女人们通常穿着紧身上衣(tunica)和直筒连衣裙(通常作为内衣穿着,外面须罩上斯托拉长袍)。不过,如果单穿这种较短的衣服,不在外面罩上其他外衣,那么穿着者会被认为是不正经的女人。

公元前一世纪,埃及的托勒密王朝通过与印度进行海上贸易,获得了丝绸。为了迎合皇室的喜好,丝绸被重新纺织,最后制成薄如轻纱的精美服装。在卢西恩(Lucian)的笔下,埃及艳后为了勾引罗马将军,全身涂满香膏,穿上丝绸服装,戴上珍珠首饰,散发出"致命的魅力"。他还写道:"透过那宝石、黄金饰品以及薄如蝉翼的丝绸衣物,依稀可见她那雪白的双乳。"根据卢西恩所述,埃及艳后身上那半透明衣物的制作原料是一种"由中国蚕丝制成的质地致密的织物,但埃及的纺织工人用织针拆开了这些织物,并把它们重新拉伸成轻盈的网状材料"。[34]

在奥古斯都执政时期，更多的东方织物被运抵罗马市场，那些不受保守舆论约束的女人开始使用丝绸。这其中就包括那些有钱的妓女，她们穿着丝绸服装，展示自己诱人的肉体。古罗马诗人普罗佩提乌斯记载道，年轻的女孩们甚至因为妓院承诺她们可以穿着"好看的丝绸服装"而成为高级妓女。关于丝绸女裙，古罗马诗人贺拉斯曾这样描述：罗马的男人可以毫无障碍地观看高级妓女的胴体，因为"她们穿着的丝绸衣物透皮透肉，形同无物"。他把这个过程比作去牲畜市场查看那些待售的马匹，并且解释道：透过妓女们身上薄如蝉翼的丝绸衣物，"你可以看到她们的腿漂不漂亮，脚好不好看，甚至可以通过双眼欣赏她的整个身体"。普罗佩提乌斯甚至表示，在没有充分"验货"之前，男人为何要冒险花钱求娶一位体面的罗马女性？[35] 根据古希腊哲学家阿尔西弗朗（Alciphron）的记载，希腊妓女穿着的丝绸直筒长裙非常透明，甚至能透出她们无瑕的肤色。他还写道：有一个妓女邀请男人们来欣赏她的舞姿，"每当她摇臀摆首之际，男人们都可以透过她的丝绸长裙，看到她那不断晃动的臀部"。

古罗马诗人提布鲁斯曾迷上了罗马的一个妓女。有一群印度奴隶服侍在这个妓女的身边。这个妓女身穿"宛如轻纱、闪闪发光的饰有金丝刺绣的丝绸长裙，她的仆从们则穿着鲜艳的紫色和蓝色服装，这让她的长裙显得更加仙气十足"。普罗佩提乌斯也曾恋上一个名叫辛西娅的女孩，此女十有八九就是一个妓女。他质问这个女人："为何你那样风骚地走路？为何把头发盘起来？为何只穿着丝绸长裙，袒胸露乳？"古罗马作家阿普列尤斯写道："如果女人们想要证明自己真的美丽可爱，就应该脱下长裙和衣服，展示自己的裸体。她们应该知道，比起丝绸的光泽，男人们更喜欢女人光滑肌肤的天然红晕。"[36]

古罗马诗人尤维纳利斯曾描述过女角斗士（经过训练的女奴，须半裸身体进行角斗）的外表。他提醒读者注意"女角斗士在进行规定练习时的沉重呼吸"。他还表示，这些女人即使穿着最轻薄的长袍，也会感觉非常不舒服。

按照尤维纳利斯的说法，"哪怕是最好的丝绸薄纱，也有可能划破她们细嫩的肌肤"。

在奥古斯都时代，丝绸织物增添的感官刺激与显性的女性美之间的关系成了罗马文学的一个流行主题。普罗佩提乌斯提出了这样的问题："男人在彩色丝绸底下找到了怎样的慰藉？"据他所述，他的爱人就是他写诗的激情和灵感的来源，"她穿着闪闪发光的丝绸款款而行、顾盼生姿，这令我的整本诗集也像丝绸那样熠熠生辉"。

罗马帝国的一些权贵反对新兴的丝绸服装，因为这些服装有悖于部分罗马人认为女性在公共场合应该保持端庄谦虚的保守观念。古罗马剧作家塞内卡是这种观点的代表人物，他写道："我见过丝绸长裙。不过，它们既不能保护躯体，又无法令人显得谦虚，怎么能称之为衣服呢？穿着这些丝绸长裙的女人几乎不能问心无愧地表示她不是一丝不挂。"[37]在塞内卡的悲剧作品中，女主角淮德拉在放弃东方丝绸服装时曾这样说道："再也不要项链勒着我的喉咙，再也不要雪白的珍珠（印度洋的馈赠）拉扯我的耳朵，再也不要涂抹亚述的甘松香脂，就让我的秀发自由地披散吧。"[38]

不过，罗马人反对丝绸服装还有一个原因。罗马帝国需要花费高价从遥远的国家进口丝绸。对于罗马帝国而言，这可能是比任何道德缺失都要严重的问题。塞内卡解释道："罗马帝国从商人们都不知道的国家高价进口丝绸布料。于是，女人们在大庭广众之下衣着暴露，她们原本只有在情人面前才敢这样裸露自己的身体。"[39]

随着时间的推移，丝绸作为女装面料日益受到推崇，尤其是当罗马皇帝的妻子和情妇也开始在公共场合穿着精美的丝绸服装。这些经久耐穿、造型别致的丝绸服装通常只在公开典礼上露几次面，然后就被束之高阁。这意味着皇室逐渐积累了大量精美而独特的丝绸服装。不过，丝绸与性欲之间的联系仍然存在，古罗马文学家马提亚尔曾这样写道：爱人的亲吻"比皇后在帕拉蒂尼山皇宫衣橱里的丝绸长袍还要珍贵"。

最终，所有阶层的妇女都开始使用丝绸面料。透明度适中的丝绸可以在保留传统长裙形制的基础上，被制成重量轻盈的服装。相比标准亚麻布料，中国丝绸或羊毛与丝绸的混纺面料更加舒适。身穿普通衣服的妇女们还可以在头上缠上彩色的丝绸头巾，一方面为自己的服装加分，一方面还可以避免地中海灼热阳光的炙烤。马提亚尔曾将"装满葡萄酒的水晶酒杯"比作"透过丝绸褶皱显露出的女性之美"，二者皆如同清澈溪流中的鹅卵石般清晰可见。

丝绸长袍的广泛流行可能始于罗马的年轻妇女。奥古斯都时代诗人普罗佩提乌斯在他的作品中建议年轻女性："尽管你青春无敌，脸上毫无皱纹，你仍需善用美貌，装点秀发并穿上柔软的丝绸长裙。"不过，成熟的女性很快也跟上了这个流行趋势。古罗马诗人贺拉斯指责他的旧情人莱斯（Lyce）穿着打扮不符合年龄。他写道，莱斯"穿上紫色丝绸服装，戴上闪亮的珠宝"，努力让自己看起来有吸引力，但"这永远无法让她重新找回以往充满魅力的自我"。[40] 贺拉斯曾作诗描写一位逐渐老去的妓女，其中有句诗词的大意为"斯多葛学派的典籍可能更喜欢在丝绸枕头间休息"。[41] 马提亚尔曾描写了一位名为加拉（Galla）的女人。这个女人在年轻时可能是个妓女。她嘴里戴着象牙制成的假牙，脸上涂着浓妆，头上戴着精致的假发。马提亚尔写道："你的卷发从头顶披散下来；当你在晚上脱下丝绸服装时，你还需要一并取下你的假牙。"罗马人当时常用的染发剂会对头发造成长期的损害。古罗马诗人奥维德曾警告罗马妇女："务必停止染发，否则你的头发将会掉光。"他建议罗马妇女不要盲目相信理发师，应该让她们浓密的头发自由地披散，看起来"就像一匹彩色的绸缎"。[42]

公元一世纪中叶，许多富有的罗马妇女想要穿上丝绸服装，并为此付出高昂的代价。一件斯托拉长袍所需的丝绸面料的成本就高达 2000 塞斯特斯。一件经过裁剪、装饰和刺绣的丝绸礼服可以卖到 1 万塞斯特斯。[43] 如果制作过程中还采用了昂贵的染料，或者使用了珍贵的金丝刺绣，那么丝绸长袍的零售价格还会更高。因此，一名罗马士兵一年挣到的军饷可能都无法买到一件质量上乘的丝绸长裙。不过，对于那些家中拥有大量田产的罗马贵妇而言，这算不上什么大开销。

丝绸用于求偶行为

从奥古斯都时代开始，富裕的罗马男人在求爱时所赠送的礼品至关重要。昂贵的丝绸服装在当时被视为求爱者所能给予的最贵重的礼品。诗人普罗佩提乌斯建议年轻女性青睐那些给她们赠送昂贵礼品的男人，他说道："请无视只送你诗词的所有男人，因为这些诗词无须任何成本。"诗人提布鲁斯的作品也证实，罗马的年轻女孩们会要求富有的求爱者赠送丝绸长裙。他谴责女性的贪婪，并把一切归咎于东方商人从遥远的国度带来了极具异国情调且价格昂贵的丝绸商品。提布鲁斯指责商人的行为"让女孩子贪婪地想要获得丝绸和印度洋出产的明亮珍珠"。诗人奥维德建议罗马男人"支持并称赞"他们的女人："如果她穿上了泰尔紫长袍，那么你就称赞泰尔紫；如果她穿上丝绸服装，那么你就称赞丝绸服装极为时尚；如果她的长裙上饰有金丝，那么你就赞美她本人比黄金还要珍贵。"[44]

买不起昂贵丝绸衣服的罗马男人可以选择购买黄金别针，或用于将精致发型固定在合适位置的彩色丝带，作为送给爱人的礼物。马提亚尔在诗歌中建议男人们在农神节送给女孩们一支金钗："插上这支金钗，你秀发上的香油就不会弄脏你那华丽的丝绸衣服。"罗马妇女还喜欢其他的丝绸配饰，包括能够遮挡阳光的、精美的丝绸阳伞。这些轻便的配饰可以让仆从携带，其面料通常被染成鲜艳的颜色。在作家阿普列尤斯写的奇幻剧中，女神维纳斯出场时，男仆特里登（Triton）为她撑着一把丝绸阳伞。[45]古罗马诗人尤维纳利斯在他的讽刺诗中提到，男人们可以在农神节向女性友人赠送绿色的遮阳伞。

有些富有的女人还给小型私人马车的车架装上丝绸帷幕。普罗佩提乌斯曾写道，恋人辛西娅那辆"丝绸装饰的小马车得意扬扬地驰骋在鹅卵石铺成的小路上"。

公元一世纪末，罗马市中心附近的托斯卡纳街上有了一个丝绸市场。古罗马作家马提亚尔抱怨丝绸让他讨好情妇的成本升高。他写道："如果不从托斯卡纳街购买最上等的丝绸长裙，她总是嚷嚷着没有长裙可穿。她随随便便就要我给她 100 个金币，就好像那只是 100 个铜板一样。"他还写道，"要是我的情妇真的值得我购买这些礼物就好了"。根据马提亚尔所述，托斯卡纳街上最上等的丝绸长裙当时的售价是 100 个金币，也就是 1 万塞斯特斯，这相当于一个罗马士兵六年多的军饷。

最终，随着丝绸成为最受欢迎的婚礼服装面料，丝绸服装也成为传统罗马仪式中不可或缺的一部分。婚礼让新郎的家庭有机会对外展示他们的财力，而这一点可以通过在婚礼上展示昂贵的丝绸服装和陈设来实现。在罗马的婚礼上，有时会在新婚夫妇的门厅里展示一张床。新郎抱着新娘跨过门槛，带她进入装饰有花朵、水果等生育象征的婚房。房内通常装有丝绸窗帘。作家阿普列尤斯描述道，婚床"通常制作得精良且高档，铺着丝绸被褥和其他必要的床上用品"。[46] 公元四世纪，当罗马的霍诺留斯皇帝迎娶一位高级军事指挥官的女儿时，婚房装饰有"黄色的中国丝绸，以及垂到地面的西顿挂毯"。[47]

在罗马帝国，新娘通常穿着一件朴素的白色长袍，腰上系着一条打着象征性"结婚结"的腰带，这个结在婚礼结束后将由新郎亲手解开。婚礼之前，新娘的头发需要用祭典之矛分开，然后编成辫子，绑上鲜花，再在头上盖上一种名为夫拉姆梅吾姆（flammeum）的黄色头纱。[48] 在富裕的家庭，这些衣物和饰品都由昂贵的丝绸制成。

有钱的父亲们可能会花钱为女儿准备嫁衣。古罗马小说家佩特罗尼乌斯不得不提醒道："女子的节操和美德才是最珍贵的。"他还提出了一个问题：

"新娘是否应该穿着薄如蝉翼的长裙或衣着暴露的衣服站在婚礼现场？"[49]希腊作家普鲁塔克曾就"婚姻中真正重要的是什么"这一问题给一位名为欧利蒂丝的年轻女子提出建议。普鲁塔克告诉那名女子：女人在婚姻中最重要的是要给丈夫带来"快乐"。他还表示，其他女人将对此感到羡慕，"就如同她拥有了许多珍稀宝石"。普鲁塔克在许多婚礼上对新娘说的话证实了婚礼的花费："你在婚姻中的良好品行，将与新郎高价为你购买的珍珠和丝绸一样珍贵。"[50]在希腊小说家赫利奥多罗斯所写的一个冒险故事里，东方的使者在主人公结婚当天登门道贺。这些丝国人（中国人）带来了一种"蚕虫丝制作的面料、一件染成紫色的服装，以及其他白色的服装"，并且证实"这是由他们国家所饲养的蚕虫吐出的丝线做成的"。[51]

尽管丝绸价格高昂，但大多数的父亲仍然愿意出钱为女儿购买丝绸和珠宝。尤其当丝绸和珠宝被视为嫁妆的一部分时，更是如此。当小普林尼听到朋友范达努斯（Fundanus）年仅十几岁的女儿在婚礼前夕去世的噩耗时，他写道："当我听到范达努斯下令将原本打算为女儿购买衣物、珍珠和宝石的钱财用于购买女儿葬礼所需的香品、香膏和香料时，我的悲伤无以言表。"[52]范达努斯的行为可能遵循的是罗马帝国传统的葬礼风俗。然而，罗马帝国的葬礼后来也逐渐开始使用丝绸面料。古罗马诗人斯塔提乌斯曾描述过弗拉维·阿巴斯坎塔斯（Flavius Abascantus）为妻子普丽西拉（Priscilla）举行的葬礼：火葬堆周围燃着昂贵的香脂和印度香。在正中央的位置，普丽西拉的尸体躺在"泰尔紫丝绸遮阳篷底下高耸的丝绸堆上"。

丝绸用于日常生活

公元二世纪，一位被称为"亚历山大的革利免"的基督教神学家生动记录了昂贵的丝绸服装在罗马帝国境内的风靡程度。颇为矛盾的是，他之所以这么做是为了谴责人们使用丝绸的奢侈行为。这位神学家的一大反对理由在于，基督教教会中的有钱妇女争先恐后地想要穿上最为昂贵和最引人注目的服装。他表示，这种地位竞争导致一些基督徒聚会变得如同多姿多彩的选美比赛，再也不是相互平等的信徒们一起敬拜上帝的虔诚聚会。[53]

对于这些有钱的罗马妇女，革利免提出了一个问题："为何她们一定要追求稀少又昂贵的丝绸服装，而不是那些便宜又易得的其他服装呢？"他进一步说明，如果把这些女人剥光并当作奴隶出售，那么她们裸体的价值将低于她们现有服饰的价值。在她们自己的消费驱动价值体系中，"女人本身的价值低于蔽体衣物的价值"。革利免认为，丝绸服装下流无耻，危害社会。他抨击透明的丝绸服装。在他看来，这些"透皮透肉的面料，加上一条细长的面纱，几乎不可能起到遮羞布的作用"。革利免认为，紧身的丝绸服装令人反感，因为这些豪华长裙紧贴着女性的身体，虽然从外观上看不到女性的裸体，但"这种长裙非常贴身，顺着女性身体的曲线，显示出女性独特的身材特点，令女性身体轮廓一览无遗"。因此，"尽管看不到长裙底下的肌肤，围观者仍然可以看到女性的整个身体曲线"。[54]

他还列举出部分丝绸服装，劝告信奉基督教的罗马贵妇不要穿着"那些在阳光下闪亮夺目的彩色丝绸披肩、染成紫色且饰有金丝的精美彩色服装、装饰有动物图案的长裙、染成藏红色的服装、泡过药的长袍，以及由多层彩色蚕丝薄纱制成的昂贵服装"。此外，革利免还提到了罗马人将纤细金丝纺入昂贵面料的做法，并证实当时的女装在色彩范围上几乎是无限的，涵盖了从橄榄绿到玫瑰粉的所有色调。在他看来，丝绸服装没有任何的实用性，只是"纯粹为装饰而穿的织物"。[55]

基督教对丝绸的批评一直延续到后罗马时代。公元五世纪，古代西方圣经学者哲罗姆劝导基督教女教徒，如果有亲友带着她们参加在"郊区别墅美丽花园"里举行的社交聚会，那么她们应该避免与这些亲友交往。他警告道，在这样的社交聚会上，任何一位衣着朴素、"打扮素净"的女性都会发现"自己置身于一群沉迷于丝绸服装不可自拔的年轻人之中"，"看着其他女性穿着丝绸长裙和金丝锦缎，对自身百害而无一利"。[56] 根据罗马指挥官格隆提乌斯（Gerontius）所述，有一个名为梅拉尼亚的女孩，她父亲身居元老之职。这个女孩想要在瞒着亲友的情况下遵守基督教禁止穿着丝绸服装的严格教规，又必须遵从父母提出的"穿着能够显示身份地位的丝绸服装"的要求。为了既能遵守基督教禁欲教规又能满足父母的愿望，梅拉尼亚"里面穿着丝绸，外面则穿着粗糙的羊毛大衣"。在梅拉尼亚向家人公布自己的信仰之后，她的头生子早产并在洗礼后夭折。悲痛欲绝的梅拉尼亚"在头生子夭折后宣布放弃她的所有丝绸服装"。[57]

不过，丝绸的抗拉强度和弹性俱佳，所以，也有实际的用途。作家阿普列尤斯曾描述过这样的场景：一户罗马家庭的一位厨娘系着一条丝绸腰带，正在剁动物的内脏（剁碎后的内脏可以用作馅料、肉末，还可以做杂碎汤）。她"穿着一件白色束腰外衣，腰上系着一条红色丝绸腰带。每当她旋动着煮锅使食物在锅内呈圆弧翻动时，她的腰就弯下来，臀部就扭动起来"。[58] 公元四世纪，古罗马史学家阿米阿努斯评论道："过去，只有贵族才能使用丝绸；但现在，所有阶层都能使用丝绸，甚至最底层的人也是如此。"

史料显示，东方丝绸还被用于古罗马的其他行业。例如，罗马医生就曾在截肢手术中使用丝绸。古罗马的希腊医学家盖伦表示，"在暴露的血管较大或脉动强烈时"，应使用绷带绑扎动脉周围来止血。这些绷带必须采用一种不会在伤口处腐烂的材料制成。盖伦建议道："如果是在罗马以外的城市做手术，那么请使用蚕丝纺织的缝合材料。在罗马帝国，富有的女人们经常用蚕丝制成的丝线，尤其是在罗马的大城市，那里有许多这样的女人。如果找不到蚕丝制成的线，那么请选择最难以腐烂的材料。"[59] 现代医学研究证实，由蚕丝编织而成的缝合线能够长期地保持抗拉强度，而且构成蚕丝的蛋白纤维会在两年内被周围组织吸收。

对于罗马帝国的许多属国而言，东方丝绸似乎是一种无所不在且不可或缺的商品。根据基督教《新约》所述，罗马的财富与外国进口有关，其中就包括东方丝绸的运输和销售。《启示录》的先知曾这样预言罗马的灭亡："地球上的商人为她哭泣哀悼，因为再也没有人购买她的商品，包括金银、珠宝、珍珠、细麻布、紫色丝绸、蚕丝和红色丝绸等商品。"

　　罗马帝国末期发生的一个事件充分说明了东方丝绸在整个帝国时期的受欢迎程度。公元 408 年，一个名为亚拉里克的日耳曼首领从西哥特王国入侵意大利。他威胁说，除非罗马的元老院给他一大笔赎金，否则他就要洗劫罗马城。亚拉里克要求的赎金包括 5000 磅黄金、3 万磅银以及 4000 件丝绸长袍。元老院派人从城中富人家里收罗丝绸长袍，但富人们把他们宝贵的丝绸衣服藏了起来，不让元老院派来的人找到。最终，元老院无法凑齐全部赎金。看来，罗马城的不少人宁愿冒着城市被毁的风险，也不愿交出他们宝贵的丝绸服装来拯救城市。

丝绸之路的补给

　　在罗马帝国时期，丝绸是西方社会最昂贵、最受欢迎的消费品之一。然而，罗马帝国的大多数人对这种独特织物的真正来源知之甚少。罗马人知道，远东地区生活着大量人口，他们的存在可以从中间商将远东出产的大量丝绸运抵印度和帕提亚这一点上得到证实。不过，中国与罗马之间距离遥远，这限制了中罗两国之间的直接联系。

　　史料表明，一支叙利亚商队从幼发拉底河出发，至少要花 100 天才能穿过帕提亚帝国的伊朗地区，接着再花 50 天才能穿过贵霜王国的巴克特里亚（今天的阿富汗）地区。[60] 然后，再经过 25 天的长途跋涉，商队才能到达一个名为塔什库尔干的贸易站。这个贸易站介于巴克特里亚与喀什绿洲地区（位于塔里木盆地的西部边缘）的中间。因此，商队至少要花费 150 天，或将近

5个月，才只能走完丝绸之路的西段，到达塔里木地区。[61]

中国的史料证实，在政治活动频繁的时期，中国每年有十多支经过国家授权的商队沿着塔里木丝绸之路出访沿途的各个国家。[62] 这个数字表明，中国和河中地区之间进行的贸易规模十分庞大。中国的古籍记载，有一支伊朗商队的600只骆驼驮着1万卷丝绸（重约4吨）离开中国。[63] 照这样计算，同样规模的10支商队能够出口10万卷（也就是40吨）丝绸。中国汉朝的人口超过5000万人，因此，40吨丝绸的出口量意味着每百万人口出口不足1吨的丝绸。相比汉朝每年为了维持北部边境和平而向匈奴帝国缴纳的岁贡，这个出口量算不上什么大手笔。截至公元前1年，匈奴每年从汉朝收到的丝绸就多达27吨。[64] 这些数字可能看上去很大，但这实际上只是中国古代丝绸产量的一小部分。根据《晋书》记载，中国政府在公元204年向每家每户征收超过一磅的丝绸作为赋税。公元301年的史料显示，当时的国库存有400万匹（即4万吨）丝绸。[65]

中国出口的丝绸中只有一部分被运抵罗马帝国，不过，这笔国际贸易仍然意义重大——在罗马市场中，10吨普通的中国丝绸可值1600万塞斯特斯，足以制作8000件大衣或1.6万件长裙。这一数据表明，罗马帝国在公元一世纪的人口可能达到5000万人。它还说明，可能只有罗马社会最顶层的1%的罗马人能够享用新奇的丝绸面料。不过，大部分罗马人可能拥有已经穿过的或从其他物品改制的丝绸服装。

罗马对中国的认知

罗马人将远东的丝绸供应商称为"丝人"（Seres），顾名思义就是"提供丝绸的人"。"Seres"一词可能源于罗马人从印度商人或伊朗商人口中听到的汉字"丝"的读音（si）。讲希腊语的罗马商人将"si（丝）"读成"sir（ser）"，并由此词根衍生出其他的词语。例如，"sericos"意为"丝制的"，"Serica"意为"产丝之地"。

　　罗马帝国的学者对于远东地区如何生产丝绸知之甚少，只是简单地认为丝绸可能是一种如同棉花或亚麻那样生产的植物纤维。古希腊历史学家斯特拉波认为，东方丝绸是"一种用某种干燥后的树皮制得的绒毛纤维"，而古罗马诗人维吉尔则凭空想象，认为丝绸是由"丝人从织物叶片中梳理出的一种纤细绒毛制成"。[66]这可能指的是直接从桑树的叶片上摘下的蚕茧。普林尼同样也认为，丝绸是"一种从植物中找到的绒毛纤维"。直到公元二世纪，希腊地理学家保萨尼亚斯才纠正了上述学者的部分错误。他写道："丝人制作衣服的丝线并非产自某种植物，而是产自希腊人称之为'ser'的一种昆虫。"保萨尼亚斯描述道，这种昆虫"体型较大，长得像蜘蛛，可以在树上吐丝结网"。他还提到了中国的养蚕业：丝人饲养这种昆虫，在冬、夏两季会为其搭建栖身之所；这种昆虫在成熟时会晃动脑袋，绕着足部，吐出细丝。保萨尼亚斯很可能是从那些通过陆上丝绸之路到达中国的印度商人口中得到上述资料的。

　　公元一世纪初，罗马人对于中亚的认识从未超出塔里木西部边缘的费尔干纳地区。大多数受过教育的希腊人和罗马人认为，亚洲大陆终止于恒河北部与喜马拉雅山脉中部。在这样的世界观之下，罗马人根本不知道远东地区还有一个可与罗马帝国媲美的东方大国——中国。因此，罗马人认为，贩卖丝绸的塔里木人就是丝绸的主要生产者。

　　古罗马政治家西利乌斯认为，当庞贝古城附近的维苏威火山喷发时，火山灰能够点亮并影响"丝人生产丝绸的树林"。[67]公元三世纪，霍姆斯城的希腊小说家赫利奥多罗斯编写了一个以埃塞俄比亚为背景的冒险故事，故事中的外国访客就是丝人。[68]公元四世纪，拉丁诗人奥索尼乌斯甚至想象了丝人在航海旅行中的情景。他写道："看那穿着宽松长袍的丝人！在山林间，他们能够制作轻纱；如今在海上，他们能够为商人制作飞镖。"[69]这位诗人热衷于异国情调的主题，喜欢描绘引人遐想的画面。他所写的诗句与现实存在很大差异。

第三章
中华帝国和匈奴帝国

中国古代很多文献详细记录了汉朝以及汉朝对古代世界经济起到的重要作用。诸多政治和宗教研究从汉朝（公元前 206 年—公元 220 年）流传至今，其中，就世界性事件而言，影响最深的是中国的三本史书，即《史记》《汉书》和《后汉书》。[1]

《史记》的作者是司马迁，该书记载了中国上古时代至公元前 86 年前后（即司马迁逝世之年）的历史。《汉书》的资料来源主要是官方档案，记载了公元前 206 年至公元 23 年（西汉时期）的历史。它的作者班彪是一名汉朝官员，于公元前一世纪中期开始撰写这本正史。班彪逝世后，他的儿子班固继承父业，续写这部作品，而班固逝世后，他的妹妹则继续编写班固的遗作。公元五世纪，范晔编撰了记载东汉（公元 25 年—公元 220 年）历史的史书，即《后汉书》。该书的撰写基于原始传记资料，包括汉朝真实的宫廷记录。[2]

除此之外，另一部史书《魏略》（魏国简史）描述了汉朝灭亡（公元 220 年）后，在中国北部兴起的一个政权。此书久佚，但书中的一篇佚文《西戎传》为后世文人所引用，并被保留在了另外一本巨著——《三国志》（记录三国时期历史的史书）中。[3]

古中国人称希腊文明为犁鞬，因为身处西亚的它是在受到马其顿的亚历

山大和他在希腊的继承人统治后，才为人所知。根据中国人的命名制度，犁
鞬这一朝代名取自其民族名称，正如汉族这一称呼取自大秦帝国（发音为
"Chin"）和之后的汉朝。当古中国人发现罗马帝国时，他们称其为大秦，
意为"伟大的中国"，因为他们承认：罗马帝国所统治的领域，无论是从规模
上还是从政权上，都与当时中国的统治领域相当。

中华帝国的建立

公元前三世纪，中国被划分为七个强大的农业诸侯国，其中包括统治华
北平原以西地区的秦国。在古代中国，两军对战时传统上使用的是步兵和战
车，但是，秦国组建了若干骑兵部队，这些部队所使用的装备和战术均取自
亚洲大草原的外域骑兵。依靠这些骑兵部队，秦国取得了军事优势。

公元前 230 年至公元前 221 年，秦攻灭六国，统一了古代中国的核心领
土。秦国君主名嬴政，宣称自己是统一中国的第一个皇帝，并取名秦始皇（秦
朝的第一个皇帝）。秦朝享国 14 年，统治期间严苛残暴，并征用了大量的劳
动力和物资，令当时的老百姓负担沉重。但在此期间，秦在全国范围内建立
了一个标准化的管理和军令制度，成功统一了中国。公元前 215 年，秦始皇
派将军蒙恬征伐环绕鄂尔多斯沙漠的河套地区，驱逐依赖草原生存的游牧民
族——匈奴骑兵，扩大了中国的领土。蒙恬率 30 万大军（最初是 10 万士兵，
之后秦又征用 20 万徭役）出征。这支部队收复了黄河以南的所有土地，将
中国边疆向北延伸至沿戈壁沙漠边缘绵延近千英里的阴山脚下。

此次出征胜利后，蒙恬开始巩固和扩大秦北部边境的边防，以建立一个
更为统一的防御体系，也就是古人所说的万里长城，或者现代学者所称的"长
城"。秦长城包含多段之前各国修建的长城，保护着半荒漠草原和百姓定居的
农业区之间的通道。这条连绵不绝的防线东达朝鲜半岛，西抵鄂尔多斯沙漠，

沿中国北部边界绵延 3000 英里（1 万里）。此段防御工事利用了天然的地形（例如林地和高山）来阻挡或抵御来自草原骑兵的侵犯。司马迁评论蒙恬"筑长城，因地形，用险制塞""行观蒙恬所为秦筑长城亭障，堑山堙谷，通直道，固轻百姓力矣"。[4] 在燕山蜿蜒的山路上，一座座瞭望哨和瓦砾石墙拔地而起，横跨于涧谷和峡谷之上。沿着西部的边界，城墙横跨低矮的山丘，阻塞了河流冲积平原，或是绵延不断地横跨起伏的草原和沙漠边缘。

在为期两年的建设期间，数万名徭役被运到边界，划分成不同的队伍，用于伐木采石、开凿沟渠或修筑壁垒。他们从深沟中挖掘泥土，压实，然后用这些土在大草原上修筑了一道蜿蜒的城墙。其中某个队伍将建一个高高的木制框架来支撑竹子或白杨木杆做成的两道平行的屏障，然后往这些屏障里塞满从外面沟渠挖出来的碎石、沙砾、树枝和土壤，反复敲打，直到这些屏障形成了坚固的土垒。之后，他们将移除木制框架，并在土墙外层涂一层粗糙的黏土混合物，使其在太阳下晒干。与此同时，下一段城墙的施工队伍将拿走木制框架，重复以上步骤。城墙的材料取决于当地的资源，有些地区的黏土状泥土可以使屏障更加牢固，而在其他地区，往细粉状的黄土中添加碳酸钙，可以令建筑物的硬度与水泥相近。这些夯土城墙当中，有些达 18 英尺高，6 英尺宽。这些绵延的城墙和沟渠永久性地损伤了中国的山河风景，据称，长城修好后，蒙恬非常自责，认为："此其中不能无绝地脉哉？"[5]

长城拥有包括墩堡和烽火台等在内的一套完整的防御网。各墩堡均有羊马圈和一个信息传递系统，来向各要塞传递信息。比如，前哨基地之间都插了旗帜，则表示"警报解除"。烽火台上备有传递信号的烽火，用于点燃烽火的燃料悬挂在一根长长的活梁之上，士兵发现草原骑兵侵袭时，便会点燃烽火，并将活梁吊到距地面 40 英尺的高度。为了保障防御体系的完整，他们总共需要 1 万多名士兵驻守长城沿线的边防墩堡和烽火台。此外，秦迁移 6 万名谪戍定居边疆沿线，从事垦田灌溉工作，为边疆驻军提供食物、装备和基础设施。据司马迁记载，蒙恬"筑四十四县城临河，徙适戍以充之"。这些数据表明：这些新的边疆县城迁入的居民或佃户可能超过 1 万人。蒙恬还在边境沿线建立了一条重要的便于交通和通信的路线，称为"直道"。[6]

秦始皇虽然开拓了中国的疆土，但是他残忍专制的统治手段，如焚书坑儒，也广为人知。[7]公元前 210 年，秦始皇驾崩，之后，他还未及弱冠的儿子秦二世继位。秦二世继位后一年内，各地纷纷爆发抗秦起义，最终出现古代中国两大政权之争。其中一个政权的领袖便是史上有名的亭长出身的刘邦。秦朝内乱开始时，刘邦正在执行一项任务：押送大批囚犯前往骊山（位于陕西省）修建庞大的秦始皇陵。但是，由于天气恶劣，这支押送队伍未能按照朝廷规定的时间送达囚犯，按当朝律令，这支队伍将要接受严厉的惩罚。刘邦不想接受惩罚，因此，他释放了这批囚犯，成了他们的头领，然后躲了起来。这些逃犯构成了刘邦起义军的基石，之后，这支队伍慢慢融入了农民和秦朝军队中反对秦朝统治的军人。在随后的权力争夺当中，刘邦被封为"汉王"，并最终击败了所有的对手，取得了国家的最高权力。刘邦重新统一了中国，并自称为高祖。他建立的汉朝为中国带来数百年的稳定和繁荣。出于对秦朝的尊敬，汉朝统治的这片土地被称为"中国"或"中原"，因为当时的人们认为华夏民族看起来像是位于已知世界的中心。

公元前二世纪，汉朝成为古代世界最大的王朝，据官方统计，它的人口数量超过 5000 万人。[8]但是，在中国北部和西部的亚洲草原上，几股强劲的势力对汉朝虎视眈眈，其中包括游牧民族部落联盟：匈奴（英文为"Hun-nu"或 Huns）。面对着这些敌人，汉朝政府利用丝绸来制定通商政策，以保证汉朝的长期统治地位。特别需要指出的是，汉朝决策者们认为：他们可以通过贸易出口这一方式让外族势力在经济上依赖中国的产品和工业制品。如此一来，若外族势力不服从汉朝的权威，那么汉朝将会对其实施贸易制裁，令其经济受损。

中国军队

汉朝有能力发起大规模的战争。西汉实行征兵制，士兵多为年轻的农民。应征的士兵须服役两年，一年接受训练，另一年戍守边郡。两年后，这些士兵便可以领取服役的报酬，恢复平民生活。朝廷会给所有的士兵发放官府作坊制作的军事装备和征税得来的军粮。朝廷向士兵发放的军饷是铸币，但有的时候，朝廷也会按标准向士兵发放丝织物来充当军饷，士兵们则可在边境市场贩卖这些丝织物，或用它们换取其他物品。征兵制意味着大部分中国男性百姓有从军经历，并可以轻松胜任地方民兵兵役。这一制度还意味着：在出现战争危机或其他紧急事件时，成百上千的退役军人可以应召入伍。

在战争期间，汉朝可以迅速地组织多达 30 万名士兵，并将其派往战场，不过，这些士兵当中，只有少数人能成为专业的军人。东汉时期，整个国家的长期职业军人不足 4 万人，而这些老兵通常驻守在都城洛阳附近和中国北部的几个重要的边境站。[9] 东汉王朝还与同盟势力签订了政治协议，招募了大量的草原游牧勇士进入正规军。[10] 这令当时的中国能够以相对较少的兵力来保护边境。

古中国人已经能够制作精密的手持弩和配套的弩箭。弩箭带钢制箭镞，可射穿盔甲。[11] 弩兵们还在他们的弓弦上装了一个可调节的箭环，令他们的视野更广阔，同时确保射击更加安全精准。[12] 中国尹湾曾出土了一些古代文献，其中就描述了公元前 13 年，存于西汉首都长安的军事装备。当时的军队囤积了这些武器，以备将来和亚洲草原开战时使用。在此期间，朝廷的军械库储备了 2300 多万件装备，其中包括 50 万支弩和 1100 多万支弩箭。[13]

在秦始皇陵附近，有一座令人惊叹不已的考古遗址，那里最能够说明中国古代士兵所使用的武器和穿戴的装备。秦始皇陵的标志是一座 300 英尺高的古墓，也就是骊山。汉朝史学家司马迁对秦始皇陵地宫的描述为"宫观百官奇器珍怪徙臧满之"。据闻，地宫中心有一个巨大的已知世界的模型，其中天花板上绘有一幅天体图，地板上则雕刻有一幅世界地图。地宫内的许多洼地填有大量液态水银，仿若江河大海川流不息，并在鲸油制成的长明灯的照射下，发出粼粼波光。秦二世说"先帝后宫非有子者，出焉不宜"，因此，当秦始皇驾崩后，他的后宫嫔妃均被殉葬。据司马迁记载，在墓道内门关闭前，秦始皇"令匠作机弩矢，有所穿近者辄射之"。据说，当秦始皇被下葬到地宫后，修建皇陵的工匠们都被封在陵墓内。司马迁对此的描述是："大事毕，已藏，闭中羡，下外羡门，尽闭工匠藏者，无复出者。树草木以象山。"[14]秦始皇陵的封土堆形似椎体，土壤颜色为微红色，规模非常大，尽管这座封土堆尚未被发掘，但它里面可能建有不亚于皇宫宫殿的房子。据现代技术分析，从秦始皇陵封土提取的土壤样本显示有高浓度的汞污染，这表明，本文所述古籍的部分记录或许可信。[15]

1974年，一群中国农民在距秦始皇陵1英里处打井时，发现了一个俑坑，里面有诸多秦朝士兵的等身陶俑。据说，秦始皇打造这支"军队"的目的可能是希望它们能够在阴间保护自己。随后，在此处总共发掘出了3座俑坑，每座俑坑中都有穿着制服的兵马俑，这些兵马俑或破碎，或残缺不全。当前数据表明：3座俑坑中，总共有8000个步兵俑、130辆驷马战车和150匹鞍马，每匹鞍马前立有骑兵俑。这些兵马俑最开始被封存在3座修于地底的木坑里。这些俑坑与宫殿走廊相似，通过宽阔的通道相互连接。一号坑长750英尺，宽200英尺，内有6000多个步兵俑；二号坑内有骑兵俑、战车俑和其他的步兵俑；而三号坑则设有军吏俑和将军俑。除了这3座俑坑外，还有第四个俑坑，这个四号坑似乎是空的，不过这里也有可能储存过粮食或其他易腐烂的祭品。这些破碎的兵马俑中有残余的焦木，这表明有人曾入墓盗窃，并放火烧了这里，事件发生时间可能是在秦始皇驾崩后，各地爆发起义期间。[16]

秦始皇在位期间，皇家作坊曾为皇宫制作过赤陶排水管，这为兵马俑的制作提供了技术基础。为了制作每个战士的头、躯干、手臂和腿，工匠们用黏土模具将这些兵马俑分成好几部分。兵马俑制作过程中，不同的皇家作坊负责制作不同的部件，他们在负责的部件上标记作坊的印鉴，然后在俑坑附近将这些部件组装起来。兵马俑的腿中空呈管状，类似一节节的排水管，这证明了他们的设计灵感来源。[17] 兵马俑的头部制作采用了大概 8 种模具，不过，每件兵马俑的面部特征和表情都是直接雕刻的。随着职责和军衔的不同，这些兵马俑穿的军服和发型也有所不同。这些兵马俑最开始是在黏土上着色，色调苍白，不过，现在这些颜色大部分已经剥落或褪色。大部分步兵的军服都被涂成暗红色和黑色，而军官的衣服则被涂成紫色和蓝色。

过半的步兵身着铠甲，其中包括形似夹克的黑漆薄片铠甲。这些铠甲由诸多小片皮革或金属札叶制成，这些皮革和金属札叶被牢牢地系在一起，呈鳞片状搭接在士兵的肩部。骊山附近还发掘出了数套礼仪性的石铠甲，这些铠甲为上文所述的薄片铠甲提供了更多的线索。石铠甲由无数石片制成，每个石片之间通过金属绳相连。整套铠甲还包括一个很大的仅露出脸的头盔，这种头盔也是用石片制成，既精巧又时尚。这种石铠甲并不实用，不过它的设计和制造工艺表明：中国古代装备外观的制作材料可能一般不会留下太多的考古痕迹，比如皮革、铁和钢。

兵马俑中的每个人物都配备了战场上所用的武器，包括剑、盾牌、戟和弩，不过这些武器可能在各地起义爆发后被洗劫了。在俑坑附近，还有一个小坑，里面还有其他的兵马俑，这些兵马俑的武器完好无损，其中包括一些笔直的双刃剑，这些双刃剑外有一层防锈氧化铬保护。这些武器上的部分标记表明：这些武器的制作时间在公元前 245 年至公元前 228 年之间，这就证明这些武器和兵马俑是一起下葬的。

前排士兵手持弓弩，单膝着地，手指做握弓弩待发状。这些弓弩要么在古时候被盗了，要么在几百年的埋葬过程中，腐烂成了碎片。不过也有例外存在，在一些坍塌的俑坑中，这些长寿的弓弩的印记被保留在了硬化的土壤当中。骑兵俑牵着一匹个头不大、身材矫健的鞍马，鞍马的个头不比现代的小型马大多少。这些骑兵配有马具和马鞍，不过没有马镫，因为在近古时代之前，中国和罗马都还没发明马镫。

骊山附近的进一步发掘证实：秦始皇陵位于一个更大的建筑群的中心。这个建筑群分为内外两重夯土城垣，它们的布局在秦始皇陵的平面图中可以看到。按照此种设计，骊山底下的地宫成了所有建筑的中心，而兵马俑则占据了主要的兵营。内城曾出土了两辆青铜铸的马车。其中，一号铜车马的大小为真实战车的二分之一，而二号铜车马的车舆顶部罩着一面椭圆形的顶盖，前驾四匹马。在进一步的挖掘过程中，在骊山南部的内城发现了一个新的陪葬坑，坑内有只穿汉服（宫廷常服）、未穿铠甲的等身文官俑。文官俑的腰带部位绑着绳子，上面挂着他们的官位牌。他们还携带小刀和磨刀石，其中磨刀石是为了磨钝了的小刀的，而小刀是用来刮掉记录朝廷事务的竹简上的不规范的字的。外城发掘的一个墓坑里有厨师俑，在进一步探索这个墓坑的过程中，一些宫廷艺人的陶俑出土了，这些陶俑被称为百戏俑，所代表的宫廷艺人包括说书人、杂技艺人和肌肉发达的男人。外城之外的几个墓坑里有一些观赏性禽类的等身青铜俑，这些禽类包括本可以在秦始皇的御花园里徜徉的仙鹤和鸭子。[18]

据司马迁记载，秦始皇继位后，他从"天下徒送诣七十余万人"，来修建秦始皇陵。[19]皇陵周围发掘的大批殉葬坑里的数千个墓穴证实了这一点。这些墓穴中，有一些墓穴内含陶文瓦片，陶文内容包括死者的姓名、籍贯和罪名等。其中，无法缴纳朝廷赋税也在所述罪名之列。欠朝廷债务且无力偿还的人需要以徭役抵债，每劳动一天折 8 钱。需要由朝廷提供食物的，每劳动一天抵 6 钱。

汉朝的一些达官贵人的墓室中出土了一些彩色陶俑，这些陶俑代表的是这些达官显贵的侍从，它们为中国士兵的着装提供了又一线索。在这些陶俑里，有的士兵配备有微型武器，却没有穿军服。陕西省杨家湾有一座兵马俑坑，里面有一支小型的兵马俑，其中包括 1800 件步兵俑和 580 件骑兵俑。[20]这些士兵身着白色、红色或黑色的制服，手持微小的青铜武器。其中一些兵马俑头戴加垫毡帽，身穿薄片制成的胸甲。这一发现表明：汉朝军队首选的武器包括弩、戟或 3 英尺长的剑。

匈奴的威胁

在汉朝统一中原之时，匈奴（Huns）这个游牧民族部落联盟统一了蒙古草原。匈奴统一草原发生在公元前200年前后，这时候全球气候发生了变化；古代湖泊中沉积物中的花粉颗粒表明：中亚大陆在此时进入了暖期。[21] 在这一时期，草地茂盛，田野肥沃，这一自然进程鼓励了人口增长，进而促进了中原和蒙古政治制度的发展。

与中原不同的是，匈奴不是定居民族，它是由游牧民族部落组成的，是管辖广袤草原的草原王国。欧亚草原是指自中国东北部的松辽平原，呈连续的带状，向西延伸8000英里，至欧洲边缘的匈牙利大平原的草原地带，而匈奴所占据的地盘只是欧亚草原的一部分而已。匈奴人的祖籍位于中原北部的干旱且高海拔的蒙古高原地区。不过，匈奴国的领土范围向西延伸，穿过一个宽阔的草原，也就是东亚草原。东亚草原自中国东北部的松辽平原起，向西延伸1500英里，至位于中亚深处的、崎岖的阿尔泰山。该草原南北宽约500英里，这意味着：古代匈奴的领土面积比当今西欧的领土面积总和还要大。中原和蒙古之间横亘着一道天然的屏障，也就是广阔的戈壁沙漠。

戈壁是一种内陆沙漠，它可划分为低丘、裸岩高原、低浅砾石盆地和石质平原。戈壁沙漠自东向西绵延1000英里以上，它的西部边缘与鄂尔多斯沙漠相融。鄂尔多斯沙漠是一片辽阔但荒芜的沙漠，它里面有一个个厚重黏土沙构成的坚实的沙丘。东亚草原的北部边缘地区受到极端严寒的影响，并延伸到西伯利亚，那里被一片茂密的针叶雪原森林（泰加森林）覆盖。这片森林可延伸到远离人烟的北极地区。

匈奴国的气候恶劣，冬天寒风凛冽，还常常有强风直吹无屏障的平原。在这广阔的干旱草原上，降水受到限制，适合放牧的无霜期短。在这里定居、农耕显然不切实际，因此，这里的人们主要依靠放养大群的、能够在稀疏草原中存活下来的马和角牛来维持生活。为了防止过度放牧，这些牧民必须定期迁移到领地范围内的其他牧场中。这些牧场有的相隔数百英里，牧民流动性强，这使得其他势力很难击败匈奴。

匈奴人平时穿的是羊毛衣物，住的是蒙古包。蒙古包采用动物的皮和毛毡制成，外形很像一个很大的圆顶帐篷。他们的主要饮食包括牛羊奶制品和肉，他们还用干的动物粪便来做烧火的燃料。他们的传统酒精饮料是由发酵的马奶制成的，当食物稀少时，他们还会喝自家牲畜的血液。匈奴对牲畜的依赖使他们容易受到恶劣的气候条件的影响，如严冬或长期干旱。不过，匈奴人也会和邻国进行贸易，以补充他们的物资需求。他们收到了来自泰加森林附近偏远北部民族的金块、琥珀和动物毛皮，包括貂皮和熊皮。他们也很看重中国丝绸，曾将它们填塞到皮衣和丝绵当中，然后把这些皮衣和丝绵当作温暖的衬芯，放进冬天的衣服里。

早期，侵略者们在匈奴的领域内找不到城市可掠夺，找不到农田可没收或摧毁。即便匈奴可汗所居住的地方都是临时的军营式建筑，以方便在短时间内拆除和重新安置。司马迁在《史记》中写道："唐、虞以上有山戎、猃狁、獯鬻，居于北蛮，随畜牧而转移"，以及"逐水草迁徙，毋城郭常处耕田之业，然亦各有分地"。[22]《盐铁论》中也记载：匈奴"以广野为闾里，以穹庐为家室，衣皮蒙毛，食肉饮血，会市行，牧竖居，如中国之麋鹿耳"。[23]

匈奴男子都是骁勇善战的勇士。出于生计，他们须蓄养牲畜，并能够使用弓箭狩猎小猎物，慢慢地，他们的射箭能力也变得精湛起来。《汉书》中有描述匈奴男孩们在小时候怎样学习骑马以及怎样学习在马背上用弓箭射杀小鸟和小动物。慢慢地，他们便"士力能弯弓，尽为甲骑"。[24] 匈奴人常年为战争而接受训练，他们的部落领导人可以迅速调动大部分男性，并召集数十万名战士进行战斗。他们身手敏捷，善于骑射，可以快速移动，以包围和攻击入侵的步兵，或切断敌人至关重要的补给线。草原上铁矿资源有限，因此，大部分匈奴战士穿的是硬皮革制成的轻盔甲。匈奴军队有一个可移动的基地，即便他们在距离家乡几百英里的地方打仗也没问题，不过，匈奴人也可深入草原，避开敌人攻击。因此，对于早期的中国来说，匈奴是非常危险且难以捉摸的敌人。

匈奴人使用的弓穿透力强，重量轻，人称"复合弓"，此弓因其在制作过程中专门加入了能够显著提高弓的抗张强度的材料而得名。此弓还被称为"反曲弓"，因为未上弦时，此弓的弓臂末端向射手的反方向弯曲。草原弓的核心采用干材制作，而弓臂腹部（朝向弓箭手的一侧）在装到弓上之前，会被贴上一层蒸过或煮过的牛角做成的柔韧的薄片。薄片贴好后，弓上会被涂上几层富含胶原蛋白的用煮过的角筋制备而成的胶，以提高弓的抗张强度。用马后腿强韧的筋制作的胶弹性最佳。涂胶的过程耗时较长，因为只有在上一层胶干了之后，才可以涂新一层的胶，而且涂胶时要求环境保持干燥。但是，这种胶原蛋白涂胶的效果很是显著，因为它们可以最大限度地提高较小和较轻弓箭的杀伤力、射程和穿透力。正因如此，匈奴人才能制作出可从马背上发射的、造型小巧但威力巨大的弓。有了此弓，骑兵们便可以随时从敞开的箭袋中取箭，然后快速连射。一名训练有素的骑兵可以坐在木质马鞍上，用他的膝盖控制马，边骑着马飞奔边射箭。他可以在马鞍上转身，然后利用高度优势，向目标发射多支箭。[25]

公元前 209 年前后，单于（可汗或首领）冒顿统一了匈奴。据司马迁描述：冒顿是一个部落首领头曼的儿子，头曼不想让冒顿继承他的王位，因此他将冒顿送去他的对头月氏那儿当质子。冒顿到了月氏后，头曼马上攻打月氏的主要营地，希望冒顿在这场对决中死去。不过，冒顿事先得到了消息，他偷了一匹马逃走了，回到了自己的部落，并因此广受其部落人民的拥护。头曼不得不给予冒顿封赏，因此他封冒顿为土门（1 万名草原骑兵组成的部队）首领。冒顿开始使用新颖的方式来训练这些骑兵。他制造了一种特殊的响箭，这种箭在射出后会发出鸣响。接着，冒顿发出了这样的命令，凡是响箭所射的目标，如果有人不射它，那么这个人就要被斩首。他制订了训练计划和测试方法，以确保部下的忠诚，即确保他的部下会毫不迟疑地遵从他的命令。为了确保他的部下绝对忠诚，他向自己心爱的战马的肋部射了一支响箭。那些没有立即向这匹受伤的马射箭的人立即就被处决了。而后，冒顿又故技重施，向自己的妻子射出了响箭，不久，便是他父亲的爱马。最终，冒顿将矛头指向了他的父亲，在一次皇家狩猎时，冒顿突然向他父亲射出了一支响箭。接着，冒顿的部下纷纷向头曼射箭，惊恐的旁观者眼睁睁地看着他们的首领被乱箭射死，然后，便拥护冒顿为新的单于。

在冒顿的领导下，匈奴开始迅速地扩张它的领土。他们征服邻国后，要么将被征服国家的百姓纳入自己的国家，要么将该国的百姓驱逐出他们所占领的领地。冒顿单于建立了一整套官制，麾下官员分不同的等级，并获封指定的头衔。诸王百官有左、右（东、西）之分，军队皆以十进制分什长、百长、千长和万骑。什长是等级最低的官衔，可以统领数个小队。在强盛之时，匈奴总共有 24 个万骑，每个万骑的首领称"二十四长"，并有各自的封地。在单于的指挥下，每名二十四长都可组建一支多达 1 万名战士的部队。匈奴还设立了"右贤王"和"左贤王"来辅佐单于治国。[26]虽然匈奴政府"随畜牧而转移"，但匈奴有一个公认的皇城，也就是位于内蒙古中部杭爱山的某条支路上的龙城（"龙的遗迹"）。匈奴确认了领土边界，并且会在一定的周期内到指定的地方聚集，以统计匈奴人口和牲畜的数量。

随着匈奴变得越来越强大，他们的骑兵部队开始在中国边境地区进行更加雄心勃勃的突袭，他们开始在中国北部定居地肆意掠夺农产品和手工业品。为了消除这一威胁，汉高祖发动了一场针对匈奴的大规模战争，以保护他的边疆臣民。公元前 200 年，汉高祖出动一支 32 万人的大军，迎击匈奴。[27]但是，在这期间，中国的军队多半是步兵，因此，如果他们需要进行长时间且远距离的战役，那么他们的补给线会拉得非常长。正因如此，在这次追击匈奴的战役中，汉军在装备和补给上就遇到了难题。例如，在汉高祖带领的这支军队中，其中五分之一的士兵被冻掉了手指。冒顿指挥几十万骑兵用计伏击汉朝大军，并将汉军包围在了平城（山西大同）附近的一座山中。被围困 7 天后，汉高祖不得不答应冒顿的条款，并承诺赠送冒顿昂贵的礼物。作为回报，冒顿向高祖保证：匈奴将不再入侵中国边陲。为了维持此次与匈奴达成的"和平与联盟"条约，汉高祖同意定期向匈奴进贡大量的食物和丝绸。冒顿答应了此条款，但要求汉高祖送一位汉朝公主给冒顿当阏氏。这意味着：汉朝承认匈奴在政治上与汉朝平等，是汉朝的"兄弟国"。[28] 据史料记载，汉朝每年向匈奴进贡的丝绸可能多达 1 万匹（4 吨重）。[29]

有了汉朝的定期进贡，匈奴国国土面积扩大，经济日益繁荣，成了东亚草原更加强大的存在。在这之前，匈奴得靠入侵中国边塞才能掠夺到这些进贡品，而如今，他们可以坐收汉朝缴纳的这笔"政治赎金"。冒顿将汉朝进贡的食物和丝织品发给他的臣民，其他进贡品则被赠给了他在广阔草原上的其他政治同盟。向匈奴进贡物资对于汉朝而言是可以接受的，因为他们意识到：与向匈奴发动大规模军事行动或防备匈奴不时地入侵相比，向匈奴进贡的代价反而更小。通过这种"购买和平"的方式，汉朝北部边塞避免了来自匈奴的毁灭性侵袭，从而保护了边塞地区的农作物、保障了税收以及避免了大量难民迁徙的混乱局面的出现。

草原的入侵：月氏、塞种和安息

月氏，草原上的一个游牧民族，居于中国西部，领土包括在战略上具有重要意义的河西（甘肃）走廊。月氏位于青藏高原山麓，它的领土范围内有多处绿洲，这便为中原向西北方向开辟了一条通向亚洲草原的宽阔走廊。月氏与汉朝大体保持和平关系，并通过大规模的贸易往来获得中原产品。月氏从内亚的其他商人那里购买了一种绿色的观赏石——玉，并用玉与中原商人交换丝绸和其他物品。由于中原的庄稼、土地和气候均不适合养马，因此，月氏商人还为汉朝军队提供了优良马种。对于将来与匈奴必有一战的汉军而言，这些马种是一项很重要的资源。

公元前176年前后，匈奴攻打月氏，将其驱逐出传统的放牧地——河西走廊。月氏人向西逃往中亚，去了一个当时中原朝廷尚未知晓的地方。匈奴随之向南迁徙，占领了河西走廊。公元前174年，匈奴单于向汉帝寄了一封信，信中写道："以天之福，吏卒良，马强力，以夷灭月氏，尽斩杀降下之。"[30]汉帝从其在匈奴的间谍得知：冒顿的儿子老上杀死了月氏王，用月氏王的头骨做了饮酒器皿。[31]

据中国后来的史料记载，尚存的月氏人沿着中亚草原的南缘——天山山脉，向西迁徙了数千里。数十年间，他们迁到了奥克苏斯河（阿姆河）北岸附近的草原地区，距离他们的家乡河西走廊近2000英里。奥克苏斯河是内亚最长的河流之一，它从帕米尔高原（塔吉克斯坦）的冰川源头起，经大夏北部（阿富汗），自南向北流过1500英里，至内陆湖咸海。月氏向西迁徙途中，他们打败并驱逐了一个名为塞种的草原游牧民族。塞种人战败后，向南逃至大夏。

大夏当时已为古希腊罗马文明所知，因为该地区曾被马其顿王亚历山大大帝征服。亚历山大及其继承者在阿富汗安置了数以千计的希腊和马其顿殖民者，以保证他们能控制这个遥远的地区。亚历山大死后，亚历山大帝国分崩离析，而大夏，则被帝国继承者之一的塞琉古王朝统治。当时，塞琉古王朝统治的领土从叙利亚横贯伊拉克，一直延伸到阿富汗北部。但是，公元前250年，大夏当时的希腊统治者起兵造反，并在该地区自立为王。到了公元前200年，大夏在完全自主的国王的统治下，成了一个城市化程度高、经济富裕的希腊王国。

在同一时期，伊朗东北部一个名为安息（帕提亚）的领地也从塞琉古王朝获得独立。安息国由一个名叫帕尼的草原部落统治，该部落在公元前238

年入侵并占领了伊朗北部的这一地区。帕尼部落同化了安息人，尽管他们统治的是一个城市化区域，但他们还是保留了传统的草原骑兵的作战风格。到了公元前140年，塞琉古王朝已经严重衰落，并渐渐地在西亚失去政治和军事权威。因此，安息国王弗拉特斯二世计划从塞琉古王朝夺取伊朗和伊拉克的统治权。

弗拉特斯二世利用草原民族的迁徙活动，将流离失所的塞种战士安排在军中。然而，当战争开始后，塞种人的援助姗姗来迟，当他们抵达伊拉克准备战斗时，安息国已经从塞琉古王朝手中夺得了巴比伦。在那时，弗拉特斯二世正准备攻打叙利亚，并且因为他不再需要或信任他的新盟友，他命令他们返回到河中地区（奥克苏斯河流域）。为此，塞种人感觉受到了羞辱，并因为无法从这场针对塞琉古王朝的战争中获得安息国承诺的战利品而感到失望。因此，他们在返回伊朗的途中，放弃了与安息国的盟约，开始在安息国的富饶之地烧杀抢掠。

弗拉特斯二世被迫立即停止攻击叙利亚，以应对这一未曾预料的威胁。他认为：也许安息国可以说服在塞琉古王朝战争期间被俘获的希腊雇佣兵来为安息国作战，因此，他命令由数千名希腊雇佣兵组成的步兵向东行军，对抗塞种人。但是，这些希腊士兵都是机会主义者，他们看不起安息国，因此，当他们本应在战场上集结，与塞种人交战时，他们却转而攻击了安息国士兵。弗拉特斯二世在战斗中丧生，安息国军队则在混乱中逃离了战场。之后，这群希腊雇佣军回到了叙利亚，而塞种人回到了大夏。

公元前124年，月氏决定从东方向安息国发动攻击，来试探安息国的实力。罗马历史学家记录下了这场冲突，在他们的记录当中，月氏国被称为"吐火罗国"。查士丁报告说，安息国王阿尔达班在与月氏的战斗中受到重创，这个国家看起来已经输给了这些来自草原的新入侵者，代价便是他们边远的东部领地。公元前100年，马尔吉安那的安条克城（木鹿），一个孤立的绿洲，成了安息帝国主要的东部前哨基地。

匈奴的威胁

占领了河西走廊后，匈奴获得了更多的中亚资源，对中原造成的威胁与日俱增。公元前170年，匈奴开始撕毁与汉朝的"和平与联盟"条约，他们越过长城，以更强大的武装力量入侵汉朝领土。公元前177年，一支匈奴部队向南移动，占领黄河河套附近的北地郡，并进入附近的上郡（陕西省）。对此，汉朝派遣8.5万名骑兵向北进军，以驱逐匈奴，匈奴不战而退[32]。

公元前169年，文帝召集大臣，分析讨论匈奴在战场上的优势。其中，晁错上书道："上下山阪，出入溪涧，中国之马弗与也；险道倾仄，且驰且射，中国之骑弗与也。"晁错还说，匈奴战士"风雨罢劳，饥渴不困，中国之人弗与也：此匈奴之长技也"。不过，中国人在平原上更有优势，因为在此种地形上，汉军便可有序部署持长戟和远射程连弩的士兵队伍。因此，晁错向汉武帝建议道："坚甲利刃，长短相杂，游弩往来，什伍俱前，则匈奴之兵弗能当也；材官驺发，矢道同的，则匈奴之革笥木荐弗能支也。"如果匈奴士兵"下马地斗，剑戟相接"，那么汉军可以轻易打败匈奴士兵，因为"匈奴之足弗能给也"。[33]在这次讨论中，文帝采纳了建议，正式将难民和投降的草原士兵（包括叛乱的匈奴士兵）安置到汉朝军队当中。这些士兵都按照他们本国的战斗风格装备武器，并置于汉军官员的直接指挥之下。

在整个公元前二世纪中期，匈奴不断地侵袭汉朝边陲，他们进入边疆领地，掠夺百姓蓄养的牲畜和资源。他们可能占领某地长达数月之久，还肆意践踏百姓农田，导致百姓无法缴纳税收。公元前158年，匈奴各派三万骑兵入侵东北边陲的上郡和云中郡。[34]但是，当汉军军队向北推进，以抵御匈奴时，匈奴竟然撤回草原，避开了这场关键的战役。在撤退的过程中，他们还带走了数千中原俘虏，其中包括诸多技艺精湛的工匠。司马迁对匈奴的评价是："故其战，人人自为趋利，善为诱兵以包敌。故其见敌则逐利，如鸟之集；其困败，则瓦解云散矣。"[35]

经济政策

对于外敌，中原朝廷常采用经济政策来控制他们，而非直接开战。其中一项政策便是建立关市，这些关市可以向外族人提供中原产品，否则，这些外族可能会入侵中原边境，掠夺想要的物资。汉朝政府意识到：他们可以利用这些贸易中心，为中原引入宝贵的草原资源。中国史料证实了关市的存在："然匈奴贪，尚乐关市，嗜汉财物，汉亦尚关市不绝以中之。"[36]

具有重要意义的关市最早出现于汉文帝统治期间（公元前179年—公元前157年）。当时关市的雏形是汉朝将军们在边疆军事哨所附近建立的营地市场。[37] 草原居民和其他边疆民族也可以到这些军队管理的市场，用一些不包含在朝廷军饷内的实用物品来交换丝织品和朝廷下发的其他物资。这些举措的成功令汉朝备受鼓舞，他们决定在边陲地区建立庞大的、专门的商业机构。

汉景帝年间（公元前156年—公元前141年），汉朝在防卫森严的长城关口附近建立了一系列的大型关市。[38] 据中国史书《晋书》记载：关市的开放旨在令匈奴人在经济上依赖中原商品。汉朝意识到：匈奴非常需要关市，并拼命地向他们索求，甚至诉诸武力。因此，汉朝"应立即在重要战略地点建立更多关市"。这一策略要求"各个关市必须有充足的兵力进行自我保护。各个大型关市必须有专门卖生肉、酒、熟米饭和美食的商铺。且所有商铺必须足够容纳100或200人"。这将确保"这些长城脚下的市场必将令匈奴人接踵而至"。一旦这种经济依赖性建立起来，那么汉朝便可以将停止或限制交易中原商品作为威胁，对匈奴施加政治压力。《晋书》描述道，如果匈奴单于和将领试图带领他们的人民离开，他们将被追随者藐视。当匈奴人对我们的米饭、炖肉、烤肉和酒产生强烈渴望时，他们将会有致命的弱点。

在关市，匈奴人无须入侵中原，便可以交换中原的产品。他们用羊毛、皮革、玉、马和驴来交换中原的丝绸，以及包括小麦、谷子在内的谷物。《盐铁论》对此描述道："是以骡驴馲驼，衔尾入塞，驒騱騵马，尽为我畜，鼲貂狐貉，采旃文罽，充于内府，而璧玉珊瑚琉璃，咸为国之宝。"司马迁的记载证实，"终孝景时，时小入盗边，无大寇"，说明这项政策还是成功的。

中国一世纪的史料记载了维护这些关市的经济政策以及这些政策为中国带来的利益。据《盐铁论》评论道："夫中国一端之缦，得匈奴累金之物，而损敌国之用。"从中原的经济角度来看，丝绸是可再生产品，因此，对汉人而言，交易丝绸"是则外国之物内流，而利不外泄也。异物内流则国用饶，利不外泄则民用给矣"。

关市成立几十年后，它们成了重大的战略利益和谈判的焦点。当汉武帝（公元前 140 年—公元前 87 年）想要向匈奴发动突袭时，他派遣"四将军各领万骑击胡关市下"。[39] 当公元前 98 年，匈奴在拟定和平条约时，他们要求汉朝重开最大的关市，并准许匈奴在关市交易。公元 135 年发生了一件事，证明了关市贸易的规模。当时，乌桓国越过东北边境，一次即"遮截道上商贾牛车千余两（500 吨）"。

公元前二世纪，匈奴接收了一些背叛汉朝的高级将领。这些人警告匈奴首领：汉人正在制定经济策略，以使草原民族依赖中原的物品，进而令草原各民族归降汉朝。一旦这种策略成功，汉人就希望通过限制匈奴交易关市货品来迫使匈奴臣服。其中一名叛国者提醒匈奴单于："匈奴人众不能当汉之一郡，然所以强者，以衣食异，无仰于汉也。今单于变俗好汉物，汉物不过什二，则匈奴尽归于汉矣。"[40]

第四章
西域的发现

公元前140年，汉武帝登基，他决定向匈奴发动进攻，试探匈奴的实力。因此，他发动了大规模的军事行动，来击败蒙古草原和中亚未知地区的匈奴势力。这些举措促进了中国文明与古代河中地区、阿富汗、印度和伊朗等城市化王国之间的第一次直接接触。这是中亚丝绸之路的起源，它为国际商业活动带来了前所未有的增长，进而巩固和加强了包括罗马在内的偏远国家的实力。

汉朝的进攻

汉朝进攻匈奴的第一阶段作战方针是在亚洲草原上寻求盟友，他们可能会同意与中国步兵团一起作战，或为汉军提供宝马。当时，汉人不知道月氏向西逃跑后定居在了哪里，因此，汉武帝派张骞带队找到通往中亚的路线，并与他们的老盟友联系。张骞率领的使团约100人，有士兵、斥候和参谋，其中包括宣誓效忠汉朝的匈奴人和囚犯。

公元前139年，张骞离开了汉朝的西部边境，穿过草原，进入了危险的未知地区。这支使团向西北方向行进，他们穿过了河西走廊，到达了天山山脉那刀锋一样的山脊。天山山脉北面是开放的草原，外来者很容易被匈奴和他们的盟军俘虏。天山山脉的南面是中亚的内陆中心，这是一片广袤的干旱地带，而张骞率领的这支使团传来的最后消息便是：他们当时正向西边沙丘绵延的塔克拉玛干沙漠前进。后来，张骞使团便杳无音讯，汉朝猜想张骞和他的随从们可能死于恶劣的环境当中，或已被草原势力俘虏或杀死。

因此，武帝意识到：中原不能指望外援来一起对抗匈奴，并开始为汉人与匈奴之间的全面战争做好准备。因此，汉军征募了大批农民入伍，并对这些新兵进行培训和给予装备，为规划中的战争做好准备。但是，由于攻打匈奴不仅需要长途跋涉深入草原，还要找到流动的匈奴骑兵部落的具体位置，因此，这场战争前景不容乐观。此外，汉军还需考虑补给线过长、易损以及汉军遇到阻碍或战败时，可能无法获得营救或增援等问题。综上所述，汉武帝决定将匈奴引到中原决战。

众所周知，中原与匈奴的边境贸易对匈奴而言非常重要，他们经常来到中原边陲，用贵重的动物皮毛来换取中原的丝绸和其他制成品。他们需要汉族的金属制品，如钢和铁，而中原也总有一些走私犯冒着被处死的危险，向匈奴人提供这些违禁品。这便为汉朝提供了一条途径，来引诱匈奴到预设的陷阱中，在匈奴人反击之前，摧毁他们的力量。

公元前133年，一位名叫聂壹的走私犯提出要叛出中原边境城市马邑，归降匈奴。聂壹和他的一帮同伴承诺会打开马邑的城门，让匈奴乘虚进击，然后匈奴便可尽得该城财物，俘获从事各种城市贸易（包括钢铁生产）的工匠。匈奴单于信以为真，亲自率领10万骑兵进攻马邑。其实，这只是一个精心策划的陷阱，聂壹实际上是汉朝的内应。在匈奴向马邑发动袭击之前，汉军已经在马邑城（山西朔州）附近埋伏了30余万大军。通往马邑的道路已事先得到清理，如此一来，匈奴便可畅通无阻地进入马邑附近的包围圈。汉军计划：一旦收到指定信号，便将匈奴军队包围起来，阻断他们退回草原的后路。他们希望杀死和俘虏匈奴的大部分士兵。但是，为了执行这个计划，汉军还把包围圈附近的百姓都疏散了，因此，当匈奴向马邑进军时，他们发现周围田野中并没有人和牲畜。感觉到有什么不对，匈奴单于在汉军发动攻击前，立即停止袭击马邑，并撤军。

之后，汉军试图通过屠杀匈奴人赖以生存的牲畜来打败匈奴。公元前129年，汉武帝派两支大军直捣龙城。之后，汉朝花了10年的时间，将匈奴驱逐出漠北、漠南地区。战争期间，汉朝在蒙古安置了数千名士兵，并在适宜农业生产的草原北部边境内，建立了一座名为朔方郡的新关塞。朔方郡位于一个军事缓冲区的中心，该城市成了中原军队进攻蒙古草原的补给站。[1]

公元前123年，汉军向草原发起了几次重大战役，斩杀匈奴1.9万余人。但汉军在这几次战争中的损失也非常严重，总共有10万余兵马在战争中身亡或致残。为了维持士气，汉帝从国库拨出大量黄金，奖励在战场上获得胜利的军队。

汉朝的军事战术

汉朝统治期间，有几起事件可以揭示汉朝战术、装备和领导力的高效。公元前120年，汉朝将军李广率4000名骑兵组成的援军，抵抗匈奴大军。当时，李广率领的军队是前去援助深入草原战斗的汉朝主力军。但是，李广进兵数百里后，突然被匈奴4万名骑兵包围。起初，匈奴军队隐藏实力，只派出一支先遣部队与汉军交战。匈奴军还假装撤退，以引诱部分汉军到距主战场较远的埋伏圈中。

但李广将军熟悉这种常见的策略，因此，他象征性地派一支小队攻打佯装撤退的匈奴士兵。据司马迁记载，当匈奴兵出现时，"广军士皆恐，广乃使其子敢往驰之。敢独与数十骑驰，直贯胡骑，出其左右而还，告广曰：'胡虏易与耳。'军士乃安"。李广对他的部下说"匈奴人都是懦夫",并以"敌人并没有做好战斗的准备"来鼓舞士兵。

匈奴的大部队还在预定的埋伏圈设伏,在发现他们的佯装撤退计划失败后,他们重新布阵,向汉军发动正面攻击。李广怀疑匈奴即将发动大规模的攻击,因此,他利用这次攻击来拖延时间,将他的部下转移到更佳的防御阵地。面对10倍于己的敌人,李广令手下骑兵下马,并且让士兵都列成圆形阵列,面向敌人,加强防守。这些士兵手持弓箭和弩,蓄势待发。司马迁描述道:"胡急击之,矢下如雨。汉兵死者过半,汉矢且尽。"在匈奴的包围下,李广将军突然命令士兵们停止射击。他推测:汉军突然停火,可能会让匈奴军官出来查看,这样,制服与士兵不同的军官便会暴露出来。接着,正如司马迁所记载的那样:"而广身自以大黄射其裨将,杀数人,胡虏益解。"随着前线指挥官的突然死亡或受伤,敌方骑兵开始从战场上撤退。

这时,天色已晚,汉朝士兵看到如此多的匈奴士兵包围着自己,都面无人色。司马迁描述道:"会日暮,吏士皆无人色,而广意气自如,益治军。军中自是服其勇也。"第二天,匈奴军又围攻上来,久战,汉朝主力前来援救,匈奴军才解围撤退。李广军几乎全军覆没,但这是一场消耗战,他们也给匈奴军造成了大量伤亡。因此,这场战役被定义为军事胜利。[2]

次年,即公元前119年,汉军向匈奴发起了另一次大规模进攻。汉令两名将军,各率骑兵5万人,步兵10万人,穿越戈壁沙漠,进攻匈奴。匈奴退居漠北,撤退过程中,匈奴人在汉军途经的水源中丢弃死去的动物,污染水源。喝了受污染的水,很多士兵因此染病,而当时补给线已经拉得非常长,不足以满足士兵们日复一日的需求,因此汉军被迫撤退。在草原北部,汉朝将军似乎已经到达了作战极限,而此种规模的冲突正在耗尽大汉的作战能力。在此次战争中,汉朝损失了五分之四的骑兵,不过,这场战争仍被认为是一场胜利,因为匈奴在这场战争中,损失人口约9万人。[3]

在接下来的20年里,汉朝持续发动讨伐蒙古草原的远征,以挑战匈奴和损耗他们的战斗力。其中，一支由 5000 名精兵组成的步兵队伍创造了最佳战绩，他们的带队将军便是经验丰富的李陵。公元前 101 年，李陵率军进入蒙古草原，试图挑起与匈奴之间的战争。他所带领的军队规模与罗马一个军团相当，军队里的每个士兵都身经百战，并且装备精良。他们穿的薄片铠甲形似夹克衫，制作原料是野牛皮或钢片，用的武器是戟盾和射程较远的弓弩。他们还通过一道防线，用加固的供给战车运输五十万支带有钢质箭镞的箭矢和弩箭。李陵军行军至匈奴境内几百英里处，等待时机开战。

在选定的战场上，汉军的供给战车在外围建立了一层防御圈，汉军则以这个防御圈为中心排兵布阵。前排的士兵持戟盾，以正面阻挡匈奴骑兵的冲锋，后排的士兵则密集排列，随时准备向任何靠近的敌人发射弩箭。由于战争多噪声，且混乱，所以军队用鼓和锣来传达攻击的命令和发射箭矢的频率。士兵们还会用小小的手推独轮车来运送新的箭矢，以及将前线受伤的士兵运送回来。只有当敌方骑兵冲破己方防御，令己方阵型大乱时，士兵们才会向前方发出信号。当发生这种情况时，步兵将冲上前来，用他们长长的钢剑与匈奴骑兵进行肉搏战。每名汉朝士兵都手持一小块隆起的盾牌，当匈奴骑兵向下劈砍时，他们就可以将盾牌高举过头顶，以进行防御。

汉军取得了首战的胜利，但是，匈奴单于亲自带兵参与了此次战争，因此，他能否在匈奴保持声望，取决于他这次能否歼灭这支中原军队。经过 8 天的战斗，李陵带领他的士兵撤退到了距离汉边境 250 英里的安全地带。在这段时间里，当他的军队被敌人无情地追捕和骚扰时，他让士兵用手推车推着伤员，始终保持着有序的撤退。与此同时，匈奴单于召集 8 万名骑兵，以确保歼灭这支汉朝军队。他们在山谷中包围并伏击了李陵，但李陵手下的弩兵爬到周围山坡上向下射箭，以驱赶匈奴射手，如此一来，李陵军便可向中原边境要塞继续撤退。

当李陵军到达靠近汉边境的山口时，他们军中的箭矢完全耗尽。于是，李陵等到月色降临，尽斩旌旗，并将其埋在地下，以免这些旌旗被敌人夺走。

然后，他带着剩余的骑兵，骑马出了军营，并制造声响，让敌人陷入混乱，从而令幸存的士兵们有机会逃到周围的山坡上。只有大概 400 名士兵安全返回中原境内，而李陵本人则被匈奴单于俘虏。在这次战争中，李陵军杀死了近万名匈奴战士，但是，汉武帝认为这场战争失败了。当时任太史令的司马迁试图为李陵将军辩护，他认为在这场根本没有胜算的战争中，李陵已经非常英勇。司马迁为李陵辩护的行为激怒了汉武帝，他下令对挑衅皇家权威的司马迁施以"腐刑"。司马迁被罢职，并被施以腐刑。不过，他并没有如人们预料的那样：为了尊严而自杀。因为，司马迁曾向他的父亲承诺：他将完成汉朝历史的记录，他的职责就是要完成这项任务。他的著作《史记》后来成了中国古代历史研究最重要的著作之一。

不久后，汉武帝后悔自己之前在愤怒之下撤了李陵的职，因此，他派了一支远征军去匈奴的羁押地，寻找并解救李陵。前往解救的人无功而返，但他从捉到的匈奴俘虏那里得知：一名汉朝高官正在帮匈奴练兵，并制定针对汉朝的战略。汉武帝误以为那个帮匈奴练兵的人是李陵，为了报复，他将李陵全家都处死了。当李陵听到这个消息后，他接受了匈奴为他提供的军职，并和单于的女儿结了婚。那时候，他已无一丝返回故乡的念头了。

中原人发现西域

公元前 139 年，汉武帝派遣使者张骞带领一支远征队前往中亚，以寻找汉朝之前的盟友月氏。传闻，张骞已逝于远地，但是，公元前 124 年，距张骞动身出发十几年后，张骞回到了中原，身边只有一位当时远征队的幸存者。张骞带回来了令人震惊的消息：在遥远的西方，有许多先进的城市文明，而这些国家将有助于改变中国与匈奴之间战争的局面。

张骞向汉朝皇帝详细介绍了他之前出使的、遥远的西方那些未知领域的具体情况。离开中原后不久，张骞就被匈奴俘虏了。他在匈奴被拘禁了 10 年，在这 10 年里，他与一个匈奴女孩结了婚，生了孩子，并按照草原的传统来养育这个孩子。不过，张骞一直在等待一个机会逃跑，当机会到来时，他与使团中幸存下来的部下一起逃跑了。张骞和他的部下沿着一个巨大的山脉，也就是中国人所说的天山或"仙山"的南麓逃跑，以避开匈奴。

天山山脉自河西走廊附近的草原起，向西绵延 1700 英里，至阿富汗东部边缘的帕米尔高原。天山山脉的一些较低的山坡有森林覆盖，较高的山峰则覆盖着永冻土。正因如此，该山脉在中亚北部草原和南部草原之间形成了一条巨大的线性屏障，也就是内有沙漠的干旱荒地——塔里木盆地。当张骞沿着天山南麓的一条小道逃亡时，他发现了许多大型的绿洲城市，这些城市都已经拥有了成熟、先进的都市文化。张骞使团先是经过天山山脉边缘附近的一个肥沃的盆地，即大宛（今费尔干纳盆地），接着向西经过奥克苏斯河，然后便是月氏国的新定居地。费尔干纳盆地长 180 英里，距塔里木盆地和奥克苏斯河上游差不多 1000 英里。

月氏国仍旧重视过去与中原的关系，因此，对于张骞的到来，月氏国首领表示非常欢迎。他们告诉张骞他们如何逃离匈奴，以及经过数十年的战斗和长途跋涉跨越草原后，他们已经在奥克苏斯河上游附近占据新的领地。月氏国无意再回去与匈奴斗争，因此，在月氏逗留了一年后，张骞南下进入了大夏，以了解更多关于遥远西方民族的情况，并为汉朝计划中的讨伐匈奴的战争寻找新的盟友。

由于与邻国频繁交战，统治大夏的希腊王国已遭到严重削弱。约公元前 150 年，这个希腊王国在与安息国的交战中一败涂地。来自邻近草原地区的塞种军团利用此次机会，蚕食该地区的大部分土地，并永久终止了该希腊王国对大夏的统治。因此，当张骞于公元前 127 年到达阿富汗时，他目睹了希腊王国瓦解后的余波。虽然这个地区的城镇人口还是公认的希腊人，但是这里没有强大的统治势力来统一各个城市，以及协调任何领土防御。大夏，曾由古希腊王国统治的各个城市依旧繁荣，并通过商业纽带，有着良好的往来，但是他们无法再调动有效的军事力量。张骞发现"大夏（巴克特里亚）没有强大的君主，只有城邑里的小官"。但是，他们有公认的都城叫篮市城，这里"有市，贩贾诸物"。与装备有弩箭的中原军队相比，这些希腊文明的幸存者被评价为："其兵弱，畏战。善贾市。"古代大夏的领土面积约为现代法国的一半，张骞估计其人口超过 100 万人。

张骞在河中地区花了近一年的时间以收集关于安息国以及印度北部王国所经营的远洋贸易的信息。他还了解到：沿着内有沙漠的塔里木盆地南侧走，可以躲开匈奴的视线。当张骞决定回到中原时，他决定沿着塔里木盆地南缘的昆仑山脉的山麓走。昆仑山脉西起帕米尔高原，延伸至河西走廊，全长 1900 英里，主脉略呈弧形，形成辽阔的青藏高原的外围。当张骞沿着昆仑山山麓艰难跋涉时，他在沙漠边缘发现了更多的绿洲。这些绿洲距离周围的城市较远，不过，它们能够得到高山上融化的雪水的灌溉，农业较发达。

在这次围绕塔里木盆地的长途跋涉中，张骞幸存了下来，但是，在他即将进入汉朝边境时，他又被匈奴人抓住了。他在匈奴又被关了两年，直到有一天，匈奴单于逝世，匈奴人营地一片混乱。张骞再次抓住机会逃跑，并最终于公元前 124 年，在阔别汉朝 15 年后，回到了家乡。此次出使西域的使团中，只有一名忠诚的匈奴向导幸存了下来，在张骞的探险和囚徒生涯中，他始终陪在张骞身边。[4]

张骞的发现对于汉政府而言，简直前所未闻。西方诸国不仅为汉政府提供了政治联盟的机会，还提供了开发重要资源的机会，进而为推进中国文明提供了重要动力。司马迁在《史记》中写道："天子既闻大宛及大夏、安息（费尔干纳、巴克特里亚、帕提亚）之属皆大国，多奇物，土著，颇与中国同俗，而兵弱，贵汉财物；其北有大月氏、康居之属，兵强，可以赂遗设利朝也。"若这些计谋成功了，那么可以向西扩大万里（3100 英里以上）国土。[5]

汉朝对西方诸国感兴趣的原因还在于：获取西方的农作物和牲畜，这些都将改变汉朝与匈奴之间的战争局面。张骞介绍了大宛居民如何培育葡萄以及如何酿造可储存几十年都不会坏的优质葡萄酒。中原人也不了解苜蓿，这是一种生长迅速的作物，它可为马匹提供极好的饲料，却不需要大面积的牧场来种植。汉朝立即派特使前往西域引进这些新作物的培育技术。数十年内，汉帝的离宫别馆旁都种满了葡萄、苜蓿。据闻，站在多层瞭望塔上看这些新作物，都看不到作物的边际。在这期间，中原引入的蔬菜包括：胡萝卜、芝麻、大蒜，以及不同品种的香菜、洋葱、黄瓜和豆类。中原首次种植的新植物包括：核桃、石榴、橘子和无花果。亚麻也被引入中原，随之引入的有：玫瑰、杜鹃花、菊花和藏红花等装饰性花卉。

汉使节报告说：费尔干纳盆地的草原有优良品种的战马，据说这种马拥有无与伦比的速度和耐力。汉武帝非常渴望得到这种马，因为在与匈奴的长期斗争中，汉朝的骑兵损失严重，汉武帝想要重组骑兵队伍。随着马饲料的改进和优良马种的引入，汉朝知道它们可以提高自身的统治地位，并建立草原势力无可匹敌的军队。但首先，他们必须保障中原与张骞在遥远的西域所发现的、资源丰富的国家之间相互联系的路线的安全。

西域的战争

为了进入遥远的西部，汉朝必须开辟可靠的路线来进入中亚，这意味着：汉朝必须控制河西走廊。河西走廊是一个相对平坦、干旱、宽阔的草原，长近 600 英里，沿途有一连串绿洲。河西走廊的南部紧临祁连山脉，这片山脉覆盖着皑皑白雪，并一直延伸到高海拔的青藏高原和巍峨的喜马拉雅山脉。河西走廊的北部地区与荒芜的鄂尔多斯沙漠相接，这是一片贫瘠的土地，其表面常常受到猛烈的风暴吹袭。鄂尔多斯沙漠一直延伸到蒙古，并与周围的戈壁沙漠融合。

河西走廊的表面覆盖着沙质土壤，支撑着贫瘠的草地、骆驼爱吃的鼠尾草和低矮的灌木丛。该地区冬季天气极端寒冷，但在春季有限的季节性降雨的帮助下，少量的绿色蔬菜也能在这片荒芜之地生长。在那时，匈奴人已经占领了河西走廊，但由于对西方文明有了新的认识，所以汉朝对这片土地有了自己的打算。

公元前123年—公元前119年，匈奴人在汉军的打击下，要么战败逃亡，要么投降，汉军取得了河西走廊的控制权。此后，汉朝开始派兵驻扎该地区，以防止周围草原的匈奴人的反击。此外，还有成千上万的中原人被送往该地区定居，这些人包括：自愿前来的贫民、应征而来的工匠、叛乱之人、罪犯和来自饥荒地区的难民。汉朝为他们准备了农业用地，并为了控制主要的绿洲地区而新建了防御城镇。这些城市之间铺设了道路，供商队沿着一系列城楼和堡垒出行，从而令中原军队能够保护新的定居者。长城向西延伸了数百英里，直至一个名为"敦煌"的前哨站。长城上还新建了570多个瞭望塔，用于监视交通情况，并警惕草原骑兵的入侵。

司马迁指出：在此期间，边境粮食供应是一个问题。他记载道："匈奴数侵盗北边，屯戍者多，边粟不足给食当食者。于是募民能输及转粟于边者拜爵，爵得至大庶长。"[6]公元前121年发生的一系列事件从侧面证明了这一供给系统的规模，这一年河西边境的数万匈奴士兵向汉军投降，并同意归属汉朝。匈奴人将其首领押往汉朝都城之前，汉朝发车两万乘迎接他们，并向他们提供物资和奖赏。匈奴归降的成本耗费巨大，据司马迁记载：该年，汉朝外交礼物和士兵封赏的价值总额超过了100万钱。最终导致的结果是：第二年"是时财匮，战士颇不得禄矣"。[7]

10年之内，河西走廊是安全的，汉朝因此控制了一条连接中原和塔里木盆地外围地区的长600英里的通道。边境城市敦煌，寓意"闪耀的烽火"，建于此新定居地的西缘，其名字取自烽火，寓意：点亮河西走廊沿路中原前哨基地的烽火。敦煌以西是玉门关，被称为"玉门"，因为它控制了通往塔里木地区的主路，而塔里木地区盛产玉石。在玉门关，汉军在其新设定的西部疆域界限内建立了一个军事哨所和一个关隘。

在敦煌之外，有一片炎热的沙漠地区，被称为"鸣沙山"，这里无法种植农作物。为了穿越这片区域，途经此处的人只能丢弃有轮子的车，然后带上负载其行李的骆驼、驴或马，徒步穿过流沙。敦煌到塔里木盆地有三条路线可选。其中，北道横跨"白龙堆沙漠"的浅色沙地和干涸的盐田，长400英里。白龙堆位于敦煌与哈密和吐鲁番绿洲前哨基地之间。吐鲁番是一个重要的农业中心，是靠近天山山脉通往北部草原的必经之路，因此，该地对于贸易以及塔里木盆地和中国边陲地区的防御具有战略意义。

中道从敦煌和玉门关出发，向西300英里至楼兰。此路线沿途是沼泽遍布的罗布泊北缘。罗布泊也称"盐泽"，是一片广阔的、无生命迹象的荒漠。罗布泊沙漠的中心由枯竭的古代河床形成，里面有许多矿物残渣，周围的河道因此受到污染。第三条路线，也就是南道，从敦煌出发，沿着罗布泊南部，经玉门，直至绿洲城且末，全长500英里。无论选择哪条路线，行人们都必须带上水和食物，并沿着有骆驼粪便和动物骨头标记的路线行走。白天，人们都避免出行，而是携带轻型帐篷，在临时营地避暑。

从敦煌出发，这三条路线向西都能通向塔里木盆地，这是一个巨大的盆地，其位于亚洲中心，环绕着世界上最高的几座山脉。塔克拉玛干沙漠位于塔里木盆地中心，是一个流动沙漠。按其地理位置来算，整个沙漠东西长600多英里，南北宽约250英里。根据这些测量结果，塔克拉玛干沙漠所覆盖的椭圆形区域的面积比当代法国的面积还大。塔克拉玛干沙漠的大部分地区由细小的红金色的岩石颗粒组成，这些岩石颗粒通过风堆积到沙丘上，令这些沙丘的高度甚至可超过40英尺。沙漠距离最近的海洋超过1000英里，且由于其太靠近内陆了，因此，这里几乎没有云层覆盖。这里白天的温度可飙升到100°F（38°C）以上，仅在夜晚时，其温度才会骤降至冰点以下（−20°F或−29°C）。

行人们都沿着冰源河形成的旧水道行走，以尽量保持在沙漠边缘，而这些冰源河都流自周围的高山。大部分行程在晚上完成，但有些危险无法避免。比如，旋涡状的沙尘暴可能会令这些古代游客窒息，而穿过沙漠的气流可能会制造出虚幻的声音或海市蜃楼，从而引诱游客远离沙漠路线中公认的相对安全之处。骤变的温度可能会使高耸的沙丘上的沙子崩落。这些看似不可思议的现象都被认为是恶意超自然力量的行为。如果使用传统商队的装备出行，那么当代探险家大概花上两个月的时间，便可以走完塔里木盆地周围的北道（从楼兰走到喀什需要 59 天）。这条路线的距离大概是 780 英里，要走完这条路，平均每天至少要走 13 英里。[8]

在古代，没有生物可以穿越塔克拉玛干沙漠的中心，但毛发丛生的双峰驼可以沿着沙漠的外缘行进。双峰驼已经进化为具有迁徙行为的群居动物，因此，它们很适应中亚极端变化的环境。从早期开始，中国在中亚的前景就取决于这些动物的特殊属性。作为驯养家畜，双峰驼是非常出色的驮畜，在地形复杂、自然资源稀缺的情况下，它们独特的能力在长途旅行中尤为可贵。

此品种的骆驼肩高 6—7 英尺，其背部有两个大驼峰，可储存维持生命所必需的脂肪。双峰驼身上覆盖着浓密的绒毛，当暴露于零度以下的温度时，这些绒毛能够起到极好的保温效果。在炎热的夏季，它们迅速脱毛，以抵御古代迁徙路线上遇到的沙漠高温天气。进化后，它们的脚掌变得耐磨、扁平，每只脚都有两个宽宽的脚趾。这使得它们可以走遍各种地形，包括冰雪覆盖的山坡、带有尖锐石头的岩石平原和移动的沙漠沙丘。它们长长的睫毛可以保护眼睛，而可密封的鼻孔可以防止灰尘和沙子侵入，从而令它们可以承受沙漠栖息地经常发生的沙尘暴。双峰驼也具有发达的视觉和敏锐的嗅觉，可以从相当远的距离找到水和植物。它们的嘴唇坚韧，可以嚼碎多刺植物，而它们的消化系统可以消化对于其他牲畜来说太多尖刺、太干或太咸的植被。它们可以喝咸水，并且是少数几个经常吃雪，而且体温不会降至危险水平的动物之一。它们可以在没有水的情况下跋涉 5 天，如果它们有植被可吃，那么即便没有水喝，它们也可以忍受数周的旅行。当脂肪逐渐消耗时，它们的驼峰会变得柔软松弛，但很快便会恢复。一只口渴的骆驼能在15分钟内喝下30加仑的水。

中亚商队行走在沙漠中时，通常是让骆驼驮着粮食、行李和水，出行之人则和骆驼一起行走。双峰驼可以驮运重达1000磅的货物，是阿拉伯骆驼能够承受的重量的两倍。相对双峰驼而言，阿拉伯骆驼更加纤细。作为驮畜，双峰驼可以毫不停歇地进行长途跋涉，它们通常一天可以行走约15英里。双峰驼对环境变化也非常敏感，当它们察觉到剧烈的、令人窒息的沙尘暴就要来临时，它们便会设法聚集在一起。这会提前警告行人们停止前行，以保护他们的财物，并拿出厚厚的毛毡布遮住自己的脸。[9]

中国探险队沿着一系列绿洲城市穿过了塔里木地区，这些绿洲城市是由周围山脉流下的季节性冰雪融水浇灌而成的。绿洲王国楼兰位于塔里木盆地的东部边缘，从这里出发，塔克拉玛干沙漠周围有一条长600英里的环形路线，商队可以沿着北道或南道前进。其中，北道沿着塔克拉玛干沙漠北缘和天山山脉的山麓延伸。天山山脉在中亚的部分长1100英里以上，其山峰高达2万英尺。南道则沿着塔克拉玛干的南缘延伸，在这里，昆仑山脉与喜马拉雅山脉相接。海拔至少1.8万英尺处，喜马拉雅山出现了好几个山口。塔里木盆地西端被帕米尔高原封闭，并与喀喇昆仑山脉和喜马拉雅山脉相接。塔里木盆地周围的这些路线会受到地理、气候、水源供应和途经城市的友好程度的影响。因此，在此期间的旅程变得极度困难和危险，因为商队可能会面临脱水、饥饿、力竭以及受到当地人袭击的危险。

塔里木盆地外缘散布着30多个绿洲王国，这些国家各自控制着不同的路段，如此一来，他们便可以帮助或阻挠计划跨越此区域的商队。其中一些王国拥有城市，这些城市拥有果园和大片耕地，用以支撑拥有成千上万的居民、筑有围墙的首都。沿着塔里木盆地进行长途跋涉非常艰苦，商队可在这些国家稍作休整，并在下一阶段旅行开始之前，修理他们的装备，并替换驮畜。塔里木盆地北部的路线对于商队来说更容易，因为沿着天山山脉的山麓分布的绿洲城市之间距离相对较近。周围山脉的冰川融水不仅灌溉着这些绿洲，还滋润了外围的牧场。从鄂尔多斯地区进入塔里木地区的商队或草原牧民们便可从这些牧场获取资源。相反，塔里木南部路线上的绿洲城市之间相距甚远，这使得南道路线的旅程更具挑战性，但途经这条路线的商队不太可能被草原入侵者拦截。

昆仑山脉在塔克拉玛干沙漠的南部边缘形成了几乎不可逾越的障碍。这里，有一条宽阔的沙砾带从沙漠延伸到贫瘠的山坡，而从这些山峰流出的冰川融水也都汇入了难以进入的深涧峡谷当中。通过山脉的唯一道路是：靠近塔里木盆地西南边缘的绿洲城市于阗。选择这条路线的商队须沿着一条陡峭的道路穿过喀喇昆仑山脉，向南通往克什米尔，然后横穿印度河上游，进入印度北部。

塔克拉玛干沙漠周围的两条商队路线相互交会，交会点便是塔里木盆地西缘的喀什。从喀什出发，商队可以通过相对较短的路线穿过高峰密集的帕米尔高原。帕米尔高原高耸的山峰巨石遍布，高度可达 2.4 万英尺以上，常年覆盖着冰雪。这些蜿蜒在帕米尔高原、陡峭又崎岖的山路随处散落着石头，几乎没有树木。取道这条路的行人会遇到严寒天气和高原反应，因此，古代中国人将帕米尔高原称为"头痛山"或"葱岭"。[10]

离开帕米尔高原后，商队便进入了气候温和、景色别致、土壤肥沃的费尔干纳盆地。该盆地呈椭圆形，长约 180 英里，宽约 40 英里。盆地两侧的山脊将该盆地与中亚草原和临近的大夏（阿富汗）隔离开来。冰雪融水从白雪皑皑的高山上流下，形成溪流，灌溉着富饶的土地。多亏了这些溪流，这里才会形成灌溉充足的平原，这里的人们才能广泛开垦耕地。这些溪流许多汇集在宽阔的中央山谷当中，形成了宽广的特斯河（锡尔河）。特斯河从开阔的山谷向北流到周围的草原上，形成了粟特和草原之间的边界。这条河向西注入内陆的咸海，长 1000 英里以上。费尔干纳因伊朗和希腊文明而变得城市化，但在公元前二世纪，它被一个名为康居的草原国家占领、征服。费尔干纳为康居提供了良好的养殖场。在这里，牲畜所吃的饲料由苜蓿制成。在这片肥沃的土地上，苜蓿可长至齐腰高。

通过天山山脉上的山道，来自东部大草原的匈奴有能力派遣骑兵到塔里木地区北部的一些小型绿洲城市，要求这些城市定期向匈奴进贡。贡品包括：农产品、手工业品和包括玉在内的宝贵商业资源。因此，塔里木地区的财富充实了匈奴的钱袋，也增强了匈奴对东亚草原的影响力。

汉武帝认识到：如果塔里木地区的绿洲能够被置于汉人控制之下，那么匈奴就会被严重削弱。汉朝官员认为：如果这一成就达成，那么这就好像"断匈奴右臂也"。[11] 汉朝的朝贡制度提供了一种外交模式，通过此模式，中原和塔里木王国可以建立一种长期的联盟关系。因此，汉朝派出国家组织的商队经过玉门，与塔里木统治者建立联系，并向他们提供宝贵的商品，以换取长期的援助和政治保证。塔里木统治者决定：与其向匈奴进贡，还不如借此机会接受汉朝的礼物和保护。汉朝使节提供的货物是外交礼物，但该礼物的数量如此之多，以至于说服了许多塔里木统治者放弃对匈奴的支持，并宣布忠于汉朝。这些礼物包括几捆中原最好的丝绸，这些丝绸比塔里木地区制作的任何粗制的织物都要柔软和耐用。汉朝使节承诺：只要这些塔里木统治者为汉朝提供支持，汉朝便会向他们定期给予外交"奖励"。汉朝还出动小部分中原驻军，帮助一些塔里木的盟友阻止和抵制匈奴的袭击。部分塔里木的统治者接受了汉朝的提议，不过，一些较远的王国还有一些担心，并决定还是不要将自己国家的命运托付给看似遥远的中原帝国。对此，《汉书》记载道："及至汉使，非出币帛不得食，不市畜不得骑用，所以然者，远汉，而汉多财物，故必市乃得所欲。"[12]

骑兵的重要性

养马是一项劳动密集型活动，它需要大面积的牧场来放牧。汉朝对此很头疼，因为中原的土地主要用于农业，更适合用来种庄稼和蔬菜。如需动物进行一些负重活动，农户们首选驴和牛，如果田地不多，养马并不划算。此外，中国古时候的马品种类似小马驹，碰到坚硬的路面时，这种马的马蹄会很快磨损。它们驮不动重骑兵，一场战役过后，它们得休息很长一段时间方能进行下一场战役，以便马蹄角质重新长出来，这种角质能够保护未装蹄铁的马蹄。

匈奴骑兵的坐骑是矮小、结实、有力的马匹，因为繁殖需要，它们需要很大的力量和很强的耐力。它们可以忍受长时间的寒冷天气，刨开薄薄的雪来寻找稀疏的植物，还能够在食物不足的情况下，靠吃草原上的草、树皮和嫩枝存活。如需远征，每个匈奴战士都会带上几匹备用马，这样他们就可以频繁更换自己的坐骑，以防止马匹过度疲劳或未安装蹄铁的马蹄磨损过重。在横跨草原边境那些地表坚硬或不平的沙漠时，即便这些矫健的马，它们的马蹄也会磨损。

为了成为占统治地位的军事大国，汉朝必须获得可靠、优良的马种。公元前117年，汉朝的机会来了。这一年，张骞率领的远征队来到了草原民族称之为"乌孙"的国家。在那时，乌孙已经脱离了匈奴帝国，并在征服了塞人（塞种人）后，占领了位于天山山脉北部的领土。张骞向乌孙人赠送黄金和价值超过1亿钱的丝绸，以换取数千匹良种草原马。[13]据闻，这种特殊品种的马在山坡上都能走得非常稳，并且可以轻易跳过小瀑布或小峡谷。公元前109年，汉武帝收到了大量的乌孙马，并在皇宫亲自测试这些马的技能。

当汉武帝获悉费尔干纳的康居的马比其他草原国家的马个头更大、身体更强壮时，他决心要得到这些马。相较匈奴马或乌孙马，康居马个头更高、皮毛更光滑、奔跑速度更快。它们拥有坚韧的蹄子，能抵抗长期的磨损，它们宽阔的背上还有一排界限分明的肌肉。这些费尔干纳马是由高营养的苜蓿饲料喂养大的，它们的汗水会分泌出一种奇特的微红物质，因此，中国人称之为"天马"或"汗血宝马"。

公元前107年，汉朝特使穿越塔里木盆地和帕米尔高原后，抵达了费尔干纳。他进入了一个名叫大宛的草原王国，要求与这个国家交换珍贵的汗血宝马。大宛国王拒绝了，于是汉使便威胁大宛国王说：中原朝廷可能使用武力来获取这些马种。大宛国王感觉受到了轻视，于是将这位放言威胁的使者杀死了。国王向其部下保证：中原帝国没什么可怕的，因为夹在汉与大宛之间的塔里木王国无法为汉军提供充足的食物和马饲料。大宛国王估计：塔里木到这里的路不够方便，没办法支撑足够多的军队到大宛展开实质性的攻击。

公元前104年，汉武帝派遣一支大军来攻击费尔干纳。这支军队包括许多犯人和被放逐者，他们身上穿着类似红色夹克衫的囚衣，脖子上戴着枷锁，头发也被剃掉了，以显示他们罪犯的身份。这支军队从敦煌出发，走了1000英里，到达塔里木盆地北缘附近。为了确保通信和补给线的安全，这支远征队伍不得不攻占沿途那些不臣服汉朝的绿洲国家，并派兵在那些国家驻守。因此，当指挥官李广利抵达费尔干纳时，他发现剩余的队伍不足以攻克大宛。于是，李广利只能放弃这次远征，带兵回到中原。

汉武帝无法接受这次失败，因为"天子已业诛宛，宛小国而不能下，则大夏之属轻汉，而宛善马绝不来，乌孙、仑头易苦汉使矣，为外国笑"。因此，当李广利抵达玉门关时，他发现回中原的路被汉军挡住了，因为汉武帝下令：这支队伍当中，谁敢进入中原，就斩首谁。之后，汉武帝令李广利再率6万士兵来完成这项任务。李广利将步兵团分成较小的部队，以便成功通过塔里木各王国。这次远征军带了10万头牛和3万匹马，以及无数的驴和骆驼，来轮流负载汉军穿越塔克拉玛干所需的食物和军事装备。据说，为了此次远征，中原各个地方都得捐赠物资，所捐物资包括大量的大米和干粮。

当汉军再次在费尔干纳集结时，草原霸主大宛逃到了一个名为贰师的边境城市。这座城市位于费尔干纳盆地的西部入口处，马其顿的国王亚历山大于公元前329年在特斯河附近建立了此城。[14]这座城市最初的居民是希腊和马其顿的士兵，但在公元前150年，塞种人侵略大夏后，这里的居民都向这个草原统治者臣服了。李广利包围了贰师，经过40天的围攻后，汉军摧毁了这座城市的外围城郭。无奈之下，大宛贵族谋杀了大宛国王，并承诺向汉朝提供3000匹天马，以换取自身生命。

尽管做了大量的准备工作，但是还是有一半以上的中原士兵死于艰苦的旅程或与敌人的战斗当中。而这批珍贵的天马当中，只有1000匹幸存下来，来到了中原。这些马后来被养在皇家马厩当中，受到精心的饲养。不过，这场战争还是被当作一场胜利记录于宫廷著作和盛行的宫廷画像当中。当时曾为汗血宝马打造过这样一种雕像：高大、肌肉发达的骏马三条腿从地面抬起，仿若在空中驰骋。汗血宝马可以承载装备精良的骑兵，这令汉朝可以为士兵们研制钢制盔甲。为了庆祝其新的军事胜利，汉武帝发明了一种新的称量货币，也就是形似袖珍马蹄的"马蹄金"。此后，汉朝向很多附属国统治者赠送的黄金用马蹄金支付。[15]

在之前汉军围攻贰师的战役中，一些亚裔希腊人可能曾帮助那些草原战士攻打中原士兵。汉朝对于投降的外族士兵的政策是：这些士兵须服从大汉统治，并作为边防军，定居在新的边疆地区。因此，这些俘虏当中的一些人可能已经从费尔干纳转移到了河西走廊，以保护通往中原的主要入口。据中国史料记载，河西有一个城镇名叫犁靬。这个名字表明：这里的人是希腊—马其顿人，也就是"亚历山大帝国"（犁靬）的遗民。中国有一个从公元5年便已有记录的地理志，在地理志里，中国有1500多个城市和城镇，犁靬被列入其中。犁靬和外国境内的其他治所都被列入河西走廊。这些城镇包括龟兹和温宿（吐鲁番），这些城镇是由中原与塔里木北部地区的王国的战争中的俘虏建立的。按照儒家惯例，一个地方的地名须能够传达其起源。公元9年，犁鞬改名为"揭虏",意为"抓获的俘虏"。因此,其原始居民被正式确认为:在早期战斗中被抓获的外族。中原的犁鞬镇可能直接取名于亚历山大(犁鞬二世)。若是如此,那么这个特殊的亚裔希腊人群体的最终定居点距亚历山大城 1000 英里,距其希腊祖先在地中海的故乡 5000 英里。

第五章
丝绸之路的维护

汉朝在费尔干纳地区的大捷表明，中国能够在整个塔里木盆地内发动大规模的战争。此次冲突之后，数十个塔里木王国放弃向匈奴纳贡，转而寻求中国的庇护。粟特与巴克特里亚也派出使团，试图寻求能够让他们有机会获得东方制造的奇特产品的政治联盟。根据《后汉书》记载，西部地区"自兵威之所肃服，财赂之所怀诱，莫不献方奇，纳爱质，露顶肘行，东向而朝天子（汉朝皇帝）"。[1]

在塔里木盆地诸国的支持之下，汉朝负责拜访外邦的使者进一步向西探索。公元前100年，他们到达帕提亚帝国的边境，并被带到帕提亚帝国的首都——位于伊朗大呼罗珊的赫卡通皮洛斯。通过这些探索接触，汉朝使者了解到，世界的最西部地区仍然受到犁鞬（罗马）的统治——亚力山大大帝之后的希腊化王国、叙利亚的塞琉古王朝以及埃及的托勒密王朝。

汉朝在费尔干纳地区的大战告捷之后，开始向塔里木盆地周围的一些主要聚居地派遣永久性的驻军。这些驻军在驻地屯田戍边，负责将多余的粮食供应给国家许可的商旅、官方商队以及汉朝派遣的军队。士兵们可以携带家眷，举家定居。汉朝购买昂贵的农具，不远千里送到驻地，发放给士兵及其家眷。他们开垦并灌溉土地，通过新的种植技术与水资源管理策略，在驻地周围的土地上进行种植养殖活动。此外，他们还修建地下蓄水池和地表输水通道，将冰川融水引到沙漠边缘。最初，驻军的人数大约为 500 人。后来，驻军人数越来越多，仅仅库尔勒前哨地区的驻军人数就达到了 1500 人。塔里木各国也开始主动要求汉朝派遣驻军。公元前 77 年，楼兰国王请求汉朝皇帝在楼兰国境内驻军，借此巩固国内统治并维护地区安全。《后汉书》记载了汉朝此项政策的效果："立屯田于膏腴之野，列邮置于要害之路。驰命走驿，不绝于时月；商胡贩客，日款于塞下。" [2]

汉朝因此在政治和经济上实现了扩张，但也为此付出了巨大的努力和代价，具体包括：大规模的军事动员、徭役工程的人力部署、设备的投入、牲畜的征用、育种方案、供应和补给线、军饷、军事要塞建筑、远征的管理以及大量的对外支出。汉武帝（公元前 140 年—公元前 87 年）在 50 多年间推行的激进扩张战略给中华帝国造成了巨大的压力。因此，为了增加财政收入，汉朝开始对旅游、贸易和家畜征税。此外，汉朝还发行了一种由银锡合金制成的临时货币，并将全国的煮盐、冶铁、酿酒行业收归国家垄断经营。《汉书》中记载，"及赂遗赠送，万里（3100 英里）相奉，师旅之费，不可胜计。至于用度不足，乃榷酒酤，管盐铁，铸白金，造皮币"。[3]《盐铁论》也证实，汉朝当时"设酒榷，置均输，蓄货长财，以佐助边费"。

由于汉朝源源不断地进贡以及商队往来的日益频繁，塔里木各国累积了大量财富，进入城市扩张和经济增长的新阶段。最早横穿塔里木盆地的是汉朝的官方商队，他们主要负责将外交礼物和贡品运送至遥远的国度。每一年，汉朝都会派遣十几支官方商队出使西域，每一支商队的人数都有数百人之多。司马迁所著的《史记》中记载，"诸使外国一辈大者数百，少者百余人""汉率一岁中使多者十余，少者五六辈"。许多汉朝使者需要花费很长时间才能完成出使外国的任务，甚至几年之后才能返回中国。[4]

自从早期的一些汉朝使节将独特的贵重商品出售给遥远市场的商人，汉朝的使节团就开始从事贸易和营利性交易活动。司马迁在《史记》中写道："其使皆贫人子，私县官赏物，欲贱市以私其利外国。"[5]

不久之后，民间商人开始贿赂负责定期向西域派遣运输商队的朝廷官员，从而逐渐加入朝廷的商队。主要的绿洲国家开始在商道沿途建立驿站，为大量的商旅提供物资，也为塔里木盆地周边地区的远途冒险提供保护。随后，朝廷批准民间商队进入丝绸之路行商，这吸引了亚洲内陆所有地区的商人纷至沓来，促进了大范围的商品输送和交换。

公元一世纪发生的若干事件印证了此次商业繁荣的规模和价值。公元94年，汉朝的班超将军攻打一个位于丝绸之路北段、介于吐鲁番与库车之间的塔里木小国——焉耆。他将武器发放给当地官府的文职人员，临时征调大量商队护卫入伍，从而让自己的兵力增加了1400人。不过，正当他在塔里木征战时，他收到了哥哥班固的来信。在信中，班固介绍了外国商品在中国的商机，并请求班超帮他购买一些畅销的商品。班固曾听说有个姓陶的贵族花了80万钱买了十块从西域进口的地毯。因此，他给弟弟班超寄来了700匹彩色丝绸和300卷纯白丝绸，并请求弟弟代他购买一些可盈利的外国商品，具体包括月氏马、苏合香以及珍贵的羊毛布料。[6]

费尔干纳以外地区的经营

公元前一世纪中期，塔里木各国有将近两代人得到了汉朝的庇护，此时的汉朝对匈奴进行了最雄心勃勃的攻击。公元前56年，郅支打败弟弟呼韩邪，成为匈奴单于。呼韩邪向汉朝称臣，请求汉朝帮助他夺回单于之位，汉朝因此给了呼韩邪大量的黄金、丝绸和粮食。呼韩邪利用这些物资，获得了草原人民的支持，重新获得了对蒙古地区的统治权。郅支在战败后带着大量追随者逃到遥远的西部，他们打算占领呼韩邪单于控制范围以外、不受汉朝影响的土地。

公元前 40 年，叛离的匈奴人定居在距离粟特北部几百英里的草原。与他们新家园相邻的是一大片半咸水湖——巴尔喀什湖（位于今天的哈萨克斯坦境内）。在古代，巴尔喀什湖从东向西绵延 400 多英里，遥远山区的冰川融水形成的许多河流都是其补给水源。其中，最重要的水源就是伊犁河。它发源于天山北麓，穿过 1000 多英里的草原，流经巨大的三角洲，最后注入巴尔喀什湖。正是有了这些河流的存在，整个中亚草原和巴尔喀什湖地区的牲畜才能进行大规模的迁徙。郅支和其他流亡的匈奴人控制了这些迁徙路线的枢纽地带。

这些匈奴叛军占领了巴尔喀什湖南部海岸地区，并与占领粟特的康居国结成了联盟。汉朝朝廷奏章显示，康居拥有 8 万多名熟练的弓箭手。因此，康居与匈奴叛军的结盟严重威胁着汉朝在中亚地区的利益。[7] 郅支通过在伊犁河西部的战略要地（今天的塔拉兹附近）修建堡垒与宫殿等复合式建筑，巩固了他对新领地的控制。中国人将这种复合式建筑称为"单于堡"，它包含一个坚固的堡垒，堡垒周围是一组由巨大木梁嵌入晒干压实的土坯所构成的外墙。从郅支建造的这座新都城可以看出，郅支率领的匈奴人开始将权力范围延伸至费尔干纳地区，直接威胁中原与河中地区的联系。

在这个时代，汉朝在塔里木地区的最高长官为"都护将军"，其职责是维护汉朝与其在塔里木地区的 36 个属国之间的关系，负责维持外交往来，监督属国履行政治义务，确保属国如数缴纳贡品，并保证整个中亚地区的商旅与贸易联系。此外，都护将军还负责执行汉朝与西域国家之间的协定，比如天山之外的乌孙国、粟特的康居国，以及巴克特里亚和伊朗地区的各个国家。都护将军的都护府设在乌垒城，靠近塔里木盆地北部中心的库车国。乌垒城距离汉朝边关玉门关 400 多英里，因此，都护将军有相当大的自治权力。汉朝在乌垒城的都护府仅有数百士兵守卫，但都护将军能够从塔里木地区的属国召集数千士兵。

由于攻打郅支所率匈奴叛军需要远程奔袭，征战距离超出汉军以往所有战役，因此都护将军甘延寿不愿采取针对郅支的军事行动。不过，有一次甘延寿生病了，副校尉陈汤趁机发动了一次攻打匈奴叛军的军事远征行动。公元前 36 年，陈汤发布命令，从汉朝在塔里木地区的各个属国中征集了将近 4 万大军。此战的目标是攻陷匈奴叛军在中亚草原中心被重重护卫的单于堡。

等到甘延寿得知此事时，征战所需兵力已经在喀什国附近集结完毕，并正在向郅支的单于堡所在地进发。此次征战并未经过汉朝皇帝的批准。甘延寿意识到他已经越权出战，按律应处以死刑。因此，他别无选择，只能继续征战，希望打个大胜仗，以弥补他未能管理好下属的过失。

汉军从喀什国出发，需要长途跋涉 500 英里才能到达敌人的据点。汉军不得不行军 30 天穿越草原。行军途中，汉军的先锋遭到康居国军队与匈奴叛军的联合攻击。当汉军到达单于堡时，郅支正在堡垒的木质外墙前检阅他的军队。或许，郅支以为汉军的远征部队会在长期围困中耗尽给养，或者他需要更多的时间从周围草原召集增援部队。

甘延寿在给朝廷的奏章中生动地记录了随后的战斗情况，还呈递了一整套特别绘制的战争情景图。匈奴叛军和康居军队以往通常以骑兵作战为主。因此，当看到敌军中有训练有素的步兵用盾牌重叠列阵时，汉军的侦察兵感到非常吃惊。根据司马迁记载，约有 100 名步兵在堡垒前演习，他们用盾牌排成"鱼鳞形"的战斗队形。在汉军的侦察兵看来，这种队形类似于中国鲤鱼的连锁鳞片。1957 年，牛津教授德效骞表示，这些步兵可能是一群从帕提亚俘虏营逃出来的罗马士兵，他们后来成了河中地区草原民族的雇佣兵。德效骞指出，帕提亚人在公元前 53 年安排了数千名罗马俘虏定居在梅尔夫绿洲，此地距离奥克苏斯河仅仅数百英里。他认为，逃跑的罗马俘虏可能成为外国军队的雇佣兵，而汉军观察到的鱼鳞形战阵可能是罗马独特的盾阵——"龟形阵"或"龟盾阵"。龟形阵是步兵的一种阵型：外围的士兵们把盾一个个连接起来，形成一个像墙一样的屏障；后面各列的士兵把盾举过头顶，形成一个像屋顶一样的屏障，以抵御外面飞来的矢石。[8] 然而，关于郅支单于堡内的外国步兵团还有一种说法，来自粟特的亚洲希腊裔士兵也能用盾牌摆出鱼鳞形的进攻阵形——马其顿方阵。[9]

摆出鱼鳞形阵列的外国兵团规模实在太小，根本不足以影响随后的战斗进程。当汉军向要塞发射大量的弩箭时，外国兵团也与其他匈奴守军一起撤退。城垛上的匈奴弓箭手被汉军的弓箭压制，而汉朝的军队则跟在一队举着大型盾牌的士兵后面，不断地靠近堡垒。引火物和柴火被拖到木栅下方的位置，黄昏时分，燃烧的建筑物已处于倒塌的边缘。匈奴骑兵部队试图突围，但被一队汉军俘虏，一轮火弩箭过后，这些匈奴骑兵全部丧生。当汉军攻破外墙时，其余匈奴守军撤退至堡垒内部，郅支单于将武器发给他的王后、嫔妃和朝臣。

破晓之前，前来救援的1万名康居骑兵到达单于堡。他们在战场上呐喊助威，让匈奴守军抱有希望。不过，汉军指挥官命人搭建起了许多高栅栏屏障，用来保护他们的侧翼部队。然后，汉军发射了一轮密集的火弩箭，击退了康居骑兵。与此同时，堡内的郅支单于面部中箭受伤，他全身被鲜血浸透，再也无法向他的追随者下达任何命令。几个小时后，汉军在堡垒东侧筑起了高坡，突击部队爬上堡垒的外墙，进入郅支的王宫。最后，郅支因伤势过重死亡，但王后、王储和其他许多匈奴贵族都被活捉。

此战大捷之后，汉军撤出该区域，回到了塔里木地区。1000多名匈奴人投降，145人被带回汉军军营关押。被关押人员中可能有一些是摆出鱼鳞形阵列的步兵成员，即便如此，他们的人数还是太少了，无法守住汉朝边境。[10] 不过，考虑到他们的文化渊源，他们可能和身处古代中国东部边境的其他古文明后裔一起被部署在犁靬的边境。

与匈奴和解

公元前 60 年之后，匈奴民族分裂成两个独立的政治分支。内蒙古的南匈奴统治者寻求中国的庇护，请求成为大汉帝国的属国。他们自愿为汉朝服兵役，以获取中国的物资以及在汉朝北部边境定居的机会。汉宣帝（公元前 73 年—公元前 49 年）同意他们的请求，赏赐了大量礼品和钱帛来确保他们的忠诚。

公元前 53 年，南匈奴的质子进入汉朝皇宫。公元前 51 年，南匈奴的单于来到汉朝首都觐见皇帝。汉朝皇帝赏赐他 2 吨多黄金、20 万枚钱币、77 件汉服、8000 卷丝绸、6000 斤的丝绵以及 3.4 万斛粮食。第二年，汉朝增加了赏赐，出使匈奴的汉朝使节领到了 110 件汉服、9000 卷丝绸以及 8000 斤丝绵。汉朝每年都给赏赐，用以确保南匈奴始终作为汉朝盟友，忠诚地守护汉朝边疆的安全。汉朝的赏赐并不固定，一般根据南匈奴向汉朝做出的承诺和表现出的顺服程度进行分级。到了公元前 33 年，汉朝每年的赏赐已经比最初翻了一番，丝绸多达 1.8 万卷，丝绵多达 1.8 万斤。公元前 1 年，汉朝赏赐了南匈奴 3 万卷丝绸和 3 万斤丝绵。于是，汉朝的丝绸产品持续外流到匈奴，而匈奴则将这些丝绸销往整个草原边境和中亚地区。[11]

自从南匈奴获得汉朝的赏赐并有权使用汉朝边境的珍贵牧场之后，其他草原部落就不断加入南匈奴，使南匈奴的人口增加了将近三倍。从公元前 50 年到公元 90 年，南匈奴的人口从 6 万人左右增长至 23 万余人。公元 90 年，南匈奴每年所获汉朝赏赐价值超过百万。《后汉书》记载：匈奴"生长汉地，开口仰食，岁时赏赐，动辄亿万"。[12] 然而，匈奴缴纳的岁贡和呈上的礼品价值不过数百万而已。这种差异是汉朝确保北部边境安全所付出的代价。在此期间，北匈奴（匈奴人的祖先）继续北进，进入蒙古外的未知之地。

帕提亚与陆路障碍

　　根据汉朝历史学家司马迁记载，公元前 100 年，帕提亚派出一支 2 万人的军队到梅尔夫绿洲迎接汉朝使节。当时，梅尔夫绿洲是帕提亚帝国的东部边境。就是从这个边境哨所开始，帕提亚军队护送着汉朝使节一路西行，直到位于里海沿岸平原（今日的伊朗地区）的首都——赫卡通皮洛斯。司马迁的《史记》中记载，安息（帕提亚）国王"而后发使随汉使来观汉广大"。[13]两个古代强国的此次邦交并未涉及罗马。汉朝自此摒弃了犁鞬古国（马其顿王国）对国际事务的影响日益减小的想法。

　　中国人之所以将帕提亚帝国称为"安息"，是因为帕提亚帝国的政治体系是由国王阿尔沙克建立的。公元前 250 年至公元前 211 年，国王阿尔沙克创立了帕提亚帝国。截至公元前一世纪，横穿古代伊朗山区和沙漠的主要商道都需经过商队驿站网络，希腊人将该网络称为"驿站网络"。[14]帕提亚人允许罗马帝国商人进入巴比伦尼亚地区（伊拉克），但禁止罗马商人加入那些打算横穿伊朗、直达河中地区和丝绸之路（通往中国）的商队。《后汉书》中记载，"安息（帕提亚）欲以汉缯彩与之交市，故遮阂不得自达"。[15]

　　中国出口的部分丝绸被出售到塔里木各国的市场，还有大量丝绸被贩卖到更加靠西的粟特和巴克特里亚。公元一世纪，有一位希腊商人为罗马商人写了一本行商指南——《厄立特里亚海航行记》，介绍了整个印度洋地区的贸易商。《厄立特里亚海航行记》中记载，"大量丝绸从中国运到巴克特里亚"。一些大捆的丝绸顺着印度河和恒河而下，被运到印度的各个港口，然后被装上罗马帝国来印访问的船舶。帕提亚商队会收购运抵巴克特里亚的其他丝绸，他们将携带商品从陆路横越伊朗，前往泰西封与古代巴比伦尼亚各大主要商业城市。然后，叙利亚商队将这些丝绸和其他东方商品从巴比伦尼亚运到地中海东部海岸。

中国和罗马之间的联系

　　公元 9 年，汉朝出现政治动乱。王莽及其帮凶从汉朝支持者手里窃取了汉朝的控制权。不过，当王莽要求塔里木各国承认他的皇帝地位时，塔里木各国拒绝并脱离了中国的控制。汉朝在公元 23 年就恢复了政权，但几十年之后才恢复中国在西域（塔里木地区）的利益。

　　当塔里木各国重归汉朝控制时（公元 74 年—公元 97 年），汉朝得到了关于罗马帝国的信息。这一时期，都护将军班超率领的汉朝军队已远征至帕米尔高原——塔里木地区与古代阿富汗的分界。此后，汉朝官员从外国商旅和使节口中得知，西方出现了一个强大的国家，这个国家与中国一样广博和强大。因此，汉朝军事指挥官将这个国家称为"大秦"，意思就是"大中国"。[16]

　　《后汉书》中有关于罗马帝国的记录："大秦国（罗马帝国），一名犁鞬（希腊化疆域），以在海（印度洋）西，亦云海西国（埃及）。"汉朝可能通过印度河流域各国得到有关罗马的消息。这也解释了为何《后汉书》会有大秦"与安息（帕提亚）、天竺（印度北部）交市于海中"的记载。

　　《后汉书》记载，"地方数千里，有四百余城。小国役属者数十"。与其他草原国家不同，罗马人"皆髡头而衣文绣"。《后汉书》还补充道，"其人民皆长大平正，有类中国，故谓之大秦（大中国）"。《后汉书》另有记录，大秦"其人质直，市无二价。谷食常贱，国用富饶"。汉朝得知，罗马人有一个有效的邮政系统（奥古斯都创立的公共邮政），能够迅速地在全国范围内派送邮件。据说，罗马政府也愿意与外国建立外交关系。《后汉书》中记载，"邻国使到其界首者""至则给以金钱"。汉朝的奏报确认，使节都是"乘驿诣王都（乘驿马到国都）"。罗马的土地上长有松树和柏树，绝大多数普通百姓通常"力田作（致力于农业耕作）"。

　　当时，叙利亚作坊会将东方丝绸重新加工为轻薄的面料，然后再用独特的地中海染料染成各种鲜艳的颜色。加工完成的部分面料重新回到帕提亚市场，再由伊朗的商队运到阿富汗。由于这些丝绸在中亚的出现，汉朝人误以为罗马帝国也有类似于汉朝的养蚕业。因此，汉朝人认为，罗马人会自己养蚕种桑。当汉朝人询问罗马帝国的交通时，有人告诉他们：罗马女人"乘辎軿白盖小车"。[17] 这说的可能是罗马轿舆——由侍从们抬着的覆有白色帷幕的一种方形座椅。古罗马诗人普罗佩提乌斯证实，上流社会的罗马贵妇会乘坐一种装饰有轻薄丝绸帷幕的小车。

汉朝对某些罗马商品十分了解，他们通过塔里木丝绸之路获得了许多这样的商品。因此，《后汉书》用了一整个章节介绍了罗马商人售卖的珍贵商品。据记载，罗马"士多金银奇宝，有夜光璧、明月珠、骇鸡犀、珊瑚、琥珀、琉璃、琅玕、朱丹、青碧。刺金缕绣，织成金缕罽、杂色绫。作黄金涂、火浣布"。《后汉书》还提到用野蚕丝制成的罗马面料以及一种由海洋软体动物的"足丝"制成的丝绸制品。足丝是一大类地中海蚬蛤（海丝）将外壳固着于海底岩石上时分泌的纤维丝。罕见的足丝面料可以被纺成一种比丝绸更轻盈、更精细的金色薄纱。[18] 汉朝人还得知，罗马人"合会诸香，煎其汁以为苏合（苏合香）"，并且"凡外国诸珍异皆出焉"。[19]

印度和帕提亚商人在收到罗马货币后并未将货币带回中亚，他们将利润用于商品贸易投资，选购香料、香辛料等贵重商品，然后沿着丝绸之路将商品运到中国。因此，汉朝在塔里木各个属国的官员并不熟悉罗马货币。据汉朝人所知，罗马人"以金银为钱，银钱十当金钱一"。实际上，在罗马货币体系中，25个银币才相当于1个金币。然而，在印度，金银的实际价值比为10∶1，这也是产生差异的原因。

中国古籍关于大秦首都的记载中夹杂着关于安条克与亚历山德里亚的介绍，因为这两个城市是罗马帝国的主要统治中心。据记载，大秦首都是一个拥有五座宫殿的大城市，这些宫殿里，有巍峨的立柱，还有水晶餐具。《后汉书》中记载，"其王日游一宫，听事五日而后遍"。这些宫殿可能指皇宫、元老院大楼、公民议事堂、法院和寺庙，所有这些都是罗马皇帝处理国家重要政治事务和司法事务的场所。据汉朝人所知，罗马皇帝直接倾听百姓的诉求，《后汉书》中记载，"常使一人持囊随王车，人有言事者，即以书投囊中"。汉朝人知道，罗马皇帝拥有直接的司法权，《后汉书》中有这样的记载，"王室宫发省，理其枉直"。

据汉朝人所知，大秦"各有官曹文书。置三十六将，皆会议国事"。这样的执政组织可能是由前执政官组成的咨询小组，或者汉朝人所谓的"三十六将"指的是管理罗马各省的三十六位省长。此外，根据汉朝人得到的信息，罗马皇帝"无有常人（没有固定人选）"，"皆简立贤者（都挑选最有才德的人担任国王）"。《后汉书》中记载，"国中灾异及风雨不时，辄废而更立"。这可能指的是，罗马的"皇帝"只是作为"最高职位"进行分配，而不按王朝血统进行直接继承。公元97年，涅尔瓦统治罗马，但他不受军队欢迎。由于家里没有继承人，他必须从手下的高级指挥官中选出合适的继任者，因此，他承受着巨大的政治压力。公元98年，涅尔瓦将罗马皇帝这一至高无上的职位传给图拉真。古罗马历史学家卡西乌斯·狄奥解释说，"涅尔瓦认为家庭关系不能凌驾于国家安全之上"，因此，"他推选继承人时，只看能力"。据说，涅尔瓦声称："对于自己退位并安全地回到私人生活一事，我从未横加阻拦。"在退位之后不久，涅尔瓦由于自然原因去世。这也许可以解释为何中国典籍中会有"受放者甘黜不怨"这样的记载。[20]

罗马的奏报中显示，罗马曾有机会成为汉朝的一个强大盟友。都护将军班超在公元97年派遣甘英出使罗马，以期与罗马政府建立直接的外交关系。甘英从塔里木属国出发，沿着从帕米尔高原到阿富汗的商道一路西行。甘英穿越伊朗来到条支（查拉塞尼）。这个地区"临近大海（波斯湾）"，位于安息国（帕提亚）西部边疆。汉朝的情报显示，罗马位于印度洋西部边缘以外的地区。因此，甘英认为"离开条支后，一直南行，就可以从海上抵达大秦"。不过，由于汉朝人对阿拉伯半岛一无所知，甘英就把航海路线想得过于简单了。

当甘英准备"坐船去罗马"时，查拉塞尼的水手用异国语言给出了令人困惑的消息。一些水手向甘英提供了从红海到埃及（位于古罗马境内）的路线，而另一些水手则认为甘英应该绕道非洲直达罗马城。那些水手对甘英说道："海水广大，往来者逢善风三月乃得度，若遇迟风，亦有二岁者。"按照那些水手的说法，甘英必须储备大量物资，因为"入海人皆赍三岁粮"。听了这些话，甘英放弃了由海路到达罗马的计划，并开始长途跋涉返回汉朝控制下的塔里木属国。他没有意识到，帕提亚和罗马在陆地上有一条共同的边界。事实上，从查拉塞尼市到叙利亚境内的罗马边境，只有 40 天的路程。

甘英回去后禀告都护将军班超："海中善使人思土恋慕，数有死亡者。"班超将军因此得出结论，罗马距离中国太远，无力协助中国控制中亚。如果甘英顺利完成出使罗马的任务，他就会在罗马皇帝图拉真执政的第一年（公元 98 年）见到这位罗马皇帝。不过，据我们所知，除了此次失败的出使之旅，汉朝再也没有试图联系罗马帝国。

罗马对塔里木地区的认知

罗马人关于"丝人"的最早记载事实上所说的并非汉朝人，而是塔里木人。根据古希腊历史学家斯特拉波记载，巴克特里亚的希腊化王国在公元前三世纪已经扩张至"丝国"。这里的"丝国"可能指的是塔里木地区，或许是喀什国。[21] 斯特拉波认为亚洲大陆的边界只到恒河，公元 44 年的拉丁地理学家米拉（Mela）也同意这种观点。米拉认为，丝人就生活在印度和中亚草原的斯基泰王朝之间的区域。他写道："亚洲最东部地区居住着印第安人、丝人和斯基泰人——印第安人和斯基泰人占据两端，丝人可能在中间。"

米拉还强调，罗马与塔里木地区之间距离极其遥远，沿途危险重重。据他所述，中亚地区是塞种骑兵与斯基泰牧民的家园，这些人原本的"居住地旁边就是野生动物横行的无人区"。米拉总结说："无人区以外的地区有一些更加可怕的野兽，这使得前往塔比斯山（Mount Tabis）变得十分不安全。"普林尼认为，亚洲大陆的边界就在马来半岛以外的地区，因此，丝国就在印度以北，"喜马拉雅以上"。

公元二世纪，罗马地理学家克劳狄乌斯·托勒密将丝人的国家称为丝国，并将丝国定位到高于印度的区域，这个区域涵盖了塔里木地区。[22] 他做出上述论断之时（公元 100 年），塔里木盆地确实是汉朝的属地。这样看来，托勒密的论断可以说是合理的。因此，他称之为"丝国首都"的"Sera"可能是汉朝位于中国北方的都城——洛阳。

整个罗马帝国时期，塔里木人一直都被当作丝人。公元四世纪下半叶，古罗马历史学家阿米阿努斯·马尔切利努斯将丝人定义为罗马政府所知的最远地区的人。他写道："在两个斯基泰的东部，有一个名为丝国的国家，此国四周环绕着崇山峻岭。"阿米阿努斯所述区域可能是塔里木各国辖下的绿洲地区。他还说，丝国"土壤肥沃，地大物博"。他所说的四面环绕的崇山峻岭可能指的是天山山脉和昆仑山脉。阿米阿努斯进一步说道："丝国北部与斯基泰接壤，东部面向雪山与沙漠，南部延伸至印度和恒河。"

他列出了丝国周围的 13 个城市或人口聚居地，这些可能属于中国典籍记载的本地区的 36 个国家。《后汉书》记载，一些较大的塔里木王国能够在中国或匈奴政权衰弱的时候形成小型的区域性帝国。例如，公元一世纪中期，莎车国宣布控制其他 13 个塔里木王国。阿米阿努斯或许只是描述了其中一个塔里木王国，或者只是对丝国的老生常谈。他认为丝国之外仍有其他陆地，但他没有关于中华帝国的确切信息。

印度商人们定期通过塔里木王国进入中国。由于佛教沿着丝绸之路传播，这些草原国家的民众展现了印度文化的元素。更糟糕的是，斯基泰人与印度人在印度河流域相互融合，罗马商人难以区分斯基泰人与印度人。罗马学者当时拥有的种族模板不足以清晰定义塔里木的人口类型，也不足以区分模糊的文化和民族起源。他们知道，匈奴人占据了塔里木地区，并与来自俄罗斯草原的白皮肤斯基泰人聚居在一起，不过，这种聚居状态导致二者出现混淆。罗马当局试图弄懂商人们关于丝人的报告。希腊地理学家保萨尼亚斯解释道："有人说，丝人不是埃塞俄比亚人（黑人），而是匈奴人与斯基泰人的混合种族。"

普林尼最为充分地介绍了在恒河附近与印度商人交易的丝人。他写道："丝人身高超出常人，有着金红色的头发和蓝色的眼睛。他们说话声音粗哑，与商人毫无交流。"普林尼表示，这些红头发的丝人出售东方钢铁、中国丝绸以及进口来自欧亚草原的动物毛皮。在罗马人看来，这些丝人没有稳定的生活方式，但其拥有的钢铁和面料在质量上优于大多数先进西方文明所使用的同类产品，这一点实在令人不可思议。

由于在楼兰和且末等塔里木南部王国附近的塔克拉玛干沙漠中发现的古代墓葬，考古学家对于这些欧罗巴丝人十分熟悉。墓葬中有一些在沙漠极端炎热天气下自然"木乃伊化"的干尸，得益于干旱的气候，尸体及其服装也得以保存。尸体身上的服装由毛皮、皮革和软毡制成，这说明死者来自草原。尽管这些人类遗骸已有数千年的历史，但它们独特的自然肤色和毛发颜色仍然清晰可见，死者应该是公元前 3000 年从里海附近某个地方移民到塔里木盆地的欧洲人。塔里木盆地最早的墓葬可以追溯到公元前 1800 年前后，墓中的尸体身形高大，面部棱角分明，眼窝深陷，头发为独特的淡黄色或红褐色，长发披散或编成辫子。且末地区附近曾发现一个保存完好的墓葬，里面埋葬的就是现在众所周知的"且末人"。这个墓葬可追溯到公元前 1000 年，墓中的尸体是一位男性，身高 6.6 英尺，有着红色头发、高高的颧骨、高挺的鼻子和浓密的大胡子。尸体的皮肤上有着染成黄色与紫色的文身。尸体上身穿着一件红色的斜纹上衣，下身穿着一条格子图案的套裤。[23] 在那个时代，地中海地区的人均身高约为 5.5 英尺，而墓中尸体的身高似乎"高于正常人"。正是这个特点促使人们相信，丝人可能还有其他的特点，比如，远远超过正常人的寿命。

且末地区的另一个墓葬群中埋葬着一个浅棕色头发且编着辫子的高个子男人，他的旁边埋着 3 个女人和一个 12 周大的婴儿。这些人可能都死于一场瘟疫。墓葬中的女主人面部有文身，浅棕色头发被编成两条长辫子。她身高约 6 英尺，穿着红色连衣裙和白色鹿皮靴。那个婴儿戴着一顶蓝色的帽子，紧闭的眼皮上放着细小的绿松石，[24] 这可能验证了普林尼关于"丝人有着独特蓝色眼睛"的说法。

公元九世纪的中国壁画证实了欧罗巴人的外貌。它们刻画了塔里木地区的一个人种，也就是现代学者所知的"吐火罗人"。这些壁画雕刻在丝绸之路东南段重要佛教寺庙内的岩石表面。柏孜克里克与吐鲁番附近的千佛洞中有不少关于吐火罗人的壁画，上面画着许多有着黑皮肤、大胡子、红头发和漂亮蓝眼睛的人。这些人穿着伊朗风格的骑马服，或者与汉人所穿庆典服饰类似的精美丝绸长袍。他们作为佛教中的居士形象出现在壁画之上，而他们的出现证明了塔里木地区的欧罗巴人参与了东方丝绸的贩运。[25]

在古罗马时期，红头发的吐火罗人很可能出现在于阗，并活跃在丝绸之路南段连接喜马拉雅山和印度东北部恒河地区的沿线。印度商人在吐火罗人的季节性牧场上找到了他们。这些吐火罗人在牧场上牧马，并在喜马拉雅山山脚下的河边搭起临时安置点。克劳狄统治期间（公元 41 年—公元 54 年），有一个名为拉查（Rachia）的僧伽罗使节从阿努拉德普勒王国来到罗马帝国。正是从此人口中，罗马人得知了吐火罗人贩卖东方丝绸的消息。普林尼介绍说："拉查通过商业往来得知丝人的存在，他的父亲曾经去过丝人的交易场所。据他所说，那些丝人争先恐后地来到沙滩与人交易。"拉查所述的沙滩很可能是两国之间作为地标性界线的一条河流的河岸。丝人与客商之间的交易是"无声的交易"，也就是交易双方在户外通过手势交流达成交易协议。普林尼解释说："这些细节证明罗马商人所言不虚。丝人将所售商品放在河流的岸边，罗马商人把商品放在河流的对岸。如果双方同意交易，丝人就会用他们的货物来换取我们的商品。"拉丁地理学家米拉证实了普林尼的说法，他将丝人描述为"一个以诚信行商著称的民族"。有人告诉米拉，丝人"在交易中不采取任何干扰手段，还将商品摆放在显而易见的位置"。

罗马学者还提到了丝人的信仰，基督教哲学家在批评异教徒时曾讨论过这个话题。公元二世纪，有个名为塞尔苏斯（Celsus）的异教徒想要辩明"什么是宗教的'正常'或'自然'"，而基督教神学家奥利金对他的观点进行反驳。在这场辩论中，丝人被列为不能容忍"庙宇、祭坛或神像"的一群人。塞尔苏斯声称，"利比亚的游牧部落（柏柏尔人）、斯基泰人和丝人不敬任何神灵"。[26] 这可能指的是信奉萨满教、不需要人造寺庙、不崇拜人化神灵的沙漠和草原部落。

罗马人知道的丝人可能有一部分是在汉朝控制塔里木王国期间处于汉朝统治之下的人口。然而，直到公元 50 年，《厄立特里亚海航行记》中才首次明确地提到了中国。这本航海记的作者是希腊人，他参与了从埃及到印度西部主要城市港口的航海贸易。他认为亚洲大陆的边境应该终止于马来西亚附近的某个地方，他表示"在马来西亚的最北端，大海的边上有一个非常大的内陆国家，其名为中国（Thina）"。

在那个时代，罗马船舶的最远航行距离一般不超过印度南端的泰米尔王国，因此，罗马人只知道前往中国的陆上路线。当时，商人们通过中亚贸易路线将大量物品运输到塔里木盆地的各个地区。不过，几乎没有商人成功走完印度到中国的整个行程。《厄立特里亚海航行记》中警告，"从印度到中国十分艰难，几乎没有人能够从印度来到中国，即使有，数量也极为稀少"。

这个时期，印度商人的陆上贸易已通过塔里木丝绸之路扩张到了中国东部。根据记录汉光武帝驾崩（公元 57 年）的中国史料记载，印度商人和其他外国人在汉朝都城洛阳建立了一个神殿。当时与印度商人一同前来中国的还有佛教僧人。公元 68 年，他们在洛阳修建了白马寺。印度商人将这些事情告诉罗马商人，并用梵语"Cina（Sinae）"来称呼大汉帝国。不过，在古希腊语中，"Cina（Sinae）"的发音变成了"Thina"。

第六章
贵霜帝国

公元前 174 年，匈奴击败月氏，自此，月氏人离开他们在中国边境的家园，向西逃亡。在接下来的几十年里，月氏人迁移将近 2000 英里。他们横穿欧亚草原，最后来到阿姆河上游地区，在伊犁河附近打败塞种人。战败的塞种人被迫南迁，逃到了当时正在分崩离析的希腊—巴克特里亚王国（位于阿富汗北部的中心地带）。公元前 124 年，月氏人试图将疆域扩张至伊朗，但他们的骑兵遭到帕提亚人的抵抗，于是，月氏人开始攻打相邻的巴克特里亚王国。希腊统治在该地区崩溃之后，巴克特里亚王国仍然是一个城镇化程度较高、民生富庶的国家，国内的平原土地肥沃，适合农耕或养马。到了公元前 100 年，随着塔里木丝绸之路的发展，一张连接印度、伊朗与中国的巨大商业网络应运而生，而巴克特里亚成为这张大网的核心。月氏人在巴克特里亚建立了贵霜王国，后来发展成为古代世界的领先一时的大帝国。

巴克特里亚的早期历史

在古代巴克特里亚地区，有一个强大的希腊城邦的遗址，一直保留到贵霜帝国时期。根据希腊历史学家斯特拉波记载，"亚历山大在巴克特里亚和粟特建立了八个城市"（公元前 331 年—公元前 323 年）。这些城市是类似希腊城邦的公民社区，其居民主要是马其顿军队的退役士兵、雇佣军以及希腊随从。城市所在位置通常具有战略价值，控制着各种资源，如农田、陆上交通线或者国家领土边界。在哲学家柏拉图看来，理想的城邦应有 5000 个男性公民。如果亚历山大遵循这一惯例，那么他定居在巴克特里亚和粟特的希腊—马其顿臣民可能多达 4 万人。古希腊历史学家狄奥多罗斯声称，定居此地的希腊人在公元前 323 年发动了反对马其顿政权的起义，他们集结了 2 万名步兵和 3000 名骑兵。这场起义的伤亡人数众多，但马其顿将领招募了希腊雇佣兵来抵消他们在巴克特里亚的损失。希腊—马其顿国王塞琉古一世（公元前 312 年—公元前 281 年）也延续着这项惯例。根据古罗马历史学家阿庇安所述，塞琉古一世在他的王国里建立了 30 多个城市，这些城市从叙利亚一直延伸到伊朗、粟特以及锡尔河边境。

这个希腊定居点中最重要的一个城市是"高加索的亚历山德里亚（巴格拉姆）"。这个城市位于兴都库什山的南麓，控制着通往印度的主要通道。根据古罗马历史学家库尔提乌斯·鲁弗斯所述，这个新的希腊城市是一个由 7000 名马其顿人、随军杂役和大量希腊雇佣军组成的社区，这些人自愿定居在这个地区。在古印度的孔雀王朝统治印度河流域各国和相邻的阿拉霍西亚帝国（阿富汗南部）期间（公元前 322 年—公元前 185 年），这个城市就成了希腊统治的重要前哨。

相比 100 万名左右的伊朗人，巴克特里亚地区的希腊统治者数量极少。不过，巴克特里亚地区的希腊人能够集结非常强大的军队。当他们在公元前 250 年前后脱离塞琉古帝国的统治时，他们宣布接管粟特周边的希腊城市。他们还招募巴克特里亚本地人，组建了一支多达 7000 人的骑兵队伍。[1]

随着时间的推移，巴克特里亚地区的希腊—马其顿移民与当地的妇女结婚生子，但他们的后代继承了父辈的本土文化。他们的城市建有希腊风格的剧院、体育馆、寺庙以及体现希腊建筑、装饰主题的柱廊建筑。周边的乡村种植了独特的地中海作物，有很多橄榄树园和葡萄园。他们的后裔讲希腊语，使用希腊文书写，信奉希腊的宗教。

在阿富汗东部阿伊哈努姆古城的现代遗址上出土了一座希腊城市。这座城市的古代名称无从得知，但它建在阿姆河侧翼航线的一条支流旁边，连接着兴都库什山的山道和印度河流域北部的各个王国。阿伊哈努姆古城内，有一个可以容纳 5000 名公民的古典剧场、一座大型体育馆、许多立着科林斯柱的街道、一个坚固的卫城以及一个融入波斯建筑元素的宫殿。长长的石头城墙环绕着这个城市，保护市民免遭外敌的攻击。城墙附近是一座刻有希腊铭文的纪念公墓。城内还有许多供奉希腊神祇的神殿和庙宇。例如，有一座寺庙供奉着宙斯的一尊坐像。不过，这个寺庙的围墙十分坚固，形同琐罗亚斯德教（拜火教）寺庙的围墙，而不像希腊传统寺庙那样四周均用柱廊环绕起来。长久以来，希腊人都有供奉大型宗教雕像的传统。不过，巴克特里亚缺乏大理石，阿伊哈努姆城的居民便使用黏土和石膏来制作雕塑。在挖掘阿伊哈努姆城的过程中，考古学家发现了橄榄油压榨机、希腊首饰、金属雕像、古老莎草纸碎片以及古希腊的哲学文本。遗址中还出土了大量的希腊—巴克特里亚钱币，包括一批空白银盘，这意味着，这个古代城市有一个国营造币厂。皇宫国库的铭文表明，高级的执政官员才有希腊名字，而低级的执政官员则只有巴克特里亚名字。[2]

公元前三世纪，阿伊哈努姆城是一个重要的希腊城市，主导着古代巴克特里亚地区的政治事务。不过，当时整个地区都受到了威胁。公元前 208 年，塞琉古国王安条克三世警告巴克特里亚的希腊人：希腊化王国之间的冲突正在削弱希腊人在亚洲的统治。他认为，如果没有希腊强大军队的压制，占据河中草原的斯基泰人（塞种人与康居人）就能征服巴克特里亚地区。安条克三世告诉希腊—巴克特里亚国王欧西德莫斯一世（安条克三世的对手）："如果你不接受我的条件，那么你我两国都将陷入危险。因为游牧大军正在附近集结，他们将危及我们两国的安全。如果这些游牧大军进入巴克特里亚地区，那么我们的国家就会完全沦为蛮荒之地。"

在此期间，希腊—巴克特里亚军队可能集结了 3 万名希腊士兵，还有一支强大的骑兵队伍。公元前 208 年，欧西德莫斯一世部署了 1 万名骑兵来对付安条克三世，但他无法避免首都巴尔赫（巴克特拉）受到长期围困。公元前二世纪，巴克特里亚地区的希腊统治者越过兴都库什山，开始征服印度地区。希腊历史学家斯特拉波表示："由于生育率处于较高水平，导致巴克特里亚地区的希腊人变得如此强大，最终成为阿里亚纳（伊朗东部）与印度的主人。"据说，希腊国王欧克拉提德通过不断征战，占领了 1000 多个城市。然而，就在征战开始不久，希腊—巴克特里亚政权分裂成若干的敌对派系，一些将领夺取了新领地的控制权，并建立了独立的印度—希腊王国。这些希腊国王从他们的属国中集结了大批军队。据说，在一场战争中，印度—希腊国王德米特里二世曾指挥 6 万大军攻打巴克特里亚国王欧克拉提德一世。这些军事冲突进一步削弱了印度—希腊王国的军事实力。希腊历史学家斯特拉波证实，帕提亚人趁着巴克特里亚王国衰弱之际一举占领了西部地区。

对此，希腊—巴克特里亚的国王们开始招募塞种人骑兵加入他们的军队，一起攻打敌对的希腊人、帕提亚人和东部的其他敌对势力。巴克特里亚出土的一份公元二世纪古代官方文件证实，希腊人的确曾向塞种人的军队支付款项。根据这份文件记载，"在卡拉咯特附近的暗妃波里（Amphipolis）城里，只需支付 100 个德拉克马银币，就能请到 40 个斯基泰人组成的雇佣军"。塞种人最多可以调动 2 万名骑兵。不过，当月氏人占领他们的家园时，大部分塞种人向南逃亡，转而攻打他们之前在巴克特里亚的希腊盟友（公元前 145 年）。3《汉书》记载，"大月氏西君大夏，而塞王南君罽宾"。斯特拉波证实，塞种人"横穿邻国，长途奔袭"，进行一系列"扫荡"，从而"占领了巴克特里亚地区"。

公元前 145 年前后，当塞种人在巴克特里亚地区攻打日益式微的希腊政权时，来自草原的月氏人侵略并攻破了阿伊哈努姆城，库房被洗劫一空，古城内的主要建筑大多在此期间毁于一旦。阿伊哈努姆城中还出土了塞种人风格的军事装备残骸，包括青铜箭镞和重甲骑兵的分段式铁质护腿套的碎片。在粟特国奥尔拉特地区发现的墓葬中出土了一块骨质牌匾，证实了塞种人骑兵的外貌。这块牌匾描绘了战争场景：骑兵们穿着长袖外套，身上的链甲垂到膝盖以下；他们戴着圆顶头盔，还穿着设计独特的高领镀金胸甲。奥尔拉特的士兵们背着弓箭，手持长枪、长剑与之对战。

当月氏人征服巴克特里亚时，塞种人的骑兵向西逃窜至阿拉霍西亚帝国，而后越过兴都库什山脉，占领了印度河流域。《汉书》记载，"塞种分散，往往为数国"。公元前一世纪，塞种人的一个分支征服了印度河流域其他的印度—希腊王国。这些国家的国王沿用希腊的头衔和徽标，因为这是即有的贵族文化。他们占领了希腊城市的造币厂，并开始发行自己的银币。银币上的图像显示，塞种人的国王戴着独特的圆顶头盔，穿着高领盔甲。这些银币上的塞种人统治者大多是以重甲骑兵的形象示人。塞种人统治印度河流域长达数十年。直至公元前 10 年，帕提亚人征服这个地区，成为旁遮普省和信德省的统治者。

巴克特里亚地区的月氏人

征服巴克特里亚的月氏军队在战场上如同弓骑兵那样作战，并配有重甲矛兵负责支援。在阿姆河支流苏尔汗（Surkhan）河谷中一个名叫卡尔查延（Khalchayan）的地方，考古学家挖掘出月氏（贵霜）皇宫的部分遗址。皇宫建于公元前一世纪，有一个墙上挂着泥塑的大厅，墙上描绘了贵霜王室以及奔赴战场的骑兵队伍。弓骑兵们拉满弓，身穿草原民族特有的浅色束腰外衣和骑马裤；重甲矛兵们则穿戴着烦琐的盔甲，包括像帽子一样的头盔、覆盖腿部的金属铠甲以及同心铠甲袖套；他们的坐骑也穿着鱼鳞甲或锁子甲。卡尔查延出土的雕塑显示，贵霜帝国的男人留着浓密的胡子，还用丝带绕过前额，将长发绑在脑后。贵霜帝国的士兵们有着红色皮肤，他们的面部特征表明，他们属于远东人种。

卡尔查延出土的雕塑描绘的可能是月氏人从"士兵→凯旋的将领→地区首领"的转变。卡尔查延出土的另一块镶板则刻画了一位全身发光、站在一辆古代战车之上的女性形象，这可能是月氏人创造的雅典娜女神的形象。这位女性的身边站着一群月氏男人。这些男人尽管仍然手持长剑，却脱下了他们的护甲。

卡尔查延出土的中央镶板描绘了一个国王和他的王后坐在宝座上的情景：国王穿着传统的草原骑马装，他手上拿着一根华丽的马鞭，头上戴着一顶象征地位的低沿软帽。在国王和王后的右侧，坐着另一对夫妻，这可能是王储和他的妻子。他们身边还有其他贵族夫妇，在座的贵妇们都穿着精美的长袍。

在阿富汗北部一个名为黄金之丘（Tillya Tepe）的地方发现了公元前一世纪的月氏贵霜墓葬，墓内出土了数万件黄金制品，体现了月氏人的富裕程度。黄金之丘距离巴克特里亚的首都巴尔赫（巴克特拉）很近。在黄金之丘出土的 2 万件黄金制品之中，绝大部分含有装饰性元素，而墓中那名身份显贵的男子与五名陪葬的女子身上所穿衣物也有相同的装饰性元素。墓葬出土的黄金制品包括皇冠、项链、手镯、腰带扣以及镶嵌有绿松石和其他珍贵宝石的匕首。其他有意思的物品还有希腊风格的浮雕和凹雕、帕提亚钱币以及中国青铜镜碎片。黄金之丘出土的月氏文物受到希腊、伊朗、印度、斯基泰艺术风格的影响，一件装饰性金扣上描绘了一个身穿护胸铠甲、手持长矛和椭圆形护盾的希腊步兵。

唐朝时期（公元 618 年—公元 907 年），一位中国学者决定更改汉朝史官在《史记》一书中关于贵霜帝国的记载。他写道：大月氏一直饲养着大量的骏马，数量可达几十万匹。他们的城市与宫殿在形制上类似于罗马，但他们的百姓有着红色的皮肤，擅长骑马射箭。若论物产、珍稀货物和财富，即使是印度也无法与此地区相媲美。

贵霜帝国

当月氏人对外征服巴克特里亚时，他们的国家却分裂成五个独立的部落，每个部落都有一个翕侯（意为"诸侯藩王"）。这些翕侯在各自辖下有护城墙的城市辟出一块独立的区域，用于建造翕侯府。中国朝报显示，在公元45年前后，一个名为丘就却（Kujula Kadphises）的翕侯"起兵攻灭其他四个翕侯"。然后，他自立为月氏王，统一整个月氏，创立贵霜王国（Kushan）。[4] 有人将这些事情告诉罗马商人。据《厄立特里亚海航行记》记载，贵霜人"极为好战"，"巴克特里亚人现在只由一个国王统治"。

中国的典籍记载了贵霜帝国的成立，也记录了丘就却如何攻打帕提亚并占领阿富汗东部喀布尔的战略部署。《后汉书》中记载，丘就却"侵安息（帕提亚），取高附地（喀布尔）"。按照《后汉书》的解释，喀布尔人"弱，易服"，但"善贾贩，内富于财"，因此在经济方面有着十分重要的作用。在占领极具战略意义的喀布尔河谷之后，贵霜帝国得以打通一条前往印度的道路。这场战争也让印度—帕提亚各国首领与他们的伊朗盟军分道扬镳。

中国估计贵霜帝国约有40万月氏人，其中，兵力多达10万之众。在月氏入侵之前，巴克特里亚地区估计有超过100万人口。[5] 因此，即使将伊朗与亚洲的希腊各大城市社区人口都计算在内，月氏人也是一股非常重要的军事力量。大多数贵霜军队遵循草原先民传统，采用弓骑兵的方式作战。不过，卡尔查延出土的贵霜皇宫壁画显示，贵霜帝国的精英部队还配有铁甲骑兵。我们可以联系当时各国的具体部署分析贵霜帝国的兵力。罗马人在整个帝国范围内总共有 30 万名士兵。公元 114 年，罗马皇帝图拉真东征攻打帕提亚时，总共集结了八个军团（8 万人）。[6]

按照汉朝使节的估计，从贵霜首都巴克特拉（巴克特里亚地区的中心区域）行军到帕提亚边境，大约需要 49 天的时间。[7]骑兵速度较快，同样的距离可能只需 21 天左右。因此，对于帕提亚帝国来说，贵霜帝国是迫在眉睫的威胁。根据犹太历史学家约瑟夫斯的记载，帕提亚东部在公元 55 年遭遇突袭。当时，帕提亚国王沃洛吉斯正在率军向西进入亚述国，准备去攻打一个敢于公然反抗他的属国——阿迪亚波纳国。不过，正当沃洛吉斯国王准备进攻阿迪亚波纳国时，有人向他禀告：一支骑兵侵略者［犹太历史学家约瑟夫斯所说的"塞种人"（或许是占领塞种人领土的贵霜人）］正在洗劫帕提亚帝国的东部边境。据说，塞种人轻视帕提亚国王，并且加入了一支世居里海东部、名为大益的草原军队。[8]沃洛吉斯国王驱逐了贵霜帝国领导的侵略军。不过，这个事件损害了帕提亚帝国的威信，也让帕提亚帝国意识到他们难以同时应付边境的多个动乱。

根据中国古籍记载，丘就却活了 80 多岁，大约在公元 80 年去世。汉朝重新控制塔里木各国之后，丘就却的儿子维马·塔克图（公元 82 年—公元 102 年）与汉朝结盟。根据《后汉书》记载，塔里木盆地西部的喀什国统治者反叛汉朝，从粟特召集了康居骑兵来支持他们的叛乱。汉朝都护将军班超向巴克特里亚地区的贵霜帝国发出军事合作的要求。当康居人得知汉朝与贵霜帝国结盟时，他们害怕自己的家园遭到贵霜军队的攻击，就撤出了塔里木地区。班超将军因此重新控制了喀什国。贵霜人想要在政治上获得进一步的承认，于是要求汉朝选出一名公主与贵霜国王和亲。班超将军拒绝了贵霜人的要求之后，贵霜国王集结 7 万名骑兵，并派遣一名高级指挥官统率军队。公元 90 年，这支贵霜骑兵越过帕米尔高原，攻打班超将军，并驱逐喀什国内由汉朝领导的一小支军队。

在敌军来袭之前，班超将军命令部队尽量带上喀什地区储备的所有粮食，并将剩余的粮食销毁。贵霜帝国的军队将喀什国团团围住，虽然发动数次进攻，却始终攻不破城墙。不久，贵霜军队的粮草不足，贵霜将军派遣一支小分队向东奔袭，希望能够在距离喀什国几百英里远的另一个绿洲国家找到食物。不过，班超将军早就预料到了这一点，他在两国之间部署了一支汉军小队进行伏击。这支伏击小队杀死了大部分出来寻粮的贵霜骑兵。由于粮草不足，贵霜将军被迫放弃围困喀什国，并带领剩余的军队返回巴克特里亚。

经此一战，贵霜国王维马·塔克图集中力量向南扩张，将统治范围推进至印度。在此期间，维马·塔克图国王率领骑兵越过兴都库什山，征服了印度河流域。他打败了统治此地区的印度—帕提亚首领，占领了印度河流域的贸易港口。当时的罗马商船横渡印度洋之后，就会来到这些贸易港口。古代印度河流域各国的面积大致相当于小亚细亚（现代的土耳其），因此，经过征战之后，贵霜王国将领土面积扩大了将近一倍，建立了强大的政权。根据《后汉书》记载，维马·塔克图国王派遣将军"监管并领导"印度河流域各个区域，贵霜帝国此后变得"极为富有"。汉朝的典籍中记载，"诸国称之，皆曰贵霜王。汉本其故号，言大月氏云"。

在汉朝典籍中，印度西北部地区（天竺）靠近一条大河（印度河）。《后汉书》中记载：天竺气候为"卑湿暑热"，百姓"修浮图道，不杀伐，遂以成俗"。天竺的原住民饲养战象，但他们的军队无法匹敌贵霜帝国的骑兵。《后汉书》显示，印度的军事力量薄弱。中国人又将印度称为"身毒"。中国古籍记载，印度有数百城邑和许多属国，每个属国都有自己的国王。

贵霜国王阎膏珍（公元102年—公元127年）占领了印度北部，并且征服了印度河和恒河之间的一系列王国。在被占领的区域，贵霜国王派遣草原统领取代印度各国国王的位置。《后汉书》记载，"月氏杀其王而置将，令统其人"。新的首领将地方收入上交给贵霜朝廷，并在贵霜帝国需要军队护卫或继续扩张领土之时征召地方军队。《魏略》记载，印度东部的人口"乘坐大象和骆驼进行战斗，但他们为月氏（贵霜帝国）服兵役，并向其纳税"。

中国史料记载了贵霜帝国在征服印度之后获得的珍贵资源。《后汉书》列出的珍贵资源有"象、犀、玳瑁、金、银、铜、铁、铅、锡"。贵霜帝国获得的其他贸易资源包括"细布、好毹、诸香、石蜜、胡椒、姜、黑盐"。此外，贵霜帝国控制着连接印度与埃及的重要海上贸易路线，并且能够获得罗马的货物。《后汉书》记载：天竺"西与大秦通，有大秦（罗马）珍物"。

由于喀什国占据着塔里木丝绸之路西段上的战略位置，贵霜帝国也对控制喀什国产生了兴趣。喀什国国王去世后，贵霜帝国主动帮助喀什国前国王的弟弟陈攀（Chen Pan）（公元 114 年—公元 119 年）登上帝位。在贵霜帝国士兵的护卫下，陈攀（Chen Pan）返回喀什国王宫，要求自己的侄子立即禅位。由于陈攀（Chen Pan）广受人民爱戴，双方的冲突得以避免。不过，汉朝通过这些事件认定，"喀什人畏惧贵霜人"。[9]

贵霜帝国的迦腻色伽国王（公元 127 年—公元 151 年）进一步向北扩张，将疆域推进至恒河上游的印度北部地区。印度的马图拉、巴特那、加雅等古代城市附近出土了迦腻色伽国王的钱币和铭文。巴克特里亚南部苏尔喀塔尔附近发现的《罗巴塔克铭文》证实了贵霜帝国早期国王的年表。《罗巴塔克铭文》采用巴克特里亚语和希腊文写成，记载着信奉伊朗女神娜娜的"贵霜帝国迦腻色伽国王"所写的一道诏书，还列出了听命于迦腻色伽国王的各大城市，包括印度北部的邬阇衍那城和巴连弗邑。

中国保存的古代佛教典藏记载，贵霜帝国的迦腻色伽国王曾与帕提亚国王沃洛吉斯三世（公元 105 年—公元 147 年）开战。佛教典藏的内容显示，帕提亚帝国的国王率领一支由弓骑兵、重甲骑兵、携带弓箭手装备的步兵、矛兵组成的军队，攻打贵霜帝国。对此，贵霜帝国的迦腻色伽国王发动了无情的反击。此后的战斗变成了一场残酷的近身厮杀，大量帕提亚士兵在战斗中被屠杀。中国的佛教典藏记载，安息（帕提亚）的国王残酷而固执，他统率着四类军队来攻击迦腻色伽国王。贵霜帝国的迦腻色伽国王曾严厉责罚于他。当两军交战，双方手持刀剑不断砍杀，最终，迦腻色伽国王取得了胜利，但战争所造成的苦难令他忏悔不已并向宗教领袖寻求帮助。

另外一些佛教典籍显示，迦腻色伽国王是一位野心勃勃的征服者，一心只在已知世界里追求权力。他四处扩张帝国疆域，还从各个属国集结了一支大军，他的军中甚至配有来自印度的战象。迦腻色伽原本计划攻打塔里木各国，但他的外国军队拒绝穿越帕米尔高原上那些又高又险的山道。根据典藏所述，"迦腻色伽国王集结军队，准备在东部展开惩罚性打击行动；他派出一队骑着白象的外国人充当先锋，而他则跟着军队前进。不过，当他们进入帕米尔高原之后，他们打算穿过陡峭的山道，先锋队伍里的大象与战马却不愿前行"。据说，正是在这个时候，迦腻色伽皈依宗教，拒绝武力打击。

贵霜文化

月氏人原本讲吐火罗语，但他们还从巴克特里亚地区的各个属国学会了希腊语与伊朗语（阿里乌斯）。吐火罗语没有文字，因此，贵霜人早期使用希腊文来通报他们的头衔、姓名与法令。在新出现的希腊—贵霜文字中，还有一种需要发吐火罗语中"sh"音的象形文字。贵霜帝国的许多文本以拥有希腊—贵霜文字的巴克特里亚语（伊朗语）完成，但贵霜帝国的一些钱币和铭文还采用了佉卢文（Kharoshthi）。兴都库什山地区还有一种印度方言——亚拉姆语。贵霜还占领了印度北部马图拉市周围的一些地区，这些地区的常用文字是婆罗门文。

贵霜帝国还融合了中亚、伊朗、印度地区各个属国的其他文化和信仰。在贵霜帝国之中，一些属国的国王信奉伊朗的拜火教，还有一些属国的国王奉行佛教，或命人在钱币上雕刻希腊与印度的神祇。钱币上的图案证明，贵霜国王阎膏珍在公元 102 年至公元 127 年信奉印度的湿婆教（尊奉湿婆为最高神）。[10] 阎膏珍在位期间的钱币显示，他是"湿婆的信徒"。印度北部马图拉市附近马特（Mat）地区出土的佉卢文铭文写明："阎膏珍国王对湿婆教义深信不疑，正是因为他的虔诚，湿婆让他当上了国王。"[11]

在巴克特里亚首都巴尔赫（巴克特拉）附近的迪乐北靳（Dilberjin）发现了一座希腊神庙，证实了贵霜帝国的宗教变迁。这座神庙供奉的是希腊神祇卡斯托尔和波鲁克斯，也就是世人所说的狄俄斯库里兄弟（双生神灵）。传说，狄俄斯库里兄弟是宙斯的双生神子（宙斯神是全人类和商旅的保护神）。希腊人认为，狄俄斯库里兄弟能够庇护马匹，帮助人们骑马打猎，促进体育竞赛。公元二世纪，阎膏珍国王派人在迪乐北靳的狄俄斯库里神庙中绘制壁画，用来供奉湿婆和帕尔瓦蒂（生育之神）。[12]

公元二世纪，贵霜帝国还修建了不少纪念王朝的庙宇。《罗巴塔克铭文》记载，迦腻色伽国王要求王朝的各大庙宇供奉贵霜历代统治者的雕像。阿富汗中部的苏尔赫—科塔尔地区和印度北部的马特地区都出土了贵霜帝国的皇家寺庙。苏尔赫—科塔尔神庙修建在山上，尽管门前有很长的石铺阶梯，但它仍然有希腊建筑元素以及希腊文铭文。[13] 相比之下，马特神庙受到印度本土神庙设计的影响，采用砖石结构，庙内有佉卢文铭文。[14] 这两座神庙相隔大约 1000 英里，但它们都供奉着相似的皇室雕像。马特神庙的雕像闻名于世，这些雕像都是一副皇家骑兵的打扮，身上穿着及膝的外套，腰上束着华丽的腰带，下身是宽松的裤子，脚上穿着厚重的马靴。这些雕像一律双脚朝外，采用的是草原骑兵的独特站姿——在马镫被发明之前，草原骑兵用大腿和膝盖夹住马匹来稳住身形。出土的雕像大多残缺，头部已缺失或毁坏。唯一幸存的雕像头部显示，贵霜国王戴着尖顶的帽子或头盔。

之后，贵霜国王信奉伊朗的琐罗亚斯德教。胡维色伽国王在位期间（公元 151 年—公元 187 年）的钱币上刻有"御火"和"御辉"字样。目前出土的其他贵霜钱币显示，后来的贵霜国王穿着铁甲骑兵的庆典盔甲，戴着锥形头盔，内穿金属胸甲，再配上由互锁金属带制成的护袖和护腿。国王所穿的盔甲由青铜、镀金铁或印度钢铁制成。

不过，贵霜人也改变了各个属国的文化，他们在整个帝国范围之内修建了许多推动贸易、交通、通信的基础设施。此外，由于战争和大兴土木，贵霜人在各国之间调动了大量人员。根据巴克特里亚首都附近的迪乐北靳湿婆神庙出土的一篇巴克特里亚铭文，阎膏珍国王命令来自印度邬阇衍那城的专业工匠帮助兴建该地区的水利管道。[15] 苏尔喀塔尔附近发现的《罗巴塔克铭文》记载，贵霜帝国曾发动举国之力，为巴克特里亚南部的皇家新领地提供充足的干净水源。阎膏珍国王手下有一位官员，"曾以石头来加固渠道，渠中流出清澈的水流"。这位官员还修建了一条运河。不过，当这个水利系统失效后，迦腻色伽国王"派人挖掘了一口水井，还命令守卫们看守水井和整个设施"。由于直接连接兴都库什地区和前往印度的山道，巴克特里亚南部的干旱地区对于贵霜政权至关重要，因此，阎膏珍国王此举极为合理。

在贵霜帝国的统治下，印度和巴克特里亚之间的犍陀罗国（Gandhara）成为商业和文化交流中心。对于前往丝绸之路的印度商人以及从中亚到印度洋港口的商旅而言，这个地区就是大家的公共通道。因此，这个地区受到希腊文化和印度文化的启发，有了自己的艺术风格和建筑风格。犍陀罗国的艺术融会贯通了希腊、印度以及伊朗的传统艺术形式，将贵霜帝国的草原文化融入王朝的艺术品和建筑中。贵霜帝国的艺术通常体现佛教主题。不过，罗马现存的资料证实，这些东方文化还有一些希腊神话的影子。古罗马哲学家迪奥·克瑞索托（Dio Chrysostom）曾说道："印度人使用自己的语言和方言，翻译和朗诵荷马的诗歌。"[16] 犍陀罗国的著名浮雕描绘了特洛伊战争的情景：当装有轮子的木马雕像被拖进城市时，一个女人举手表示抗议。浮雕上那个女人看上去像一位印度公主，但她可能代表了古代女英雄海伦或卡桑德拉；

浮雕上的男人穿着希腊风格的短款束腰外衣，这意味着，古代巴克特里亚地区存在希腊文化。对于那些骑马征服印度—希腊城邦的贵霜贵族而言，马的雕塑可能有另外的意义。

　　在印度河上游的印度塔克西拉古城附近的地区，希腊文化和贵霜文化相互融合。塔克西拉古城控制着整个兴都库什山脉地区的主要战略通道。希腊—巴克特里亚的德米特里国国王在公元前 180 年入侵印度时，在塔克西拉古城附近建立了一个名为锡尔卡普的希腊城市。锡尔卡普是一个建在塔克西拉古城对面河岸、被重重城墙护卫的希腊城市。[17] 罗马帝国的希腊哲学家阿波罗尼乌斯据说在公元 44 年前后参观过这个地区。一位印度—帕提亚贵族接待了阿波罗尼乌斯。这位贵族来自希腊，会讲流利的希腊语，负责管理塔克西拉古城。据说，塔克西拉古城"按照希腊城邦布置，防御力相当强"。按照阿波罗尼乌斯的说法，"这个城市如同雅典一样，由不规则的街区组成。从外部来看，许多房子只有一层楼高。不过，如果你进到房子里面，就会发现房子里面有地窖"。[18] 在征服这个区域之后，贵霜帝国就在塔克西拉古城附近的锡尔苏克城（Sirsukh）建立了第三个行政首都。锡尔苏克城有坚固的石头城墙，上面还设有可供弓箭手隐藏的、向外凸出的堡垒。

　　塔克西拉古城的发掘过程中，出土了贵霜时代有希腊文化的证据。在塔克西拉古城里，有一座早期佛教舍利塔（文物寺庙）的圆顶采用莨苕叶形装饰。莨苕是地中海地区的一种植物，塔克西拉古城所在地区没有这种植物。不过，莨苕叶形确实是希腊风格科林斯柱的特定装饰。[19] 斯瓦特山谷附近有一座神庙，庙内的台阶石板上描绘了一群穿着希腊风格的束腰外衣的男女，其中一些人穿着长裤和靴子。他们弹奏着各类乐器，用希腊风格的酒杯（古希腊的双耳盛酒器）喝酒，大口吃着碗里的美食，似乎正在庆祝什么节日。[20]

　　贵霜帝国统治的疆域从恒河流域延伸至马图拉。贵霜国王的夏都位于阿富汗北部（现代的喀布尔）的卡比萨省（巴格拉姆）。不过，在潮湿度较低的几个冬季月份里，贵霜皇室可能会搬到塔克西拉古城附近有城墙护卫的城池。[21]

贵霜与罗马两国之间的邦交活动

威玛·迦德菲塞斯（阎膏珍）（公元 102 年—公元 127 年）可能是第一个派遣使节觐见罗马皇帝的贵霜国王。这些贵霜使节可能参加了罗马帝国在公元 106 年举办的庆功活动。罗马帝国的这些活动是为了庆祝图拉真皇帝顺利打败特兰西瓦尼亚山区的达契亚王国。位于多瑙河北部的达契亚王国代表着罗马帝国在 60 多年前攻打英国时占领的首个大面积新领地。罗马帝国经过 5 年征战，才征服了达契亚王国。参战的罗马士兵来自罗马帝国的至少十三个军团。[22] 这是罗马帝国的主要功绩之一。根据狄奥记载，图拉真皇帝"从达契亚王国大捷回国之后，伊朗等国的许多使节纷纷前来觐见罗马皇帝"。罗马帝国的庆功活动历时 123 天，罗马角斗场举行了多场野兽厮杀。古罗马历史学家狄奥记载，"在精彩的表演过程之中，各国大使坐在罗马元老的专用座席上"。贵霜帝国的使者可能感觉自己的国家是一个与罗马帝国相当的东方大国。公元三世纪，在旁遮普省的阿拉河（Ara River）附近的铭文中，贵霜国王迦腻色伽三世称自己为恺撒（Kaisara）。[23]

图拉真在位期间，古罗马哲学家迪奥·克瑞索托在描述在亚历山德里亚城内见到的巴克特里亚人时曾提到，贵霜人"掌握精湛的马术，借此保家卫国，确保国家独立"。罗马城内还有贵霜帝国各属国的臣民。迪奥·克瑞索托在描述城内外国人的外貌时写道：有些外国人"穿着波斯人和巴克特里亚人的裤子、戴着波斯人和巴克特里亚人的头巾"。在看到元老们和官员们陪着这些奇装异服的外国人时，罗马人可能会想：他们的皇帝估计又打算对哪个国家开战了。

在罗马帝国和贵霜帝国眼里，帕提亚政权是他们共同的敌人。这两个国家分别位于帕提亚帝国的两侧，因此他们都想要抑制或减小帕提亚帝国的权力和影响。贵霜帝国与汉朝此前已就塔里木地区达成政治协定（公元 90 年），或许，贵霜帝国的统治者想用相似的方法与罗马帝国联盟，这肯定能让帕提亚帝国腹背受敌，使其分心，并迫使帕提亚帝国不得不分散兵力，分别驻守两国边境。罗马的塔西佗皇帝表示，这样的合作古有先例，最早可追溯到尼禄皇帝统治时期（公元 58 年—公元 63 年）罗马帝国与帕提亚帝国之间的亚美尼亚战争。在这场战争期间，赫卡尼亚（Hyrcania）王国分裂主义者派出的使节告诉罗马人：为了兑现他们曾向罗马政府许下的承诺，他们的军队已经在伊朗东部拖住了帕提亚军队。[24]

贵霜帝国可能只用了 7 万名骑兵就征服了印度北部，虽然在公元 90 年攻打班超将军驻守的塔里木地区时，他们也调动了同等规模的兵力。这些军事行动的信息可能传到了罗马的各个属国，这让罗马重新燃起了远征的兴趣。公元二世纪，贵霜帝国征服印度河流域，并将帝国的疆域扩大至印度北部和恒河流域中部。因此，他们在东方的成就超过了亚历山大大帝和他的希腊—马其顿大军。某些罗马人可能认为，罗马帝国作为希腊文明在西方的继承者，可以独立完成进一步的征服行动。

在此期间，学者对亚历山大大帝及其对波斯和印度的远征重新产生了兴趣。拉丁语作家库尔提乌斯·鲁弗斯（Curtius Rufus）、希腊传记作家普鲁塔克和阿里安（Arrian）撰写了新的亚历山大传记。由于阿里安是卡帕多西亚城（它位于亚美尼亚附近黑海海岸边上的战略要地）的总督，因此，他的作品对于罗马军事研究特别重要。普鲁塔克曾在作品中引入东征的主题，描写了罗马共和国后期的国内战争以及尤利乌斯·恺撒与庞培在公元前 48 年爆发的最终斗争。他在作品中悲叹道：在此期间，罗马指挥官没有继续将帝国统治扩大到亚洲，反而忙着去打内战。普鲁塔克问道：斯基泰骑兵、帕提亚弓箭手以及伊朗富人怎么可能抵挡住庞培、恺撒等将军所率领的 7 万名全副武装的罗马士兵？[25]

当帕提亚人未经罗马允许就将自己的候选人安排坐上了亚美尼亚的王位时，罗马的图拉真皇帝趁机在公元 113 年开始东征。此后，罗马帝国吞并了亚美尼亚，并开始征服帕提亚帝国统治下的美索不达米亚地区。罗马人在巴比伦尼亚打败了帕提亚人。不过，在公元 116 年，在美索不达米亚地区被罗马帝国新征服的领地发生叛乱，人们起义反对罗马对巴勒斯坦和埃及的统治。由于年岁渐长和军事指挥困难，图拉真皇帝疲惫不堪，最终中风发作，于次年去世。他的继任者哈德良皇帝决定将罗马军队撤出美索不达米亚地区，并允许帕提亚帝国收复巴比伦尼亚。

执政 21 年间，哈德良皇帝接见了大量请求联盟的贵霜使者（公元 117 年—公元 138 年）。不过，哈德良皇帝始终避免与帕提亚帝国产生进一步的冲突，并利用贵霜使者的邦交往来活动来增强罗马帝国的威望。《罗马君王传》记载，"巴克特里亚国王派遣大量的使者觐见哈德良皇帝，祈求联盟"。在安敦宁·毕尤皇帝统治期间（公元 138 年—公元 161 年），罗马帝国在处理东部事务之时需要与西卡尼亚人打交道，因此，罗马帝国与贵霜帝国之间仍然保持联系。西卡尼亚人居住在里海东岸，他们想要脱离帕提亚帝国的统治，寻求自身的独立，[26] 而罗马帝国的殖民宣传增强了他们之间的联系。根据罗马历史学家奥勒留·维克多的记载，"印度人、巴克特里亚人和西卡尼亚人都派使者去觐见安敦宁·毕尤，因为他们听说这位伟大的罗马皇帝长相英俊，面容庄严，身材苗条矫健，由此可以看出他处事公正"。[27] 公元 127 年登基的贵霜国王迦腻色伽一世可能也派出了一些使者。

国际商务

在阿富汗北部的巴格拉姆地区出土了贵霜皇宫或皇家国库的库房。出土的文物包括贵霜帝国一个多世纪以来积累的大量珍贵的外国物品。这些库房存放着来自印度的象牙块、雕像、雕刻，以及来自中国汉朝的精美喷漆餐具碎片。出土的罗马文物包括古代神灵的青铜雕像、彩色玻璃器皿，例如彩色的花形碗、吹制的玻璃装饰、手绘的花瓶以及雕花的玻璃酒杯。这些酒杯上喷绘有许多古代的场景，包括亚历山德里亚的法洛斯灯塔、罗马的角斗、亚历山大的战斗、赫克特与阿喀琉斯的决斗以及希腊骑兵狩猎等场景。这些物品可能被运上前往印度港口的罗马商船，最后运抵贵霜帝国。[28] 根据希腊历史学家斯特拉波的记载，奥古斯都时期至少有 120 艘罗马商船参与了此项交易。如果每艘船只能运输 300 吨货物，那么罗马与贵霜两国之间交易的货物可达到数千吨。

　　除了在国际贸易中扮演中间商的角色，贵霜帝国还维持着他们与其他遥远国度之间的商业交易。南亚地区的环境和气候不适合饲养马匹，因此，贵霜帝国的商人们将巴克特里亚的马匹出口到需要培养骑兵的遥远国度。这些马匹被运到了印度河流域的港口，再通过船舶运输到印度以外的地区。公元三世纪，一位名为康泰的中国使节向朝廷汇报："月氏贾人常以舶载马到加营国（苏门答腊）。"这些船舶绕着印度南部海岸线航行，穿过孟加拉湾，到达缅甸和马来半岛。康泰得知："国王悉为售之。若于路羁绊，但将头皮示王，王亦售其半价。"[29]

贵霜钱币

　　公元一世纪，《厄立特里亚海航行记》记载，罗马商人将帝国的钱币运到印度北部的港口，用来购买珍贵的香料、丝绸和宝石。罗马钱币使用纯金铸造，而印度各国的钱币则以银和大量廉价青铜或铅制成，因此，罗马的钱币能够以很高的汇率兑换他国的钱币。不过，这导致罗马帝国的黄金和白银大量外流，而印度北部各国则从中获益。《厄立特里亚海航行记》的作者在描述古吉拉特邦的布罗奇港口时曾写道："罗马的货币与金银按照一定的比例被兑换成当地的货币。"这其中包括罗马帝国奥古斯都时期和提贝里乌斯时期（公元前 27 年—公元 37 年）发行的大量银币。

贵霜帝国当时对印度洋与塔里木丝绸之路之间进行的国际贸易征税，获得大量收入。公元 75 年，普林尼报告称，罗马帝国每年从印度进口超过 5000 万塞斯特斯的贵金属。古代印度有一本描述治国之道的书籍——《政事论》，此书作者在书中建议统治者对外国进口商品征收 20% 的进口税。在《厄立特里亚海航行记》的那个时代，罗马商船主要有三个交易地点：印度河流域、古吉拉特邦和泰米尔地区。通过占领印度河流域，贵霜帝国可能夺走了罗马帝国三分之一的贸易收益，其价值为数千万塞斯特斯。

贵霜人当初屈居巴克特里亚地区时，他们就已经很熟悉罗马的钱币。贵霜王朝的开国皇帝丘就却发行了刻有奥古斯都或提贝里乌斯头像的贱金属货币。这些铜钱上都刻有戴着罗马桂冠的古代皇帝头像，但上面的文字和头衔是以希腊语写的"贵霜王丘就却"。或许，丘就却想要展示自己是巴克特里亚希腊人的统治者，而钱币上的罗马皇帝形象则是古代西方皇帝身份与地位的象征。

丘就却还发行了其他钱币，正面刻着希腊国王的头像，背面刻着希腊半神赫拉克勒斯的图像。这些钱币上还用佉卢文写明丘就却皇帝是"统治者"与"正法的坚定信仰者"（印度法令的遵循者）。丘就却的继任者维马·塔克图皇帝征服了兴都库什山脉，并从印度河流域的帕提亚人手里夺取了他们的土地。他通过发行一些刻有头戴皇室头巾的希腊国王头像的青铜硬币，承认了希腊居民社区的地位。这些钱币上的希腊文字写着：维马·塔克图国王是"万王之王"和"伟大的救世主"。这些都是希腊的特色，但钱币的背面按照塞种人的惯例，刻着骑马的皇室成员。

犍陀罗国的山区河流中有大量的金沙。公元前五世纪，波斯的阿契美尼德王朝每年从犍陀罗国收到超过 13 吨的黄金。这是波斯全国收入的三分之一，足以铸造 150 万枚金币，按照罗马货币计算，其价值可达 1.5 亿塞斯特斯（相当于十四个兵团的年度成本）。相比之下，波斯人从巴克特里亚收到了价值大约为 1100 万塞斯特斯的贡品。斯特拉波证实"印度的河流携带着大量的金沙"，后世的资料也证实了这笔财富的存在。公元二世纪，狄奥尼西奥斯（Dionysios Periegetes）在描述塔克西拉古城附近的土地时写道："此地有希帕尼斯河（Hypanis）与神圣的马格罗斯河（divine Margaros），水流湍急，顺流而下的还有闪亮的小金粒。"作家阿普列尤斯还提到了"与印度有关的奇妙故事"。例如，有个传说称"印度的土地上流淌着黄金河"。[30] 公元七世纪，中国和尚玄奘曾到访过印度河流域，他后来说道："这个国家盛产黄金。"

公元 64 年，罗马的尼禄皇帝实行货币改革，他降低了罗马帝国金币中的黄金含量，单枚金币的重量从原来的 8 克降低至 7.3 克。为了避免改变金币中的黄金纯度，金币的尺寸也缩小了。在罗马帝国国内，新旧两种金币的货币价值相同。实际上，旧版金币的含金量超过 90%。就黄金而言，只需 40 个旧版金币就能提取一磅罗马黄金，却需要 45 个新铸造的金币才能提取相同重量的黄金，多出的 5 个金币在罗马市场上价值 500 塞斯特斯，足以购买三十多个装满葡萄酒的酒罐。因此，从事东方贸易的罗马商人总是尽可能选择较大的旧版金币用于出口。

达契亚王国盛产黄金。罗马帝国在征服达契亚王国后，缴获了大量战利品和皇家财富，从而将大量财富带入地中海地区。[31] 此外，罗马帝国还占领了喀尔巴阡山脉的金矿。这导致罗马帝国流通领域的黄金数量大幅增加。[32] 因此，相对银的价值，罗马市场的黄金价值下降。在这个时期，罗马金币与银币的兑换比例为 1∶11（1 个金币的价值等于 11 个银币）。不过，埃及出土的史料表明，达契亚占领区输出的黄金在不久之后大幅增加。因此，在科普托斯（Coptos）等出口市场上，金银兑换比例降低至 1∶8。公元 110 年的一份埃及莎草纸记载："金条的价格已经从原来的 15 德拉克马降低至 11 德拉克马。"[33] 印度北部地区的黄金价格相对较高（1∶10），罗马商人可以通过较低的价格在罗马帝国国内购买黄金，然后将其出口到印度北部地区，从而在印度市场上获得很强的购买力。在此期间，罗马商人可能开始大批出口黄金，而这些黄金进一步增加了印度北部国家的财富。

威玛·迦德菲塞斯可能是第一个铸造金币的贵霜国王。这种新的贵霜金币基本上以罗马金币为模板，大小和重量与朱里亚·克劳狄王朝时期发行的旧金币（8克）相同。[34] 贵霜金币上刻有阎膏珍的形象：穿着传统的草原服装和长款外衣，戴着高高的圆顶头盔，后面还拖着长长的绸带。金币的背面刻着希腊的太阳神赫利俄斯，旁边是贵霜帝国一种名为徽记（tamgha）的文字组合图形。贵霜帝国在铸造完这些金币之后，似乎还铸造了大量银币。从这个时期开始，贵霜帝国的货币主要由高价值的金币和大量青铜钱币构成。

公元二世纪，罗马商人继续向印度北部出口黄金和白银，但主要形式是金银条而不是金银币。这是因为图拉真皇帝对罗马货币体系进行改革，降低了罗马银币中的银含量，导致罗马帝国的金银兑换比例与印度的金银兑换比例（1∶10）相差无几。图拉真皇帝实行货币改革导致了一个后果：罗马帝国新铸造的钱币在印度北部的货币市场上失去了兑换优势。这意味着，许多罗马商人将金银币换成了金银条，尤其当旧版金币不足以满足出口需求时。根据古罗马地理学家保萨尼亚斯记载，"罗马至印度的商船上的士兵们说过，印度人只将出产的产品用于交换希腊（地中海）的货物"。他还确认道："印度人自己也拥有大量的黄金和青铜钱币，因此他们不喜欢罗马的货币。"这种国际贸易的持续影响是，贵霜帝国的黄金财富大幅增加，而罗马帝国则长期为此付出巨大的代价。

不断变化的宗教习俗

贵霜帝国的迦腻色伽国王也发行过一套钱币。这套钱币刻画的迦腻色伽国王穿着草原士兵的衣服，搭配长款外衣、裤子以及厚厚的靴子。他手持一柄曲剑和一根用于战斗的长矛，作为其军事能力的象征。同时期的某些钱币上还刻有"迦腻色伽国王站在祭坛上，身后燃着神圣之火"的图案。尽管迦腻色伽国王在军事方面威名赫赫，但他是一名佛教信徒，在全国范围内推动并维护佛教教义。因此，迦腻色伽发行的部分钱币雕刻有一尊站立的佛像，旁边还用希腊文刻了"Boddo"（佛陀）。钱币上雕刻的佛陀穿着宽松、飘逸的长袍（类似希腊的大长袍），脚尖朝外，采用的是草原骑兵的独特站姿。

佛教起源于公元前六世纪。在恒河地区中部的一个城市化国家，一位名叫释迦牟尼的宗教领袖创立了佛教。到了公元前一世纪，印度的许多地区除了信奉传统的印度教之外还践行佛教。早期的佛教教义都通过一本名为《佛本生经》的故事书来弘扬道德规范。佛教的教义有助于推动商业发展。据说，佛陀鼓励有钱人将他们四分之一的收入用于生活支出，四分之一用于未来所需，剩下的一半收入用于做生意。这就是佛教在富裕商人圈盛行的原因。

迦腻色伽国王在执政期间曾在克什米尔举办了一次重要的佛教结集，将主要的佛经从犍陀罗语翻译成更易懂的古印度语言。[35] 迦腻色伽国王还在富楼沙古城（也就是塔克西拉北部的白夏瓦）附近出资修建了一座宏伟的佛塔，这座佛塔的规模比印度的其他绝大多数神庙都要大。根据近古时期到访此地的中国僧人所述，此地有一座由木头建成的有精美穹顶的大型佛塔。根据他们的记载，佛塔穹顶中央伸出一根立柱，比穹顶高出几百英尺。不过，现代考古研究表明，这座圆形佛塔的直径约为286英尺。因此，它的中央木质穹顶比哈德良在罗马所建的圆形神庙的水泥屋顶要大将近2倍。[36]

迦腻色伽国王可能聘请了希腊工匠来修建他的大佛塔，建筑考古学家在佛塔遗址上的发现已经证明了这一点。他们在佛塔下方的小型储物槽内找到了一个圣骨匣，匣子上有一行用当地佉卢文书写的铭文。根据铭文记载，制作匣子的工匠有个希腊名——阿革西拉乌斯（Agesilas）。正是这个工匠帮助世人将这座佛塔的修建时间确定为迦腻色伽国王执政元年（公元127年）。铭文上写着："本人名为阿革西拉乌斯，负责为迦腻色伽国王监造摩诃舍那王（mahasena）神庙。"阿革西拉乌斯可能是一个皈依佛教的印度—希腊人。除此之外，贵霜帝国还可以雇用从罗马帝国到印度寻找木工工作的希腊工匠。罗马帝国统治时期，埃及行省在红海港口有许多船坞，这些船坞能够制造超过100英尺长的船舶，因此，希腊工匠能够凭借已有的木工工艺和技能，完成印度的各种木工工作。根据《多马行传》（Acts of Thomas）记载，印度河流域某国的皇室曾派人来到罗马帝国，想要雇用熟练的工匠去印度北部修建一座华丽的宫殿。根据传说，其中一名工匠就是多马。此人信奉基督教，于是就把基督教教义带到了印度。

传统的佛教并不会通过钱币或雕塑的形式来展示佛教导师和神祇的形象。不过，犍陀罗国的佛教艺术风格后来发生变化，他们开始制作佛陀的塑像。这种风格的转变可能是受到希腊工匠的影响，因为希腊工匠历来就有塑造神祇形象的传统和方式。犍陀罗国塑造的早期佛陀有着希腊风格的光环或光晕，并且穿着希玛纯（himation，古希腊人所穿的长方形外衣）或类似托加的轻薄长袍。[37]

公元二世纪，信奉佛教的商人和佛教僧人从贵霜帝国出发，穿过丝绸之路，来到中国境内。他们将佛教教义带到了塔里木各国，还在中国各大城市推广佛教教义。在此之前，中国与印度以及发展中的东南亚文明之间的海上贸易，也让中国人接触到了佛教思想。在最早一批皈依佛教的中国人中，有一个人名为刘英，他是汉明帝（公元58年—公元75年）同父异母的弟弟。刘英的封地在中国东南部的楚国，他到楚国赴任之后开始信奉佛教。公元65年，东汉朝廷调查刘英及其信仰，但没有找到刘英谋反的确凿证据。尽管如此，汉明帝还是派遣使节从陆路前往印度，调查佛教这一外来宗教的性质与起源。[38] 公元 67 年，使节带着两个和尚返回中国。这两个和尚分别名为迦叶摩腾（Kasyapa Matanga）与竺法兰（Dharmaratna），他们白马驮着经书和神祇画像去过洛阳。因此，他们在洛阳郊区修建的佛教寺院被称为"白马寺"。[39]

《后汉书》记载，"帝于是遣使天竺，问佛道法，遂于中国图画形象焉"。据说，后来的汉桓帝（公元 147 年—公元 167 年）"好神，数祀浮图"。汉桓帝的虔诚鼓舞了他人，人们开始逐渐接受佛教，佛教因此在中原兴盛起来。《后汉书》记载，"百姓稍有奉者，后遂转盛"。

在中国转信佛教的历史进程中出现了多位重要的得道高僧，其中一位就是来自犍陀罗国的贵霜佛教僧人支娄迦谶，他在汉朝首都洛阳传播佛教教义。公元 150 年，支娄迦谶被汉朝接受，直至公元 189 年前后，他仍未离开洛阳。在洛阳期间，支娄迦谶将重要的佛经翻译成中文，其中就包括《般若波罗蜜多心经》（又称《般若心经》）。[40] 公元三世纪，著名的中国僧人支谦自称是贵霜移民的后裔。据传，支谦是大月氏人的后裔，他的祖父法度（Fadu）在汉灵帝在位期间（公元 168 年—公元 189 年）率领数百人迁居中国。法度在汉朝曾担任官职，因此，家人在当地受人尊重，极有威望。[41] 由于长期的文化影响，佛教、道学和儒学最终成为中国中原地区的三大哲学体系。

贵霜帝国的胡维色伽国王（公元 151 年—公元 187 年）庇护婆罗门教，他发行的钱币上也刻有与湿婆教相关的印度神祇。此外，胡维色伽国王还信奉希腊众神，他所发行的钱币上刻有希腊—埃及的塞拉匹斯神（Serapis 或 Sarapo），这一发现意义重大。直到托勒密政权建立，埃及才开始信奉塞拉匹斯神。早期的印度—希腊神殿并未出现塞拉匹斯神的任何雕像或神像，这可能是贵霜与希腊通过海上进行意识形态交流的又一证据。之后发行的钱币还刻有一尊站立的古代女神，旁边还有用希腊文书写的"Riom"字样。"Riom"女神可能是罗马帝国的象征，象征着贵霜帝国尊崇的一种力量。[42]

　　东方各国非常了解罗马帝国的政治发展。例如，帕提亚帝国的阿尔达班国王写信给罗马，指责罗马帝国的提贝里乌斯皇帝正在进行政治谋杀，残忍地对待各个属国，并且实施了"导致生活方式无耻放荡"的各种行为。[43] 公元 218 年，年轻的埃拉伽巴路斯称帝掌权，他试图用崇拜神秘黑石的叙利亚宗教来取代传统的罗马宗教。埃拉伽巴路斯皇帝此举导致传统罗马社会的广泛反感。对此，贵霜帝国派出了一批宗教使节前往罗马帝国，这其中就包括一些佛教僧人。一个名叫巴戴桑（Bardaisan）的叙利亚人在埃美萨（Emesa）附近见到了这群正在前去觐见罗马皇帝的贵霜使节。他向贵霜使节询问了许多问题，并把他们的回复整理成一份关于印度宗教的记录（这份记录已经不复存在，现存的只有后世学者引用的只言片语）。[44] 虽然汉朝欣然接受了佛教，但是埃拉伽巴路斯国王信奉的宗教教义与佛教的功德原则和道德伦理大相径庭，因此，贵霜使节的任务最终还是失败了。

第七章
粟特商人

　　古代，有一群讲伊朗语的粟特人。在中国和罗马之间的丝绸之路上，粟特人是贸易活动的一大中间商。粟特人生活在一个城市化的国家，他们在中亚和巴克特里亚东北部（阿富汗北部）之间的肥沃的土地上进行农事耕种。粟特人的家园位于阿姆河与锡尔河（塔吉克斯坦和乌兹别克斯坦）之间，附近的费尔干纳盆地可通向帕米尔高原和塔里木盆地。粟特的国土面积是西班牙的2倍以上，国家被治理得井井有条。此地曾经是波斯国和塞琉古国的辖地（行省）。根据《后汉书》记载，粟特国"出名马、牛、羊、葡萄众果。其土水美，故葡萄酒特有名焉"。粟特人从他们的首都撒马尔罕组织长途商队，穿过塔里木地区，从遥远的中国购买各种具有中国特色的商品。

　　粟特人将印度与波斯的商品运到中国市场，然后再购回丝绸与东方的其他贵重商品，最大限度地从中赚取利润。为了进一步发展他们的长途贸易网络，粟特人在塔里木地区各大城市建立商业社区，粟特的经销商和代理商也开始定居中国，尤其是在军事化程度很高的河西走廊。众所周知，河西走廊是直通首都洛阳的重要通道。公元一世纪末，粟特人还在汉朝首都洛阳建立了一个大型的聚居社区。粟特人的贸易网络有助于在整个亚洲腹地传播新兴的、有影响力的宗教和文化思想。例如，在此期间，佛教教义在中国地区得以广泛传播。

粟特的早期历史

粟特曾经处于古波斯阿契美尼德王朝的统治之下。公元前 550 年至公元前 330 年的两个多世纪里，阿契美尼德王朝一直统治着中东地区。粟特在波斯帝国的东北部地区有一块辖地，这里是粟特人定居地与草原荒野的交会之地。公元前 480 年，波斯帝国的薛西斯国王入侵希腊，粟特人被征召到波斯军队，一起攻打希腊人。根据希腊历史学家希罗多德的记载，粟特人的武器是藤弓和短矛，与巴克特里亚军团所携带的武器十分相似。

粟特国南部的帕米尔高原的山脚下出产一种名为青金石的蓝色宝石，此地区还发现了宝贵的红色石榴石。波斯帝国的大流士一世国王（公元前 522 年—公元前 486 年）还用这些宝石装饰他在苏萨城修建的宏伟宫殿。历史学家希罗多德列出了粟特人上交给大流士一世国王的贡品清单，这份清单展现了古代粟特人的财富。除了粟特人之外，伊朗东部的帕提亚人以及定居在阿富汗境内赫拉特市的阿里安人也要向波斯帝国缴纳贡品。这些国家向波斯帝国缴纳的贡品价值为 390 银塔兰特（按 26 千克计），相当于 230 万德拉克马或 900 多万塞斯特斯（罗马货币）。当时，叙利亚和巴勒斯坦的辖地向波斯帝国缴纳价值为 455 银塔兰特的贡品。因此，对于波斯帝国而言，从中亚地区获得的收入与地中海地区相当。

亚历山大大帝在公元前 330 年击败波斯帝国之后，继续带领军队东进到粟特地区，去征服波斯王朝的其他领土。公元前 329 年，马其顿人占领了撒马尔罕（Maracanda），并进军到锡尔河，建立了一个名为绝域亚历山德里亚（又称"最远的亚历山德里亚"）的边境城市。然而，粟特人与巴克特里亚人联盟，占领了悬崖顶上一系列防卫严密的堡垒。亚历山大大帝发现很难消灭这一地区的抵抗活动。经过持久的战斗和几次围攻之后，亚历山大大帝俘虏了盟军中一个名为奥克夏特斯的巴克特里亚首领。为了巩固战果，亚历山大大帝娶了奥克夏特斯的女儿罗克珊娜。之后，粟特与巴克特里亚一起建立了一个处于马其顿统治之下的辖地，他们还在该地区建立了军事前哨，让退伍的希腊老兵成为那里的驻军和开拓者。[1]

亚历山大的帝国大业崩溃后，巴克特里亚和粟特成为塞琉古国最东边的省份。公元前 250 年前后，一个名为欧西德莫斯的总督反叛塞琉古国的统治，在巴克特里亚中央地区建立了一个独立的希腊王国，并自立为帝。欧西德莫斯控制了阿姆河远端的粟特地区，将自己的统治疆域向北推进到锡尔河边的绝域亚历山德里亚。[2] 欧西德莫斯所建立的希腊—巴克特里亚王国在将近一个世纪的时间里一直统治着粟特地区。后来，由于内战与外部冲突，草原骑兵入侵并占领了整个粟特地区。公元前 128 年，首批中国使者到访河中地区时，粟特人正处于一个名为康居的草原国家的统治之下。康居国原本位于锡尔河河谷的另一边，[3] 公元前 36 年，当匈奴的郅支单于在粟特北部的草原地区修建堡垒来对抗汉朝军队时，正是康居国为郅支单于提供了支持。[4]

根据罗马作家老普林尼所述，粟特是一个独立的区域。不过，老普林尼对于粟特的了解完全基于那些跟亚历山大大帝有关的希腊史料。他解释道："巴克特里亚之外的地区是粟特和熊猫城（撒马尔罕），境内最远的城市是亚历山大大帝建立的绝域亚历山德里亚。"在当时的希腊和罗马的学者看来，锡尔河是文明世界的边界，即使是古代神祇和那些半传奇的国王，据说也没有跨过这条边界。普林尼提到，粟特边境上有"赫拉克勒斯、巴克斯、居鲁士、萨米拉米斯（Samiramis）与亚历山大建立的祭坛。在他们看来，锡尔河就是这个世界的边界"。

粟特的丝绸之路

丝绸之路是一条横跨塔里木地区的长途贸易路线，它的形成给粟特人带来了重大的机遇。在古人的原有认知中，粟特位于已知世界的边缘。不过，此地区在公元前100年出现了通往中国的新商路，粟特因此成为国际贸易事务的核心角色。于是，粟特突然之间成了连接中国、塔里木各国、印度、伊朗等国家的贸易路线的战略中心，粟特商人因此能够与古代世界最大的三个经济体进行贸易往来，从而将他们的国家发展成长途贸易的中转站。早在公元前一世纪，从事贸易活动的粟特贵族就开始让他们的儿子出使中国。这些粟特使节关注的焦点是商业事务，不过，为了获得汉朝的帮助和外交礼物，他们都许下了政治承诺。《汉书》记载："康居遣子侍汉，贡献，然自以绝远，独骄嫚，不肯与诸国相望。"公元七世纪，中国僧人玄奘到访粟特。据玄奘所述，粟特"极险固，多居人。异方宝货，多聚此国"。《新唐书》记载，粟特人"善商贾，好利，丈夫年二十，去傍国，利所在无不至"。

撒马尔罕市位于费尔干纳与帕提亚帝国边境梅尔夫绿洲之间的主要商道上。不过，帕提亚人不允许粟特商队进入伊朗，还有可能限制外国人进入梅尔夫绿洲。公元前53年，帕提亚人让成千上万的罗马战俘定居梅尔夫绿洲。因此，将梅尔夫绿洲与外界隔离，符合帕提亚人的利益。帕提亚商人可以通过梅尔夫绿洲的商道到达撒马尔罕市，但粟特人的商队从未向西走过这样的旅程。公元前20年，有一批罗马囚犯通过政治协商从梅尔夫绿洲被遣返回国，他们提供了横跨伊朗的详细路线。不过，他们对东方各国及其人民知之甚少。《帕提亚驿程志》（*Parthian Stations*）中记载的一条罗马入侵路线显示，有人甚至建议军队在梅尔夫绿洲向南绕行，虽然这样根本无法进入粟特疆域。当时，粟特处于"马尔蒂人"（Mardi）（这是罗马人的说法，中国人则称之为"康居人"）的统治之下。

　　然而，粟特商队可以顺流而下，从撒马尔罕到阿姆河河谷，从而绕过帕提亚的领土。阿姆河从粟特西北部流经草原，直达咸海的边缘。此地有一大片草原，从里海北部海岸一直延伸到高加索山脉，粟特商队可以与占据此地的阿兰人进行交易。中亚的一些贸易网络兼容了水路运输与商队运输。粟特人在阿姆河各条支流上都经营着各类运货的小船，商队可以在各条水路之间运送货物，还能将货物运抵里海海岸。随后，当地的海运船只将载着这些货物，向西航行至里海和黑海之间的高加索阿尔巴尼亚各国，这为商人们提供了从河中地区运送东方货物到罗马帝国的另一条路线。

从喀喇昆仑山脉进入印度的路线

　　粟特人向相邻的巴克特里亚地区派遣商队，进而向南扩张他们的贸易业务。从巴克特里亚出发，穿过兴都库什山脉，再进入印度河上游地区的市场，这是一条相对容易的路线。不过，粟特商队更愿意走另一条路线，即通过塔里木盆地南部一个名为于阗的绿洲城市进入印度。于阗城南部还有一条商道，选择这条商道的商人们可以从白雪皑皑的喀喇昆仑山的高海拔商道抵达印度河上游克什米尔附近的河谷。这个地区既寒冷又干旱，只有荒凉的石头小路，上面铺满了像瓦砾一样的灰色碎石。有些道路顺着狭窄的悬崖岩壁向下通达陡峭且岩石遍布的河谷。其他路线则需要通过那些由绳结和木板制成的索桥，才能穿过陡峭而狭窄的峡谷，中国人将这些索桥称为"空中走廊"。[5] 商队从撒马尔罕出发后，需步行600英里到于阗城，然后再走400英里穿过山区，才能抵达旁遮普。

　　在很早的时候，中国人就知道了从喀喇昆仑山脉通往印度的这条路线。公元前一世纪，来自克什米尔的商人就来到汉朝统治下的塔里木各国，并请求进入中国。其中一些商队由汉朝出资送到汉都洛阳，并用珍贵的贡品换取汉朝的外交礼物。一位汉朝官员记录道：这些人带着礼物来到都城，其中并无皇室成员或贵族，他们大多是商人。他们希望与汉人交换货物，以送礼为借口，进行贸易活动。[6]

斯瓦特山谷（巴基斯坦北部）附近的喀喇昆仑山上，人们在荒芜的岩石表面发现了用亚拉姆语（一种印度方言）书写的古代粟特铭文。这些文字出现的位置正是古代商旅虔诚祷告的地方，古代商旅们相信，如果他们把自己的名字刻在冰山下的石头上，他们就能得到神灵的庇护。商旅们还在石头上雕刻宗教图案，在此类雕刻中，许多图案描绘了佛塔特有的穹顶，或者带着犄角的野山羊头（这种山羊经常在荒野上信步徜徉）。仅在喀喇昆仑山脉地区，有文献记载的古代粟特铭文就超过了七处。

夏提欧（Shatial）附近的岩石表面刻有1000多个人名和700幅岩画。据说，夏提欧有一座横跨印度河上游支流的古桥。这些石刻文字比较简短，大都用印度地区的各类古老语言写成，如婆罗门文、佉卢文（印度北方的一种方言）等，只有不到一半的石刻文字采用粟特文字写成，记录了公元二世纪到公元七世纪期间穿过此地区的伊朗商旅的名字。相比而言，现存的铭文中有九篇采用巴克特里亚文，只有两篇经确认采用的是帕提亚文；来自夏提欧的一篇铭文采用的是汉字，而卡门普斯欧特（Campsiote）附近岩石上刻的一篇铭文则采用了古老的希伯来文。[7]

粟特商人与他们的印度同行结伴而行。在夏提欧出土的一篇婆罗门文铭文中提到，一个名为培卡考（Pekako）的粟特人与两个印度商人结伴行商。[8]在此地区的岩石上，还有十多个人名很可能是粟特人的名字，但这些名字都用婆罗门文书写。在喀喇昆仑山脉通往印度的商道上，大部分古代铭文只记录了一个名字，但有一部分商旅提到了在商队中陪伴他们的家人，或他们想要在目的地看到的其他人。在目前存世时间最长的铭文中，有一篇是由一个名为那耐·万达克（Nanai-Vandak）的粟特人书写的。这个粟特人从印度出发，穿越喀喇昆仑山脉，前往帕米尔高原附近一个名为石头城（塔什库尔干）的边境前哨。他写道："本人名为那耐·万达克，纳里萨夫（Narisaf）之子，将途经此地，祈求喀喇昆仑山的神灵庇护：请让我尽快到达谒盘陀（塔什库尔干）并看到我那亲爱而虔诚的兄长。"

在喀喇昆仑山沿线发现的一些粟特人姓名显示，这些人信奉琐罗亚斯德教。这个古代宗教在整个伊朗地区影响深远，曾是阿契美尼德王朝时期（公元前 550 年—公元前 330 年）的主要宗教之一。马其顿征服河中地区时期，琐罗亚斯德教得以幸存；希腊—巴克特里亚统治期间，琐罗亚斯德教依然是粟特的主要宗教。一些粟特商人还信奉从印度传来的佛教，并将佛教信仰传播到塔里木各国。喀喇昆仑山沿线岩石表面所刻的许多岩画都与佛教有关，而这些岩画的雕刻者多为信奉佛教的印度旅人或粟特旅人。[9]或许，其中一些旅人是僧侣，但更多的应是通过长途冒险来获得国际贸易利润的商人。

此外，在塔里木盆地南部于阗城沙漠遗址中发现的大量古文献也证明了丝绸之路的贸易往来。公元三世纪至公元四世纪，兴都库什山区的人穿过喀喇昆仑山的通道，定居在于阗这座绿洲城市。他们为该地区带来了犍陀罗语和犍陀罗文（佉卢文），并在纸张、条状毛皮、木简上书写报告与记录。于阗城遗址出土的古文献多为于阗政府发布的判令、指示和命令。《第 35 号于阗文献》提到了一笔与丝绸面料有关的债务，不过债务双方商定：在获得丝绸面料市价信息之前，任何一方不得要求清偿双方约定的债务金额。原文写道："当汉朝的商人抵达之后，将对这笔丝绸债务进行调查。如果争议仍然存在，则此事将交由朝廷进行裁定。"其他法令则涉及黄金价格对交易时的粮食和葡萄酒供应的影响。《第 140 号于阗文献》记载，"必须关注此地的黄金价格，如果黄金价格较好，货物就能出售"。若干文件显示，丝绸在于阗地区十分常见。《第 149 号于阗文献》列出了从逃亡者马萨加（Masaga）身上获得的物品，具体包括"三块羊毛布、一件银饰品、2500 枚马萨硬币（masa）、两件夹克、两条裤子、两条皮带以及三件中国长袍"。《第225号于阗文献》是一份家庭记录文件，记载了各种农事活动和所收到的货物。此文件记录了两匹丝绸，还记载了"萨姆噶帕然那（Samgaparana）的一个奴隶进入庄园，交付或获取三卷丝绸"。

丝绸之路上的佛教传播

　　商业发展推动了古代佛教的传播，佛教寺院的建立又促进了商业贸易的发展。大多数佛教寺院位于各大商道的附近，内部还设有招待商旅的客舍，寺院的僧侣通过为商旅提供物资以换取商旅的捐助。大型佛教寺院通常拥有并管理可观的资产，包括能够栽种经济作物并从中赚取收入的庄园（为了获得宗教认可，地方统治者通常会向寺院提供这些资源）。一些寺院向有能力偿还本金与利息的当地商户或地区商人提供贷款，从而实现财富增值。佛教寺院积累的财富多用于寺院装修，或以"七宝"（七种神圣宝物）的形式存放。这些宝物包括传统的印度财宝，如金、银、珍珠、水晶和宝石，后来，佛经还将地中海的红色珊瑚和阿富汗东北部出产的蓝色青金石纳入佛教寺院积累的财富范畴。[10]此外，中国丝绸也被尊崇为佛教财富，深受佛教人士的追捧。印度与中亚的寺庙挂满了用丝绸制成的彩色檐篷，以及色彩明丽的旗帜和横幅。[11]

　　公元一世纪，一种由商人资助的佛教教派（名为"摩诃衍那"，即"大乘佛教"）开始通过丝绸之路传播到中国。根据大乘佛教的教义：某些佛教徒能够通过足够的功德超脱"出生、度过一生、死亡、轮回"的凡俗命运，他们最后并未涅槃，而是超脱成了神灵，也就是我们所熟知的菩萨；菩萨永恒存在，将普度众生。一些菩萨拥有自己的神殿，信徒们可以在神殿中获得抚慰和庇护，从而在轮回之前接近涅槃（圆满）这一终极目标。行走丝绸之路和横穿印度洋的商旅们尤其信奉一位特殊的菩萨——观世音菩萨。佛教徒认为，观世音菩萨拥有大乘（Great Vehicle），体察众生的苦痛，能够解救于危难濒死之际向他求助的所有人。商人无法将财富带到来世，但他们可以通过实施善行或资助宗教寺院来推动善行，从而在轮回之间积累和转化功德。[12] 许多商旅认为，商道沿途的佛教寺院为他们提供了避难所，他们欣然接受了佛教中关于功德能像商品一样可以进行购买和转让的这一说法。因此，供奉观世音菩萨的佛教寺院收到了富商阶层的大量布施，这也促进了佛教在丝绸之路上的传播。

东至尼雅（Niya）

　　粟特商人的行商区域主要集中于丝绸之路的南段，而尼雅王国在这条路线上占据着重要的位置。从地理位置上看，尼雅王国处在于阗的东部，它的遗址现在已经被掩埋在层层黄沙之下。丝绸之路的商业活动对尼雅王国产生了深深的影响。尼雅王国早期的钱币一面刻着中文，另一面刻着佉卢文。[13] 尼雅王国的房屋皆以木材为框架，墙体采用晒干的土砖，屋内使用石灰来粉刷。当地出土的一个汉朝印章制作模具证实，在尼雅王国的早期发展阶段，中国汉朝在尼雅王国设置了一个用于"传播农业生产"的官方机构。[14]

　　在尼雅王国沙漠遗址出土的佉卢文古籍包括了商业交易文件、土地契约、政府法令以及法律纠纷档案等。在这些古籍中，居住在尼雅王国的中国人通常被称为"Cina"（中国人），以此将他们与当地居民区分开来。《第324号尼雅文献》（写成时代约为公元三世纪）提到了一类被称为"Yonu"的居民。在佉卢文中，"Yonu"可能指的是希腊人，因为波斯人称呼希腊人为"Yona"（爱奥尼亚人），而印度北部也这样称呼希腊人。文献记载，居住在尼雅王国

的一个 "Yonu"（希腊人）被草原掠夺者抢走了一个奴隶，而一个名为色迦西（Sgasi）的中国人用两个金币购买了这个奴隶。色迦西的购买行为是合法的，但那个希腊人认出了自己的奴隶并想要色迦西归还奴隶。当地的法官最后裁定，色迦西必须将这个奴隶卖出，而那个希腊人必须付钱购买才能重新得到自己的奴隶。[15]

尼雅王国现存的文献证实，丝绸在尼雅人看来是一种财富的象征，特别是当必须转移或储存财产和资金时，丝绸能够起到替代钱币的作用。公元三世纪，尼雅王国出现了一座重要的佛教寺院，德高望重的僧侣们通过充当独立仲裁员、协议契约的见证人以及法律合同的保管人，为当地人民提供帮助。例如，《第419号尼雅文献》记载，有一对信佛的兄弟以一枚金币的价格，将一小块种植葡萄的土地出售给一个名为阿难的印度人。

中国政府向行走于丝绸之路的商旅们发放通关文牒，从而保证所有加入商队的人都能合法进行贸易活动并缴纳规定的通行费。各个草原国家的政府机构和中国在尼雅王国的驻军会检查这些通关文牒。目前在尼雅遗址发现了一小部分此类通关文牒，这些是当地政府在拘留某些商旅时没收的，其中一个通关文牒可追溯至公元269年，其余的通关文牒似乎也是同时代的。[16]

在尼雅出土的通关文牒给出了持有人的外貌介绍，包括容易识别的特征和大致的年龄。有一份通关文牒为木制薄片，上面写着："三十岁，中等身材，黑发，大眼，蓄有小胡子。"[17] 一些通关文牒还描写了持有人的穿着：例如，有一位商旅穿着"布裤和麻鞋"。[18] 其他通关文牒提到了持有人的种族。其中一份通关文牒的持有人是一个贵霜人，证件上的文字写着"胡志竹（Hu Zhizhu），月氏人，中年，49岁，皮肤黝黑"。[19]

一些通关文牒列出了持有人获准穿越中国统治疆域的路线。有一份通关文牒记录了持有人离开中国的路线，并且列出了河西走廊沿途的驻防城镇，如"武威、西平、张掖、酒泉和敦煌"。[20] 还有一块用木质薄片制成的通关文牒记载了塔里木盆地北部的一条路线,沿线经过"鄯善、焉者、龟兹和疏勒"(楼兰、焉者、库车、喀什)等地。[21] 或许,持有人由于尚未决定选择哪条路线前往喀什,于是在中国购买了两份通关文牒。不过,当他到达楼兰后,他决定选择那条横跨尼雅王国、较为难行的南部路线,而不是选择那条容易遭遇草原掠夺者的北部路线。中国的通关文牒通常没有列出关于贸易货物或贸易目的的任何信息。只有一份通关文牒提到了钱币,还有一份则提到了持有人正在运送印度的生姜、榆木、胡椒和白糖。[22]

在且末与楼兰之间的丝绸之路南段,有一个米兰古城,在这个古城出土了一座公元 400 年前后修建的佛教建筑遗址。近古时期,漫漫黄沙吞没了绿洲,层层沙漠掩埋了这些佛教建筑遗址。米兰古城的佛教建筑绘有彩色壁画和粟特风格的图案,如长着翅膀的伊朗神祇画像。此地区还发现了佉卢文残片,上面写着为宗教布施者祈福的祷文。在僻静处的一座佛塔上发现了一幅壁画,描绘着一个在小天使和花环簇拥下的年轻佛陀。画师用佉卢文署名"提塔"(Tita),这个名字可能是拉丁名"提图斯"(Titus)的东方译本。[23] 如果是这样的话,提塔可能是一位在贵霜王国就业的希腊或罗马的艺术家,他可能是从故乡来到塔里木地区,并最终定居在尼雅。尼雅王国的东部是楼兰国,丝绸之路的南段与北段交会于此地。

东往楼兰

由于与中国汉朝存在长期的文化交流,楼兰国完全汉化,因此,中国在楼兰国拥有重大的政治利益。汉朝在楼兰附近设有一个小型驻军基地,用于保护和监管从汉朝东进敦煌的主要商道。在这个驻军基地的遗址出土了一些中国古代文献。这些中国文献包括数以百计的被扔进垃圾堆或废弃仓库的木简（古代中国人熟悉纸张的使用，但他们认为纸张过于脆弱，因此，汉朝官府更喜欢用细长木条书写和发布各项命令）。经过漫长岁月，绳索腐烂断裂，木简最终散乱成一堆。这些文献记载的主要是军事数据，包括防卫、后勤以及一些商业信息。这批木简最早的可追溯至公元 252 年，最迟的则成书于公元 331 年。[24]

在楼兰出土的众多文献证实，中国政府曾雇用商队运输物资，并利用贸易获取各种商品。有一份公元 330 年的木简文献，其上加盖有中国政府的两个公章。根据这份文献记载，一支粟特商队从中国出发，向楼兰驻军基地运输了 150 吨粮食和 200 枚钱币；[25] 一份公元 319 年的木简残片记录了中国政府批准用 4326 卷彩色丝绸交换战马或骆驼；[26] 还有部分文字记载，中国驻军"在敦煌进行贸易，总价值高达 2 万枚硬币"。[27] 此外，中国驻军还记录了在边境经商的商队。这些私人商队的名称都比较具有敌对性，如吞胡（Tun Hu）、破胡（Po Hu）、厌胡（Yan Hu）和凌胡（Ling Hu），这些名字基本可以统一翻译为"压制胡人"。不过，这些名字所传达的意思包括：消耗、吞食或毁灭外国人的财富。[28]

楼兰目前已经出土了五十多份佉卢文文献，其中部分记录了粟特人的名字，绝大多数则记录了小型交易。例如，一个名为纳尼·瓦达格（Nani Vadhag）的粟特人在瓦格公司范达克（Vagiti-Vandak）向克瓦纳塞（Khvarnarse）出售骆驼的交易中充当见证人。这些伊朗名字和文献可追溯至于阗王朝时期。[29]

北通焉耆

塔里木商队可以选择北部路线到达中国，这样的话，他们就可以横穿库车与吐鲁番之间的焉耆国（又称"乌耆"），从而绕过楼兰疆域。在此地的古代遗址上发现的木简证实了边境贸易的支付方式，也展现了汉朝驻军开展的商业活动。公元一世纪的两份汉代木简证实，汉朝士兵每月的军饷为600钱，[30] 不过，汉朝政府经常用可以交换当地的货币、物资和装备的丝绸来支付军饷。考古学家奥莱尔·斯坦因在焉耆国烽火台底下的垃圾堆内发现了两块未染色的丝绸碎片。这两块丝绸碎片来自汉朝官方发放的一匹丝绸。这匹丝绸加盖有可证明布料产地、质量与尺寸的朝廷官印，宽约20英寸，长度超过12英尺，重达12盎司。丝绸上印有的官方定价为618钱，这可能用于支付较高品阶的军官的军饷（月饷+3%奖金）。这匹丝绸在公元84年至公元137年之间被运送到焉耆。或许，管理烽火台的军官决定将布料切割成几块，以方便支付军饷，这也解释了为何会在垃圾堆中发现丝绸碎片。

公元二世纪的若干事件显示，用丝绸支付军饷的做法已经扩展到河西走廊与塔里木地区的汉朝军事要塞。在此期间，地方曾向汉朝政府上缴了1万匹丝绸，用于支付西北边境驻军的军饷。根据中国唐朝的文献记载，有两个国家组织的商队将1.5万匹丝绸从敦煌运输至400英里外的一个边境军队的库房。[31] 除了支付军饷以外，丝绸在塔里木各大王国的市场上仍然十分紧俏。在焉耆出土的一份合同残片上记载，这份合同的订立者是一个为焉耆供应丝绸服装的汉朝商人。公元前60年，这位汉朝商人以1300钱的价格，将一件汉代长袍赊给了一位外国军官，对方约定当月月底付清款项。[32]

东往悬泉

汉朝在玉门关设立的悬泉驿站位于塔里木地区与河西走廊之间的主干道上，这是商队到达敦煌前的最后一个歇脚点。它设有军队马厩，是官营邮政系统在此偏远地区的一个基地，能够通过官方驿丁在全中国范围内快速传递命令与信件。在此地出土了数万份古代文件，包括写在廉价竹简和小块柳木片上的各种告示。[33] 这些文件还包括官员之间的通信以及与嫌犯或逃犯有关的公告。皇帝的诏令书写在质量较高、不因时间弯曲的松木片上，表面的墨水也不会因刮擦而轻易消失或变化。

在悬泉驿站和敦煌发现的古代文献中包括汉朝发放给那些打算穿过中国领土的外国商旅的通关文牒。各个凭证写明了商旅的目的地，列出了商旅选定的从河西走廊到首都洛阳的路线以及沿途可以到访的乡镇和城市，商旅们不得偏离他们所选的路线。此外，各个凭证还记录了持证人所拥有的驮畜数量。部分外国人获得了可以前往汉朝都城洛阳经商的通关文牒，但他们通常需要在六个月内回到敦煌。大多数外国客商带着他们的通关文牒离开中国，因为这些文牒列明了他们穿过塔里木地区回国的路线。然而，一些长期定居在敦煌的外国人一旦到达边境，就丢弃了他们的通关文牒。现代研究恢复了这些文牒，其中一部分通关文牒的持有人是在洛阳经商的帕提亚人或贵霜人。尼雅出土的通关文牒则包含了能够确定持有人身份的信息，包括身高、肤色和种族服饰。[34]

公元四世纪末，中国政府开始担心国内目前盛行的佛教由于佛经翻译错误或经文缺失，已经偏离了原来的教义和仪式。为了解决这个问题，中国政府派遣宗教使节和朝圣者前往印度寻找并复制印度寺庙和寺院的佛经原稿。中国的法显和尚是第一个从海外取回经文的高僧。公元 399 年，他通过陆路到达印度，并详细记录下了他的旅途见闻。[35] 他的旅行记录保存至今，是一部反映中亚情况的重要著作。后来的中国朝圣者收集那些富有香客捐献的珍贵丝绸，并向沿途的佛教寺院供奉祭品。公元六世纪，中国的两名僧人宋云与惠生做过计算，塔里木南部于阗市附近的一座佛塔上挂着 1万多条丝绸横幅。他们估计，至少有一半的横幅是在中国北部制作完成的。他们的商队运载着皇室送给印度佛教寺院的礼物，这其中就包括 1000 条彩色丝绸横幅（每条横幅长达 100 英尺）、500 个丝绸香囊以及 2000 面小的丝绸旗帜。

公元五世纪，在塔里木丝绸之路东侧的敦煌附近，此地的佛教寺院在收到皇室的赞助和过往商队的捐赠之后，雇用工匠们在砂岩峭壁上雕刻了大型佛像，开凿了云冈石窟。此后，这里的石窟与洞穴型佛龛越来越多，构成了气势宏伟的石窟群，里面有佛教雕刻、壁画和佛像。[36]

公元六世纪，各大主要商道附近的其他地标性崖壁上也开凿有巨大的佛像。在巴米扬山谷（阿富汗）地区通往兴都库什山脉的道路旁，曾经也屹立着一对类似的古代佛像。这对佛像雕刻在砂岩上，细节处加上石膏，绘有鲜艳的色彩。其中一座较大的佛像塑造的是一位穿着长袍的菩萨，总高度超过 170 英寸，标志着从中国边境到阿富汗的贸易路线与朝圣路线的西部的终点。

粟特人的贸易网络

公元一世纪，在连接中国商道的塔里木地区，粟特人在商业领域有着举足轻重的作用。撒马尔罕距离中国大约 1500 英里，与中国当时的首都总共相距 1900 英里，商旅们至少要花费 8 个月的时间才能走完全程。不过，由于商人们可以在塔里木各国买到中国的丝绸，因此不是所有的商人都到中国进货。

每年可能都有两支粟特商队到中国进完货后回到撒马尔罕，其中一支选择绕过塔里木的南部路线，另一支则选择更加直接的北部路线。[37]公元四世纪末的一个事件揭示了丝绸之路的商队规模。公元 383 年，后秦皇帝派遣一支 7 万人的部队攻打塔里木北部的库车王国。这支远征军攻占了丝绸之路西部的 30 多个城市，并用 2 万匹骆驼装载战利品返回中国。[38]

古代粟特文献证实，中国中部的洛阳城与长安城有粟特商人社区。此外，在中国边境上，河西走廊与敦煌地区的兰州、武威和酒泉等地也有粟特商人社区。公元 227 年，当一支中国军队穿过河西走廊，"凉州诸国王各遣月支（贵霜）、康居（粟特）胡侯……诣受节度"。[39] 到了公元四世纪，中国各大城市的粟特社区已经居住了数百名粟特商人，他们为行走于丝绸之路的商人们运送货物或提供食宿。

公元六世纪的几个事件反映出当时商队的规模。有一支外国商队沿着河西走廊向西行进，准备前往武威镇，但遭到了中国政府的拦截。这支商队有 600 只骆驼、240 名外国人，运输着 1 万卷彩色丝绸。这些丝绸的重量只有 4 吨，但它们在罗马市场上的价值超过 400 万塞斯特斯（100 万银币）。[40] 这支商队的总负载量达 300 吨，绝大部分为其他商品和行商途中必备的物资，如食物、水、帐篷和被褥。

贩卖到中国的货物

古粟特文字显示，撒马尔罕商人向中国运送小批量、高价值的商品，包括中国人用于制作化妆品的印度香料以及"白铅"（铅粉）等特殊矿物。[41] 公元 146 年，汉质帝驾崩时，参加皇家葬礼的高官显贵就涂抹着这种外国白粉，借以夸张地表现他们苍白的面容，凸显他们对皇帝逝世的哀悼与悲痛。[42]

粟特人还贩卖一种名为樟脑的商品，这种商品的原料是樟树，可以用作调味品、薰香和药物。粟特商队可能还贩运了印度香辛料，如辣椒、生姜、藏红花、白糖和肉桂。不易腐烂的商品才是理想的商品，尤其是檀香木香料以及铜、锡、锑合金等特殊金属。中国市场对服装染料有着极大的需求，粟特人能够供应植物原料制成的靛蓝染料与矿物制成的红色朱砂。由于粟特国出产青金石与红石榴石，因此，这些珍贵的宝石也成为粟特商人供应的高价商品。此外，于阗人供应玉石，印度人则供应钻石、蓝宝石以及红宝石。晶莹通透的碧玉与白玉可以被雕刻成护身符、饰品和雕塑，因此备受中国市场的追捧。珍贵的地中海红珊瑚也被罗马商人用船只运到了印度，并最终通过塔里木丝绸之路来到了中国。

除了来自罗马帝国的毛料、麻、亚麻、铅白和紫色染料，粟特人还从帕提亚人手里获得了黄金。印度和中国的作坊当时只能生产含有许多杂质、不透明的厚玻璃。然而，地中海地区的作坊已经完善了玻璃制造工艺，能够制造出透明玻璃，还能采用稀有矿物颜料对玻璃着色，从而生产出颜色鲜艳的玻璃制品。因此，西方玻璃器皿在远东市场上价格十分昂贵。此外，如同钢锭和其他容器，西方玻璃器皿的运输极为方便。更有甚者，破碎的玻璃片还可以经过熔化，被重新制作成如同宝石的装饰性小玻璃球。粟特工匠还可以熔化来自国外的黄金和白银，将其打造成华丽的金属饰品，如掐丝发簪和具有伊朗风格的餐具。司马迁在《史记》中写道：粟特人"得汉黄白金，辄以为器，不用为币"。带有异国情调的贵金属饰品由于其独特的装饰性设计，在东方市场上往往价值连城。[43] 因此，粟特人制造的这些金银饰品与餐具最后又被运送到东方市场。

粟特商人通过市场之间的商品贸易赚取了大量利润，他们将这些利润都兑换成银币，并采用基于希腊—巴克特里亚王国古货币的史塔特银币进行记账，数目较小的金额有时以"铜钱"计算。粟特商人可能还通过"转账凭单"在不同国家的城市之间转移大额资金，这种"转账凭单"是商人能够收到国际贸易相关款项的保证。[44]

返程之旅

离开中国时，粟特商队会满载着轻盈的丝绸面料回国。这些丝绸面料可以在西方市场高价售出。粟特商人将中国的丝绸称为"pirchik"，这个词来源于塔里木地区于阗的文字——于阗文。公元八世纪的文献显示，从敦煌到撒马尔罕，丝绸的市场价格可能翻番（每匹丝绸的价格为14—28枚银币）。[45] 在穆斯林入侵粟特期间，有一位富有的粟特商人向一位阿拉伯将军上缴了5000匹丝绸作为赎金。

粟特商人还向西方市场运送了其他货物，具体包括中国的漆器、铜镜以及可以用于制作装饰性金属制品的银白色镍锭。粟特商人买卖的商品还包括青藏高原、西伯利亚和朝鲜附近某些鹿种的麝腺。[46] 这种麝腺可以作为固定剂，用于制作那些浓烈而持久的伊朗香水与印度香水。青藏高原的麝腺会被装入毛皮小夹子，然后再运抵罗马市场。这样的包装令罗马作家产生了误解，哲罗姆曾提到，罗马女人使用由"像老鼠一样的麝香"制成的浓烈香水。[47] 他还提到了几种用"外国老鼠的香皮"制成的香水。[48]

粟特移民

粟特的一些商队横穿整个塔里木盆地，再经过玉门关，最后到达汉朝的边境城市——敦煌。他们可以从敦煌的中国供应商手里直接购买丝绸，也可以加入汉朝商队，沿着干旱的河西走廊，前往首都洛阳。随着贸易的发展，从事这个行当的许多粟特商人将他们的生意分割成两个部分：一部分负责整个塔里木地区的货物运输，另一部分则负责敦煌与首都洛阳的货物运输。其中，负责中国部分的粟特商人购买大批丝绸并将其存放在敦煌，等待他们的同伴穿越中亚后前来接收。敦煌还是一个中转站，在这里，那些源源不断的粟特商队可以将他们手中的西方商品转交给他们的亲属和商业伙伴，让他们将货物运送至首都洛阳。

粟特商队里的"萨薄"（Sabao）（商队首领）一词来源于梵语"sarthavaha"，意为"沙漠商旅"。不过，"萨薄"一词可能是通过巴克特里亚口语进入粟特语的。[49] 根据《古粟特文信札（5号）》记载，一位名为弗里克瓦塔（Fri-Khwataw）的粟特商人称呼他在于阗地区的上级为萨薄。从此可以看出，萨薄指粟特贸易网内部的一个高级职位。到了公元五世纪，与丝绸之路贸易有关联的中国各大城市都有大型的粟特社区，当时的中国政府批准这些商人社区在地方治理方面实现自治。中国境内的粟特人自发聚居在粟特自治区，而粟特自治区的长官就接受了传统的首领称号——萨薄。萨薄管理商人社区，主持宗教仪式，并且裁决所有呈交上来的纠纷。中国出土的粟特人墓葬遗址中发现了双语墓志铭文，上面记载了粟特萨薄的职责与世系。根据铭文记载，墓主人生前是一位萨薄，卒于公元579年，享年86岁。他们家族几代人客居中国，他的祖父也是一位萨薄，但他的祖先则是居住在撒马尔罕附近的佉沙城的粟特人。[50]

许多粟特人转信了佛教等印度宗教。这些人中有商人，也有朝圣者。他们穿过丝绸之路到达远东地区，并在此地帮助中国人将印度佛经翻译成中文佛经。中国人编著的佛教圣徒传记中记录了许多佛教僧侣，包括那些传统上被称为"康僧"的粟特僧侣。起初，康僧在河西走廊进行传教活动，到了公元二世纪，他们已经活跃在长安等中国各大中原城市。根据一本佛教圣徒传记的记载，公元三世纪有一名出生于粟特商人家庭的佛教僧侣名为康僧会，他的祖先世代居住在印度，后来迁到中国南方边陲的东京湾（Tonkin）。康僧会早年父母双亡，之后放弃从商，选择出家为僧。出家之后，他来到华东的东海岸地区，并在南京宣扬佛法。[51]《梁书·康绚传》记载了一位名为康绚的佛教僧侣。康绚自称出生于粟特的显赫家庭，据说，他的祖先作为粟特人质来到中国，但被授予市民身份，可以定居在河西走廊地区。这次佛教传播运动沿着丝绸之路前后延续数个世纪，在塔里木地区出土的佛教壁画就刻画了作为古代寺庙布施者的粟特僧侣与商人。这些壁画的出现以及伴随出土的文物表明，许多代粟特人跨越漫漫长途进行了大量的陆上贸易。

通过与身处遥远的商业中心的伙伴与代理人进行书信往来，粟特商人传递着重要的市场信息。这些书信多以一种名为"粟特文"的阿拉姆语书写，然后在中国到撒马尔罕的各大贸易中心之间流转。通过这些书信，粟特商人能够将遥远地区的商机告知他们的伙伴，同时可以从伙伴处获知主要商道沿途的风险与机遇。

古粟特文信札

1907 年，匈牙利探险家兼考古学家奥莱尔·斯坦因在敦煌以西 50 英里的干旱荒地里挖掘出一座中国烽火台遗址。在这些边境遗址中，斯坦因发现了一个装有 50 封粟特信札的邮包，这些粟特信札可追溯至中国与南匈奴产生新冲突的时期。[52] 公元 313 年，中国边关守将可能认为这些信札含有与中国内陆事务有关的敏感信息与战略信息，因此没收了这些信札。

信札写在纸张上，采用连笔的粟特文书写。中国的边关将士在没收这些信札之后，将它们折叠起来，用保护性亚麻包裹物封装，再在包裹背面写上接收人的姓名。这些文字显示，包裹的接收人是中国在塔里木北部楼兰国的一个联系人，此人负责确认信件能够被送达西方目的地。《二号信札》采用特殊的丝绸来包裹密封，可能是因为此信札的收信人是一位重要的官员，每封信札都显示了居住在古代丝绸之路沿线的商人社区内的收信人的重要个人信息。

《二号信札》的写信人是一个名为那耐·万达克（Nanai-Vandak）的粟

特商人，此人居住在河西走廊的武威镇。这封信是那耐·万达克写给他在粟特的上级的，信封上写着："致撒马尔罕城尊贵的瓦扎可克（Varzakk）领主，寄信人：仆人那耐·万达克。"从信件内容来看，那耐·万达克似乎负责将商品从敦煌运送至中国各大城市，并以合理的价格在中国各大城市收购大量丝绸制品。他告诉瓦扎可克："亚麻布的销路很好，手里还有存货的人都能够卖光手里的布匹。"因此，瓦扎可克将确保下一趟前往敦煌的商队满载亚麻布料。[53]

那个时候，南匈奴发动的战争导致中国与粟特之间的联系中断，粟特人难以购买到丝绸并将其运送至敦煌。不过，那耐·万达克准备从中国运送一批贵重的西藏麝香到撒马尔罕。他告诉瓦扎可克："在我的监督下，万·热兹马克已经将 32 袋麝香（800 克）送往敦煌。这些麝香属于塔库特（Takut），我现在打算将它们发送给您。"根据吐鲁番史料记载的麝香在公元七世纪的价格，这批麝香在外国市场上的价值约为 27 公斤白银。[54] 按照罗马的早期货币体系计算，这相当于 8000 枚罗马银币或 3.2 万塞斯特斯。

此外，那耐·万达克就如何分配这批商品的利润给出了意见，他希望能够将六成利润交给他那年幼的儿子塔克黑塞可·万达克（Takhsich-Vandak）。那耐·万达克告诉瓦扎可克："货物脱手之后，您应将利润分为五份。塔克黑塞可·万达克应获得其中的三份，潘萨可克（Pesakk）应获得一份，而您也应获得一份。"那耐·万达克希望塔克黑塞可·万达克将所得的三份利润用于投资未来的商业贸易，这样的话，这个年幼的男孩在成人时才有经济保障。他告诉瓦扎可克："您应该取出并清点这笔款项，加点利息，然后通过转账凭证兑现，这笔钱才可能会增值。"[55] 他所指的可能是贷款协议。看上去，那耐·万达克似乎想要以有利可图的利率，将资金外借给其他商人，从而为儿子提供一笔收入。

那耐·万达克告诉瓦扎可克："如果您需要资金，您有权从这笔款项中取出 1000 或 2000 枚史塔特银币。"公元四世纪的粟特史塔特银币含有 0.6 克白银，因此，1000或2000枚史塔特银币相当于175或350枚罗马银币。[56]
从事商队贸易的大多数粟特人可能已经发现，相比用利润换取钱币，用利润换取稀有货物更为有利可图。例如，《五号粟特信札》目前只有残片幸存于世，但在其中一块残片上，写信人要求收信人去购买丝绸。他表示，如果无法购买到丝绸，那么应将资金用于购买樟脑。

那耐·万达克解释道，南匈奴的攻击限制了粟特人与中国中原地区的贸易机会，中国城市遭到南匈奴军队的围困与洗劫，因此，商业供应线路被迫中断。他提醒瓦扎可克："早在八年前，我就派遣萨扎哈然克（Saghrak）和法尼额·阿哈特（Farn-Aghat）进入中国中原地区。但是，距离我上一次收到他们一切安好的信息，时间已经过去三年。自从上次那起邪恶事件发生以来，我再也没有收到他们的来信，我不知道他们是怎么度过这些年的。"

几年前，那耐·万达克派遣一个名为阿提可胡·瓦达克的粟特人去接管洛阳的生意，然而，洛阳不久之后沦为战场。阿提可胡·瓦达克突然中断了与那耐·万达克的所有通信，也没有给出任何的解释。最终，那耐·万达克从一位名为瓦可胡沙可克（Wakhushakk）的商人口中得到消息，他在信中写道："瓦可胡沙可克跟随一支从武威来的商队前往洛阳，他们到了之后才发现，洛阳的所有印度人和粟特人都死于饥荒。"

那耐·万达克告诉瓦扎可克，中国以及在东方经商谋生的粟特商人面临着十分严峻的局面。他解释说："中国的上一任皇帝因为饥荒逃离洛阳，皇帝的官殿被烧毁，洛阳城也被摧毁。世上再无洛阳城……我们不知道剩余的中国人能否将匈奴驱逐出长安，也不知道这些匈奴人是否会入侵其他国家。"这封信札的语言十分零散。不过，那耐·万达克证实，粟特人的商业网络当时正在急剧衰退。一个粟特社区的人口已经减少至几百人，而另一个粟特社区仅剩下40人。

根据那耐·万达克描述，"许多粟特人准备离开中国"，但中国边防驻军正在阻止外国商队离开中国。他前往敦煌确认情况时发现一个名为郝图斯（Ghawtus）的伙计正在设法找到一条突围的途径。那耐·万达克告诉瓦扎可克："我将继续留在敦煌，但敦煌的粟特人都过着贫困的生活。"或许，中国日益恶化的形势解释了为何那耐·万达克会指导他的儿子如何实现长期的经济保障。他还请求瓦扎可克："当塔克黑塞可·万达克长大之后，请您帮他娶个妻子，不要将他派遣到远离故土的地方。"那耐·万达克最后总结道："在中国，我们现在每天只能看到抢劫和杀戮。"[57]

《五号信札》是武威镇的粟特商人福来克瓦陶（Fri- Khwataw）写给他那身处塔里木丝绸之路南段于阗地区的上级的。信封上写着："致尊贵的阿斯潘德哈特（Aspandhat）萨薄，寄信人：仆人福来克瓦陶。"福来克瓦陶当时居住在敦煌附近的姑臧，当粟特商队穿过塔里木商道来到姑臧时，福来克瓦陶就负责接收商队带来的货物，并储存货物，伺机发送至中原的各大城市。由于匈奴的战争，他的生意被迫中断，他还与中国中原地区等待收货和售货的粟特商人失去了联系。福来克瓦陶告诉他在于阗的首领："姑臧地区有四批'铅白'等待发货，还有2500罐胡椒等待发货（88磅）。"[58]

福来克瓦陶还保管着"一半重量的白银"，如果以巴比伦的塔兰特为单位，这些白银可能重达30公斤。由于早期罗马货币体系低估了金银的兑换比例（1∶12），因此，相比黄金而言，以白银为货币从伊朗向中国转入大量资金更为有利可图。相比之下，在汉朝经济体系中，白银存在溢价，一单位的黄金在价值上等同于十单位的白银（1∶10）。福来克瓦陶持有的白银可能相当于8750德拉克马黄金，或者3.5万塞斯特斯的罗马货币。

福来克瓦陶不得不告诉他的首领：他必须收回到期的债务。在中国，一个名叫曷萨狼（Kharstrang）的粟特商人欠了福来克瓦陶的首领一些钱，于是将钱款归还给该首领的伙计，包括福来克瓦陶和另一个名为阿斯潘德哈特的粟特人。福来克瓦陶写道："我听说曷萨狼欠您20枚史塔特银币，他承诺将钱还给你。他把硬币交给我，但我在检查这些银币时发现，只有4.5枚史塔特银币。我问他，为何欠您 20 枚史塔特银币，却只归还 4.5 枚史塔特银币？他说：'阿斯潘德哈特找到我，我把剩余的银币给他了。'" [59]

　　20 枚史塔特银币的费用可能是撒马尔罕和中国之间的商队通行的成本。对于那些前往中国工作的下级商人，商人首领也有可能借出这样的金额，以帮助他们在相关城市经营自己的生意。20 枚史塔特银币重约 345 克，相当于 100 枚罗马银币。

　　在出土的古老邮包中，还有一封信札是由粟特商人的妻子米薇（Miwnay）写给她那不知所终的丈夫的。米薇跟随丈夫纳奈德哈特（Nanaidhat）迁居到敦煌，但纳奈德哈特陷入财务困境后就逃离了敦煌，抛弃了他的妻子和年幼的女儿。米薇向敦煌的多个粟特商人借钱，以便凑足她与女儿返回撒马尔罕的路费，但那些商人有的无能为力，有的不愿帮助她。米薇和女儿只能给汉人当女仆，在汉人农庄上为主人牧羊。在长达三年的时间里，米薇有五次机会可以跟随粟特商队离开中国，但她无法支付安全返回撒马尔罕所需的 20 枚史塔特银币。当时的粟特商人社区已经在敦煌建立了一座拜火教寺院，而这座寺院的祭司们为米薇提供了回家的途径，他们送给米薇骆驼和路费，并安排一位男士护送她跟随商队返回撒马尔罕。米薇写给丈夫纳奈德哈特的书信中含有一条女儿莎恩（Shanyn）写的信息，她哭诉母女二人的艰难生活，质问父亲为何将家人抛弃在中国。[60] 米薇还写了一封信给她的母亲蔡特思（Chatis），告诉母亲她和女儿终于踏上了返回撒马尔罕的旅途。[61]

　　然而，这些信件都没有到达目的地，而寄信人的命运也无从得知。就在驻守烽火台的中国边境驻军没收这些信件后不久，这座烽火台就被遗弃了。不过，从这些信件中，我们可以看到那些穿过全球最荒凉地区并将珍贵商品运往中国的古代粟特商人在当时的重要生活细节。

描绘着红发蓝眼佛教徒的中国壁画（柏孜克里克千佛洞，第 9 号窟：公元九世纪）。

希腊—巴克特里亚王国的金币。正面：欧西德莫斯国王的头像（公元前 170 年—公元前 145 年）。反面：狄俄斯库里骑着费尔干纳或巴克特里亚的大马。

穿着薄片铠甲的中国兵马俑（秦始皇墓址，公元前三世纪）。

刻画汉朝士兵形象的彩绘兵马俑（杨家湾墓提供）。
骑着汗血宝马的骑兵和穿着胸甲、握着长矛的护卫。

雕刻有塞种骑兵或康居骑兵作战场景的骨板（奥尔拉特骨板，乌兹别克斯坦：公元一世纪）。

塞种人国王阿泽斯发行的带有希腊文字的银币（犍陀罗国：公元前50年—公元前10年）。反面：手持盾牌的希腊女神雅典娜。

描绘贵霜骑兵在草原下马的刺绣图案（取自诺因乌拉第31号古墓的织物碎片：公元前一世纪）。

刻画月氏战士与贵族的灰泥画（乌兹别克斯坦哈尔恰扬的贵霜宫殿：公元一世纪）。

刻有希腊—巴克特里亚王国骑兵的金扣中心部分（阿富汗黄金之丘的月氏墓葬：公元前一世纪）。

刻有丘就却头像与希腊文的钱币（公元 30 年—公元 80 年）。
（上）刻有身着贵霜首领服饰的丘就却的四德拉马克银币。反面：在马旁接受胜利女神加冕的丘就却。
（中）身着希腊国王服饰的丘就却。反面：手持棍棒的大力神赫拉克勒斯。
（下）身着罗马皇帝服饰的丘就却。反面：身着帕提亚服饰、坐在库鲁斯折椅上的丘就却。

以罗马金币为模板的贵霜金币。
（上）穿着草原装束的迦腻色伽国王（公元 127 年—公元 151 年）。反面：佛像和希腊文。
（中）身披铠甲的贵霜国王。反面：湿婆神和公牛南迪。
（下）骑着战象的胡维色伽国王（公元 151 年—公元 187 年）。反面：大力神赫拉克勒斯和大夏文。

描绘特洛伊木马的贵霜浮雕（犍陀罗国：公元二世纪）。

贵霜金币。

（上）戴着伊朗式王冠的胡维色伽肖像。反面：四臂湿婆神和大夏文。

（中）身穿印度服饰的胡维色伽国王。反面：手持钱袋的希腊神赫尔墨斯。

（下）反面：身披铠甲、手持盾牌的女神（罗马的"Riom"女神）。

绘有萨尔马提亚重甲长矛轻骑兵与重甲弓箭手战斗场景的壁画。

描绘萨尔马提亚骑兵决斗场景的潘提卡彭墓室壁画。

（左）刻画萨尔马提亚骑兵形象的浮雕（塔奈斯：公元二世纪）。
（右）刻画克里米亚古希腊士兵形象的石板（潘提卡彭：公元一世纪至二世纪）。

图拉真柱上刻画的罗马骑兵追击萨尔马提亚骑兵的场景（达契亚战争：公元二世纪）。

第八章
里海路线与克里米亚

中国史料证实，为了垄断河中地区与地中海之间的陆路丝绸贸易，帕提亚人限制了罗马通往伊朗的道路。[1]罗马帝国的臣民能够自由进入巴比伦尼亚，却被禁止加入那些向东穿过伊朗群山与沙漠进入中亚丝绸之路的帕提亚商队。不过罗马人可以绕过伊朗，通过帕提亚统治范围之外的北部草原地区来运输货物。阿姆河与锡尔河发源于中亚，然后一路向北流入咸海。锡尔河在肥沃的费尔干纳山谷分出数条支流，并在流入咸海之前将粟特与草原分割开来，往西，阿姆河在巴克特里亚与粟特之间蜿蜒曲折，最终也注入了咸海。因此，这两条河成了主要的贸易路线，来自河中地区的商人能够沿着河道向北行进，利用商队和河船运载他们的货物。

在古代，咸海和里海的面积都比现在大，海岸之间有一个巨大的椭圆形湖泊（即萨雷卡梅什湖）。萨雷卡梅什湖总长超过 100 英里，宽约 50 英里。咸海和里海之间的一条大河的河水注入萨雷卡梅什湖。不过，由于最近几个世纪环境的极端变化，这个古老的河道现在只剩下干旱的河床，即现在我们所知道的乌兹博伊（Uzboy）河道。古代河道的存在意味着，大多数权威学者并未将咸海视为一个独立的水体，虽然阿姆河仅仅只注入里海。希腊历史学家斯特拉波解释道："阿姆河分割了巴克特里亚与粟特地区。据说，阿姆河非常适合航行，商人们穿过山区（兴都库什山脉和帕米尔高原）运抵的所有商品都能够轻松沿着此河到达里海。"

一位名为阿里安的罗马总督在提交给马其顿将军的报告中描述了古代的阿姆河：主河道的河面超过半英里宽，河水很深；"由于河床都是河沙，河流湍急"，无法轻易在河面架桥。阿里安总督认为，阿姆河是亚洲最大的河流，超过了印度河与恒河。[2]我们现在无从得知古代阿姆河上的航行速度，不过，普林尼说，亚历山大可以以至少 75 英里 / 天的速度沿着印度河向下游行进。阿姆河全长 1500 英里，如以上述速度行进，只需 20 天就可航行完整条河流。许多巴克特里亚人和粟特人可能只是在途中开始沿着河道开启探险之旅。

公元四世纪，罗马作家阿米阿努斯·马尔切利努斯证实，锡尔河是一条横跨粟特地区的重要贸易水道。他解释道："流经粟特地区的只有两条可航行的河流，分别名为锡尔河与底马斯（Dymas）河。这些河流穿过高山和河谷，进入平原地区，形成一个宽阔的湖泊——欧克西亚湖（Oxia）。"斯特拉波解释道，锡尔河通过相隔 6 英里的两条不同的水道，流入赫卡尼亚海（里海）。

粟特商人把货物运到咸海海岸，然后与隶属于阿兰国的草原民族奄蔡人进行交易。阿兰人控制着里海东海岸的周边地区，他们还接待了从伊朗远道而来的帕提亚商队。这些帕提亚商队往往满载着从亚美尼亚、巴比伦尼亚以及波斯湾购买的各类货物。据说，由于占据交通要道，并且能够向里海北部的草原民族供应各类商品，阿兰人变得十分富有。斯特拉波表示："奄蔡人统治着里海海岸的绝大部分地区，他们接收了商人们用骆驼载来的印度商品与巴比伦商品。"他们从亚美尼亚和米底王国进口这些商品，从贸易中谋取了巨额财富，因此"阿兰人喜欢穿戴黄金饰品"。到了公元一世纪末，阿兰人已经将自己的家园向西扩张至黑海的北海岸。犹太历史学家约瑟夫斯将这个民族描述为"居住在米奥提斯（Meotis）湖（亚速海）的斯基泰人"。[3]根据阿米阿努斯的记载，阿兰人身形高大，有一头金发。

汉人将庞塔斯—里海大草原称为"奄蔡地区"（辽阔的草原），并认为奄蔡地区距离粟特康居地区大约 600 英里。《史记》中记载，"奄蔡在康居西北可二千里，行国，与康居大同俗"。此外，《史记》中还记载，奄蔡"控弦者十余万。临大泽，无崖"（此处所述的大泽指的是里海）。《后汉书》记载，"奄蔡国，改名阿兰聊国（阿兰国）"，须向康居国缴纳岁贡。公元三世纪的中国史料记载，阿兰国已经成为一个独立的国家，其领土紧邻大秦（罗马帝国）。

里海和黑海之间是巍峨的高加索山脉。在知道喜马拉雅山脉之前，古希腊人一直认为高加索山脉是"世界上最高、最大的山脉"。根据普林尼所述，流经高加索山脉的库拉河在亚美尼亚地区与群山环绕的高加索伊比利亚王国（格鲁吉亚）之间形成了一条传统的边界，此边界沿着高加索山脉的南部延伸。伊比利亚的东部是海滨小国——高加索阿尔巴尼亚王国（阿塞拜疆），该国控制着库拉河注入里海的入海口周边的山林地区。根据塔西佗的记载，"伊比利亚人与阿尔巴尼亚人居住在林木繁茂的地区，他们的士兵耐苦战，忍耐力惊人"。[4]

高加索山脉在黑海和里海海岸之间形成了广阔的陆上屏障。小高加索山脉则与大高加索山脉几乎平行排列，并与多个小型山脉连接起来。大高加索山脉是高加索山脉中较大的一条，延伸区域广阔，从东到西长约 700 英里，最宽处约 100 英里。

阿拉伯板块与欧亚大陆发生的碰撞，产生了大高加索山脉，此山脉目前仍然受到地震和山体滑坡的影响。大高加索山脉有一系列不同的气候带和不同的生态系统。在大高加索山脉的北部有广袤的草原，连绵的草地郁郁葱葱，林地上长有橡树和白蜡树。低矮的山丘上生长着松树林，山坡上是高山草甸，山顶覆盖着积雪与冰川。大高加索山脉的西部山麓森林茂密，一直延伸至黑海沿岸附近的沼泽地。相比之下，大高加索山脉的东部地区较为干旱，皆为贫瘠的地带，几乎没有什么林木。

大高加索山脉南面大约 60 英里处还有一条又长又直的山脉，也就是小高加索山脉。在高加索山脉的崇山峻岭之间，有一块开阔的低地——科尔基斯低地，与苏拉姆山脉相连。由于小高加索山脉的存在，科尔基斯低地和高加索伊利比亚国与库拉—阿拉斯低地（阿塞拜疆）和里海海岸分隔开来。小高加索山脉环绕着这两个地区，并向南延伸至小亚细亚（土耳其）边缘的亚美尼亚北部草原。

由于地形崎岖不平，季节性气候恶劣，高加索山脉的商道十分难行，在漫长的冬季，此地总是大雪纷飞。不过，在大高加索山脉与小高加索山脉之间有一条海拔较低的地带，为想要横跨苏拉姆山脉的商旅提供了一条从东到西的可行路线。在古代，此地有一些河谷和山路连接着里海海岸的阿普歇伦半岛、黑海边上的希腊殖民地以及罗马帝国的边境，从而横贯苏拉姆山脉。希腊地理学家斯特拉波出生在阿马西亚（Amasia）的庞塔斯市（特拉佩祖斯附近），因此，他十分了解这种商业模式。他写道："印度的货物从里海起运，然后通过多条河流运往沿途的各个地区。通过这种方式，商人们将印度货物贩卖到了本都地区。"

鉴于从中赚取的商业利润，这样的旅程很有价值，也很有意义。在古代，通过内河运输货物的成本要比陆路运输低 5 倍，[5] 这意味着，在理想条件下，内河网络与海上通道为商业发展提供了性价比更高的运输路线。

里海

在古代，里海是世界上最大的封闭水体，它从伊朗北部延伸到俄罗斯南部的欧亚草原。里海的长度超过 640 英里，宽约 270 英里，因此，里海的面积超过了整个意大利半岛。

里海有许多河流注入，海水盐度仅为大多数海水的三分之一，因此，它可以被归类为一个巨大的湖泊。不过，里海的海域辽阔且盐度明显高于河流，因此，古代的许多学者认为里海是海。里海地处一个封闭的盆地，除了蒸发以外，里海的水不会外流。有130多条河流注入里海，其中伏尔加河所补给的水量约占里海总水量的五分之四。

近代，伏尔加河流经俄罗斯西部，全长将近2300英里，灌溉着大约五分之一的欧洲陆地面积。伏尔加河的入海口处有一块巨大的三角洲，沿着里海的海岸线延伸了将近100英里。伏尔加河正是流经此三角洲之后，注入里海北部水域的。过去，这里是欧洲最大的河口，不过，由于此地所在的地区冬季严寒，地表水在一年之中至少有三个月的时间处于冻结状态。在周围的草原地区，土地极为干旱，持续的强风在地面上形成了众多线状沙丘。

里海北部存在里海大陆架，因此，北部海水较浅，平均海水深度小于20英尺。这片浅海由于盐度有限，很容易冻结。里海中部的海床下降，形成一个广阔的低地，平均海水深度超过600英尺。里海南部的海水深度超过3000英尺，除了严冬之外，大部分时间不会结冰，因此，古代船舶能够自由地在这片海域航行。

古代波斯学者曾推测过里海的海域面积，早期的希腊人正是从他们口中获知了里海的相关消息。希腊历史学家希罗多德写道："里海独立于其他海洋。划桨航行的话，从里海北岸到南岸（长度）需要十五天时间，从西岸到东岸（宽度）则需要八天时间。"里海海岸与伊朗接壤于赫卡尼亚地区，在亚历山大大帝之后，马其顿的几位将军先后接管了该地区。根据普林尼的记载，塞琉古一世（公元前306年—公元前281年）与安条克一世（公元前281年—公元前261年）多次批准船队驾船探索里海的海岸线。这两位统治者都试图将里海更名为"塞琉古海"或"安条克海"，不过，人们还是更喜欢用古老的名字"赫卡尼亚海"来称呼这片海域。

在古希腊早期的探险家中，有一位名叫帕特罗克勒斯（Patrocles）的海军上将在公元前二世纪八十年代绘制了里海的海岸线（帕特罗克勒斯将军可能指挥着采用人力划桨或中置船帆为动力的三层桨座战船或桨帆战舰。当时的辅助船舶可能是可以携带大量货物的桨帆战舰）。不过，帕特罗克勒斯将军可能并未驶入里海大陆架所在的浅水区域，如果他来过伏尔加三角洲，那么他就无法理解湍急水域的真正本质。帕特罗克勒斯将军认为，里海的北部沿岸有着与红海或波斯湾类似的入海口。根据他的理论，里海大陆架或伏尔加三角洲可能是连接里海与欧亚大陆周边海洋的巨大的冰封通道。地理学家斯特拉波解释说："赫卡尼亚海是一个海湾；它通过一个狭窄的入口向南延伸；越靠近陆地的区域，它的宽度越大。"他还评论道："不是所有人都认为船舶可以从印度航行至赫卡尼亚海，但帕特罗克勒斯认为这是可能的。"不过，由于距离太过遥远，气候过于严寒，以及在未知水域航行存在的巨大风险，当时的希腊船舶并未驶入伏尔加河去验证帕特罗克勒斯将军的这一论断。

　　罗马帝国毗邻里海，因此，罗马人对里海的了解更具战略意义。普林尼根据罗马将军阿格里帕（Agrippa）在公元前12年绘制的一张地图，给出了关于里海地区的介绍。他解释道："里海与亚美尼亚接壤，毗邻中国（丝国），西侧为高加索山脉。"罗马地图学家们将里海较浅的北部海域称为"斯基泰湾"，因为斯基泰游牧民族能够"穿过狭窄的水道"控制这个地区。按照他们的估算，如果不计这个海域（里海大陆架），里海约为480英里长，290英里宽，总海岸线长2500英里。阿格里帕将军收集的信息显示，除了库拉河河口外，面向高加索山脉的里海海岸线上"都是高耸的悬崖，船舶无法登陆靠岸的海岸线长达425英里"。

科尔基斯与克里米亚

黑海的最宽处约 730 英里，从北向南相距超过 160 英里。如果将亚速海等入口计算在内，黑海的面积接近现代的西班牙。黑海的面积约为罗马—地中海地区面积的五分之一，不过由于纬度较高，周边的大部分地区比较荒芜和落后。黑海上游海岸向北延伸到欧亚草原，西部海岸面对的则是欧洲中部多林木、多山丘的核心地区。

地中海的船舶可以通过博斯普鲁斯海峡进入黑海海域。这条海峡长 17 英里，宽不足 2 英里，航道十分狭窄。根据希腊神话记载，此地矗立着库阿涅撞岩。传说，库阿涅撞岩会不断重复"撞击—分开"这一过程，进入海峡的船舶只能趁着撞岩短暂分开的间隙迅速穿过此地，否则将会被撞岩撞得粉身碎骨。罗得岛的阿波罗尼奥斯曾对此展开想象："一条狭窄曲折的航道贯通海峡，两岸夹着怪石嶙峋的悬崖峭壁。水下涡流暗涌不息，进入海峡的船舶可谓步步惊心。峭壁上的岩石不断崩解并滚落水中，巨大的落水声不绝于耳。"[6] 碎石"成堆滚落，重重地砸入水中，大量白色泡沫涌出水面，如同翻腾的云海。同一时间，海水发出雷鸣般的可怕响声"。[7] 当时的人们相信，希腊神话中的英雄伊阿宋（Jason）率先驾驶着一艘名为阿尔戈号（Argo）的船只安全地穿过库阿涅撞岩。他当时放飞一只白鸽，白鸽在撞岩即将相撞之际穿过撞岩。随后撞岩开始分开，伊阿宋和船员们趁机从岩石缝隙中飞快穿行而过。早期希腊人对黑海入海口附近危险礁石的认识为这些神话故事提供了灵感来源，斯特拉波解释道："荷马时代的人们认为，黑海是世界第二大海洋，在黑海上航行的人们会驶出世界的边际。"

当波斯国王薛西斯率军攻打希腊时，他在博斯普鲁斯海峡上修了一座临时的渡桥，从而顺利从亚洲进入欧洲（公元前 483 年）。众多运输船舶下锚后平行排开，再通过长长的缆绳固定，共同构成了一座临时浮桥。根据普林尼的记载，这座桥全长 1500 英尺。尽管在建成不久之后就被拆除了，但这座桥仍被视为工程史上的一项非凡成就。

　　早期的希腊人根据船舶在黑海港口之间的航行长度，来估算黑海的大小。希腊历史学家希罗多德听说，船舶需要花费九天八夜才能从黑海入口航行到最东端的费西斯古镇（Phasis）。相比之下，从黑海入口航行到黑海北部海岸的克里米亚则只需要三天两夜。希罗多德估计，在最佳的航行条件下，"船舶白天可以航行 70 英里，夜晚可以航行 60 英里"。然而，船舶在黑海的实际航行速度较慢，而希罗多德使用最佳航速进行预估，因此高估了黑海的大小。根据现代的精确测量，早期希腊船舶穿过黑海的航速约为 3 海里 / 小时，仅为船舶在地中海上航速的一半。

　　罗马人知道黑海的大致大小和形状。他们认为，黑海的南海岸相对平坦，而北部海岸则呈弧形。普林尼解释道："黑海在大陆上的占地面积很广，海岸线拐了个大弯后又折了回来，看上去就像一支号角。黑海的海岸线向两端延伸，整个形状如同斯基泰人的弯弓。"

　　黑海海岸线上有两个地区因其贸易和资源在古典文明中占有特殊的地位，它们分别为黑海东岸森林茂密的科尔基斯地区以及黑海北岸农业发达的克里米亚半岛。科尔基斯位于古典文明的边缘。在荷马时代与公元前八世纪的神话与传说中，有许多关于科尔基斯当地景观的介绍，因此，该地区在古典文明中具有特殊意义，一直被视为已知的世界边缘探险之旅的目的地。

　　科尔基斯的主要港口是费西斯古城。公元前六世纪，来自小亚细亚的希腊米利都人建立了这个城市，当时，这是希腊航海探险家所能到达的最东部。在希腊神话中，这里是"世界的边缘"，山上冰雪覆盖，令人望而却步。不朽神族普罗米修斯因为向人类透露火种的秘密，被众神之神宙斯绑在这里的山上受罚。据说，普罗米修斯被绑在一块岩石上，有一只巨鹰每天撕咬他的内脏，直到希腊英雄赫拉克勒斯（Hercules）出现，普罗米修斯才摆脱了痛苦。在《伊阿宋与阿尔戈英雄们》的故事中也出现了古老的科尔基斯，伊阿宋与阿尔戈英雄们正是在古老的科尔基斯地区寻找金羊毛。科尔基斯位置偏远，地形不适合人类居住，这意味着，即便科尔基斯后来成为罗马帝国的一部分，罗马人仍然热衷于想象与科尔基斯有关的神话传说。

在古代，科尔基斯自然资源丰富，但人烟稀少，几乎没有什么像样的城市聚居地。不过，科尔基斯的地理位置恰好沿着一条航线，这条航线通往另一个归顺希腊统治的重要地区。在罗马时代，黑海北部的克里米亚半岛上有一个希腊小国。公元前六世纪，希腊殖民者就定居在此地。这里的农田肥沃，希腊殖民者通过耕种发家致富。公元前五世纪，希腊统治者在此地建立王朝，科尔基斯归顺希腊统治。

克里米亚地峡的最宽处近 200 英里，从北向南长约 100 英里，因此，这一片大陆的面积比地中海的西西里岛更广。希腊地理学家斯特拉波曾估算，克里木半岛的面积与希腊南部占总国土面积三分之一的伯罗奔尼撒半岛相当。应该说，斯特拉波的估算非常接近准确结果。克里米亚地峡东南沿海的侧翼是一片狭长且陡峭的高山地带，不过，地峡的大部分地区是平坦的草地，特别适合种植谷物。东部沿海的高山地带保护地峡不受寒冷天气的侵袭，北部海岸则被黑海洋流和南方微风温暖，因此，克里米亚在全年大部分时间里气候温和。此外，克里米亚海滨地区有许多岛屿、海岬、进水道、海湾以及天然港口，很适合接待外来船舶。

克里米亚是一个重要的粮食产地，同时是欧亚草原地区贸易商品的主要交易中心。斯特拉波解释说："除了延伸至罗马境内的山区之外，克里米亚的所有土地都平坦、肥沃，特别适合种植谷物。只要人们使用挖掘工具耕种土地，粮食产出就可增加 30 倍。"克里米亚的北部是一大片草原，世人称之为"庞塔斯—里海大草原"。这个草原被一群名为斯基泰人的希腊游牧民族占领，因此，黑海航线为希腊和罗马商人提供了与草原民族交易的机会。这一点意义重大，因为水路运输货物的成本低于陆路运输。[8]

在多个时代，斯基泰人都影响或统治着克里米亚半岛的部分地区。不过，他们允许沿海的希腊城市自治，条件是这些城市必须每年向斯基泰人上缴部分财富作为岁贡。斯特拉波解释说："游牧民族多食马肉等肉类，喜欢饮用一种特制的酸马奶。"斯基泰人的武艺令人钦佩。根据斯特拉波所述，"他们是战士，不是强盗，但他们会因属民未缴岁贡而发动战争。斯基泰人向那些想要耕种的人提供土地，并且满足于只收取适度的岁贡。这是因为他们只想获得生活必需品，并非想要借此过上富足的生活。然而，如果占有土地的人不上缴岁贡，那么斯基泰人就会与他们开战"。为此，斯基泰被认为是一个"正直"但"匮乏资源"的民族。斯特拉波解释道，只有那些"相信自身实力足以轻松抵御或防止斯基泰人攻打或入侵的地区才敢不定期上缴贡品"。

首个统治克里米亚的希腊王朝是斯帕尔多库斯王朝。公元前五世纪，斯帕尔多库斯皇室控制了克里米亚半岛及附近亚洲海滨地区的几个希腊城市。在雅典城统治爱琴海周围的强大帝国（希腊）期间，斯帕尔多库斯人向雅典城贩运了大量的粮食，并借此累积了大量财富。为了表示感谢，雅典人向克里米亚的斯帕尔多库斯盟友授予了"雅典荣誉市民"称号。

克里米亚与雅典相距 700 英里。虽然这条贸易路线建立之初旨在运输大宗商品，但它也被用来运送特殊的手工艺品和当地的奢侈品。公元前五世纪，雅典城拥有多个银矿，利润丰厚的白银贸易为雅典城带来了巨额财富。雅典市民制作的手工艺品吸引大批外国商人进城购买，雅典人因此在爱琴海上部署了一支海军舰队，用来防止敌国破坏重要的贸易网络。

古代资料证实，克里米亚与地中海东部的希腊城市之间的谷物贸易规模十分庞大。公元前 355 年，雅典政治家德摩斯梯尼解释道："雅典对于粮食进口的依赖程度超过其他任何国家。"根据他的记载，"雅典人从黑海地区进口的粮食总量占雅典进口粮食总量的一半"，雅典每年从克里米亚进口 40 万梅丁奈（medimnoi）（即 1.6 万吨）的粮食。当时可能需要 213 艘载重量达 75 吨的商船才能将这些粮食从克里米亚运输到雅典。

德摩斯梯尼提到，一艘 20 桨商船可运送 300 罐货物（75 吨）。这种载重量的贸易船舶在当时可能是希腊商船的代表。在古代，食盐是一种重要的防腐剂。克里米亚海岸上有多个重要的食盐作坊，因此，食盐这种重要的商品也被船贩运到雅典。希腊商船的船主还可能在船上装满了其他商品，例如经食盐腌制的亚速海咸鱼。亚速海是黑海北岸的门户，由克里米亚半岛东部地区与亚洲海滨地区对冲构成。古代的人们称亚速海为米欧提斯湖（Maeotis Lake）。由于顿河的注入，亚速海的盐度降低，海里有大量鱼类。斯特拉波解释说："早期的希腊人进口克里米亚的粮食以及亚速海的咸鱼。"这些水域中生活着独特的鱼类，如鱼卵能够被制成鱼子酱（一种盐腌鱼卵）的大鲟鱼。

古代资料进一步证实，从克里米亚航行到雅典的希腊舰队规模十分庞大。当时，希腊商人的船队将当季收获的谷物装船，然后顶着炎炎夏日离开克里米亚。他们先航行至博斯普鲁斯海峡，接着停靠在希腊城市拜占庭对面的小亚细亚海岸，等待雅典海军舰队护送他们进入爱琴海。公元前340年，马其顿国王腓力二世攻打一支商人船队，俘虏了230艘商船。腓力二世释放了其中50艘非雅典籍商船，但他扣留了雅典人拥有的、船员为雅典人的180艘商船。那些雅典船员被当作奴隶买卖，他们的船只被毁坏并重新制造成攻城器械，船上的货物则被出售一空。腓力二世国王从这次行动中赚取了700塔兰特。这意味着，每艘商船的货物和人员平均价值3.9塔兰特（约合9.4万塞斯特斯）。

公元前360年的若干事件展现了克里米亚的粮食生产规模。当时，希腊中部粮食歉收，雅典城遭遇饥荒，克里米亚统治者里欧科（Leuco）为了帮助雅典城的盟友，将大量粮食运送到雅典城。雅典人将所有可用的商船都派到黑海来接收这批粮食。据斯特拉波所述，"里欧科将210万梅丁奈（约合8.4万吨）的粮食从费奥多西亚发运至雅典"。这可能是克里米亚地区的富余粮食的总和，需要1120艘载重量为75吨的商船参与运输。这些粮食足以供应20万人一年的口粮，超出了雅典人的需求量。德摩斯梯尼记录道，雅典人将多余的粮食转售，从中获取了15塔兰特（约合36万塞斯特斯）的利润。通常情况下，1梅丁奈的粮食售价为5德拉马克，据此推算，多余粮食的总量为 796 吨。

克里米亚王国始终保持着独立的地位，直至公元前 108 年，临近草原的斯基泰人想要统治整个地区。斯帕尔多库斯王朝前往小亚细亚寻求帮助，并成功地获得本都王朝米特里达梯六世国王的军事援助。不过，当克里米亚国王在与斯基泰人交战中以身殉国后，米特里达梯六世国王派出自己的小儿子法纳西斯，北上要求克里米亚弥补战争花费。斯特拉波记录道，克里米亚王国每年需要向米特里达梯国王缴纳大量岁贡，包括 18 万梅丁奈（约合 7200 吨或 96 船）的粮食和 135 塔兰特的银币（约合 326 万塞斯特斯）。

斯特拉波证实，黑海和爱琴海之间的古代贸易规模十分庞大。他曾描绘过小亚细亚东岸的库梓科斯城（Cyzicus）的港口设施。库梓科斯城位于希腊和克里米亚之间，靠近通往黑海的博斯普鲁斯海峡。城内的港口有大量的海滨仓库和船舶修理场，可供商船在冬季里停靠。根据斯特拉波的记载，在恶劣的天气里，"库梓科斯城内的两个港口和两百多个船棚可能关闭"。罗马帝国统治小亚细亚时期，库梓科斯城承诺提供帮助，因此免于进贡。

罗马的干预

在与本都王朝米特里达梯六世国王的最后一场战争期间（公元前 75 年—公元前 63 年），罗马人第一次对高加索地区产生了兴趣。米特里达梯六世国王在小亚细亚战败之后，率领残部向北逃窜至科尔基斯，企图征召黑海东岸的部落盟友。对此，罗马帝国的庞培将军率领整个小高加索山脉地区的罗马军团攻打科尔基斯邻近的高加索伊比利亚王国，此举直接导致米特里达梯六世国王困守黑海地区。庞培将军占领了高加索伊比利亚王国的首都姆茨赫塔（Mtskheta）城，迫使高加索伊比利亚王国的国王俯首称臣并宣誓效忠罗马帝国。之后，庞培将军率领罗马军团越过阿拉扎尼河，击败高加索阿尔巴尼亚王国（阿塞拜疆）的军队。尽管庞培将军此前明确表示想要进军里海海岸地区，但他最终并未继续前进。相反地，他率军西进至科尔基斯，占领了希腊港口城市——费西斯古城，并与黑海上的罗马船队取得了联系。[9]根据古罗马历史学家阿庇安所述，庞培将军当时"急于认识希腊神话中阿尔戈英雄们、卡斯托尔、波鲁克斯以及赫拉克勒斯都曾到达的那个神奇国家，他尤其想要见一见高加索山上普罗米修斯的囚禁之地"。[10]

普林尼记录道：庞培很有兴趣地发现黑海的费西斯港口上竟然有人正在销售印度的商品。因此，他下令进行调查。最终的调查结果显示，有一条重要的贸易路线横跨中亚地区。庞培得知："商人们只需7天就能从印度来到巴克特里亚。从阿姆河上一条名为巴克特拉斯河（Bactrus）的支流出发，商人们就能穿过里海，将印度的商品贩运至居鲁士河（库拉河）地区。"在得到大高加索山脉与小高加索山脉的冰川融水的补给之后，居鲁士河沿着两大山脉之间的广阔低地向前奔流。库拉河的入海口（进入里海）是巨大的三角洲，高加索伊比利亚王国的商旅们可以顺着三角洲上游的库拉河行走，经过300多英里的陆上旅程之后，商旅们就会到达苏拉姆山脉。然后，再经过5天的长途跋涉，他们就会到达大高加索山脉的费西斯河（里奥尼河）的源头。一旦抵达该地，商旅们可以沿河而下行走大约200英里，到达黑海东岸和费西斯港口。

印度和巴克特里亚的一些商人曾走过整条商道。公元前100年，著有《尼科美得斯游记》的希腊作家这样描述费西斯港口："来自六个国家的人们聚集在此，他们说着不同的语言，其中不乏来自印度和巴克特里亚的外国人。"一些印度商旅可能通过自行购买船舶或者加入科尔基斯的船队来开启前往黑海西岸和多瑙河河口的旅程。根据普林尼记载，日耳曼的苏维汇国王在公元前63年向高卢地区的罗马总督梅特鲁斯·凯雷尔（Metellus Celer）进献了一批印度俘虏。苏维汇人居住在多瑙河北部的内陆地区，但是他们能接收印度俘虏和黑海敌方海岸的沉船上的水手。印度的许多大型港口位于河口地区。

或许，当时有一艘印度船舶在多瑙河寻找城市文明的踪迹。普林尼记录道："苏维汇国王向梅特鲁斯·凯雷尔总督进献了一些印度奴隶。这些印度人在出来经商的航行途中遇到风暴，不幸流落到德国。"

东方货物在费西斯港口被装上远洋船舶，然后穿过黑海到达庞塔斯海滨地区。根据斯特拉波的记载，从费西斯港口出发，只需两三天就能到达阿米苏斯（Amisus）和夕诺庇（Sinope）这两个海滨城市。两地相距约 235 英里。由此可见，当时的航速较快，为 4 海里 / 小时或 5 海里 / 小时。海上贸易路线始于这些希腊城市，然后环绕小亚细亚，延伸至通往爱琴海和地中海东部的博斯普鲁斯海峡海上通道。

罗马将军庞培确认存在一条可以绕过帕提亚帝国直接进入河中地区的路线，这条路线的存在能够让罗马人直接与印度接触。不过，庞培为了巩固罗马帝国在小亚细亚的利益，在击败米特里达梯六世国王的盟友之后，他就立即离开了科尔基斯。[11] 米特里达梯六世国王曾试图在克里米亚王国寻求庇护，不料，他的儿子法纳西斯二世发动起义军，将其围困在城墙重重的潘提卡彭市。米特里达梯六世国王自杀后，法纳西斯二世与罗马帝国议和。最终，罗马帝国允许法纳西斯二世作为罗马帝国的藩王继续统治克里米亚地区。[12]

公元前 49 年，罗马内战爆发。在此期间，法纳西斯二世趁机入侵邻近的科尔基斯并占领本都地区。尤利乌斯·恺撒率军进行了突然而果断的军事报复行动。对于这次简短的军事行动，恺撒曾做过非常有名的总结："吾来之，吾见之，吾胜之"（veni, vidi, vici）。[13] 法纳西斯二世逃回克里米亚地区之后，为一个名为阿桑德（Asander）的统治贵族所杀。此后，阿桑德夺取了克里米亚地区的政权，并向罗马帝国俯首称臣。罗马奥古斯都皇帝封他为藩王，确认其皇室身份。

根据斯特拉波的记载，阿桑德决定不向周围的斯基泰部落缴纳岁贡。他下令修建一道大型军事防御工事（包括城墙与深壕），防止草原骑兵袭击附近的农田，并加强了克里米亚南部的希腊城市的防御力量。根据斯特拉波的记载，在那道城墙上，每隔 1 斯塔德（stadium，古希腊的长度单位，相当于607—738 英尺）设置 10 个防御塔（即每英里设置 100 个防御塔）。鉴于设置的密度，这些防御塔可能至多就是些射击平台。此后，斯基泰人开始威胁城墙附近的港口以及守卫盐水湖畔的食盐作坊的外围堡垒。斯基泰人的军队用稻草铺平城墙外的深壕，士兵们得以攻打城墙。尽管如此，城墙上的守军还是占了上风。不过，他们不得不放弃外部的驻守点，烧毁桥梁，修建堤道，以备战略性撤离。

奥古斯都皇帝派遣高级指挥官阿格里帕（Agrippa）管理黑海地区。公元前 14 年，该地区发生了一系列动乱，当时，有一个名为斯克里波尼乌斯（Scribonius）的权贵迎娶了克里米亚地区前任统治者的遗孀并自立为王。阿格里帕命令本都藩王派军驻守克里木半岛，然后调动罗马军队重新收复了克里米亚地区。这支军队当时集结在港口城市夕诺庇（当时的夕诺庇市位于黑海中心地带的庞塔斯海岸，与克里米亚地区远远对峙）。在出战的军舰中，还有犹太统治者大希律王派出的舰队。[14] 不过，就在罗马准备入侵之际，克里米亚人起兵推翻了自立为王的斯克里波尼乌斯，并归顺了罗马帝国。欧特罗庇厄斯（Eutropius）证实：经此一役，"黑海地区的所有海滨城市全部归顺奥古斯都"。根据塔西佗的记载，罗马帝国派出几个步兵大队（大约 1500名士兵）驻扎到克里米亚王国，以此确保克里米亚王国对罗马帝国的忠心不二。公元 49 年，这些罗马士兵还帮助克里米亚王国年轻的科杜斯（Cotys）王子打败了另一王位候选人豢养的一支叛军。这些罗马步兵大队很可能有自己的运输船舶，包括停泊在此地区各大城市港口的军舰。塔西佗记录了一队罗马士兵因恶劣天气被迫上岸，并从公元 49 年的军事行动中折返的场景。他记录道："他们乘船返回。不过，一些船舶被迫搁浅在陶里卡（Taurian）海边，遭到野蛮人的围攻。一位大队长和许多士兵在战斗中丧生。"[15]

罗马帝国通过一小支军队控制了黑海、本都、科尔基斯等地区。公元一世纪，本都地区的港口城市特拉布宗（Trapezus）已经成为罗马帝国在黑海地区所驻舰队（本都舰队）的主要基地。犹太历史学家约瑟夫斯通过公元66年的若干事件证实，罗马帝国派出"区区3000名士兵就控制了上述地区，而区区四十艘军舰就让黑海地区安稳、平静"。[16]特拉布宗市出土的一份铭文显示，当地的罗马舰队指挥官（海军上将）名为盖乌斯·努米斯乌斯·奎里纳尔·普里默斯（Gaius Numisius Quirina Primus），他是帝国教会的牧师，也是邻近的夕诺庇市的长老。[17]根据斯特拉波的记载，夕诺庇市"当时已经接受罗马公民的殖民统治，部分地区和周边区域都已归罗马帝国所有"。

这一时期，罗马帝国借助克里米亚的粮食供养其在小亚细亚地区的驻军。当罗马军团在亚美尼亚展开军事行动时，克里米亚的粮食被运输分流至延长战线附近的堡垒和要塞（公元58年—公元63年）。塔西佗记录道："我们的物资正从黑海和特拉布宗市源源不断地送来。整条补给线穿过山区，直接通向军队的占领区。因此，亚美尼亚国王无法攻击我们的补给线。"[18]

罗马帝国早期，克里米亚王国将大量的粮食不断出口至地中海东部人口稠密的各大城市。克里米亚市场还接收了地中海港口出售的来自庞塔斯—里海大草原的战争俘虏，奴隶贸易的规模也日益庞大。随着财富累积得越来越多，克里米亚王国足以铸造自己的钱币，包括那些雕刻着罗马皇帝和新任克里米亚国王画像的希腊史塔特金币。

帝国时代，罗马帝国在黑海地区的利益已经延伸至高加索伊比利亚王国。当时，高加索伊比利亚王国仍处于独立自治状态，被视为罗马帝国的盟友而非属国。在姆茨赫塔城出土的一块石头上发现了一篇用阿拉姆语书写的铭文。在这篇纪念铭文中，高加索伊比利亚王国的米何达莱特一世（Mihdrat I）国王（公元58年—公元106年）被尊奉为"恺撒大帝的朋友"以及"罗马盟友—伊比利亚王国统治者"。[19]

整个高加索地区的贸易活动

　　斯特拉波介绍了商人们在黑海与里海之间的高加索山脉进行贸易的情景。船只沿着费西斯河上游航行至山区中的萨拉帕纳堡垒。根据斯特拉波的记录，这是一座"能够容纳整座城市居民的堡垒"（苏瑞米通道）。或许，这座大型复合式堡垒建筑旨在确保商旅们的安全，保护商旅们不受周边山区中土匪或任何敌对部落的伤害。普林尼曾提到，在埃及东部沙漠中有一个由军队保护的商队驿站，可以容纳多达 2000 名商旅。萨拉帕纳堡垒在高加索山脉可能起到了类似的作用。

　　商人们在萨拉帕纳将货物装上牛车，沿着铺平的道路，穿过条条山道，来到库拉河源头附近的高加索伊比利亚王国边境的驿站。经过这段为期 4 天的陆路运输之后，货物又被装上货轮，然后沿着居鲁士河顺流而下，抵达高加索阿尔巴尼亚王国附近里海海岸边上的阿普歇伦半岛。正是在这座半岛上，货物被搬上专为横跨里海而设计的货船。里海与黑海之间相隔至少 420 英里。不过，地理学家斯特拉波低估了两地的距离，他以为两地仅相隔 300 英里，这可能是因为船舶顺流而下的速度极快，航行时间也相应减少。

　　奥古斯都时期，小亚细亚地区的统治者全部归顺罗马帝国，成为罗马帝国的藩王，他们需要将自己的孩子送到罗马帝国作为质子。罗马帝国允许藩王们豢养并部署民兵来维持藩属国的国内秩序，但他们仍然必须服从于罗马帝国的整体调配。[20] 公元 63 年，尼禄皇帝逼迫本都王朝的帕雷蒙二世国王让位。自此，这个位于黑海南岸的王国受到罗马总督的统治，本都王国在科尔基斯的驻军全部接受罗马军官的直接指挥，或者被罗马军团取而代之。

　　在此期间，科尔基斯仍然限制着罗马帝国在东方的直接统治权。相比之下，邻近的高加索伊比利亚王国仍然作为罗马帝国的诸侯国，直接听命于罗马帝国。高加索伊比利亚王国的国王向罗马帝国俯首称臣，以期在抵抗附近的山地部落或（可能威胁领土的）其他侵略国家时能够得到罗马帝国的军事援助。高加索地区以外的广袤草原上居住着许多山地骑兵，因此，高加索地区的各个王国很容易受到这些骑兵的袭击。

任何侵犯高加索王国疆界的草原侵略者一旦南迁到邻近的亚美尼亚王国，就有可能破坏整个地区的稳定。罗马帝国与帕提亚帝国都宣称亚美尼亚王国是他们的属国，并将动员一切力量保卫这一战略边境。草原侵略者一旦到达亚美尼亚草原，就能够直接入侵罗马帝国的小亚细亚地区，或者通过脆弱的北部边境，直接进入帕提亚帝国疆域。

尼禄皇帝曾计划控制进出高加索王国的通道。在大高加索山脉的中部，有一条陡峭狭窄的峡谷，名为达留尔关隘（Darial Pass）。峡谷中，卡兹别克山山脚陡峭的岩石表面流淌着捷列克河（River Terek）。此地区仅有两条横穿高加索山脉的北下亚美尼亚地区的路线，其中一条路线就经过达留尔关隘，因此，达留尔关隘也被称为"高加索大门"。普林尼记载道："罗马军队在亚美尼亚冲突期间发送回国的地区地图上，用'高加索大门'的字样表示此关隘。"根据他的描述，高加索大门是"大自然的鬼斧神工——那些高山如同撕裂大地般，突然冒出地面"，"整个关隘的两侧都是钢浇铁铸般的山峰。在关隘的下方，一条发出可怕气味的河流从中奔流而过"。在靠近伊比利亚王国的隘口处有一片岩石层，"上面矗立着一座名为库曼（Cumania）的堡垒，其修建的目的在于阻断无数部落的入侵之路"。在库曼堡垒的对面，重重关隘环卫着伊比利亚王国的赫马斯特斯（Hermastus）小镇，似乎将世界一分为二，标志着人类定居文明的边界。根据普林尼所述，罗马人勘测过这条路线，"基本可以确定的是，高加索大门与黑海之间的距离为200英里"。

苏埃托尼乌斯在报告中描述过尼禄皇帝针对此地区的计划："罗马军队当时新招募了一个兵团，这些新兵全是意大利人，个个都有6英尺高。尼禄皇帝将他们称为'亚历山大大帝方阵'。在这些新兵入伍之后，尼禄皇帝准备远征里海隘口。"[21] 当时，尼禄皇帝可能打算吞并高加索地区的各个王国，并征服萨尔马提亚地区，从而让罗马的领土更加靠近里海。普林尼解释说："据说尼禄皇帝打算深入里海隘口地区。由于重重高山的阻隔，进出里海的道路十分有限，所谓的'里海隘口'则提供了一条从高加索伊比利亚王国进入萨尔马提亚的通道。"根据塔西佗的记载，罗马帝国的里海行动针对的是阿尔巴尼亚地区，这意味着罗马帝国企图征服高加索阿尔巴尼亚王国并控制杰尔宾特山口。塔西佗上报说，罗马军团在向里海隘口进军的途中突然被征调到意大利，奉命镇压意大利行省的叛乱。最终，尼禄王朝也在这场叛乱中终结。[22]

在公元 69 年的罗马内战期间，本都王朝与科尔基斯地区爆发了一次针对皇权的短暂起义，此次起义的领导者为本都王朝皇家舰队的前指挥官。这位指挥官名为阿尼塞图斯（Anicetus），在罗马帝国吞并本都地区且当地军队接受罗马行省的指挥之后，阿尼塞图斯丢掉了他的官职。此人曾宣称拥护短命的维特里乌斯皇帝，并拒绝效忠最终获得胜利的韦斯巴芗皇帝。阿尼塞图斯通过揭露罗马帝国的侵略企图，获得了科尔基斯地区的支持，并且从海上突袭停靠在本都王朝特拉布宗港口的罗马舰队。塔西佗解释说，由于黎本尼亚战舰和绝大多数罗马常备军团已经被转移至拜占庭，当时的港口无人守卫。阿尼塞图斯命人烧毁了港口剩余的船舶，"歼灭了一支此前由皇家卫队所管理的士兵队伍"。根据塔西佗的记载，这些"本地士兵此前已经获得了罗马帝国授予的市民权利以及罗马军团的武器和军旗，但他们身上仍保留着希腊士兵的懒惰与目无法纪"。

突袭港口之后，阿尼塞图斯撤至科尔基斯，企图通过特制的密封耐候的船舶（拉丁名为"camarae"）对本都海岸地区发动进一步的袭击。这是一种当地特有的船舶，"采用窄边宽底结构，船壳板结合紧密，无须使用铜制或铁制扣件"。在恶劣的天气里，船员可以被升起由额外船板制成的舷墙，抵御狂风巨浪。根据塔西佗的记载，这种船舶可以被添加额外的船板，直至"整艘船舶如同船舱一样被完全密封。这样一来，船舶就能在波涛汹涌的大海上自由航行"。这种船舶的"首尾与两侧都配有船桨,可以随时调整。因此,这种船舶能够任意调转船头的方向"。然而,科尔基斯的船舶根本比不上罗马帝国的大型高速战舰,罗马帝国的海军能够轻松追击和俘虏科尔基斯的船舶。在驻守本都王朝海岸地区之后,罗马海军原本打算从海上袭击科尔基斯。最终,科尔基斯人害怕遭到罗马帝国的严厉报复,将阿尼塞图斯交给了罗马军队,以此换取罗马帝国的赏金。之后,阿尼塞图斯作为叛国者被处以极刑。[23]

　　科尔基斯归顺罗马皇权统治之后,罗马—加拉太(亚细亚中部地区)总督接管了此地区。罗马军队进驻黑海东部的主要城镇,罗马皇家军团控制了高加索山山路沿途的堡垒。科尔基斯的内陆地区地势崎岖不平,没有城镇分布,整个地区相对落后。科尔基斯人主要是部落民族,内陆地区没有较大的希腊社区。斯特拉波总结过该地区的总体情况:"科尔基斯各部落十分顽固且凶残,他们讲着不同的语言,居住地分散,互不沟通。"尽管科尔基斯人以野蛮著称,但里海—科尔基斯这条贸易路线仍然是罗马帝国与东方文明之间重要的贸易通道。

第九章
黑海之旅

公元 81 年，科尔基斯地区的控制权已转移到位于小亚细亚中部的罗马卡帕多西亚行省。卡帕多西亚与亚美尼亚接壤，罗马帝国向该省总督指派了两个军团，以保护此边界。这两支军团还负责驻扎科尔基斯，以及协助高加索伊比利亚盟国。

公元 132 年，具有战略头脑的罗马皇帝哈德良任命了一位名叫阿里安（Arrian）的希腊人担任卡帕多西亚行省的总督。这个总督的职责还包括负责高加索和亚美尼亚的边境事宜。卡帕多西亚总督命令驻扎在马拉提亚的第十二雷电军团以及驻扎在萨塔拉的第十五阿波罗军团，保卫从亚美尼亚和临近的帕提亚帝国进入罗马帝国的路线。[1]

除却其军事生涯，阿里安还撰写过关于亚历山大大帝的历史，该书详细记录了亚历山大大帝在印度的战役。他还撰写了一本共十卷的书，里面记载了图拉真东征时与目前已经不复存在的帕提亚帝国对战的详情。[2] 在其担任总督期间，阿里安还写了一份战术报告，名为《应战阿兰人的军阵》，此报告讲述的内容是：假设来自草原的阿兰人突破了高加索山脉并入侵罗马领土，那么卡帕多西亚行省里的罗马军队在战斗时应该如何排兵布阵。

哈德良特别重视边防，并亲自负责哈德良长城的建设。哈德良长城长 80

英里，是罗马统治时期的不列颠与喀里多尼亚（苏格兰）之间的界线。哈德良也喜欢访问罗马各行省，所以阿里安为他准备了关于黑海沿岸状况的特别报告。此报告名为《航行记》（一次航行），采用希腊文撰写，风格类似航行指南，文中为航海者们描述了沿海地带和航行路线。此文花了大部分篇幅描写《黑海航行记》，其中的细节来源于作者的亲身经历和作者从罗马的一些知情人士那儿收集到的信息。色诺芬（Xenophon），公元前五世纪的一名雅典历史学家，曾率领1万名希腊雇佣军参加对抗波斯帝国的军事远征。阿里安很崇拜色诺芬，因此，他在自己的文学著作里，自称为"色诺芬"。[3]

《黑海航行记》是用希腊文写成的，当时大部分受过教育的罗马人能很流利地使用这种语言，并且精通希腊文化。《罗马君王传》证实哈德良"在青年时期对希腊的研究非常投入，以至于有些人称他为'小希腊人'"。阿里安在他的《航行记》中描述了黑海的整个环形路线，包括受罗马管辖的地区、罗马同盟国统治的区域以及独立国家所控制的区域。《航行记》包括港口、地标、海洋灾害和吸引外国游客的地点等详细信息。

这份独特的《航行记》有部分内容还谈及罗马边境管理、帝国防御战略以及希腊贸易路线在黑海沿岸的发展。它证实了高加索地区生产了大量优质木材，这些木材对于受罗马统治的地中海区域里的航海群体而言，是一项非常重要的资源，它还证明了可以用来编织高质量的帆布的亚麻以及用来编织绳索的大麻的出口情况。罗马经济依赖航海，所以这些资源对维持整个帝国的海上地位非常重要。

由于《黑海航行记》不是商业文件，所以它没有谈及贸易港口或这些港口所交易的货物等商业细节。反之，它将重点放于战略和地形资料之上，这正是痴迷于博大精深的希腊文化的皇帝所感兴趣的内容。原因或许是：当时的哈德良皇帝正在重新考虑边境安全问题，从而为该地区以后可能发生的冲突做好准备，或正在计划沿黑海沿岸巡视，也有可能是哈德良喜欢阅读"旅行文学"，并对"旅行文学"中的军事策略感兴趣。据《罗马君王传》记载："他喜欢旅行，并渴望从经验中学习他读过的、有关世界各地的一切。"

　　无论这些文章的意图是什么，阿里安都通过《黑海航行记》向皇帝证明了：他是一位有效且高效的总督，并对边防问题有直接的兴趣。他在文章中揭示了：罗马政府要如何控制和保护与海上交通密切相关的各个港口和战略位置。此外，文章中还谈到了实用的信息，如各港口间的距离以及当地人口的政治地位。阿里安还在文中描述了该地区有趣的历史和文化细节。

科尔基斯之旅

　　《黑海航行记》开篇是一段与皇帝哈德良的对话，然后以一位正要从黑海东南角的罗马军港——特拉佩祖斯（Trapezus）出发的航海家的身份开始叙述。特拉佩祖斯是一座著名的希腊城市，但由于忽视当时的民众，该城市的很多公共设施年久失修。该港口靠近科尔基斯的历史边界，阿里安提醒哈德良：公元前401年，雅典将军色诺芬带领1万名希腊雇佣兵离开波斯时，抵达过此沿海地带。在看到这些水域时，厌倦了战争且疲惫不堪的希腊士兵们庆幸地喊道："海！海！"[4]

　　特拉佩祖斯是庞塔斯海岸罗马舰队的主要基地，为了支持科尔基斯海岸沿途的航行，阿里安选了许多军用船。这些船可能是黎本尼亚轻型快速帆船，该船有一个置于中央位置的主帆，还有六十支一组的船桨（每边各三十支桨）。除了桨手之外，这些船舶中的每一艘都可以装载30—60名步兵。这些船既可以靠受过培训的桨手们来划动，也可以顺风扬帆前行。

　　阿里安集结的中队里没有货船，但与黎本尼亚船一同航行的还有一艘三层桨座战船，这是这支队伍的指挥舰。这艘三层桨座战船可以容纳多达180名桨手，且其还携带包括繁重的发射武器在内的重型军事设备。不过该船的货运空间有限，且在恶劣天气下难以管理。[5]

在进行有风险的海上航行之前，希腊和罗马的航海家们按惯例会精心举行指定的登船仪式。例如，经常有人向海港祭坛里的神灵献香，祈祷神灵保佑其航海安全。阿里安还介绍了他在特拉佩祖斯时是如何改善和维护一些与登船仪式相关的仪式性人物的。立在海港附近的粗糙且被风化的石头祭坛被替换，取而代之的是大理石祭坛，新祭坛刻有正确的希腊文，取代了当地古希腊人所使用的错误百出的刻文。皇帝的雕像已经在海港被竖立起来了，但是阿里安告诉哈德良，"虽然你的雕像的姿势指向大海，挺讨人喜欢，但这雕塑与你本人不是很像，也没有特别吸引人"。阿里安报告说，他已经下令委托人再送一座雕像到港口来，这个新雕像可能更能够传达皇帝的威仪和罗马的威信。[6]

特拉佩祖斯有一座非常著名的，为希腊的商业、旅者之神——赫耳墨斯（Hermes）打造的神庙。据史料记载，这座庙在当时还很完好，但阿里安认为现有的希腊雕像并不足以体现这一地方的重要性，于是，他便要求哈德良给他一个至少 5 英尺高的神像来替换旧神像。他还要求在寺庙里再摆一个小一点的当地神灵或神圣的英雄菲利西奥斯（Philesios）的雕像。据说菲利西奥斯是赫耳墨斯的后裔，航海家们在驶离黑海附近时，都会供奉这两位神。阿里安宰了一头牛来供奉神灵，如果祭坛上的祭品内脏没有腐烂，供奉者们就会将芬芳的奠酒倒在祭品内脏上，然后将祭品献祭给神灵。之后，阿里安和士兵们便会向皇帝祈祷，然后前往海港，那里有等待他们登船的船只。[7]

离开特拉佩祖斯不到一天，罗马中队向东航行到一个名叫怀索莱门（Hyssou Limen，阿拉克市）的驻地。怀索莱门靠近卡拉河的河口，在那里发现过古迹，其中包括一个 650 英尺×985 英尺、每堵墙上都有一个门楼的矩形堡垒。[8]

阿里安得到皇帝的批准而担任指挥，这表明他对军事问题的关注符合哈德良倡导的利益和做法。据《罗马君王传》记载："尽管哈德良渴望的是和平而不是战争，但他仍然不断地训练士兵，就好像战争即将到来一样。"当皇帝巡视德国边境的士兵时，"他在军营里过着和普通士兵一样的生活，以证明自己吃苦耐劳的品质，从而激励士兵"。据说，哈德良每天都会行军多达20英里，身上穿的只是整齐朴素的军装，并且还会在参加演习时，亲自选择军营的驻扎地点。在军事视察期间，哈德良重新建立了军营纪律，并"向多数人赠送礼物，赐少数人以荣耀"，以弥补之前所有苛刻的待遇。他改进了部队的武器装备，提拔了经验丰富的士兵，并且解雇了年纪太大、战斗力不足，但仍在领薪水的一些人。在驻军点和边防营，哈德良也"习惯了去了解士兵，并清楚这些士兵的编号"。

当阿里安在怀索莱门检查驻军时，他让步兵们以表演投掷标枪的方式进行军事演习，以显示他们的战备状态。这里的驻军有一支由20名骑兵组成的小型骑兵队伍，当地驻军认为这支骑兵足以维持该地区的秩序。某一天清晨，阿里安率领的中队利用海岸吹来的冷风，离开了怀索莱门。当风速下降后，阿里安命令桨手沿着庞塔斯海岸划船。然后，几乎没有任何警告，乌云从地平线上升起，突如其来的风暴袭击了这支中队。当战舰的甲板面临被海浪淹没的威胁时，罗马人收起了他们的帆，并试图摆脱湍流。阿里安报告说，当一场猛烈的离岸风抑制了海浪，并将扑向挣扎中的船只上的大浪往回推时，这支中队总算得救了。他写道："经历了各种艰难险阻后，我们到了雅典。"⁹

雅典是一个人烟稀少的小型城市，其名取自一座为希腊女神雅典娜打造的古庙，这里也是罗马当局决定不驻军的废弃要塞遗址。这里没有港口，但在靠近岸边的地方，有一个相对安全的系泊点。此系泊点可以容纳多艘船只，并可以躲避来自不同地方的沿着这条海岸吹来的强风。然而，那个夜晚的电闪雷鸣惊醒了阿里安中队的所有人，并暗示另一场风暴即将来临。随着风越刮越大，阿里安意识到系泊的地方已不再安全，于是他借助火把和灯光，命令船员立即将他们的船只拖到岸边。船员们用绳索将黎本尼亚船拉上岸，不过，阿里安下令让三层桨座战船冒险漂浮在海上。因为他们需要在事后利用这艘三层桨座战船将黎本尼亚船拖回海上，因此，这艘三层桨座战船的存亡与否至关重要。在海上，船员们扔下沉重的船锚，将船只系在近岸的一块岩石上，以求平安撑过风暴的侵袭。但是，在船员们将最后一艘黎本尼亚船拖上岸之前，风暴倾巢而出。阿里安对此的描述是："大海完全变成了野蛮的怪兽。"[10]

在这场风暴中，只有一艘船被摧毁。这是一艘黎本尼亚船，它已经开始系泊，准备冲上海滩，但是海浪击中了它的侧舷。然后，这艘船便翻了过来，随巨浪砸在海岸线上。船员们都纷纷逃跑并游上岸，而这艘船也在海滩上散架了。等到风暴趋于平静，罗马军队可以打捞沉船时，已经是两天之后的事了。阿里安报告说："所有东西都找回来了，包括帆、索具、钉子，甚至连密封蜡都从船上剥离了下来。"他补充说，当任务完成后，"除了船上的木材之外，我们没有放弃这艘船上的任何一个部件，您想必也知道，黑海地区木材资源非常丰富"。随着风暴的消退，这些船只成功脱浅，并在系泊处停留到次日晚上。阿里安报告说："黎明时分，我们努力抵抗来自船两侧的海浪。"但当偏北风来临时，海平面归于平静，这支中队便趁此机会离开了雅典。

从雅典出发，向东航行 25 英里，便可抵达乔鲁赫河的河口，这里有一座防守森严的希腊城市阿普萨罗斯（Apsaros，格鲁吉亚的格尼欧）。这是一个大型罗马要塞，这里驻守着五支军队，人数大概为 2500 人。这座围着城墙的城市里有一座赛马场和一座剧院，哈德良肯定会对此特别感兴趣，因为他是希腊戏剧文化的狂热粉丝。有一篇铭文记录道：阿普萨罗斯居住着一群退伍军人，他们决定在领到退休金后，便留在这座城市。[11] 据普林尼估计，阿普萨罗斯距离特拉佩祖斯的舰队基地约有 140 英里。

阿普萨罗斯控制了从亚美尼亚进入小亚细亚—庞塔斯的一条重要的东西航线。所以，罗马人在阿普萨罗斯建造的石头堡垒，比此边境的其他军事前哨基地还要森严。此堡垒所占区域是一个矩形（635 英尺×800 英尺），每座墙上都有一个门楼，每个门楼两侧都毗邻塔楼。堡垒墙上有四座角楼，周边有五座正方形塔和三座圆形塔，以最大化视线来确保射击位置。[12] 公元 135

年，阿里安计划将这座堡垒设为他的指挥所，当时，来自阿兰的一支骑兵军队突破了高加索山脉，并威胁要侵略罗马。卡帕多西亚军团被召到了阿普萨罗斯，而阿里安在一次军事交战中，亲自上阵监督和指挥，成功击退了阿兰人。

公元132年，阿里安到阿普萨罗斯视察，以检查当地的现役军队以及评估当地的防御力。他告诉哈德良："我给军队发了军饷，并检查了他们的武器。"他审查了"城墙、战壕、请病假的士兵和驻地的食物供应"。阿里安告诉皇帝：他已经拟定一份报告，里面具体讲述了阿普萨罗斯的防御和驻军的情况。[13] 这份报告并没有像其他的文章一样，用希腊文书写，而是采用了军事报告适用的语言——拉丁文。不幸的是，因为用拉丁文书写的章节被单独整理成卷，所以它们如今已经失传。

阿普萨罗斯据说是以一位神话中的科尔基斯王子——阿布绪尔托斯（Apsyrtos）命名的，这位王子在这里被希腊英雄伊阿宋（Jason）杀死。据说，当伊阿宋从科尔基斯偷走金羊毛时，他和女巫美狄亚（Medea）公主一起逃上了他的阿尔戈号船（the Argo）。有些传说中，阿布绪尔托斯率领科尔基斯舰队追击伊阿宋，并将伊阿宋包围在了阿普萨罗斯，但是，当阿布绪尔托斯同意和阿尔戈英雄（Argonauts）谈判时，他便被谋杀了。[14] 在另外一些传说中，阿布绪尔托斯是国王埃厄忒斯（Areetes）的幼子，他被他的姐姐美狄亚劫持，并在快被他们的父亲追上时，被他的姐姐杀死并被肢解了。埃厄忒斯国王看到他被杀害的儿子的遗体时，陷入了悲恸，并在此停止了追击。据阿里安记载：无论来到这个城市的游客选择相信哪个故事版本，他们都会被带去参观同一座阿布绪尔托斯古墓。

斯特拉波认为：沿着科尔基斯海岸航行相对比较舒适，因为这里"海滨坡度小，海岸有河口"。该地区以其造船资源而闻名，其中包括"大量通过其河流运来的木材、当地人制造的亚麻布，以及大量的大麻、蜡和沥青"。斯特拉波记载道，科尔基斯的亚麻类产品"闻名遐迩，因为它们出口到了国外"。

阿里安从阿普萨罗斯出发，随着罗马中队向北驶向黑海东岸的费西斯港口。阿里安描述了流经高加索山脉的费西斯河的奇特属性。费西斯河是该地区最大的河流，它向黑海排放了大量的、不寻常的水。这水比其他河流排放的水更清凉、更淡，并且表面受到了锡或铅的污染，它们与周围的海水较难融合，有人还看到它们漂浮在海流之上。阿里安观察到了为什么当地人能够带他们的牛到岸边喝水，这是因为这条河大大地稀释了邻近海域的盐度。这些水的奇怪属性令水手们对它们产生了迷信，当水手们到达费西斯河时，他们会把储存的水都倒掉，然后装上新鲜的费西斯河河水。阿里安报告说："据说，这样做会让接下来的航行更顺畅。"

费西斯河是河流航行的主要交通线路，据普林尼的记载，"汇入该河的其他支流的规模都很大，且数量很多"。在某一时期，该河的下游段有许多桥梁和相当数量的城镇。这包括一个被称为埃亚（Aea）的城市聚落，该聚落位于内陆15英里处，附近有两条大型支流汇入费西斯河。然而，普林尼报告说，到了公元一世纪后期，内陆唯一幸存的城镇是位于内陆约38英里的苏尔姆（Surium）。各种规模的船可以横渡费西斯河上游至苏尔姆，但从苏尔姆这个点开始，只能依靠较小的船只来将货物运往高加索山脉。按照普林尼的记载，这些小船沿着河流走了很长一段路才能进入高加索山脉。斯特拉波警告说："费西斯河的一些上游河段沿着蜿蜒的航线穿过峡谷，在季节性暴雨期间，这些河段会变成'汹涌且湍急的河流'。"

内陆有一个名叫萨拉帕纳（Sarapana）的堡垒，河运货物都会在这里被卸货，然后通过运货马车，被运往流向里海的库拉河进行转运。斯特拉波将萨拉帕纳描述为位于某个峡谷附近的"科尔基斯的一个据点"，该峡谷构成了穿越高加索山脉的主要路线之一。普林尼报告说，一些希腊人和罗马当局者认为将黑海与里海分开的地峡的宽度不足375英里。皇帝克劳迪乌斯（Claudius）声称：这两片海之间的地峡宽度只有150英里（这可能是指费西斯河上游和库拉河之间的距离）。据称，在距其逝世（公元前281年）前不久，塞琉古国王塞琉古一世（胜利者）正在考虑切断这地峡中可能连接黑海与里海的一条通道。

对希腊人来说，科尔基斯是一个禁地，这里"被贯穿峡谷的岩石、堡垒和河流隔绝"。斯特拉波形容费西斯河为"最远的航程"，并报告说，这个国家的早期声誉是通过一种晦涩的方式——引用伊阿宋远征这一神话来打响的。阿波罗尼奥斯·罗迪乌斯曾想象阿尔戈英雄如何收起他们的帆，并划桨进入"宽阔的费西斯河"，以寻找"浓郁的阿瑞斯树林，伊阿宋盗取的金羊毛曾挂在这片森林的一棵栎树上，栎树旁边有一只富有攻击性的毒蛇日夜不歇地看守着金羊毛"。[15] 阿庇安有一个关于希腊传说金羊毛的推测，他描述道："从高加索山脉流出的许多溪流携带有几乎看不见的精美金尘。"山上的居民们把毛茸茸的羊皮放进溪里，以收集漂浮的金尘微粒。阿庇安认为，这些羊毛可能是伊阿宋想要寻找的那根金羊毛。[16] 维吉尔也提到过费西斯河，阿里斯台德斯还将这条河与幼发拉底河、埃塞俄比亚和不列颠一起，列为罗马边境的最佳位置之一。[17]

在费西斯港口的大门附近，有一座巨大的守护神女神法西阿涅（Phasiane）的雕像，这座雕像是这座城市的化身。法西阿涅雕像被雕刻成：坐在神座上，手持一个钹，脚下踩着一群狮子。阿里安认为该雕像类似于希腊诸神中的地球母亲瑞亚（Rhea）。伊阿宋的阿尔戈号的主锚陈列在这座城市的市中心，以作为古代神话的纪念碑。阿里安真实地记录下了这个主锚，并描述道："它是由铁制成的，尽管在我看来，它显得并不古老，但它的形状显得与众不同。"与这个主锚一同展出的还有一些石锚的旧碎片，阿里安认为这些碎片更有可能是伊阿宋登上的那艘阿尔戈号的锚的残骸。[18] 阿波罗尼奥斯·罗迪乌斯证实了"阿尔戈号携带石锚"的这一传闻。[19]

斯特拉波称费西斯河是科尔基斯的商场（商业中心），并解释说，该地区具有良好的自然防御能力，因为"它一边受河流保护，一边受湖泊保护，另外一边受大海保护"。这个城市有一座罗马堡垒，里面驻守着一支装备精良的人数达 400 人的"精选部队"。阿里安描述了这座堡垒是如何建造双沟渠外缘，以及这个堡垒的原始内墙是如何由成排的土和受两座侧塔防护的木栅栏组成的。后来，这座堡垒的木制防御都升级成了砖砌的城墙和塔。阿里安检查了堡垒的地基，以确保新的城垛足够坚固，并且还检查了堡垒中的战争器械，以确认它们有足够的弹药。这些武器可能包括弩炮和双人操纵的大型"蝎子"锚杆投掷器，该投掷器旨在长距离投掷鱼叉式标枪。这些武器在射程上强于山区部落成员和任何设法侵袭该地区的草原游牧部落成员所使用的手持弓或投石器。阿里安在结束他的视察时说，新堡垒"装备齐全，有能力防止任何野蛮人的入侵，并且一定会保护要塞免遭围攻"。

阿里安还考虑过保护包括许多商人和退伍军人在内的周边群体。他报告说："船只停泊点和堡垒外围的整个区域也必须得到保障，因为这些地方住着很多退伍军人和商人。"在评估情况时，阿里安下令在城镇外缘设一个双沟渠栅栏，这条栅栏从堡垒一直延伸到河岸，将港口和周围的房子都围了起来。他得出结论说，这座小镇很快就会变得非常安全，并将成为"一个对于这条航线的航行者而言，非常便利和安全的地方"。[20]

在费西斯河经营的罗马商人可以取道高加索山脉的山路，获得印度的棉花、珍珠和黑胡椒。中国丝绸也将通过运送印度商品至里海地区的粟特和奥克苏斯的贸易路线，被运抵此镇。这些贸易往来经过高加索阿尔巴尼亚王国，因此，这个连接点的产品也会和珍贵的中国商品和印度商品一起，被带到费西斯河。费西斯河还出口了大量当地制作的造船产品，包括木材、亚麻和大麻。当地的奴隶可能算是另一种出口商品，除此之外，还有大量的、被用于保存肉类和鱼类的一种重要的食品用料：盐。

阿里安描述了居住在费西斯河周围山区的土著。特拉比松帝国（Trapezuntines）和科尔乔伊（Colchoi）部落控制了该地区的大部分地区，但他们受到赛莫伊族人（Saimoi）的威胁，据史料记载，赛莫伊族人"非常好战"，并住在一个"设有防御工事的地方"。赛莫伊族人是一个没有国王的部落，他们向罗马进贡，以作为其主体地位的象征。据普林尼称，这些贡品包括在赛莫伊族人树木丛生的领地中收集的若干蜂蜡。这些树林盛产蜂蜜，而罗马当局本应因此要求赛莫伊族人进贡，只不过，有谣言说，这个地区有一些花有毒，因此，这里的蜂蜜是有害的。斯特拉波比较了解这个地区，他简单地评论说，这里的人都不吃蜂蜜，因为这些蜂蜜"尝起来通常是苦的"。阿里安报告说，赛莫伊族人最近已经放弃向罗马进贡，转而当起了海盗，但他向哈德良保证："他们很快就会向罗马再次献上贡税，否则我们便将他们斩尽杀绝。"[21]

在高加索地区，有五位地方统治者想要罗马帝国承认他们是地区"国王"。他们的权限要么延伸到山上的部落定居点，要么覆盖海岸附近的农村人口。其中一些统治者曾从罗马帝国的皇帝图拉真（公元 98 年—公元 117 年）那儿接受过权力批准和授权，而哈德良则至少批准过其中四位统治者为"国王"。这个地区还有一个名叫齐德里泰（Zydritai）的部落，这个部落的统治者是国王法拉斯曼尼斯二世（Pharasmanes Ⅱ），他也是高加索伊比利亚王国的统治者。[22] 这些国王和其土著群落的合作对维护希腊沿海城市的安全至关重要。

在费西斯河北部，科尔基斯海岸向西蜿蜒至克里米亚和黑海上游。阿里安解释说，他带领的这个中队不再沿着夕阳的方向航行，而是沿着大高加索山脉背面的海岸线航行。在此次航行中，一个名为斯特洛比欧斯（Strobios）的巨大地标的山巅从遥远的山峰（厄尔布鲁士山）中显露出来。有人指出，这个覆盖着皑皑白雪的顶峰是"传说中，宙斯（Zeus）命令赫菲斯托斯（Hephaistos）将普罗米修斯（Prometheus）绑起来"以忍受无尽惩罚的地方。[23] 阿波罗尼奥斯·罗迪乌斯想象着阿尔戈号的船员在驶过"高加索山脉那陡峭的悬崖时"可能会看到什么，毕竟在神话中，普罗米修斯曾在这里，屈辱地被人用青铜镣铐将四肢绑在坚硬的岩石上。他们可能听到了"呼呼声，这声音来自云层附近，正是他们的帆在巨大的翅膀的扇动下，摇晃着发出的声音"。他们可能看到"如长翼羽毛般锃锃发亮的船桨"，并听到"普罗米修斯在肝脏被撕裂时，发出的尖叫声"。[24]

从费西斯河出发，沿着河岸航行63英里，便可以抵达设有防御工事的古希腊城市塞巴斯托波里斯（Sebastopolis）。塞巴斯托波里斯曾被称为迪奥斯库里亚斯（Dioscurias），这座城市是由希腊米利都人在公元前六世纪建立的。迪奥斯库里亚斯在公元前270年，是一个蓬勃发展的贸易站，当时一位希腊航海家和地理学家提摩西尼（Timosthenes）报告说，有300个说着不同语言的部落在这里交易。斯特拉波纠正了这一数字，并将塞巴斯托波里斯定性为科尔基斯的一个城市和"周围部落的共同商场；七十个聚居群的聚会场所"。到了奥古斯都时代，塞巴斯托波里斯附近有一大群草原部落，其中包括许多萨尔马提亚人。斯特拉波报道说，科尔基斯部落和萨尔马提亚移民"生活在分散的群体中，彼此接触并不频繁，且其残暴天性难以祛除，因此，他们都说着不同的语言"。老普林尼听说，在共和国后期，"罗马商人在130名口译员的帮助下，在这个城市开展了业务"。然而，他报告说，在他自己所处的那个时代，这个城市急剧衰落，大部分商人群体为了黑海沿岸的更有利可图的港口和市场，已经放弃了这个城市。虽然这个城市的部分地区可能已被遗弃，但其堡垒仍保持完整并受到很好的保护。

阿里安驶入塞巴斯托波里斯（苏呼米）港口时，差不多是正午时分。一个名叫桑盖（Sanigai）的科尔基斯部落占领了周围的领地，他们的首领名叫斯巴达加斯（Spadagas）。虽然哈德良皇帝已经授予了斯巴达加斯"国王"的称号，但罗马人仍然担心来自草原的安全问题和草原入侵的威胁。阿里安抵达后，安排罗马驻军集合，进行检查以及发放他们的固定薪酬，薪酬的发放形式是铸币。驻扎在这个边境城市的罗马军队包括一支大型骑兵队伍，阿里安呼吁这支队伍进行综合的野外演习，他观察了旨在展示部队战备状态的演习，然后检查马匹和武器，以确保它们得到良好的维护。阿里安知道，作为总督，了解驻军的实际战斗能力非常重要，因此他统计了因生病和受伤而免除现役的军人。然后，他核实了补给仓库，发现仓库充实；巡视了该城市的城墙，以确认城墙及周围的沟渠具有足够的防御力。[25] 在苏呼米附近的海底发现的石塔和城墙遗迹，可能是这些罗马防御工事受到海岸侵蚀、地震活动或沿岸的海平面剧烈变化等影响，而被淹没了。[26]

　　罗马商人访问塞巴斯托波里斯，以采购奴隶和造船材料，但商人们也可以通过向罗马驻军提供各种用品和便利设施而获利。据阿里安计算，特拉佩祖斯的舰队基地距塞巴斯托波里斯大约 226 英里，[27] 这对于涉及沿海贸易线路的希腊和罗马的货船来说，并不算太远，如果航行条件良好，这样一段距离，只需三天时间便可完成。在访问了阿普萨罗斯、本都和塞巴斯托波里斯之后，许多贸易船只将沿着黑海海岸，向北驶入克里木半岛，与毗邻塞西亚草原的各个港口展开进一步的商业交易。

切索尼斯和塞西亚草原（公元 131 年）

　　在帝国时期，切索尼斯（Chersonesos）国王预计每年都会向罗马政府提交贡税和现状报告。公元二世纪，罗马方面与切索尼斯联系最密切的是位于庞塔斯海岸的比提尼亚（Bithynia）的总督。当小普林尼任比提尼亚的总督时，他曾接待过国王索罗迈特一世（公元 90 年—公元 123 年）派来的一位大使。这位大使带来了一封寄给图拉真皇帝的密信，信中请求皇帝向他发行一张通行证，以便这位大使在前往罗马各省的旅程中，获得帝国的援助。[28] 从本都到罗马的陆路旅程需要耗费长达两个月的时间，但当地中海的航道大部分关闭时，从陆路走，可能需要在冬天进行。

　　切索尼斯每年向罗马上缴的进贡在被运往罗马前，需通过特殊的运送船只运到比提尼亚。琉善（Lucian）曾搭乘过这种船，当时他所搭乘的那艘船从罗马出发，驶过科林斯附近的希腊西海岸。他报告说："我遇到了一些来自博斯普鲁斯海峡（切索尼斯）的人，他们正沿着海岸航行。他们是国王欧帕托尔派遣的大使，正准备驶往比提尼亚，上缴每年的进贡物品。"[29] 切索尼斯的国王罗梅塔尔凯斯（Rhoemetalces，公元132年—公元153年）被皇帝安东尼·庇护召到罗马，就帝国指挥官对其的指控进行辩护，此次旅程中，罗梅塔尔凯斯搭乘的船只可能就是运送贡税的其中一艘船。罗梅塔尔凯斯后来成功为自己辩解，并获许返回自己的国家。

当阿里安在黑海周围航行时，他的船最远只能驶入塞巴斯托波里斯，也就是受罗马直接统治的边界地区，因为他的权力只是行省级别。在检查了这个边远城市的骑兵部队后，他带着他的中队回到了位于特拉佩祖斯的海军基地。不过，他认为值得在向哈德良皇帝提交的报告中，提供关于切索尼斯的信息。当时，这个附庸国的国王科堤斯二世（Kotys Ⅱ）刚刚去世，所以哈德良可能会选择废除这个王国，并安排一个行省来直接统治切索尼斯。阿里安将该地区描述为"辛梅里安的博斯普鲁斯海峡"（Chimmerian Bosporus），并解释说："我认为，我有责任向您介绍远至辛梅里安的博斯普鲁斯海峡的航海路线，如果您对这个地区有所打算，那么您可以了解一下相关的航行。"[30]

从塞巴斯托波里斯出发，向北航行，希腊船只将会沿着一条海岸穿行，这个海岸沿岸有许多著名的系泊点和天然的海港。此海岸的内陆地区受齐尔基（Zilchoi）部落管辖，哈德良曾封这个部落的首领斯塔科赫姆法克斯（Stachemphax）为国王。[31] 从这个地方开始，海岸向北弯曲，形成了向西延伸到克里米亚，并包围亚速海的塔曼半岛（Taman Peninsula）。在罗马时代，塔曼半岛是切索尼斯王国的一部分，它是一个人口多元化的重要的粮食生产基地，它的首府法纳戈里亚是一座希腊古城。

许多贸易船只上的商人会访问克里米亚半岛西部边缘（切索尼斯）的潘提卡彭市（Panticapaeum）。该市控制了克里木半岛和塔曼半岛之间的刻赤海峡（Strait of Kerch），来往船只可以通过这条通道驶入被围起来的亚速海。斯特拉波称潘提卡彭为切索尼斯的首都，普林尼则称该市为这片区域中最强的城市。这座城市建在一座卫城周围，这里有一座海港，其码头可容纳

30 艘船。普林尼估计,潘提卡彭和法纳戈里距海峡更远的那一端之间的距离只有 4 英里,"亚洲和欧洲之间的距离也就这么宽了"。他报告说,这里的海水在冬天会结成冰,行人们可以踩着这些冰穿梭于两座城市之间。在冬天的这几个月里,人们会用三叉戟形的工具刺穿冰面,捕获大鲟鱼。根据斯特拉波的说法,这段通道在冬天会变成一条冰路,连运货马车都可以通过。据说,庞塔斯国王米特里达梯四世派一位将军捍卫克里米亚,夏季,该将军在此海峡获得了海上的胜利,而来年冬天,该将军在同一个地点,率骑兵与敌军交战。

罗马人称亚速海为米欧提斯湖(Maeotis Lake),该湖的北端是顿河,此河流入俄罗斯草原深处。刻赤海峡与顿河河口之间的航行距离是 180 英里,但由于航行条件落后且困难,罗马当局高估了这段距离。阿里安认为顿河是欧洲和亚洲之间的分界线,但尚未有希腊或罗马的航海家充分探索过该河的北段。[32] 公元一世纪后期,普林尼写道:"萨尔马提亚人将塞西亚人驱逐出这片领地后,便沿着顿河生活了下来。"

顿河流入亚速海的途中,有一座古希腊通商城市塔奈斯(Tanais)。这座城市曾是希腊的殖民地,建立于公元前三世纪,由米利都人建立。据斯特拉波记载,塔奈斯仅次于克里米亚的潘提卡彭市,是该地区非希腊居民"最大的商业中心","亚洲和欧洲的牧民(塞西亚人和萨尔马提亚人)以及横渡这些水域的人"都来过这里。塔奈斯是黑海中最北且最偏的希腊前哨,但其地理位置带来了独特的贸易机会。塔奈斯的商人可以交易貂皮和黑貂皮,这些产品类似于罗马商人向塞西亚人寻求的产品。中国的《魏略》中记载道,居住在庞塔斯—里海大草原的阿兰人"其国多名貂"。斯特拉波也记载道:"这些牧民将他们的产品带到塔奈斯,其中包括奴隶和兽皮,以换取服装、酒和其他定居文明所拥有的东西。"他还写道,国王帕雷蒙(Polemon,公元前 16 年—公元前 8 年)从皇帝奥古斯都手中接过了切索尼斯,但由于塔奈斯的居民不愿服从其命令,所以他派兵洗劫了塔奈斯。

普林尼描述了广阔的克里木半岛如何被海洋包围，以及其东海岸是由"上升至大山脊的低洼土地"组成的。克里木半岛人口多样，岛上有好几个城镇，城镇中居住着不同的人，比如各种土著、希腊移居者的后裔和来自草原的塞西亚人。阿里安还描述了从克里木半岛西部的潘提卡彭市出发的航行，当时，罗马人称克里木半岛为"陶里卡"。距潘提卡彭市大约 42 英里处，有一个名叫基梅里（Kimmerikon）的古希腊城市，该城市一直在衰退，直到其规模变成村庄一样大小。基梅里以西大约 28 英里处，有一座名叫费奥多西亚（Theodosia）的希腊城市，航行者们大都直接驶过这座城市，不作停留，因此，这座城市也因为商业活动都改道至其他港口，而变得人烟稀少。斯特拉波形容这个地区"到处生产粮食，里面还有好几个村庄"，而费奥多西亚的旧港可容纳 100 艘船。这些港口可能仍然在运营，为那些需要躲避侵袭此海岸的"北方狂暴雨"的船只提供庇护。再往西大约 20 英里处，有一个废弃的停泊地或港口设施，阿里安称之为塞西亚—陶里卡港（Scytho-Taurians）。[33]

克罗狄斯·托勒密记录了克里米亚南部海岸的一个军事设施，该设施被称为查拉克斯（Charax，以下简称"要塞"）。这个地方可视为罗马要塞，因为它耸立在艾-托多尔海角（Ay-Todor Cape）之上。这个遗址现在被称为查拉克斯炮垒，它的建立时间可能是在皇帝尼禄暂时令切索尼斯服从罗马统治，并将该王国交由黑海西岸的摩西亚行省的总督管理之时（公元 63 年—公元 68 年）。一篇罗马碑文记录了摩西亚总督蒂比略斯·普罗梯修·西尔瓦努斯（Tiberius Plautius Silvanus）派遣一支远征队到克里米亚，帮助其击败一支威胁入侵该半岛的塞西亚军队的事。据文中记载，他"驱逐了塞西亚国王，令其无法再围攻切索尼斯"，并且"是第一个将大量该地区生产的小麦，添加到罗马人的粮食供应中的人"。[34]

当切索尼斯王朝于公元 68 年恢复执政时，罗马在查拉克斯的驻军可能已被撤回。但该地点具有很高的战略地位，因为它控制了半岛周围的航行路线，并占据了本都和克里米亚间最近过境点附近的土地。要塞在公元二世纪被罗马军队重新占领，第一意大利军团（Legio I Italica）和基地在多瑙河边界处的第十一克劳狄军团（Legio XI Claudia）先后在此驻军。查拉克斯炮垒的遗迹包括使用石灰砂浆建造的防御工事、砖头建造的浴室和黏土加热管、一座宗教建筑，以及供奉朱庇特和其他意大利神灵的祭坛。这些碑文还提到了军用道路的建设者，他们的任务可能是改造从查拉克斯炮垒海岸到克里米亚主要城市的道路。这些道路可能计划用于快速进行军事部署，但应该会促进运输和贸易。

在克里木半岛南端，考古发现了古城墙、防御瞭望塔、一座希腊神庙、一座罗马圆形露天剧场，以及城镇权力范围内（霍拉）的古代农田的遗迹。这里有一座繁荣的希腊城市，该城市名为切索尼斯，起源于公元前六世纪从赫拉克利亚庞塔斯（Pontic Heraclea）送来的希腊移民。普林尼认为，这座城市被 5 英里长的城墙包围，其居民保存了一种被认为是该地区所有城市中最"希腊"的文化。他还透露说，罗马人当时曾让这座城市免于进贡。

这座城市北部大约 60 英里处，有另外一座古希腊城市，名叫叶夫帕托里亚（Kerkinitis），而距叶夫帕托里亚 70 英里处，有一个名叫良港（Kalos Limen）的希腊小镇。从良港出发，船只可以离开克里木半岛，沿着黑海西北岸，驶向第聂伯河—南布格河运河的河口。

第聂伯河—南布格河运河河口

克里木半岛以西是狭窄的通向第聂伯河—南布格河运河的入口，该运河一直通到内陆 40 英里处，有两条主要河系的河水汇入此运河。南布格河附近有一个名为奥尔比亚（Olbia）的希腊城市，斯特拉波将其描述为"一个很大的贸易中心"。奥尔比亚以西约 4 英里处，是古希腊城市奥德索斯(Odessos)，这个城市靠近第聂伯河的河口处，有一个很好的系泊点。第聂伯河起源于俄罗斯，顺着乌克兰草原，到达黑海沿岸，全长 1000 多英里。南布格河、第聂伯河和顿河一起形成了重要的南北迁徙路线，让草原人民能够在相隔甚远的季节性放牧地之间，运送牛和各种产品。

在奥德索斯以西约 30 英里处，有德涅斯特河（ Dniester River ）的河口和前希腊定居点：尼科尼恩（ Nikonion ）和提拉斯（ Tyras ）。德涅斯特河起源于中欧，流经喀尔巴阡山脉，并在沿黑海海岸顺流而下时，形成了达契亚（ Dacia ）的北部边界。来自这些地区的货物将被送达奥德索斯，包括来自波罗的海（ Baltic Sea ）附近领土的珍贵琥珀。

罗马的演说家迪奥·克瑞索托在公元 96 年至公元 101 年的某段时间，拜望了居住在奥尔比亚（波里昔尼斯）的希腊人。他形容波里昔尼斯是"一个重要的贸易中心"，并说，这里的河口有遮蔽物，河口泥泞，流动缓慢。因此，当夏季来临，部分入口的水位下降到 12 英尺时，行驶到这里的船舶可能会搁浅。迪奥警告说："归航的水手们必须根据水流情况来判断河流的深度。"他形容这条河的河岸是"一个泥泞的河岸，上面长满了芦苇和树木，在类似船桅的沼泽地中，可以看到许多树木"。舵手们必须保持警惕，因为"有的时候，对这河口不是那么熟悉的人可能已经迷路了，倘若他们正往其他船只的方向行驶，那就不妙了"。

第聂伯河—南布格河运河的河口附近有大量的盐场，"大多数野蛮人会到这里来购买盐，其中包括占领了陶里切尔松尼斯（克里米亚）的希腊人和塞西亚人"。迪奥·克瑞索托记载道，萨尔马提亚人在占领了这条海岸线之后，在河口附近建立了一座被称为阿尔科特城堡（ Citadel of Alector ）的设有防御工事的前哨基地。西部的草原国家允许妇女担任军事指挥官，当迪奥·克瑞索托访问该地区时，这座城堡属于萨尔马提亚国王的其中一位妻子。

公元前一世纪中叶，在萨尔马提亚人侵占了庞塔斯草原之后，黑海的许多希腊城市失去了自治权。迪奥·克瑞索托记录道，在政权被接管之后，"一些希腊人不再团结起来，去建造新的城市，而另外一些希腊人则因为社群中加入了许多野蛮人，生活变得落魄"。当萨尔马提亚人首次攻占了第聂伯河—布格河运河河口的城市之后，希腊船只就不再驶入此河口。这是因为萨尔马提亚人"不会说通用语，无法接待这些商人，他们既没有雄心壮志，也没有以希腊的方式装备他们自己的贸易中心的认识"。奥尔比亚的新统治者允许城市中的希腊人组成一个独特的团体，用来管理市政法规和维护来访商人的社交网络，以设法恢复商业往来。尽管如此，迪奥·克瑞索托认为奥尔比亚市已经在衰退，因为这个城市已经名不副实。这是因为它"在战争中一再被占领"，以致这座城市"在很长一段时间，一直都处于几乎最好战的野蛮人手中，并且一直处于战争状态"。

到公元 96 年，奥尔比亚的许多民用建筑失修了，这个城市已经收缩到一个较小的防御区域里，该区域靠近该城古代环道城墙的最佳防御地段。迪奥·克瑞索托记载道："城墙上遗留的塔很少，并且与这个城市原始的规模或权力不匹配。"当这个城市收缩到这个较小的地区里时，这里建了一个新的防御性建筑，在建筑无掩蔽的部分的四周建一个城墙式的屏障。这些房屋周围建起了一面侧墙，但这侧墙的面积不大，而且很薄弱。被遗弃的城墙部分也被拆除，以获取建筑材料，只留下一座座古塔，表明这里曾是这个城市的边界。当迪奥·克瑞索托访问这座希腊城市时，他在一座座寺庙、神殿和公共建筑中看到了战争的痕迹。他记录道："神殿当中，没有一座神像保持得完好无损，它们和墓碑都受到了损毁。"

在萨尔马提亚人的统治下，塞西亚人的各个族群继续存在，其中包括一个名为黑衣人（Black-Cloaks）的族群，最早介绍这个族群的是希罗多德（Herodotus）。当迪奥·克瑞索托走在奥尔比亚城墙外时，有一个草原骑士靠近他，并下马与他交谈。这位草原战士便是一位黑衣人，他手持一把长长的骑兵剑，身穿塞西亚人传统的服装，包括骑马裤。他坚持自己家乡的习俗，穿着黑色的衣服，且披着一件薄薄的短斗篷。

阿喀琉斯岛

阿里安报告说，第聂伯河—南布格河运河河口附近的海域中有一个奇特的白色岛屿，这座岛是献给希腊英雄阿喀琉斯（Achilles）的。据说，海洋女神忒提斯（Thetis）将这座岛给了她的儿子阿喀琉斯，以作为一个与世隔绝的训练场所。这位年轻的英雄在这座岛上安了家，因此这个地方被称为"阿喀琉斯岛"或"跑道"。该岛无人居住，没有设施，只有一个靠参观者维护的寺庙，这些参观者到这岛上是为了参拜一座阿喀琉斯的古木像。访问该岛的航海者们经常会去捕捉一只野山羊，然后将之当作祭品，供奉在这座庙里。据说，岛上的神灵会让献祭的山羊不抵抗刀片，来表达他的满意之情，因此，这座寺庙积累了大量财富，因为登上岛屿的人不得不连续献上供品，直到所献祭的动物停止挣扎。那些前来这座岛上朝拜的人都会随身带上精挑细选的供品，而那些因为即将到来的风暴而不得不在此岛屿停留的船只，则会献上船上的货物当作供品。阿里安报告说，这座无人守护的神殿点缀着各色各样的祈愿物，包括陶瓷碗、珠宝戒指和昂贵的宝石。这些供品反映了航经此处的船上所运载的货物种类。[35]

也就是这个时期，希腊和罗马的作家们知道了这个岛。普林尼听说阿喀琉斯可能被埋在这座岛上，而希腊旅行作家保塞尼亚斯（Pausanias）证实这座寺庙里建有阿喀琉斯的雕像。阿里安确认：人们认为阿喀琉斯岛是一个奇妙之地，它具有超自然的影响力，能够影响周围的海域。来到这个地方的访客用希腊文和拉丁文在墙上刻下了铭文，以纪念阿喀琉斯，并感谢他回应那些请求神灵帮助的人的祈愿。还有人刻铭文纪念传说中的希腊英雄普特洛克勒斯（Patroclus），他是阿尔戈英雄中的一员，也是在特洛伊战争中，与阿喀琉斯并肩作战的亲密战友。有许多野鸟在阿喀琉斯岛上筑巢，其中包括鸬鹚和海鸥。阿里安听说，它们每天早晨都会将翅膀上的海水拍到石子路上，然后用它们的翅膀清理寺庙，进而维护了寺庙。据说，阿喀琉斯会出现在前往该岛的人的梦中，然后，附近船只上的船员就会拥有夜视能力，能够指示登岛的人选择最佳登陆地点。有时候，阿喀琉斯还会出现在清醒的航海者面前，接着这些航海者就会目睹他们的船帆或船头出现阿喀琉斯的图像。虽然阿里安认为自己是一个关心军事问题且实事求是的人，但他不愿意将这些故事置之脑后，他直接与登上这座岛的人交流，并得出结论：“这些事对我来说似乎并非难以置信，因为我相信阿喀琉斯是神圣的英雄，无人可以超越。”

西海岸

穿过奥尔比亚和奥德索斯之后，向南继续蜿蜒至多沼泽的多瑙河三角洲（Delta of the Danube River）。多瑙河向黑海注入大量的淡水，其内陆航道可以通航。普林尼记载道：“这条河有六十条支流，其中近一半的支流可以通航。多瑙河通过六条辽阔的航道注入黑海。”

根据阿里安的记载，达契亚海岸的大部分地区“无人居住，且没有名字”，但在多瑙河以南的摩西亚及其邻近的色雷斯（Thrace），林立着诸多城市和港口。这片海岸延伸到黑海的入口，并很好地融入了延伸到地中海东部的罗马贸易网。阿里安给位于摩西亚和色雷斯的海岸的六个希腊城市命了名，这些城市有可能将自己的贸易船舶向北送到克里米亚。

色雷斯最著名的港口之一是托米斯（Tomis），诗人奥维德（Ovid）被奥古斯都皇帝放逐的地方就是这里。来访的商人也在这个港口组建了自己的总部，其中包括来自罗马和埃及的船主，他们建立了一座寺庙，来供奉被称为

"亚历山大之家"的塞拉匹斯神。一位亚历山大酒商的铭文表明：这些商人中的一些人正在交易可能来自埃及的酒，或者通过与意大利交易粮食而抵达亚历山大港。在托米斯经营的其他商人则来自黑海南岸上的比提尼亚和本都上的一些著名的城市港口。

　　位于黑海南岸入口的是狭小的博斯普鲁斯海峡，这条海峡是由欧洲和小亚细亚的海岸汇合形成。此海峡长 17 英里，但最宽处不到 2 英里。博斯普鲁斯海峡具有经济和战略意义，因为所有进入地中海（爱琴海）的商船都必须驶过这条狭窄的航道。博斯普鲁斯海峡的欧洲一侧是古希腊城市拜占庭（Byzantium），它控制着海峡的商业运输。公元 303 年，这个城市被选为罗马帝国的东部首都，并由第一位信奉基督教的皇帝君士坦丁（Constantine）更名为君士坦丁堡（Constantinople）。君士坦丁堡打败了罗马东部各省，继承了帝国，这个帝国政权一直持续到中世纪时期。

　　阿里安在博斯普鲁斯海峡欧洲一侧的拜占庭结束了其对黑海的记录。邻近的小亚细亚（包括比提尼亚和本都）是罗马帝国中最繁荣和城市化程度最高的地区之一，它在黑海南部海岸拥有一系列城市港口。[36] 对于罗马与费西斯河和切尔松尼斯之间的贸易之旅而言，这些城市将成为重要的中转站，而载有黑海货物，前往更为广大的罗马世界的来自地中海的船只也会来这些港口交易。

第十章
萨尔马提亚

　　黑海以北的草原上，居住着一个强大的游牧民族萨尔马提亚。萨尔马提亚人指包括占领了里海北部地区的阿兰人和奄蔡人在内的文化群体。古罗马的资料显示，萨尔马提亚至少分为五个具有共同族裔和文化特征的大型国家，但每个国家都有自己的统治者、领土和政治利益。公元一世纪，萨尔马提亚开始横穿起源于俄罗斯南部的乌拉尔山脉，并一直入侵中欧的草原地区，向西扩张其领土和势力。他们征服了许多栖息在大草原的塞西亚人，并用自己更加广博的文化同化他们。

　　公元一世纪末，阿兰人和萨尔可斯人（Siraces）占领了从里海向西延伸到顿河的土地。萨尔马提亚的其中一个部落——罗克索拉尼（Roxolani）占据了位于黑海北岸的、顿河和德涅斯特河之间的平原。雅斯基（Iazyges）则占据了德涅斯特河以外的领土，他们还向西迁移到了匈牙利平原和罗马帝国的边境多瑙河。因此，萨尔马提亚人能够控制整个北方草原的人口，并威胁罗马在欧洲的利益。

　　希腊和罗马的史料显示：萨尔马提亚人的生活方式与传统的塞西亚人类似。据希罗多德的描述，塞西亚人"没有已建立的城市或堡垒，只有养家的人和骑射手，他们的生活来源不是耕种土地，而是通过养牛和四处游牧来维持"。这些风俗习惯使草原国家变得"不可战胜，无可匹敌"。在奥古斯都时代，斯特拉波用文字描述了萨尔马提亚人如何"将毛毡帐篷安在货车上，并在里面生活。他们还养了一群牲畜，并靠这些牲畜的奶和肉维持生计"。他们没有将液体储存在金属容器或易碎的陶器中，因为在大草原里，当严冬来临时，容器里的液体都会冻结成冰，这时候，即便盛放液体的是青铜水罐，也容易爆炸和破裂。

萨尔马提亚人可以建立设有防御工事的建筑物，但他们大多数人没有固定的居所，也没有圣殿。在描述阿兰人时，阿米安努斯说道："他们将一把拔出鞘的剑插入地下，把它当作战争之神以及他们所横跨的土地上的土地神，然后虔诚地祭拜它。"普林尼认为，早期的萨尔马提亚人认为装饰性文身是荣誉的象征，甚至他们的婴儿身上都有文身。冬季时，萨尔马提亚人将他们的牛车赶到黑海和里海附近的草地上；夏天时，他们将再次向北迁移，在广阔的草原上放牧马匹、牛和羊。斯特拉波解释说："他们跟随牧群迁移。最终，他们搬到了其他有草地的地方，冬天，他们住在米欧提斯湖附近的湿地，夏天，他们则住在平原。"他们的货车沿着河道行走，并根据季节安排行程，最终横跨欧亚草原，这意味着，他们的行走路线主要是南北走向。迁徙的途中，老人、体弱者和妇女会坐在车上，而男性勇士则骑马，并须聚集在一起，去打猎、抢劫或打仗。公元四世纪，阿米安努斯描述了阿兰人是如何在萨尔马提亚的诸多部落中始终保持领先地位，以及他们是如何保留这样的游牧生活方式的。

据斯特拉波描述，萨尔马提亚人的马较小，较难控制，但速度特别快。这些马用来供人骑和充当战马，因此，萨尔马提亚人为了让这些马更温驯，把这些马都阉了。这确保了当萨尔马提亚战士须隐藏自己进行伏击时，这些马能够保持安静和顺从。在远征时，萨尔马提亚骑兵会带上备用马匹，采用接力的方式，马不停蹄地赶往远方。阿米安努斯解释说："在追捕或撤退时，他们驾着敏捷温顺的马，可以跑很长一段距离，有时候每个骑手都会带领一到两匹备用战马，这样它们就可以轮流休息，以此来保持战马的体力。"有了这个优势，萨尔马提亚军队可能每天可多走50英里。

早期的萨尔马提亚战士携带柳条盾，戴上或穿上厚厚的生牛皮制成的头盔和胸甲。他们还携带弓箭，但也准备了长矛和剑进行近距离战斗。据斯特拉波记载，在一场激战中，这种轻型武器对于一支训练有素、盔甲精良的希腊步兵部队是无效的。他描述了在公元前100年，在一场争夺克里米亚控制权的战斗中，一支仅有6000人的希腊方阵，打败并屠杀了罗克索拉尼的一支5万人军队。

在此期间，萨尔马提亚人正作为雇佣骑兵，受雇于各个王国和其他派系，参与庞塔斯—里海大草原附近发生的对外战争。据说，萨尔可斯（萨尔马提亚的一个部落）的首领已经动员了2万名骑兵，去支援本都的法纳西斯二世（公元前97年—公元前47年）。斯特拉波认为，奄蔡人（阿兰人）可能能够出动20万名骑兵上阵杀敌，捍卫自己的领土。他估计，如果将更远的草原部落动员起来，那么这个数字可能会更大，"因为他们掌管了更多的土地，并统治了大部分的里海沿岸"。希腊作家琉善听到过关于切索尼斯王国在多次战争中得到草原盟友的援助的故事。在其中一个故事中，希腊国王招募了2万名阿兰人和其他萨尔马提亚骑兵去攻打3万名塞西亚人。[1]这些故事表明了庞塔斯—里海大草原爆发的战争的规模，中国的史书也证实了：里海大草原（奄蔡）可出动10万多名骑兵进行支援。[2]

公元一世纪初，罗马人可能认为萨尔马提亚这一威胁比较容易驾驭。但公元49年，一名达官显贵召集了萨尔可斯提供的骑兵，在切索尼斯王国发动叛乱，当时驻扎在克里米亚的罗马指挥官安奎拉·塞尔苏斯（Julius Aquila）必须去平息叛乱。帝国的部队包括按照罗马军队规格配置的本地军队，此外，罗马方面也派遣了一支数千人的小型军队进行支援。但是这支军队需要骑兵支援，因此安奎拉与奄蔡首领尤恩内斯（Eunones）结成联盟，奄蔡会在此次战争中提供骑兵。塔西佗说："大家一致认为，应该是尤恩内斯派遣骑兵与

敌军对战，而罗马人则是承担包围各个镇的工作。"³

　　罗马—奄蔡军队迎战叛乱势力，本地步兵和支援军队形成了战线的中心点，而萨尔马提亚的骑兵则被编排在军队的前方和后方。他们袭击了一座设有防御工事的叛乱城市——乌斯佩（Uspe）。这座城市的防御工事有护城河和土垒，其中土垒是在柳条篱笆之间用成堆的土壤堆砌而成的。罗马军队使用矛和火把将这个城市的驻军驱逐出他们的木塔，然后一把火烧了他们的土垒。到夜幕降临时，大部分防御工事被摧毁，罗马军队准备用梯子爬上已有缺口的土垒，进攻该城。此时，该城的代言人要求讲和，并提出条件：如果罗马军队肯饶了他们的性命，那么他们可以献上 1 万人来充当罗马的奴隶。塔西佗说，这个提议被拒绝了，因为"要守卫能够围住那么多人的警戒线是非常困难的。他们应该死于战争法则"。当乌斯佩的居民遭到屠杀时，周边的部落感到非常震惊，并立马放弃支持叛乱。⁴这场冲突表明了：黑海北部海岸的城市部落会迅速地在主导派系间转移他们的忠诚和资源。

　　在此期间，萨尔马提亚人采用了新型装备，大大增强了他们的军事实力。萨尔马提亚骑兵开始佩戴圆锥形金属头盔，身穿独特的鳞甲，这种盔甲的制作方式是：用强韧的肌腱将坚硬的马蹄片串起来，或将马蹄片缝到牛皮上。当保塞尼亚斯游览雅典时，他看到艾斯库累普（Aesculapius，希腊医神，人们为了尊崇他，在制作的物品中都刻有蛇像）的神庙里展示了萨尔马提亚的盔甲。保塞尼亚斯对萨尔马提亚盔甲的描述是：它"像一种爬行动物"，造型"像一个闭合的松果"。他解释说："萨尔马提亚的盔甲和希腊人制作的盔甲一样制作精良、坚固耐用，因为它们可以承受投掷物的打击。"毫无疑问，这些"外国工匠的技艺和希腊工匠的技艺不相上下"。阿米安努斯证实，公元 4世纪时，角制盔甲依旧在被使用，当时阿兰人战斗时，"身穿平滑的抛光角片制成的胸甲，这些角片像鳞片一样，系在亚麻衬衫上"。有些萨尔马提亚盔甲是用小铁片和青铜板铆接在皮革上，或缝在厚布上。在描述罗克索拉尼时，塔西佗报告说："他们的国王和贵族都穿着铁片和硬皮，尽管这种盔甲无法被穿透，但当这些穿戴者从马背上摔下来时，他们很难站起来。"[5]

公元前一世纪的罗马诗人瓦莱里乌斯·弗拉库斯（Valerius Flaccus）想象了这么一场战斗："凶猛的萨尔马提亚人蜂拥而至，伴随着凶狠的吼声，他们身上穿着有弹性的锁子甲，而他们的战马也都披上了锁子甲。"[6] 图拉真柱上雕刻了达契亚与罗马帝国在战争期间（公元 101 年—公元 106 年），身披铠甲的萨尔马提亚雇佣军受雇于达契亚而对抗帝国的情形。这些浮雕显示了：逃跑中的萨尔马提亚骑兵身穿长袖鳞片盔甲、防护性紧身裤，战马身披一件长及马蹄的装甲。按理说，这种长度的装甲应该会限制战马的行动，因此，雕刻这些图像的人，可能并未目睹当时的战场。

萨尔马提亚骑兵战争时所使用的武器是长剑，草原上一个名为库尔干的小墓群中已经发现了这种武器的残骸。[7] 装甲战士还开始携带长矛，他们双手托着长矛，直接向前冲，刺向敌方战士。塔西佗在公元 68 年写下了对萨尔马提亚战士的描述，他报告说，长剑和"过长的"、双手持的长矛是他们的标准武器之一，"不过，他们不喜欢用盾"。[8] 瓦莱里乌斯·弗拉库斯对这些长矛的描述为："一根松木杆伸出马头和马肩，紧紧地系在马膝上。这些长矛在战场上投下了长长的阴影，并蓄势待发，随时供战士和骏马驱使，刺向敌人。"[9] 阿里安揭露说，罗马人称这些长矛为"骑矛"（contu），并认为这些长矛是萨尔马提亚人独有的创新。塔西佗解释说，这种矛和重装甲的组合意味着"当萨尔马提亚骑兵在马背上进攻时，几乎没有任何战线可以抵挡他们的攻击"。[10] 萨尔马提亚的骑手能够熟练地使用套索，据保塞尼亚斯报告，他们可以"给任何敌人套上套索，然后驱马转身，使敌人失去平衡"。

萨尔马提亚骑兵骑马战斗时，还使用龙旗（draco），这种龙旗是用中空的金属长杆制成的，上面有一条长长的袖状旗幡，由鲜艳的丝绸制成。当骑手们向敌人发动进攻时，这些旗帜变得非常飘逸。当风从旗帜上方呼啸而过时，这些旗帜的"尾巴"猛烈摇摆，就好像龙飞过骑兵们的头顶。图拉真柱上的一些场景描述了所捕获的武器和装备，其中包括龙旗，这些龙旗上有鱼、狼或狗头。[11]

罗马人在自己的军队中，也采用了萨尔马提亚式的军旗，阿米安努斯描述了尤利安皇帝在一次精心安排的镀金军旗展中，如何对他的军队发表演讲（公元357年）。他被"黄金和镶有宝石的龙包围，这些龙由紫色织物编织而成，并被固定在矛杆上。微风拂过时，这些龙嘴巴张开，发出嘶嘶声，就好像它们的尾巴在风中受伤了，它们因为愤怒而变得栩栩如生"。在对抗波斯帝国的战争中，尤利安在逃离战场时，还能够集结一支罗马骑兵部队，就是因为他带着其独特的军旗，骑马混在士兵当中。阿米安努斯对此报告说："他们认出了他那紫色的龙旗，那面旗子正系在一根非常长的矛上，像蛇的蜕皮一样展开。其中一支中队的保民官停了下来，他虽然面色苍白，恐惧不已，但他还是骑马返回，重新开始战斗。"

公元四世纪，阿米安努斯在罗马军队当过兵，据他所说，萨尔马提亚人"更适合掠夺性入侵，而非常规作战"。他们并没有安排驻军或长期围攻某地，但由于他们投机性的入侵，导致罗马军队遭受了巨大的损失，帝国领土被大量破坏，因此他们成了罗马帝国的一个重大威胁。他们的扩张也造成了人口流动，进而给罗马边境带来了恐惧和混乱。

与帕提亚帝国的冲突

帕提亚帝国采用骑兵军队统治中东地区，他们可以动员多达5万名骑兵来对抗外国势力，[12]因此，萨尔马提亚军队因其在骑乘战斗中的专长，对帕提亚的军事霸权构成了威胁。在此期间，有许多萨尔马提亚人去当佣兵，他们根据薪酬或政治利益来决定是去为帕提亚而战，还是去攻打帕提亚。

公元35年，皇帝提比略鼓动高加索伊比利亚王国的国王法拉斯曼尼斯入侵其邻国亚美尼亚，并罢黜帕提亚国王奥罗德（Orodes）。伊比利亚军队占领了亚美尼亚的首都阿尔塔沙特（Artaxata），但奥罗德却带着帕提亚军队返回了他的王国。在双方备战时，他们都使用塔西佗口中的"贿赂"，雇用了庞塔斯—里海大草原上的萨尔马提亚部落。法拉斯曼尼斯与高加索阿尔巴尼亚的国王结盟，以确保掌控高加索山脉的山道，然后，"他带领着萨尔马提亚雇佣军，取道里海，突然蜂拥至亚美尼亚"。相比之下，由于伊比利亚和他们的盟友阿尔巴尼亚控制了高加索山脉的通道，所以，帕提亚所雇用的萨尔马提亚部落都被挡在了山门之外。[13]

帕提亚—亚美尼亚的骑兵当中，有4万多名草原弓箭手，还有数千名配有长矛的重甲骑兵的支援。他们遇到了一支敌人的部队，这支部队有以耐力闻名的铁血步兵，还有他们的援军：数千名配有长矛和短弓的萨尔马提亚骑兵。塔西佗报告说，萨尔马提亚人"彼此之间相互提醒：不要在战争一开始时就齐射箭雨，而是要抢先发起近战攻击"。当战斗开始时，帕提亚人提前退出伊比利亚战线，以保持一定的距离，这为他们的弓箭手提供了最大的优势，因为他们的射程比他们的对手远。作为回应，萨尔马提亚人收起了他们的弓箭，用他们固定的长矛刺向敌人，并将他们的剑拔出鞘。塔西佗描述了在近战的压力下，战争是如何随着大规模骑兵的冲锋和撤退而渐渐平息的。每当阿尔巴尼亚和伊比利亚的步兵与帕提亚的骑兵交战时，他们会"抓住骑手，然后将他们从马背上用力拉下来"。

在战争的关键时期，国王法拉斯曼尼斯骑着马与奥罗德交战，并"用剑刺穿他的头盔"。帕提亚皇家卫队立即派人保护他们受伤的国王，但认为他们的国王已经被杀了的帕提亚军队开始退出战斗，伊比利亚因此获得了胜利。[14]这场冲突表明了：在面对领导有方、意志坚定且使用草原装备和战术的军队时，帕提亚是如何不堪一击。直到公元53年，帕提亚帝国才恢复对亚美尼亚的控制，当时帕提亚国王沃洛吉西斯一世（Vologases I）的兄弟——提格拉涅斯（Tigranes）被任命为帝国的新统治者。

杰尔宾特山口

通过高加索山脉的主要路线之一是高加索阿尔巴尼亚王国内里海沿岸的杰尔宾特山口（Derbent Pass）。塔西佗报告说，这条通道在夏季时很难通过，因为那时候浅滩会被海水淹没，而且有强烈的东风吹向海岸。但在冬季时，海水会撤退，海岸上平坦的地区会暴露出来，山与海之间便有了一条通道。[15]

公元 75 年，高加索阿尔巴尼亚的国王撤掉对杰尔宾特山口的防御，并且允许一支大型的阿兰军队穿越高加索山脉。阿兰人袭击并掠夺了米底（Media）这个富裕的城市。毫无防备的帕提亚人无法组织有效的防御，所以他们将军队分散避免与敌人正面作战。当阿兰人骑马到西部去掠夺亚美尼亚时，亚美尼亚的国王梯里达底（Tiridates）领导了一次不成功的反击，却差点儿被萨尔马提亚骑兵用套索套住并俘虏。约瑟夫斯（Josephus）说，一名阿兰战士"从远处向他扔了一根绳子，如果他没有用剑砍断绳子并逃跑，那名士兵会把他拉过去"。[16] 在这次胜利之后，阿兰人"摧毁了这个国家，驱赶了两个王国的大批的人和牛，然后又退回到自己的领地上"。

在这次袭击后，帕提亚国王沃洛吉西斯一世向罗马皇帝韦斯巴芗（Vespasian）求助，请求皇帝紧急派遣罗马军队援助，抵御草原入侵者。罗马批准提格拉涅斯为亚美尼亚的国王，因此，阿兰人等于向两个大国共同提出了挑战。苏埃托尼乌斯（Suetonius）记载道，提格拉涅斯要求韦斯巴芗的一个儿子"领导一支援军来对抗阿兰人"。据说，多米提安（Domitian）曾试图取代提图斯（Titus）担任领军，但是，这次军事远征没有成行。[17]

罗马防御措施

在公元 75 年的帕提亚袭击事件后，韦斯巴芗派遣罗马军队去控制高加索通道，否则，草原侵略者可能会再次通过这条通道入侵亚美尼亚，以及罗马在小亚细亚中的那些收益颇丰的领土。有证据表明，罗马人提供了战斗工程师和军队职工来加强通过大高加索山脉那峡谷般的通道的防御。[18] 伊比利亚王国有一个名叫阿马齐石碑（Armazi Stele）的碑刻，这个碑刻用希腊语和阿拉米语记录了韦斯巴芗派遣工程师为首府姆茨赫塔（Mtskheta）建造防御工事的情形。在多米提安统治时期（公元 84 年—公元 96 年），作为与罗马帝国的边境协议的一部分，位于多瑙河北岸的达契亚山地王国也收到了罗马工程师、战争器械和年度现金补贴。也许伊比利亚王国也得到了类似的支持，以减小马背上的草原侵略军取道高加索通道的可能性。

罗马皇帝还向高加索阿尔巴尼亚的国王米特里达梯（Mihrdat）派出军事支援。在巴库戈布斯坦附近发现的一篇拉丁文碑文，证实了罗马军队曾深入杰尔宾特山口附近。这篇碑文介绍了一位名为卢修斯·朱利叶斯·马克西姆斯（Lucius Julius Maximus）的罗马百夫长，这位百夫长隶属第十二雷电军团，是受皇帝多米提安的命令来此地区的。他来自卡帕多西亚行省的一个军团基地，而他现在的驻地距其最初的基地有 1000 多英里。他有可能是一名军事外交官，或是一名负责监督阿尔巴尼亚工程并携手一队罗马工程师加固北部边境的联络官。或者，他可能已经在这个战略地点附近组建了一队小型罗马驻军，无论他的角色如何，他都出现在这个距离罗马帝国公认的边界数百里之外的外国前哨基地。

在帝国时期，阿里安认为东部的萨尔马提亚人是一个重大的威胁，并写了一篇文章，里面讲述了如果阿兰人试图占领卡帕多西亚，那么罗马军队应该如何应战（公元 135 年）。这篇《应战阿兰人的军阵》解释了可以用来对付草原骑兵军队的战斗阵型和战斗策略。这份文件是独一无二的，它从一名现役军官的角度，阐述了对罗马军队部署和战场规划的独特见解。

阿里安预计阿兰骑兵会采用迂回攻击，并上演佯退，以便在罗马战场上制造混乱。他还计划让装备有长矛的重型装甲军团组成一条密集的战线，以此来阻止轻骑兵的正面冲锋。所述军团包括来自第十五阿波罗军团（多达5000名士兵）的全部士兵以及来自第十二雷电军团的大型支队。这些士兵将组成一个八列的方阵，其中前四列装备长矛，后四列装备标枪。这个军团后面是大量的弓箭手、远程投石器和骑射手，他们可以迅速瞄准快速移动的敌方骑兵。辅助部队被派上了高地，然后与符合他们单位组织的长矛手、标枪手和弓箭手组成一队，掩护军团战线的侧翼。根据阿里安的说法，罗马胜利与否取决于能否阻挡或抵抗萨尔马提亚骑兵的高强度冲锋。

西方的威胁

公元一世纪中叶，西方的萨尔马提亚开始给罗马帝国带来麻烦，当时，有一个名为雅斯基的草原国家迁移到了喀尔巴阡山脉和多瑙河上游边境的匈牙利平原。罗马帝国边境的许多外国部落与帝国签署了条约协议，但是，由于罗马帝国军队正陷于与亚美尼亚的战争当中（公元58年—公元63年），所以罗马帝国无暇为这些部落提供保护。

公元60年，多瑙河上游地区的一些战败的本地民族逃到罗马边境，寻求罗马帝国的保护。一篇罗马碑文称颂了罗马摩西亚总督蒂比略斯·普罗梯修·西尔瓦努斯"进入了该行省，然后以10万多名外多瑙河区域之人的妻子、孩子、首领或国王做威胁，迫使他们"上缴贡税。通过这种提供庇护的方式，他能够捍卫其管辖的行省，并"在其已经派遣了大部分军队去参加对抗亚美尼亚的远征军的情况下，遏制了萨尔马提亚人造成的日益严重的骚乱"。萨尔马提亚一些部落首领的儿子受到了帝国政府的款待，所以西尔瓦努斯将这些"王子"送回雅斯基，希望他们能够促进其他统治精英的亲罗马主义态度。

公元 69 年，罗马开始陷入近一个世纪以来的首次内战，边境地区较远的部队都被重行调配，为帝国内相互敌对的派系而战。罗克索拉尼利用了这一形势，在该年冬天带领 9000 名骑兵，穿越多瑙河下游边境，袭击了罗马的摩西亚。塔西佗说，这个战团摧毁了两支军队（1000 名士兵），但他们"更倾向于掠夺而非战斗"。罗马方面，派了第三高卢军团（Legio III Gallica）及其援军进行反攻，这支援军在萨尔马提亚军团沿着积有融雪的乡间小路返回时，伏击了萨尔马提亚军团。当时的萨尔马提亚军团并没有设防，也没有摆好阵型，并且还有负担过重的战利品，与之相反的是，罗马军队"已做好一切战斗准备"。

塔西佗说，在这次交战中，萨尔马提亚人不能使用双手持的长矛冲锋，因为"他们的优势，也就是他们战马那出众的速度，因为地面光滑而失去了"。当萨尔马提亚骑兵从他们的坐骑上摔下来时，他们一边穿着厚重的盔甲努力战斗，一边又"深陷松软而又厚重的积雪当中"。相比之下，穿着胸甲的罗马步兵"行动时不受妨碍，他们不时向敌人投掷标枪，有时还会趁机用长矛攻击，或者展开近战，用短剑去刺有弱点的萨尔马提亚人"。萨尔马提亚幸存者逃到附近的湿地，不过，这些人大多数因为伤口恶化或恶劣的冬天天气而死亡。[19]

这些事件导致罗马人重新评估他们与其他萨尔马提亚部落之间的约定，这些部落包括占领了多瑙河上游附近的匈牙利平原的雅斯基。罗马将军韦斯巴芗计划将罗马军队撤出这个地区，以图夺取意大利，并成为罗马皇帝。塔西佗说："为了避免各行省处于无保护状态，从而受到那些野蛮国家的侵略，萨尔马提亚雅斯基的统治者们都被召集到军队服役。"雅斯基可能向罗马人提供了骑兵部队，以换取承诺、贿赂和军队报酬。塔西佗解释说，韦斯巴芗决定拒绝接受军事支持，因为他们担心如果萨尔马提亚人获得准许进入罗马领土，那么"他们可能会袭击一些敌对势力，或抛弃他们的责任心，去接受其他地区提供的更高报酬"。[20] 据约瑟夫斯报告，韦斯巴芗成为罗马皇帝后，他"在这个边境安置了更多驻军，因此，那些野蛮人根本不可能再次过河"。[21]

　　萨尔马提亚军队的实力在公元 92 年得到了证实，当时一支雅斯基部队越过了多瑙河上游，准备袭击罗马的潘诺尼亚行省（Pannonia）。袭击发生时，来自达契亚和德国西部的各个部落对罗马帝国的威胁正与日俱增。根据苏埃托尼乌斯的说法，整个军团，可能是第二十一饕餮军团（Legio XXI Rapax），在此次萨尔马提亚的袭击中被歼灭。皇帝多米提安率领一支远征军进入雅斯基领地（匈牙利），以实施报复，但是，他仅在丘比特神殿（Capitol Temple of Jupiter）中戴上桂冠，以作为此次远征成果的一个小小的胜利仪式。

　　萨尔马提亚的雇佣骑兵为了保卫达契亚王国免受罗马的入侵而加入战斗，据图拉真柱上的描述，在碰到配有盾牌和长矛的轻型装甲骑兵时，这些雇佣军都逃跑了（公元 101 年—公元 106 年）。当达契亚成为罗马行省时，罗马帝国占领了雅斯基和罗克索拉尼之间的领土，这可能会减少来自萨尔马提亚的威胁。公元二世纪初，一些罗马骑兵部队也开始采用萨尔马提亚式的装备，其中包括金属鳞甲、马袍和双手持的长矛（骑矛）。[22]

　　萨尔马提亚人在公元 169 年恢复了对帝国的敌对行动，当时一场严重的流行病给罗马人民造成了毁灭性打击，而帝国军队正在努力击退敌对的德国部落。雅斯基在公元 169 年袭击了摩西亚（塞尔维亚），他们在战斗中击败了罗马军队，并杀死了负责指挥的罗马总督。[23] 与此同时，一个叫作马科曼尼（Marcomanni）的德国部落入侵了意大利北部，并围攻了阿奎莱亚城（Aquileia）。罗马皇帝马可·奥勒留（Marcus Aurelius）不得不与雅斯基缔结和平协议，以便罗马能够集中精力驱逐德国侵略者。萨尔马提亚军队在返回多瑙河那边的家乡之前，在摩西亚俘虏了数万名罗马公民。

　　公元 173 年冬，多瑙河河段冻结，雅斯基再一次对摩西亚发动侵袭。但是这次罗马军队已经准备好了反击，当萨尔马提亚人意识到一支军队正在追击他们时，他们准备了一次伏击。他们计划在罗马军团横渡多瑙河那暗藏危机的平滑、冻结的河面时，拆散罗马队伍。迪奥记载道，萨尔马提亚人"正在等待即将来临的罗马人，希望能够轻易战胜罗马军队，因为他们知道罗马人对冰地还不适应"。有些雅斯基士兵直接冲入罗马战线，而另一些士兵则绕着军团骑马，因为"他们的马已经过训练，可以安全地跑过冰冻的河面"。罗马军队组成了一个紧凑的步兵方阵，面向来自四周的敌人。随着敌方骑兵的冲锋，许多罗马士兵将他们的盾牌竖在易碎的冰面上，形成一个坚固的防守屏障，以支撑他们的双脚，这一举措防止了士兵们在冰面上滑倒。当萨尔马提亚的攻击没能打破罗马防线时，罗马步兵立即反击，他们"抓住攻击者们的缰绳、盾牌和长矛，并拖曳这些人"。罗马步兵们叠加起来的重量和凶猛的动作"将敌军的战士和战马都拽倒了，因为惯性，这些野蛮人无法保持稳定"。但罗马士兵也摔倒了，而且经常以背着地。迪奥描述了随后发生的近战，在这场近战中，奋战中的军团士兵们与他们的对手相互扭打撕咬，这场面就好像一场大型的摔跤比赛。萨尔马提亚在这场战争中落败，随后，罗马皇帝宣布雅斯基为罗马帝国的主要敌人。

战斗结束后，皇帝马可·奥勒留拒绝了雅斯基的和平条件，"因为他知道他们的种族是不可靠的"，并且"他想彻底摧毁他们"。但是当时帝国正面临着来自其他敌对势力的威胁，而且马可·奥勒留没办法出动足够多的部队来完成他的目标。雅斯基与一个叫作夸迪（Quadi）的德国部落合作，并且接收了同样与罗马发生过冲突的马科曼尼的逃亡者。因此在公元175年，罗马皇帝制定了保证和平的协议。马可·奥勒留接待了雅斯基的国王赞蒂库斯（Zanticus），让他"以一名祈祷者的身份"在罗马军营露面。该协议规定：雅斯基不会占领多瑙河边境10英里范围内的土地，但如果该国愿意履行其和平承诺，那么所述禁区就会减半。作为臣服于罗马的激励措施，雅斯基获许在某些预定日期，前往指定的边境城镇，与罗马商人会面和交易。作为对这些特权的回报，雅斯基安排了8000名骑兵去罗马军队服役。这些萨尔马提亚骑兵约有 5500 人被派往大不列颠的行省，以确保他们不能轻易回到故乡。

迪奥记载道，和平协议引起了罗马的担忧，因为"雅斯基在这个时候仍然很强大，并且已经对罗马人造成了巨大的伤害"。雅斯基在袭击罗马军队和军事胜利期间抓住的罗马俘虏人数证明了这一点。迪奥声称："在许多俘虏被卖掉、死亡或逃跑后，他们还能够送还 10 万名俘虏。"雅斯基还迅速并毫无困难地向罗马人提供了 8000 名新兵，这证实他们仍然拥有一支随时可以发动攻击的大规模武装部队。迪奥怀疑，这只是蓄意中的一次造反，因为，他迫使马可·奥勒留"非常不情愿地"与雅斯基立即缔结协议。他指出，罗马皇帝并没有向罗马元老院报告和平协议，就像他在前几次战争结束时所做的那样。罗马人和萨尔马提亚人之间的这些冲突表明了：罗马帝国在面对组织严密的草原敌军的攻击时是何等脆弱，以及贸易机会如何被用作激励措施来维持和平。

第十一章
帕提亚帝国

在罗马首位皇帝奥古斯都称帝前 100 年左右，帕提亚人建立了他们的帝国。公元前 148 年至公元前 138 年，帕提亚骑兵征服米底王国，并从日渐式微的塞琉古国手中夺取了巴比伦尼亚的控制权。此后的近 300 年里，帕提亚人一直统治着这个地区（即现在的伊朗），并成为罗马统治始终局限在地中海沿岸地区的主要原因（公元前 138 年—公元 224 年）。

罗马人和帕提亚人都清楚地知道，他们的领土一度都属于古波斯阿契美尼德王朝的管辖范围。阿契美尼德王朝的领土从小亚细亚和埃及延伸至阿富汗以及印度次大陆北部边缘的印度河流域，中间横跨伊拉克和伊朗地区。古波斯帝国幅员广阔，共分成二十个省（又称"行省"）。波斯王朝设法将这种政治制度维持了数个世纪（公元前 550 年—公元前 330 年）。之后，罗马的亚历山大大帝征服了波斯王朝，并将这些行省分给他麾下的各个马其顿将军管理。

在鼎盛时期，帕提亚帝国的领土约占古波斯帝国总领土面积的三分之一。他们的统治疆域包括波斯湾附近富裕的古波斯本土，以及从伊拉克北部美索不达米亚平原延伸至土库曼斯坦梅尔夫绿洲的 1500 多英里长的土地。公元一世纪，帕提亚人还控制了印度—帕提亚盟军首领统治的印度河流域的各个王国。

为了统治整个帝国的疆域，帕提亚人建立了三个皇城：巴比伦尼亚的塞琉西亚—泰西封、伊朗北部的赫卡通皮洛斯以及土库曼斯坦的尼萨。帕提亚人以希腊传统铸币为模板，在尼萨和塞琉西亚—泰西封铸造银币，并在整个王朝推行希腊的名称。在帕提亚帝国，某些区域由省长（总督）负责治理，而某些区域则由原本存在的王国继续统治。帕提亚帝国允许这些王国作为属国继续管理当地事务。这些属国包括波斯王国、以莱美斯（Elymais）王国等，它们原本是古波斯帝国位于波斯湾东北岸附近的本土区域。

普林尼在公元 77 年记录道，在幼发拉底河和印度河之间的区域，有超过十八个王国归顺帕提亚帝国。这些属国占地约 100 万平方英里，包括广阔的沙漠、山脉，还有大片草原延伸区。相比之下，罗马帝国早期的领土面积只有 200 多万平方英里，总共分为四十多个省和至少六个属国。

帕提亚帝国的崛起

公元前二世纪，当罗马政权在地中海地区迅速扩张时，帕提亚帝国强势崛起。塞琉古国王安条克三世在公元前 222 年上台后，开始对帕提亚和巴克特里亚用兵，企图收复这些偏远的领土。安条克三世还将塞琉古的统治疆域扩张至小亚细亚的西部，并计划吞并爱琴海周围的希腊城邦（这些希腊城邦要么处于半独立状态，要么臣服于希腊国王的统治）。公元前 192 年，安条克三世率领 1 万大军入侵希腊，并获得埃托利亚同盟（古希腊的一个城邦联盟）的增援。这次入侵直接引爆了塞琉古国与罗马共和国及其强大的意大利盟友之间的冲突战争。罗马人动员了超过 2 万名士兵参战，并在塞莫皮莱击败了塞琉古的军队，之后，罗马军队一直追击安条克残部到小亚细亚，并派遣舰队攻击塞琉古的海军。[1] 这次战争中的决定性战役是公元前 190 年发生在小亚细亚西部的马格尼西亚战役。根据古罗马历史学家李维的记载，面对塞琉古国从广阔疆域征调的 7 万大军，罗马军团仅以 3 万兵力就取得这场战役的胜利。

公元前 188 年，安条克三世被迫与罗马缔结和平协议，并同意撤回希腊和小亚细亚大部分地区的塞琉古军队。塞琉古军队依赖于希腊雇佣军，但罗马禁止塞琉古国从罗马保护的任何地区招募新的雇佣军。此外，罗马要求塞琉古王国用银锭向罗马支付战争赔偿。塞琉古王国每年需支付的战争赔偿金额为 1000 塔兰特（约合 26 吨白银，这些白银足以铸造 600 万枚罗马银币。结合当时的购买力，或许更能了解这些白银的价值，公元一世纪，一枚罗马银币是一位劳工工作一天所能获得的较高工资）。这笔战争赔偿削减了塞琉古为维护自身稳定所需的财富，同时极大地提高了罗马的军事力量。如此巨额的损失导致塞琉古王国大大缩减了用于雇佣军队、维护军队、聘请劳力和购买外国资源（如造船材料）的资金。

在被罗马击败后，塞琉古王国爆发了一系列的政权冲突、地区叛乱，甚至在敌对势力鼓动下还发生了几场内战。最终，帕提亚军队从东部侧翼入侵米底并夺取巴比伦尼亚的政权，整个塞琉古国分崩离析（公元前 141 年）。公元前 138 年，塞琉古国王德米特里二世战败，并作为"尊贵的俘虏"被押送至帕提亚帝国位于伊朗东部的首都——赫卡通皮洛斯。同时，他的弟弟安条克七世继承塞琉古王朝的叙利亚国王王位，并召集了一支由希腊雇佣军组成的大军，准备夺回巴比伦尼亚地区。古代史料记载，安条克七世的军队共有 8 万人，是塞琉古王朝数代皇帝能够召集的最大的一支军队。

公元前 130 年，塞琉古军队发起进攻，并成功从帕提亚人手里夺回了巴比伦尼亚地区。不过，塞琉古军队对一些伊朗社区横征暴敛，导致该地区亲近帕提亚的人士多次奋起反抗。帕提亚人的一支骑兵悄无声息地趁乱潜入米底，在塞琉古国王及其皇家卫队进入米底时，截杀了他们。群龙无首的塞琉古军队被逐出巴比伦尼亚，帕提亚人随即准备征服叙利亚，企图向西扩张至地中海沿岸。就在此时，中亚草原的塞种军队入侵了帕提亚人位于伊朗东部的家园，因此，帕提亚帝国不得不放弃他们的西进计划。

巴比伦尼亚地区有一些人口稠密的城市，如果帕提亚帝国能够征服这个地区，那么它就能获得巨大的财富。城墙高耸的古城塞琉西亚位于底格里斯河边，总人口达 60 万人，其中包括希腊人、犹太人、阿拉伯人和帕提亚人。塞琉西亚是塞琉古国的主要首府之一，到了公元前一世纪，塞琉西亚已经跻身印度西部的三大城市。为了控制巴比伦尼亚并进一步巩固自己的统治，帕提亚人在塞琉西亚城对面的底格里斯河河畔建立了他们的皇城——泰西封。帕提亚帝国的疆域扩张后，泰西封成为其西部首都，每年冬季，帕提亚国王就在泰西封的皇宫内处理政务。不过，在炎热潮湿的夏季来临之前，帕提亚国王就会东迁至埃克巴坦那（位于今天的伊朗地区），那里的海拔较高，气候较为凉爽，古城四周的山坡上到处是绿意盎然的草地。

大约在公元前 100 年，汉朝首次与帕提亚人进行外交接触。由于阿萨息斯王朝建立了帕提亚帝国，因此，汉朝人将帕提亚帝国称为"安息国"。《史记》记载，当中国的首批外交使节抵达帕提亚帝国的东部边境时，帕提亚帝国派出一支由 2 万名骑兵组成的礼仪卫队前来迎接（汉使至安息，安息王令将二万骑迎于东界）。这支礼仪卫队从边境开始护送中国使节，穿过数十个人口密集的城市，直至到达数千里之外的皇城——赫卡通皮洛斯（东界去王都数千里。行比至，过数十城）。帕提亚国王米特里达梯二世（公元前 121 年—公元前 91 年）也派出自己的使节前往中国，想要确定大汉帝国的规模与实力。帕提亚人给汉朝皇帝带来了帕提亚帝国的特产作为礼物，包括宫廷魔术师和鸵鸟蛋。

这一时期的中国史料记录道，帕提亚帝国"地方数千里，最为大国"，并且"城邑如大宛（费尔干纳），其属小大数百城"。即使在这样的早期时候，帕提亚帝国也已经有了长途商业网络。《史记》记载，"有市，民商贾用车及船，行旁国或数千里"。中国人对帕提亚铸币很感兴趣，史料记载，"以银为钱，钱如其王面，王死辄更钱，效王面焉"。[2]

首次与罗马帝国接触

公元前二世纪，古罗马共和国征服了马其顿王国，并在古希腊地区获得了充分的权力。公元前133年，罗马人获得了一个名为帕加马（Pergamon）的小国，罗马共和国自此在小亚细亚的爱琴海海岸地区拥有了一块永久性领土，这标志着罗马在西亚扩张运动的开端。

罗马与帕提亚之间的首次外交接触发生在公元前97年。罗马将军卢基乌斯·科尔内利乌斯·苏拉被派去帮助小亚细亚东部卡帕多西亚国的废王重新夺回王位，卡帕多西亚国自此被确认为罗马的保护国。在这次任务中，苏拉将军率领罗马军队远征幼发拉底河地区，到达那里之后，罗马军队接见了帕提亚的一位特使。这位帕提亚特使自称受命前来调查最近的政治事件并"寻求罗马人民的友谊"。[3]

苏拉将军并未将此事上报罗马元老院，并在一次公开举行的政治会议上，安排帕提亚特使坐在卡帕多西亚国王旁边的次席，借以侮辱帕提亚人。帕提亚特使当时被指引到苏拉将军下首的一个座位，就好像帕提亚帝国只是附庸于罗马帝国的一个外国势力。帕提亚国王在得知这次公开的差辱行为后，以导致国家受辱的罪名，下令处决了那位特使。[4]

公元前66年，罗马元老院派遣格奈乌斯·庞培将军接管小亚细亚地区的罗马军队。庞培将军更新了与帕提亚帝国的现有协定（这些协议原本规定两国互不侵犯且互不干涉，并可能确认幼发拉底河作为两国领土的分界）。[5]之后，庞培将军将小亚细亚与叙利亚的大部分地区归入罗马领土范围，并与帕提亚统治下的多个藩王制造了许多政治阴谋，他的这些行为违背了罗马与帕提亚帝国之间的现有协定。但是，当帕提亚使节要求庞培将军做出解释时，庞培将军回复"他会遵守他认为公平的任何边境协定"。[6]

罗马军队在亚洲西部的一系列征服行动给罗马政府带来了巨大的财富。公元前61年，庞培返回罗马，参加在罗马首都精心组织的一场凯旋游行。此次游行将穿过罗马首都市中心，旨在庆祝庞培所取得的成就。罗马普通民众将看到相关书面记录，上面记载着这一系列新的征服行动已经为罗马帝国带来 1.4 亿塞斯特斯的收入，而整个罗马帝国此前的年收入也不过在 2 亿塞斯特斯左右（5000 万银币）。[7]

在那个时代，罗马人似乎想要征服塞琉古王国曾经统治过的所有领土。巴比伦尼亚的许多城市仍然被公认属于希腊，而罗马人自认为是希腊文明的继承人。这些城市定期向帕提亚帝国纳贡，为了确保所在地区拥有一定的政治自由和自治性。不过，只要有利可图，他们就会反抗帕提亚帝国，并可能转而维护罗马的利益。

公元前 58 年，罗马人终于有借口干预帕提亚的内政。当时，帕提亚国王弗拉特斯三世被人谋杀，王子们为了抢夺王位发生内乱，其中一个王子逃到叙利亚，寻求罗马总督奥卢斯·加比尼乌斯（公元前 57 年—公元前 55 年）的军事援助。资料显示，加比尼乌斯总督准备发动一次入侵行动来支持这位帕提亚王子，而罗马人在这次入侵行动中可能会夺取帕提亚的西部首都泰西封。但不久之后，加比尼乌斯总督就收到托勒密十二世支付的雇佣军军费，因为托勒密十二世想要罗马军队紧急前往埃及支援对叛乱的镇压行动。据说，为了让加比尼乌斯总督立即支援，托勒密十二世支付了 1 万塔兰特金币（约合 2.4 亿塞斯特斯）。因此，罗马军队暂时放弃攻占泰西封的计划，优先满足托勒密十二世的需求。[8]

克拉苏与卡莱战役

公元前 58 年，尤利乌斯·恺撒开始征服高卢地区，这让罗马帝国的北部边境拓展至莱茵兰地区以及英国对面的欧洲海岸地区。与此同时，恺撒的政治盟友马库斯·李锡尼·克拉苏被委任为叙利亚的总督，并准备征服巴比伦尼亚地区。之后，克拉苏总督因残酷镇压意大利境内由角斗士斯巴达克斯领导的大型奴隶起义而获得赫赫战功（公元前71年）。公元前55年，克拉苏已经是罗马最富有的政治家，但他仍渴望从国外军事征服行动中获得财富和荣耀，因为这些能够让他的成就赶上或超过同时期的庞培和恺撒。[9]为此，克拉苏打算效仿亚历山大大帝，在率军东征印度之前先入侵波斯。[10]

在罗马人看来，既然罗马帝国已经征服了地中海东部的所有敌对势力（包括亚历山大的希腊与马其顿继承者），那么罗马似乎也能征服波斯。正如李维所说，"罗马人已经击退一千支比亚历山大大帝与马其顿将军们所率军队还要强大的军队。如果和平被打破，那么罗马人将再次出手打败他们"。自从卢基乌斯·李锡尼·卢库鲁斯将军在公元前68年于亚美尼亚的提格兰诺凯尔德战役（Battle of Tigranocerta）中率军轻易打败了帕提亚的骑射手和装甲兵，罗马人就只把帕提亚人视为一个极易解决的对手。在提格兰诺凯尔德战役中，卢库鲁斯命令罗马的轻装骑兵冲击并牵制亚美尼亚的重甲骑兵，同时派出数百名罗马步兵快速包围这些重甲骑兵。亚美尼亚的战马全身着重甲，但腿部没有任何保护，罗马步兵奉命击打战马的腿部，使得亚美尼亚的重甲骑兵从战马上纷纷跌落下来，从而确定了胜局。[11]希腊传记作家普鲁塔克解释说，克拉苏率领的士兵"完全相信帕提亚人与卢库鲁斯抢劫和掠夺到厌烦的亚美尼亚人和卡帕多西亚人一样软弱可欺。他们以为对战帕提亚人最难的地方在于如何克服遥远的征途以及如何追击避免近身战的敌人"。[12]普鲁塔克声称，许多罗马政治家反对罗马帝国与帕提亚产生冲突，因为"他们不乐意看到罗马军队对一个从未冒犯过罗马帝国并且保持着和平协定关系的国家发动战争"。[13]

公元前54年，克拉苏在坐镇叙利亚期间，派军进入美索不达米亚北部，想要攻打幼发拉底河上游的几个边境城镇。巴比伦尼亚的几个希腊城市也派人前往叙利亚与罗马人谈判，并主动提出将支援罗马人攻打帕提亚人。罗马骑兵军团从高卢大捷而归之后，克拉苏查看了叙利亚和巴勒斯坦附属国的财政收入与财政储备。[14]

　　克拉苏捎信给亚美尼亚国王阿尔塔瓦兹德二世，要求亚美尼亚与罗马结盟，一起攻打帕提亚帝国。不过，阿尔塔瓦兹德二世提醒克拉苏不要通过幼发拉底河北部入侵巴比伦尼亚，并给出了理由：罗马大军如果采取这条路线，就需要横穿沙漠，而帕提亚的骑兵在沙漠中比罗马步兵更占优势。他还建议克拉苏将军从亚美尼亚和米底进军，这两个地方的崎岖地形会妨碍帕提亚骑兵的行动。阿尔塔瓦兹德二世表示，如果罗马军队选择这条路线，那么亚美尼亚人将提供丰富的物资和巨大的军事援助（他承诺提供 6000 名皇家骑士、1 万名重装骑兵以及 3 万名步兵）。[15] 然而，克拉苏拒绝了这一提议，或许他认为幼发拉底河河谷这条路线能够更加直接地进入帕提亚疆域，并能为罗马先头部队提供更好的供应线路和通信线路。克拉苏预计，巴比伦尼亚的希腊城市将会支持罗马的军事行动，而他将在攻下帕提亚首都泰西封之后将获得更大的财富与荣耀。[16]

　　公元前 53 年夏天，克拉苏率领 4 万大军，跨过幼发拉底河边境，进入帕提亚国王奥罗德斯二世的统治疆域。这支罗马大军的规模与亚历山大大帝 300 年前击败波斯时的军队相同。克拉苏率领了七个兵团，包括 3.5 万名装甲步兵、4000 名轻装辅兵、4000 名骑兵以及尤利乌斯·恺撒派来的 1000 名高卢骑兵。[17] 克拉苏之子普布留斯负责指挥这些高卢骑兵，他是一位受人尊敬的将领，曾与尤利乌斯·恺撒一起在高卢并肩作战。[18]

　　克拉苏对此次征服行动的期望很高。然而，征服行动尚未开始，罗马人就收到了关于帕提亚战术和武器的种种令人不安的消息。驻扎在美索不达米亚北部的罗马驻军报告说，他们在冬季曾遭到帕提亚骑兵的攻击，而帕提亚骑兵的箭矢可以穿透任何护甲。这些报道显示，帕提亚军队配备的武器比罗马军队此前遇到过的所有武器都更加先进。不过，克拉苏否认了这些报告的可信性，将它们称为"夸张的说法"。[19]

　　当罗马军团穿越幼发拉底河时，形势令人更加担心。帕提亚使节瓦格赛斯（Vageses）见了克拉苏，并指责克拉苏受贪念驱使随意跨过两国议定的边界。瓦格赛斯警告说，克拉苏正在破坏罗马历任将军与帕提亚签订的政治协定；如果克拉苏继续为了财富入侵帕提亚，那么"他将发现自己将被'丝国之铁'刺穿"。[20]

罗马人对遥远的丝国或丝国人一无所知，因此，"丝国之铁"这样的话语对罗马人起不了任何震慑作用。此时的罗马人并不知道，帕提亚人通过一条陆上贸易路线获得了中国的钢铁，并利用这些钢铁为他们的骑兵配备了先进的装甲与武器。在汉朝控制河西走廊并建立一条横跨塔里木地区的商道之后（公元前104年），地中海地区很快就出现了小批量的中国钢铁。不过，草原民族将优质的东方钢铁视若珍宝，从未大批量地向地中海市场输送这种金属。

当克拉苏开始向幼发拉底河河谷下游进军时，他得知帕提亚的主力军队已经穿过米底进入亚美尼亚地区。帕提亚国王奥罗德斯二世可能希望通过威胁罗马在亚美尼亚王国的利益，迫使克拉苏停止入侵帕提亚的步伐。然而，克拉苏完全无视亚美尼亚的求援要求，继续按照原定计划攻打巴比伦尼亚。[21]他可能推断，既然帕提亚国王和帕提亚主力军队都不在巴比伦尼亚，那么巴比伦尼亚的防御力量一定十分薄弱。

实际上，帕提亚国王奥罗德斯二世派遣帕提亚王子苏雷纳负责防守巴比伦尼亚，这位苏雷纳王子此前已在伊朗东部的藩国培养了一支骑兵军队。奥罗德斯二世知道，当帕提亚主力在亚美尼亚展开军事行动时，苏雷纳王子能够拖延和阻挠罗马人的入侵。不料，苏雷纳王子却计划采用草原战争常见的战略与伏击战术，与罗马军队全面开战。他的军队规模虽小，机动性却很高，还携带着用东方钢铁加固的长矛、铠甲、箭镞等装备。[22]

苏雷纳王子率领着大约9000名轻装弓骑兵和1000名重装枪骑兵。枪骑兵身披用钢铁加固的锁子甲，头戴锥形羽毛头盔，而他们的战马则披着一块防护链甲，[23]弓骑兵则携带着一种由动物的角与木头制成的弯弓，身穿束腰外衣、宽大的裤子以及长款骑马靴，行动十分敏捷灵活。为了给这些士兵提供军需品，苏雷纳王子还从自己的商队中调来1000头骆驼参战。相比之下，罗马步兵穿着链甲短袖衫，戴着像便帽一样的头盔，手持椭圆形的木制大盾牌、适合刺杀的短剑以及用于远程攻击的标枪（仅供一次使用），罗马骑兵手持长矛和大盾牌，穿着锁子甲，戴着头盔。克拉苏没有派人供应制作武器的木料，因此，克拉苏大军的武器库存只是一味地被消耗，无法得到补充。

当罗马军队开始沿着幼发拉底河东岸行进时，前方侦察兵报告说发现了帕提亚骑兵的踪迹，他们推断，这些踪迹是帕提亚骑兵在撤退到附近沙漠地区的过程中留下的。虽然亚美尼亚使节再次提醒克拉苏不要追击，但克拉苏听从一个名为阿里亚美尼斯的阿拉伯将领的建议，选择立即追击。[24] 在没有充足供水与适当遮蔽物的情况下，克拉苏顶着夏季的炎炎烈日率军进入沙漠。普鲁塔克描述了沙漠的景观："那里没有树木，没有溪流，没有山丘也没有绿地，包围军队的可能就是一大片漫漫黄沙。"经过数个小时的行军，罗马军队看到了一支数千人的帕提亚骑兵队伍。起初，罗马军队试图将部队展开成长长的防御阵列，但新命令下达后，罗马军团组成紧密的步兵方阵，并准备与帕提亚装甲部队展开战斗。[25]

实际上，苏雷纳王子只是将部分兵力展现在罗马人面前，他隐藏了他们的真正实力。帕提亚重甲骑兵身穿明亮的厚重盔甲，但外面披着兽皮和暗色的皮革斗篷，这样的伪装让罗马人在毫无防备的情况下遭到了帕提亚重甲骑兵的攻击。克拉苏以为敌军力量薄弱，然而，当罗马人发起进攻时，苏雷纳王子给帕提亚军队中的重甲鼓手发出信号。这些鼓手开始有节奏地敲击藏在马上的大皮鼓，连同鼓上系着的许多铜铃铛发出一种巨大的轰鸣声，顿时响彻整个沙漠，听起来就像无数的野兽正在奔袭而来，又像暴风骤雨马上要从天而降。这种声音引起了罗马人的恐慌和惊惧，罗马军队陷入一团混乱，命令完全无法传递到各条战线。就在此时，帕提亚骑兵开始骑着马小跑散开，然后调头向着罗马军团全速冲击。苏雷纳示意他的重甲骑兵扔掉伪装，露出他们身上闪闪发光的护身铠甲与兵器。抛光的铠甲甲片以及长矛尖端的钢铁利刃反射出刺眼的亮光，一下子晃花了罗马士兵的眼睛。[26]帕提亚人在冲锋的同时展开了他们的彩色军旗，这些军旗采用一种奇特又飘逸的面料制成，能够迎着沙漠中的微风猎猎招展。据说，这是罗马士兵第一次看到中国丝绸。

罗马步兵排成紧密的步兵方阵，试图借此抵抗帕提亚骑兵的进攻。然而，帕提亚骑兵在即将到达罗马大军的阵地之时突然停止冲锋，他们骑着马在阵地前踱步，始终与罗马步兵保持一定距离。实际上，帕提亚骑兵在为他们的弓箭手打掩护。帕提亚弓箭手的人数更多，他们藏匿在骑兵之中，暗中测量罗马兵阵的长度，然后向紧密排列的罗马方阵射出致命的箭矢。帕提亚弓箭的射程超过罗马标枪，且罗马标枪虽然可以阻断敌军的攻击，不过只能投掷一次，因此无法被再次利用。罗马军团中也有弓箭手方阵，不过，他们在人数与武器射程方面都比不上移动迅速的帕提亚弓骑兵。[27]

罗马士兵举起盾牌结成一个盾墙式方阵（即"龟甲阵"）。前面几排的罗马士兵将他们的盾牌相互交错，形成一道外部屏障；方阵内部的罗马士兵则将他们的盾牌举过头顶，形成一个类似龟壳的顶罩，用来防御从天而降的飞箭。但是，帕提亚的钢制箭镞非常锋利，不仅能够刺穿罗马人的木制盾牌，还能刺穿罗马人身上的链子甲。[28]

克拉苏命令罗马的辅兵攻击帕提亚骑兵，但这些轻装的罗马辅兵被帕提亚人发射的一轮密集箭雨给赶了回来。他们争先恐后地躲避弓箭，在罗马士兵中引起了更多的恐惧和混乱。帕提亚人骑着马，绕着罗马人的阵地散开成一个大型方阵，并从多个角度向罗马军团射箭。骁勇善战的帕提亚士兵能够从疾驰的战马和马车上射中背后的目标——即一种名为帕提亚回马箭的技能。想要攻击帕提亚弓箭手的罗马士兵发现，敌人总能甩掉他们，还能在拉开距离的同时射中后面的追击者。[29]

罗马军官这时才明白，帕提亚人配备的武器更加先进，能够给罗马军团带来极高的伤亡率。但是，克拉苏仍然认为，帕提亚人一旦将箭矢耗尽，就会撤退或选择近身搏斗。近身搏斗对罗马军队有利，因为他们的人数较多，还擅长短兵相接的肉搏战。不过，当罗马军队意识到帕提亚的弓箭手在箭袋射空之后又迅速返回己方阵地补充箭矢时，罗马人的希望彻底落空。满载的驼队源源不断地为帕提亚人送来了致命的钢箭。[30]

假装撤退是草原战争的惯用战术，用来分化和消灭急于作战的敌军骑兵。公元前 120 年，汉朝李广将军在蒙古对战匈奴骑兵时也遇到过类似情况。对此，李广将军命令儿子李敢带领一小支骑兵队伍迎战敌军，诱使敌军如期进行假装撤退。李敢率军疾驰出汉营，当敌军骑兵向后撤退引诱汉军进军时，又立即与汉军主力军会合。此时，李广将军趁机命人大呼"匈奴人是懦夫"，借此鼓舞汉军士气。[31]

帕提亚人认为罗马人不熟悉这种战术。当克拉苏意识到帕提亚人的攻击不会很快停止时，他命令一支机动的罗马骑兵队伍向帕提亚人发动攻击。克拉苏派出儿子普布留斯率领罗马军内的高卢骑兵杀出重围。普布留斯在罗马军中很受欢迎，当他穿过罗马军阵冲到阵前时，周围的大部分罗马士兵向前跑来支援他突围。就在此时，帕提亚骑兵突然转身逃跑，看上去就像是畏惧正面交锋。罗马骑兵立即追击他们，几千名罗马步兵在看到敌军逃窜后也加入追击行列。罗马骑兵在此次冲锋中跑出了克拉苏的视线，也跑出了罗马军队的保护范围，直到逃逸的帕提亚骑兵调头面对追击者，普布留斯才意识到他掉入了帕提亚人设置的陷阱，并且被帕提亚的其他骑兵包围。苏雷纳在与第一战场相隔一段距离的地方准备了一个屠杀地，他所率的 1 万骑兵中的大部分兵力在此地等待，想要伏击并屠杀罗马军队的绝大多数机动部队。[32]

罗马步兵寡不敌众且筋疲力尽，他们用盾牌在普布留斯的周围架起了一堵盾墙，试图保护骑兵部队。帕提亚的铁骑包围住这支孤立无援的罗马队伍，然后万箭齐发。另外，战马的铁蹄在地面上腾起大量呛人的尘土，瞬间吞没了这支队伍，让罗马军官们无法开口下达命令。这支罗马队伍被切断了退路，而他们的军官无法凝聚士气。在混乱的追击之后，这支罗马队伍艰难地东奔西突，终于逃脱了帕提亚人无情的箭雨。当时的战场上布满了小土丘，罗马部队无法形成有效的盾墙，也无法组织成密集的战斗队形。普布留斯命令士兵向敌军进攻，但他的步兵当时受到重创，部分步兵的手被帕提亚人的乱箭钉在盾牌上，还有部分步兵的脚被钉在地上。[33] 这样的场景可能会让人联想到克拉苏此前对那些支持斯巴达克斯起义的奴隶俘虏执行的侮辱性的死刑。

当确定没有援军前来援助后，普布留斯带领从罗马军团借来的最后的骑兵孤注一掷地与敌人近身交战。但装备简陋的高卢人比不上那些全副武装的帕提亚骑兵。那些从马鞍上被甩下来的高卢骑兵拼死地试图戳中帕提亚骑兵战马的弱点，但这些骑兵都只有死路一条。因为饥渴和沙漠酷热的气候，高卢骑兵们很快便筋疲力尽，只有少数幸存者带着重伤的普布留斯试图撤回罗马步兵队伍。[34]

克拉苏还有 3 万多名士兵。当普布留斯中了敌军埋伏的消息传来时，他非常矛盾，难以决策。只要立即下令派一支先遣队到新战场，他就可以救普布留斯，但这意味着危及整支军队；虽然紧急撤回幼发拉底河无异于判决高卢骑兵死刑，却让主力部队有足够的时间逃脱。克拉苏拖延着、等待着，最后还是命令他的军队前去营救普布留斯和罗马骑兵。[35] 不过，一切已经为时过晚。

帕提亚军队的箭雨仍在继续，身陷重围的普布留斯及其麾下的罗马士兵意识到他们再没有获救或继续反抗的可能。由于无法面对战败的耻辱，许多军官开始自杀，那些重伤的军官则在下级的协助下了结了自己的生命。普布留斯的右手被一支箭刺穿，他不得不在携盾侍从的帮助下把剑刺入他自己的胸膛。随着同袍失去作战能力或死亡，剩余的罗马士兵再也无法保持阵型。

此时，帕提亚骑兵发起攻击，他们践踏倒地的罗马士兵，并用长矛刺死剩余的罗马步兵。将近有 6000 名罗马士兵被屠杀殆尽。然后，苏雷纳才下令停止杀戮并整顿军队，准备与克拉苏和罗马军队主力交战。[36]

当帕提亚的整支军队驱马驶入罗马人的视野时，他们擂击着战鼓并摆出横向阵型，重新发动对罗马主力军的攻击。他们疾驰着靠近罗马军团，向惊恐的罗马军团展示普布留斯的头颅，他们嘲笑羞辱，他们箭雨不停。没了骑兵的支持，罗马军队要想撤回幼发拉底河河谷，需要在毫无遮蔽的沙漠行军数个小时，而他们的步兵则完全暴露在帕提亚持续不断的攻击之下。罗马人被迫放弃立即撤退的方案，排成步兵方阵来抵挡帕提亚的弓箭。

从这一刻起，任何想要打破队形或试图靠近帕提亚弓箭手的罗马士兵都会遭到帕提亚骑兵的攻击。帕提亚骑兵用长矛用力一刺，可以刺穿多人，他们熟练的动作迫使罗马军团退回紧密排列的阵中。殊不知，这样的举动使得帕提亚弓箭手的攻击威力达到最大，也给已经遭受同袍挤压或因灰尘呛咳的罗马士兵带来了更大的压力与伤害。行走于尸体之间，一些罗马士兵出现中暑的迹象，并且疲惫不堪。其他人则因从伤口拔出带倒钩的箭头而再次受伤。[37]

公元前 101 年，汉朝将军李陵在与匈奴作战时遇到相似的状况。当时，李陵率领训练有素的小队人马穿越蒙古大草原进行撤退，而匈奴单于则率领占据绝对兵力优势的骑兵队伍对其袭扰。汉军的弓箭耗尽之后，李陵尽斩旌旗，并将其埋在地下，以免这些旌旗落入敌人之手。然后，他一直等到黄昏，才掩护大部分剩余的士兵逃回防卫森严的中国边境。[38]

相比之下，当夜幕降临，帕提亚士兵由于疲劳和能见度差而中断攻击时，克拉苏却早已陷入彻底的绝望。百夫长们掌控了局势，他们整顿队伍，在夜色的掩护下悄悄撤退。他们抛弃了所有跟不上的受伤的士兵，而后者则开始大声呼救，这引起了大范围的恐慌。这支撤退的部队担心再次遭受帕提亚的攻击，在混乱中逃往附近一个名为卡莱的驻防城镇。卡莱有一群富有同情心的希腊人和一支罗马驻军部队，但这个前哨基地经不住一场持久的攻城战，第二天晚上，克拉苏带着他的指挥员逃离小镇，希望在叙利亚或者小亚细亚找到安全处所。剩余的罗马士兵则在夜幕降临之后乘机三五成群地离开小镇，躲避着在附近乡村巡逻的帕提亚骑兵及其阿拉伯盟军。这些帕提亚骑兵和阿拉伯盟军随时准备杀死或俘虏任何幸存的罗马士兵。[39]

不过，在克拉苏抵达地中海海岸之前，帕提亚人就追上他了。克拉苏在手下的逼迫下上前与敌军碰面并商讨投降的条件。帕提亚人试图捉住克拉苏，并与克拉苏的护卫兵发生激烈冲突，最终重伤克拉苏。帕提亚人将战后收缴的罗马军团的战旗作为战利品带回泰西封，而苏雷纳则把克拉苏的头颅呈送给在亚美尼亚的帕提亚国王奥罗德斯二世。帕提亚人认为克拉苏发动战争的动机是掠夺。据说，他们把融化的黄金倒入克拉苏的嘴里，象征着他的贪婪。

4万名罗马士兵，仅有四分之一得以抵达安全处所，有2万多名罗马士兵遭到屠杀，1万名士兵被俘，[40]这是罗马人有史以来在单场战役中遭受的最大损失。此外，帕提亚帝国还俘虏了大量罗马民兵。整个事件说明，草原民族的战术和武器对于毫无准备的步兵有着极大的毁灭性。

克拉苏此次征战几乎带走了叙利亚所有的罗马士兵，因此，帕提亚人能够对叙利亚地区进行掠夺，并完全控制亚美尼亚地区。苏雷纳王子利用卡莱大捷巩固了在巴比伦尼亚的权威，他筹备了一次横穿泰西封的凯旋游行，通过模拟帝国大捷的场景进一步羞辱了罗马人。凯旋游行队伍的队尾是战俘和军队战利品，其中包括罗马军团在撤退时丢弃的军团战旗。帕提亚人还强迫一名长相似克拉苏的罗马战俘穿上女士紫色长裙，以此嘲笑罗马人凯旋时所穿的托加袍；一群妓女和乐手围绕在"他"身边，嘲笑罗马人缺乏胆识和作战技巧。[41]这次游行展览向巴比伦尼亚的希腊人传递了一个强有力的信息：帕提亚帝国的军事实力超过罗马帝国。一番羞辱过后，残余的罗马战俘被带到帕提亚东部边境的梅尔夫（位于现代土库曼斯坦的马尔吉安娜），这些罗马人不再是东方的征服者，而是成为远离地中海、流亡在大草原边界的囚徒。

梅尔夫的绿洲前哨

　　梅尔夫的绿洲居民点是一座名为马尔吉安那安条克的古希腊城镇，它的建立者是塞琉古的国王安条克一世。梅尔夫在伊朗东边，位于离罗马—叙利亚边境 1500 多米处。梅尔夫居民点坐落在里海东侧，位于伊朗到河中大草原沿线的沙漠路线上，因此它是伊朗的国防要塞，到公元前一世纪以前它也是帕提亚帝国的东部战略前线。公元前 100 年，中国使节与帕提亚帝国代表正是在这里进行会面的。[42]

　　梅尔夫覆盖了整个宽广的绿洲，四周是富饶的群山峡谷，那里生产着用当地葡萄制成的美酒。此地区原先安置着成千上万的罗马战俘，其中部分被安排去升级当地的灌溉系统，但剩下的大概只能被赋予有限的军责，充当守卫或者驻兵。梅尔夫四周围绕着一圈辽阔的沙地和荒凉的平地，因此，罗马战俘几乎不可能集体逃脱。任何想要返回叙利亚的罗马战俘都必须横穿帕提亚的腹地，那里有超过五十支直接受控于俘虏营的伊朗商队。卡西乌斯·迪奥认为，一些罗马战俘可能已经进一步往东逃跑。他还听说，在梅尔夫的罗马战俘中有许多"都羞耻得自杀了，还有一些则成功逃离侦查，藏身于偏远地区"。

　　那些不向帕提亚统治臣服的罗马战俘本可以顺着穆尔加布河（Murghab River）往东逃往阿富汗，或者启程前往 300 里外的阿姆河，只要有充足的粮食并且不被帕提亚巡逻兵发现，罗马战俘只需步行 20 天就可以走完全程。一旦到达阿姆河，他们就可以逃往隶属于粟特地区的城镇，那里是由草原民族统治的区域（也就是中国人口中的康居国）。

　　那些往东逃往粟特的罗马战俘会发现他们身处进一步冲突的前沿。匈奴的叛军首领郅支正征发粟特劳工徭役在伊犁河建造他的堡垒，他可能聘请了邻国的雇佣兵。公元前 36 年，当中国军队攻打这座堡垒时，他们观察到一支奇特的步兵师摆出他们称之为"鱼鳞阵"的阵型。如果汉朝观察员曾经见过罗马的龟甲阵，他就可以将之与东方鱼鳞阵相比较。因此，那群逃离帕提亚的罗马战俘后来很可能受雇于郅支，一旦被捕，他们的证词将加入汉文化，而这文化属于中国到里海大草原之间辽阔的古文明世界。

第十二章
帕提亚与罗马

克拉苏战败后，罗马人原本以为帕提亚人会趁机入侵，占领罗马位于地中海东部的防御薄弱的领土。然而，帕提亚人向叙利亚和小亚细亚发起了掠夺性袭击，削弱但并未彻底消灭罗马在这些地区的统治（公元前53年—公元前52年）。克拉苏的死动摇了罗马的政治。公元前49年，庞培（此人曾是恺撒的好友和同袍）领导的政治派系与尤利乌斯·恺撒展开内战，恺撒打败庞培并成为独裁者之后，开始准备率领罗马军团攻打帕提亚。他计划通过征服帕提亚帝国，为克拉苏复仇，并将罗马的统治疆域延伸到阿姆河。[1]但是，罗马的守旧派对恺撒的独裁统治深感不安，他们密谋在恺撒对帕提亚发动战争之前暗杀恺撒（公元前44年）。

恺撒之死引发了另一场内战。马克·安东尼联合恺撒的侄子兼养子屋大维，以期统治罗马共和国。公元前42年，他们在对战亲近共和党派的腓立比战役中取得了决定性胜利。屋大维随之成为罗马的掌权者，而安东尼则接管了地中海东部的罗马司令部。因此，恺撒征服帕提亚的计划落到了安东尼的肩上。

安东尼率军入侵帕提亚帝国

安东尼将新的政治总部设置在埃及的亚历山大城，他准备在近东地区各个罗马属国的支持下，对帕提亚帝国发动一场新的战争。他动员了一支由 10 万名士兵组成的军队，其中包括来自 16 个军团的 6 万名步兵以及 1 万名骑兵，埃及女王克利奥帕特拉七世以及近东地区的其他罗马属国派出了 2 万名希腊士兵，亚美尼亚国王也派出 6000 名骑兵和 7000 名步兵支援罗马军队。此外，还有一支由 300 辆马车组成的车队负责运送基本的围攻机械和开战部队的所需的军粮。安东尼相信，这样的一支盟军军队足以打败帕提亚军队，因为帕提亚军队可能只能动员大约 4 万名骑兵，包括帕提亚新任国王弗拉特斯四世指挥的 4000 名重甲骑兵。

公元前 36 年，罗马军队越过幼发拉底河上游，入侵了占据帕提亚帝国西北部大部分土地的米底·阿特罗帕特尼王国。他们的首个攻击目标是距幼发拉底河边境将近 300 英里（需行军三周才能到达）的米底冬日首都——弗拉斯帕（马拉盖）。罗马士兵配有投石器，能够有效地应对帕提亚军队的弓箭攻击。希腊哲学家迪奥在作品中记载道："无数的投石兵击退了敌军，因为他们的投掷距离超过帕提亚弓箭手的射程。"一轮铅弹攻击可以导致"帕提亚人受伤，包括那些身穿盔甲的帕提亚人"，但是这种武器几乎不致人死亡，被打倒或受伤的敌军可以迅速撤退。

安东尼安排至少两支罗马军团和一支希腊联军组成的庞大护卫队护送武器运输车辆缓慢前行，而他则率军在运输车队的前方快速行军，因此很快就攻占了不少地方。不料，帕提亚军队伏击了这支护卫队，屠杀了 1 万名罗马士兵，抢夺了罗马军队的军需品，烧毁了围攻城市的器械。普鲁塔克解释说，这是战争的决定性时刻，"亚美尼亚国王感到战事不利，率领他的军队偷偷撤退，抛弃了安东尼"。[2]

安东尼带着 5 万多名士兵到达了弗拉斯帕。然而，这座城市城坚墙固，储备充足，可以抵御长期的围困。罗马军队的攻城器械已经被摧毁，当地的木材或弗拉斯帕城用来修建防御工事的木材又无法制造这些攻城器械。因此，罗马人开始在城墙旁边建造一个大土墩，希望借此冲破防御工事，提供进攻平台。这是一项耗时费力的工程。另外，由于罗马军队的物资减少，大部分军队只能保持不动。帕提亚军队以全副武装的阵形出现在罗马军营外面，反复大声挑战和辱骂，这严重影响了罗马军队的士气。安东尼担心这种"沮丧和低落的情绪会因为按兵不动而加剧"，因此，他率领十个军团，在骑兵的支援下，向周边的农村地区挺进，试图掠夺所有可用的食物，希望这能促使帕提亚人决一死战。

在弗拉斯帕城的城墙附近留了一支部队后，安东尼率军从弗拉斯帕城出发，向农村地区行军。第二天，由4万名骑兵组成的帕提亚军队出现在罗马军团的视线之内。等到罗马人重新排成行军队形之后，帕提亚军队聚成一个新月形的队形，从侧翼攻击罗马军团。不过，遭遇突袭的罗马士兵在听到指挥官发出的特定信号之后，开始了一场复杂的队形变化，一列列的士兵组成作战队列，直面帕提亚军队，随时准备开战。普鲁塔克描述道：罗马士兵在沉默中有条不紊地从行军队列排成作战阵列，这样严明的军纪令帕提亚人震惊。一时之间，帕提亚人只敢在一定距离以外注视着罗马士兵。然后，罗马士兵开始挥舞标枪。安东尼发布命令，一旦帕提亚人进入罗马军队的攻击范围之内，罗马骑兵就要立即对其发动攻击。

帕提亚人把罗马军队的无声演练视为罗马军队撤退的先兆，因此，当两军之间的距离逐渐缩短时，他们并不惊慌。出乎帕提亚人意料的是，"罗马骑兵在接到一个特定信号之后开始调转方向，呐喊着骑马冲向帕提亚军队"。当1万名罗马骑兵冲进他们中间时，震惊的帕提亚人已经错失了万箭齐发的时机。虽然帕提亚军队占据人数优势，能够抵御和击退罗马人的进攻，但是他们延误了最佳攻击时机，给罗马军队留下了冲击他们的时间。根据普鲁塔克的描述，整场战斗充斥着震天的呐喊与刀光剑影，"帕提亚人的战马受到惊吓并挣断了缰绳，因此，帕提亚人在与罗马军队近身搏斗之前就被迫离开了战场"。罗马军团追击了将近 6 英里，而后罗马骑兵继续追击 18 英里，但是帕提亚人并没有重新集结进行战斗。

这次交战可以视为罗马人的胜利。不过，当罗马军团对战斗进行统计时，他们只找到了 80 名伤亡的帕提亚士兵和 30 名囚犯。普鲁塔克解释说，"安东尼非常希望自己能够毕其功于一役，或者在那场战斗中决一胜负"。然而，战术分析和伤亡数字表明情况并非如此，尤其是罗马军队在帕提亚军队的前一次伏击中已经损失了 1 万名士兵。普鲁塔克描述道，"所有人都感到沮丧和绝望。他们感觉十分糟糕：自己的军队在打败仗时损失了那么多士兵，而在打胜仗时却仅仅杀死了那么少的敌人"。[3]

第二天，罗马军团开始返回弗拉斯帕。然而，此时的帕提亚军队已经集结起来并重新出现，"未被征服和新增援的帕提亚人，开始从四面八方挑战和攻击罗马人"。普鲁塔克解释说，罗马人在经历了重重困难和多番努力之后才到达了他们的攻城营地。在看到罗马军队回来的惨状后，弗拉斯帕的守城将领发动了一次成功的突袭，摧毁了罗马军队的临时围攻工事，并赶走了守卫工事的罗马士兵。为了维持军纪，安东尼下令立即按照"十一抽杀律"惩罚这些守卫士兵，即这些守卫士兵中按每十人一组进行抽签，被抽中者将被处死。[4]

到了这个阶段，罗马军队的补给枯竭，粮食供给问题迫在眉睫，所有被派出掠夺粮食的罗马部队都遭受了严重的伤亡。此外，冬天即将来临，两军都知道严寒和霜冻很快就会覆盖这块毫无遮蔽的区域，安东尼别无选择，只能放弃围攻，选择撤回罗马领土。依据普鲁塔克的描述，"虽然安东尼是天生的演说家，能以雄辩的口才指挥军队，但他过于羞愧和沮丧，没有像往常那样发表鼓励军队的演讲"。[5] 一位副指挥官宣布了撤退的命令，他可能还提醒罗马士兵：亚美尼亚目前已经是罗马的敌对国，因为亚美尼亚的国王背叛了罗马。

安东尼选择了一条备选路线返回罗马，途中需要穿越丘陵地带，而不是开阔的平原。原本来说，开阔的平原更适合罗马骑兵追击帕提亚人，这条山路经过了数个供给充足的村庄。但帕提亚人早已提前做好了准备，"他们在罗马人到达之前占领了山道，用壕沟或栅栏封锁了道路和水源，并破坏了牧场"。在罗马人行军的第三天，帕提亚人破坏了堤坝，放水淹没了该地区，准备在此伏击罗马军队。但是罗马军团很快就排好了防御阵列，用投石机与标枪攻击敌人。罗马军队继续前进，安东尼命令他的部队不要离开行军纵队去追赶敌人。第五天，轻装部队的一支小分队违反命令，离开主纵队去追击一支帕提亚部队。这支小分队很快遭到帕提亚增援部队的围攻，安东尼通过激烈的战斗才救回这支小分队。然而，仍有将近 3000 名罗马士兵被杀，还有 5000 名士兵在这次交战中受重伤。

第二天，帕提亚人再次袭扰罗马人的后卫部队。罗马人用盾牌竖起高高的盾墙，然后躲在后面排起了战斗队列（龟甲阵）。帕提亚人误以为，这些按兵不动的罗马士兵放弃继续行军并准备投降，于是，帕提亚人下马步行上前。这时，罗马军团突然反击，用短剑消灭了敌人的前锋。

随着行军的继续，严霜与冻雨等越来越恶劣的天气给罗马的撤退造成了进一步的阻碍。许多受伤的罗马士兵必须躺在担架上或有人搀扶，军中的驮畜开始因疲劳和严寒而死亡，军队的物资几乎耗尽，士兵们因食用有害的野生植物而生病。然而，帕提亚的军队仍然紧随撤退的罗马军队，守卫着附近的村庄，防止罗马军团占领村子作为避难所或掠夺物资。[6]

安东尼打算离开山岭地区，但一个帕提亚逃兵警告说：一旦罗马军队冒险进入开阔的平原，帕提亚人就会一举将他们歼灭。有资料显示，这名帕提亚逃兵是克拉苏与帕提亚战争中的幸存者，他曾发誓效忠帕提亚人，却无法忍受他的同胞被屠杀。弗洛鲁斯说，"这个身着帕提亚服装的克拉苏之战的幸存者能够骑马来到罗马军营，这无疑是诸神出于怜悯而对罗马人伸出的援助之手。他用拉丁语表示敬意，还通过说罗马语赢得罗马人的信任，并向他们

告知了迫在眉睫的危险"。弗洛鲁斯断言"没有任何灾难可以与罗马人当时的
境遇相提并论"。[7]

　　那位帕提亚逃兵警告安东尼，这条山路的前方将是一个没有新鲜饮用水
的区域。因此，安东尼命令他的士兵将所有可用的皮革容器装满饮用水，并
且还将头盔倒置来携带更多的饮用水。罗马军队夜晚行军 30 英里，跨越了
那个区域，而骑马的帕提亚人仍然紧随其后。早晨时分，罗马军队到达了一
条清澈的、寒冷的、奔流的溪流，但溪水含盐度非常高。尽管安东尼多番直
接下令，但许多口渴的罗马士兵还是喝了这种有害的水，然后突然生病并感
到虚弱。经过数英里的强制行军，筋疲力尽的罗马军团终于找到了遮阴地和
清洁的饮用水，但他们只被允许短暂休息。领路的向导向安东尼保证，他们
距离边界河流和崎岖地形很近，帕提亚人不会穿过此区域进行追击。[8]

　　在到达河边的前一晚，罗马军营里发生了大规模的骚乱，一群罗马士兵
杀害了一直守卫军团军饷与贵重金属物品的同袍。帕提亚人看到骚乱后趁机
发起攻击。安东尼担心罗马阵列的崩溃会引起大规模的溃败，于是，他给自
己的私人卫兵下达了这样的命令：如果他即将被俘虏，就立即杀了他。这位
私人卫兵是个罗马自由民，按照安东尼的指示，这位私人卫兵应该将安东尼
的头颅从尸身上砍下，以免帕提亚人将其作为战利品到处展示。[9]不过，得益
于罗马军队的训练有素和军纪严明，许多士兵团结起来，击退了敌人。凭借
龟甲阵，罗马军队第二天终于到达边界河的河岸。当生病和受伤的士兵被送
到对岸的安全地带时，罗马骑兵负责守卫。[10]

　　自从安东尼放弃围攻弗拉斯帕并开始通过山区撤退，时间已经过去 27 天
了，一路至此，安东尼的军队至少打了 18 次防御战。敌人的袭击、风餐露
宿、疾病和疲劳，导致罗马士兵伤亡惨重。根据普鲁塔克的描述，罗马人仅
在撤退途中就损失了 2 万名士兵和 4000 名骑兵。[11]除此之外，还有两个军
团（1 万名士兵）在远征途中被击溃。弗洛鲁斯宣称，只有三分之一的士兵
（2.3 万名士兵）到达了安全地带，这意味着有 1.2 万名士兵在弗拉斯帕被俘

或遭到杀害。罗马军队在这次战役中的伤亡人数超过 4 万人，与克拉苏所率部队的规模相当。安东尼很可能失去了此次参战的三分之二的士兵。[12] 事实证明，这样的兵力损耗严重削弱了安东尼的军事实力。于是，屋大维成功地挑战并击败安东尼，取得了对整个罗马帝国的控制权（公元前 32 年—公元前 30 年）。

奥古斯都与帕提亚帝国

公元前 27 年，奥古斯都（屋大维）正式确立了皇帝的地位，成为整个罗马帝国无可争议的统治者。然而，内战时期遗留的重大政治问题仍然悬而未决。尤利乌斯·恺撒原本计划征服帕提亚，为罗马帝国在卡莱战役中的战败报仇雪耻，但安东尼在对帕提亚帝国的战争中遭受了耻辱性的挫折与失败。于是，整个罗马社会都希望奥古斯都能够纠正这种局面，恢复罗马在中东的荣誉。

不过，对于奥古斯都政权来说，想要征服东方各国并不容易。此前的两支罗马军队以其经历先是否决幼发拉底河入侵路线，然后又否决了入侵帕提亚的米底路线。此外，任何针对帕提亚领土的入侵行动都会使大量罗马军队远离罗马帝国的中心，而奥古斯都当时需要这些军队驻扎在靠近罗马的地区，用来监督政治事务和保证他所推行的改革。所有针对帕提亚的战争都需要将军们在远离奥古斯都直接监督范围的遥远地区进行指挥，因此，指挥作战的将军必须是奥古斯都信任的心腹。亚历山大在短短三年（公元前 331 年—公元前 328 年）内就征服了波斯帝国的核心领土，如果罗马人高风险的入侵计划能够取得成功，他们或许可以期待类似的进展。阿庇安记录道，甚至在恺撒的入侵计划内也规定了征服帕提亚帝国的三年计划。[13]

拉丁诗人贺拉斯揭示了罗马人在这段时期（公元前 30 年—公元前 20 年）

的普遍态度。例如，他提到"帕提亚人是罗马的威胁"。又例如，他暗示罗马军队需要发展一支配备长矛的骑兵部队，以对抗帕提亚的装甲部队，他声称，"罗马的年轻人应该学习如何通过马匹和长矛令帕提亚人感到害怕"。这可能是他在关于罗马军团如何准备应对东部战争前景的大众辩论中的论断。

贺拉斯的其他评论也推崇罗马的统治地位。例如，他曾说过"罗马士兵害怕帕提亚人欺骗性的撤退，但是帕提亚害怕罗马的统治地位"。在其他场合，他还评论道："只要皇帝活着，谁会害怕帕提亚人或斯基泰人，或者茂密的德国森林？"他说，罗马人可能会攻击帕提亚领土。他还说"罗马好战而骄傲，她的征服之手必将伸向米底"，这也表达了同样的观点。

水晶

罗马想要征服帕提亚帝国的原因之一在于：帕提亚的属国所提供的巨大财富，这包括属国上缴的贡品以及通过开发宝贵自然资源［如石英（水晶）］获得的利益。宝石是古代许多政权的重要收入来源，在当时的罗马消费市场，水晶是最受青睐、价格最贵的消费品之一。在描述皇帝的宝库时，拉丁诗人斯塔提乌斯表示"透明的水晶"是主要的收入来源。欧洲也有水晶，但数量稀少，资源难以开发。普林尼解释说："我可以肯定阿尔卑斯山有水晶，但它们位于如此难以接近的地方，以至于工人必须身着吊索才能开采。"而且，相比于印度和伊朗东部沙漠中发现的水晶，欧洲的水晶缺乏生动显眼的颜色。

从叙利亚凯旋后，庞培在罗马举行了最早的彩色水晶展览（公元前60年）。在凯旋游行期间，参观者惊讶地看到用多色水晶雕刻的花瓶。后来，克利奥帕特拉女王曾将情书刻在六块精美的水晶板上送给马克·安东尼。安东尼对这份水晶情书很着迷，据说，他宁愿凝视精美的水晶情书，也不愿处理国家事务，或与外国国王进行重要谈判。[14] 这个时期运抵罗马的最大的水晶是奥古斯都皇帝的利维亚皇后获得的一块未加工水晶。利维亚皇后把这件珍贵的宝石捐赠给古罗马市政大厅，让它以独特的自然状态展出，供罗马公众观看。

帝国时期，罗马从印度进口了大量水晶，并经由亚历山大市进入罗马市场，这让城里的工匠们有机会垄断某些水晶制品的生产。亚历山大城的工匠们不仅可以迎合整个帝国的流行风尚，而且可以复制特定省份市场中受到青睐的传统器皿造型。罗马作家阿特纳奥斯解释说，"亚历山大城的工匠采用一种特殊的方法把水晶加工成各种形状的高脚杯，他们可以模仿任何国家的陶杯形状"。随着工匠将水晶切割并雕刻成精致物件的技艺提高，水晶物件的价格日益高涨。水晶高脚杯和醒酒器是罗马宴会的焦点，这些水晶物品为精英阶层提供了展示财富和艺术欣赏品位的机会。然而，并非所有的水晶都用于装饰，一些水晶晶体被抛光成透镜，可以将太阳光线聚焦到一起产生高温，用于治疗开放性伤口。普林尼解释说："医生们认为烧灼伤口最有效的方法是使用晶体球来聚焦阳光。"

印度的水晶十分珍贵，但罗马社会最喜欢的和最昂贵的水晶是在古伊朗沙漠中采集的氟石（萤石）。萤石，罗马人称之为"没药"，是一种高度半透明的晶体，缤纷的色彩既充满活力又自然地混合在一起，显现出独特的效果。虽然萤石很脆弱，但雕刻相对容易，罗马工匠常在萤石表面雕刻古典神话和传统消遣活动的复杂场景。由于萤石晶体内的颜色组合各不相同，因此，每颗萤石都是独特的、不可替代的个体。此外，一些萤石碎片具有荧光性质，在昏暗的光线下似乎能够发出微光，尤其是在与温暖的酸性液体（包括葡萄酒）接触时。

帕提亚商队的商人在前往巴比伦尼亚的途中曾为罗马商人提供了一批萤石。这批萤石被卖给罗马的作坊，而这些作坊拥有最好的宝石切割器，能够将原石雕刻成极为精美的装饰品。雕刻工作需要工匠进行复杂的操作，这进一步提高了作品的价值和排他性。最上等的水晶将被雕刻上与希腊酒神狄奥尼修斯（即罗马酒神巴克斯）有关的精美图案。罗马作家阿基里斯·塔提乌斯曾描述过一种独特的萤石酒杯，其边缘刻有葡萄藤，这些葡萄藤看起来就像是从杯子表面滚落下来的。酒杯空的时候，成串的葡萄看起来是绿色的，但是，当酒被倒入杯中时，葡萄串会变成深红色，好像它们在杯中突然成熟了一样。[15]

在帝国早期，用东方水晶制成的半透明餐具非常昂贵，最上等的伊朗萤石高脚杯在价值上赶得上市区的一栋别墅。普林尼建议，"水晶器皿用于冷饮，萤石器皿用于热饮"。但是，只有顶级富豪才能买得起这些奢侈品。根据马提亚尔的记载，有一个名为鲁弗斯的富人曾用昂贵的水晶酒杯和萤石酒杯盛装最好的葡萄酒来款待贵客。据说，一个老鸨引诱良家少女从事妓女生活的方法就是：向那些少女讲述她们会享受的奢侈品，包括有机会从"用帕提亚火焰染色的萤石酒杯"中啜饮最好的葡萄酒。普罗佩提乌斯发表求爱宣言时表示：对于他而言，相比"用雕刻精美的宝石酒杯品尝美酒"，爱情更加重要。

随着水晶的日益风靡，人们开始使用水晶制造其他物品，包括陈列架、醒酒器、长柄勺和其他器具。罗马人认为，富有的印度人可能希望拥有水晶制作的整套餐具。菲洛斯特拉托斯表示，"从印度进口的宝石尺寸很小，在希腊只能用来做项链和戒指。但是印度人手中有水晶制成的醒酒器和量酒器"。

普林尼证实，罗马人对水晶酒杯的需求只是水晶风靡狂潮的冰山一角。他描述，"人们在水晶方面的消费金额日益增加"，"水晶消费成为我们疯狂过度的又一力证"。他举例道："就在几年前，有一个体面的已婚妇女，她根本不富有，但她花15万塞斯特斯买了一把水晶勺。"这件物品的价格是一名普通劳工全年收入的100倍，但是它让这位妇女声名显赫。在她举行的晚宴上，每当她的奴隶用水晶勺将葡萄酒舀入客人的酒杯中时，在座的每一位客人都想要欣赏一下这把珍贵的水晶勺。

在尼禄皇帝的统治时期，罗马政治精英们把家庭宴会的费用竞相提高到新的水平。普林尼听说，有一块非常大的印度水晶被雕刻成一盏四品脱的酒杯。显赫的帝王贵族在宴会费用和餐具方面的花费远超精英阶层。普林尼记载道，尼禄皇帝花了100万塞斯特斯购买了一只水晶碗，只是为了超过其他人。

许多富有的罗马人对他们最喜爱的水晶酒具产生了特殊的依恋。一位前领事官员为一盏三品脱的萤石杯支付了7万塞斯特斯。这个人完全被这个萤石杯迷住了，以至于他会"咬杯子的边缘，但是他造成的伤害并没有大大减损它的价值"。路奇乌斯·维鲁斯皇帝为了纪念一匹名叫瓦鲁克的赛马，把他最喜欢的水晶高脚杯命名为瓦鲁克。据说，在罗马帝国，这个名为瓦鲁克的水晶高脚杯容量大于其他的水晶器皿。在一次著名的宴会上，路奇乌斯·维鲁斯皇帝允许他的客人们带走他们饮酒时使用的水晶杯，这其中就包括"萤石酒杯和亚历山大水晶杯"。据说，当时罗马正在与复兴的帕提亚帝国交战，而这一次宴会的费用居然不低于600万塞斯特斯。节俭的马可·奥勒留听说他的共同执政人举办的各种奢华宴会后沮丧地叹息，并低声嘀咕着对帝国命运的担忧。

小巧的水晶器皿十分易碎，但其价格因此飙升。普林尼说，"水晶一旦破裂，就无法用任何方法修补"。塞涅卡曾记录了奥古斯都皇帝与一位名叫维迪乌斯·波利奥的顾问共进晚餐时发生的一件事。一个年轻的奴隶不小心打碎了一盏珍贵的水晶酒杯，波利奥立即命人抓住这个男孩，并准备将其活活地丢进庄园的鱼塘，用于投喂他所饲养的类似食肉鳗鱼的鳃鱼（这些鳃鱼的嘴巴呈漏斗状，两边长着牙齿）。在座的客人们都期望看到这些鳃鱼活生生地撕碎这个惊恐万状的男孩。奥古斯都对这样的暴行感到震惊，当这个年轻的奴隶挣脱束缚并向他寻求宽恕时，他心生怜悯。奥古斯都对维迪乌斯斥道："你真的要因为打破一个杯子就把人撕碎吗？"然后，他下令打碎餐桌上所有的水晶容器，为确保这种残酷的行为将来不再发生，奥古斯都还命令维迪乌斯用花园里的泥土将他的鱼池填满。[16]

在尼禄皇帝的统治时期，被皇帝判处死刑的富人们经常打碎他们的水晶容器作为最后的反抗，以避免这些水晶容器落入仇人之手。当盖厄斯·佩特罗尼乌斯被指控犯有叛国罪时，他打碎了一把价值 30 万塞斯特斯的水晶勺，然后了结了自己的生命。如此一来，尼禄皇帝就无法获得这件珍贵的工艺品并用于就餐。

普林尼年轻时参观过一次尼禄皇帝在其私人剧院举行的被没收的水晶餐具的展览。普林尼十分惊奇地看到一个摆在盒子里的破碎的杯子，那个杯子仿佛是一具静静平躺、接受哀悼者凭吊的皇帝的尸体。他回忆了当时看到杯子碎片时的感受："那碎片就仿佛躺在灵柩里的亚历山大大大帝的尸体，显示着苍老的哀伤和财富的恶意。"

据说，当尼禄皇帝即将被赶下台时，他在皇宫里游荡着，寻找他丢失的仆人、伙伴和支持者。最后，他在绝望中把最喜欢的两盏水晶杯摔碎在地上。普林尼认为，这些无价的杯子的毁坏如同"某个人最后的报复，他想要惩罚整整一代人，让任何人都不能够欣赏到这些东西"。

加尔巴皇帝试图从罗马国库找回尼禄皇帝花掉的一些钱财。塔西佗声称，尼禄皇帝在礼品上挥霍了 2200 万塞斯特斯，但加尔巴皇帝发现只有其中的小部分可以被收回。据塔西佗所说，"由于尼禄皇帝的亲信同样铺张浪费，因此几乎耗尽自身所有财富，他们的钱财十不存一"，他们是最没有价值和最堕落的人，既没有土地，也没有投资，只有无尽的贪欲。[17]2200 万塞斯特斯的数目超过了整个帝国全年开支的两倍，但大部分金额被用于穷奢极欲，包括东方昂贵制品的消费和展览。[18] 在这一时期，如果能够占领伊朗东部的水晶产地，必将为罗马政府带来重要的收入来源并减轻罗马长期以来的经济压力。

第十三章
罗马入侵帕提亚的计划

　　史料显示：罗马计划在奥古斯都头几十年的统治期间（公元前 27 年—公元 14 年），将帕提亚纳入他们的帝国。前期准备工作包括搜集情报和制定路线，以绘制出可行的入侵路线。这些记载证实了罗马野心的真实性，并证实了奥古斯都皇帝正在考虑的军事准备的范围。

　　在奥古斯都统治的第一个十年期间，罗马人对入侵东方的兴趣重新高涨，拉丁诗人将这一主题作为灵感，将戏剧性的情节引入他们的故事当中。例如，普罗佩提乌斯（Propertius）调查了去远方服兵役的人的想法，以及一名罗马妻子与正在大夏战斗的士兵丈夫分居两地的感受。这段诗歌采用了信件的形式，信中，妻子请求丈夫在罗马军队围攻大夏各城时，不要为了追求荣耀而鲁莽行事，但要将丝绸作为战利品，从草原游牧民族那儿带回来。她写道："我请求你不要过度追求登上大夏城墙，或者从他们那喷了香水的首领那里抢夺胜利的荣耀，特别是当敌人从他们的投石器发射铅弹，或从他们奔跑的战马上狡猾地开弓射箭之时。"普罗佩提乌斯想象，当"帕提亚游牧民族的土地都被占领"，并且奥克苏斯河被设为帝国新的边界时，这位士兵丈夫会回来。然而，他暗示在更远的地方，这位罗马妻子预计她的丈夫会出现在"被东方海浪蹂躏的黑皮肤的印第安人"当中。

这些想法的出现可能是因为印度驻罗马帝国使节的到来，他们可能提供了军事联盟的前景（公元前 26 年—公元前 20 年）。[1]在另一份作品当中，普罗佩提乌斯假设了一种场景，向一位情人致辞，"若我是一名被阻留在遥远印度的士兵，或我的船只被迫停泊在海洋上，我该怎么办"。在这个时期，训练有素的罗马军队似乎有可能超越亚历山大之前在东方的占领地。

还有一些迹象表明，普罗佩提乌斯设想的场景可能是基于真正的军事计划。普罗佩提乌斯提到的正在流传的地形图上绘制了帕提亚的领土，并提供了关于敌方后勤的详细信息。上文所述的罗马妻子透露，她"正在研究即将被征服的奥克苏斯河的航道，并且了解到帕提亚马在没有水的情况下可以前进多少英里"。她还"检查了地图上描绘的世界，以及神灵建立的即将因霜冻而萧条、因热力而脆弱的土地的位置"。这些细节表明，帝国当局正在收集有关东部的地理状况和后勤信息，以确定"占领地"的实际情况。

《帕提亚驿程志》

罗马人从希腊历史（其中包括跟随亚历山大的权威人士所写的报告）中了解了波斯的大小和地理。从这些历史描述中，罗马指挥官将假定的入侵路线重现成多条"路线"，还列出了这些路线上的战略地点之间的方向和距离。这些路线可能已经被绘制在那些包含山脉、湖泊和河流等地理细节的地图上，但其他文件都是描述性文字，解释了战略位置的特征和可行入侵路线的清单。

罗马人在希腊主要城市巴比伦地区拥有支持者，这些群体与往返于幼发拉底河边界的地中海商人接触颇为频繁。特别是在波斯湾（Persian Gulf）源头附近的城市港口查拉克斯·斯帕西努（Spasinu Charax），罗马人也有一系列的合作者。查拉克斯·斯帕西努最初是塞琉古王朝建立的一个军事前哨基地，其名称来源于希腊词"Charax"，意思是"栅栏状的堡垒"。这座设有防御工事的古希腊城镇慢慢发展成了一个商业城市，在底格里斯河（Tigris River）洪泛平原的保护下，这座城市没有遭到围攻或骑兵的进攻。当帕提亚征服塞琉古王朝的东半部时，当地的希腊总督许斯鲍希尼斯（Hyspaosines）成了该地的国王，并在查拉克斯建立了一个新的希腊王朝，以治理一个名为查拉塞尼（Characene）的地区（公元前 127 年）。查拉塞尼的新君主接受了帕提亚的宗主国的身份，不过，在有一个防守森严的首都的情况下，他们可以宣布独立，并挑战外部利益集团。

查拉克斯·斯帕西努位于河流航道和海上航道的交汇处。这座城市接收从巴比伦的中心地带出发，沿着底格里斯河航行到此的人，同时，它是从海上航行到波斯湾的中转站。因此，查拉克斯·斯帕西努从阿拉伯人和印度人那里收到贸易货物，并成为波斯商人和希腊商人与远道而来的东方商人相互交流的聚会场所。该城市是收集关于遥远的东方国家政治发展的情报的理想之地，并且，它还可以作为一个基地，用来侦查入侵外国领土的可行路线。

普林尼揭露了来自查拉克斯·斯帕西努的希腊特工人员为了准备计划中针对帕提亚的军事行动，是如何向罗马当局提供东方地理和政治报告的。他解释说："最近负责收集世界地理信息的记录员是狄奥尼修斯（Dionysius），他出生于查拉克斯，但被皇帝奥古斯都派往东方国家去撰写该地区的完整报告。"普林尼解释说，狄奥尼修斯在公元前 2 年之前的某个时候，也就是"盖乌斯·恺撒到了亚美尼亚，指挥对抗帕提亚的战争之前不久"，接受了这项委任。狄奥尼修斯整理的报告已经失传，不过，它里面可能包括了：普罗佩提乌斯在描述那些记录了帕提亚各水上驿站之间的距离以及这些驿站周围景色状况的罗马地图时所提到的那些信息类型。

有一份名为《帕提亚驿程志》（Parthian Stations）的古代文献也可能是这些早期情报搜集活动的产物。《帕提亚驿程志》的作者是伊西多尔（Isidore），希腊人，也来自查拉克斯·斯帕西努。在公元前 10 年之前的某个时候，伊西多尔为了罗马当局的利益，绘制了一条入侵帕提亚的路线。如果奥古斯都下达命令征服帕提亚帝国，那么这条路线的目的就是在罗马军队发动战役时有通道可行。[2] 伊西多尔也描述了帕提亚地区生产的宝贵资源，其中包括为东部国家的国库贡献了大笔收入的珍珠。

进攻帕提亚的路线

《帕提亚驿程志》提供了一条从古罗马—叙利亚边界穿过古波斯到伊朗东部边界的古代行驶路线。伊西多尔提到了战略地点之间的距离，并提供了与重要部落的特征相关的信息。他为罗马军团绘制了一条可行的路线：沿着幼发拉底河进入巴比伦，然后穿过伊朗高原（Iranian Plateau），到达位于阿拉霍西亚（Arachosia，阿富汗南部）的帕提亚管辖区的东部边界。伊西多尔提到了哪些部落有防御工事，并指出从哪些地区可以进入腹地。他还记录了马其顿王国建立的基地，并多次记录了某个城市人群是否可以被视为"希腊人"，从而暗示这些人是否是亲罗马派。

伊西多尔建议入侵路线应从幼发拉底河边界上的叙利亚泽乌玛镇（Zeugma）开始。泽乌玛控制了一座横跨幼发拉底河的大桥，但伊西多尔建议罗马军队的主力继续留在西岸，这样任何受到拦截的帕提亚骑兵都需要横渡河流来发起攻击。从泽乌玛出发，罗马军队将向南进军，通过由亚历山大或塞琉古国王之前建立的一系列设有防御工事的希腊古镇和筑有围墙的村庄。伊西多尔还注意到这个地区的几个"皇家驿站"，这些驿站建于公元前五世纪，建立人是波斯国王大流士，它们是连接王国领土的古代道路的一部分。罗马人有可能计划使用船只，沿着幼发拉底河运送补给和人员，因此，伊西多尔标注了所有的航行风险。有一次他警告说："在这里，水流会被岩石拦截，以便水可以溢出田野，但在夏季，同样的障碍会破坏船只。"[3]

在幼发拉底河流域，有一个名叫发里加（Phaliga）的村庄占据了入侵计划当中的一个战略性位置。伊西多尔记录说，该部落几乎位于叙利亚首都安条克和巴比伦中部主要城市塞琉西亚的中间。在发里加的下游一侧，一条支流流入了幼发拉底河附近的一座名为那巴伽特（Nabagath）的村庄。在这一点上，伊西多尔建议："军团可以从这里横渡到河流另一边的土地。"[4] 这里是罗马人为了向河流东岸推进，而预计横渡幼发拉底河的地方。

幼发拉底河中游东岸的河流前哨站有帕提亚军队驻守，罗马人需要占领这些地点，以控制美索不达米亚的这部分地区（伊拉克北部）。伊西多尔提到了幼发拉底河上的两座被帕提亚人当作安全基地、用来存储国库资金的岛屿。公元前 26 年，一名变节的名为梯里达底二世（Tiridates Ⅱ）的帕提亚王子暂时控制了巴比伦，他从国王弗拉特斯四世（Phraates Ⅳ）手中夺取这些地区。伊西多尔指出，当被流放的梯里达底包围了这座效忠皇室的前哨基地时，弗拉特斯命令他的士兵们"割断了梯里达底的情妇们的喉咙"。这一事件提醒罗马人，如果帕提亚人认为失败即将来临，那么他们将杀死人质并摧毁财产。

除了储藏国库资金的岛屿——提拉部斯（Thilabus）之外，幼发拉底河中游还有另外一座岛屿，伊扎（Izan）市就位于该岛之中。罗马人如需占领这些地方，必须采用河流航行这一交通方式。伊西多尔提到附近的城市阿伊波利斯（Aipolis）有沥青产品，可以用来制作防水船体，这种材料可以用于修理在顺流航行过程中受损的罗马船只，或者用于帝国侵略者计划中在这个地点建造的新船。与此同时，罗马的陆地部队可能会前往柏塞卡那（Besechana），那里有一座供奉叙利亚女神阿塔伽提斯（Atargatis）的神庙。过了这座城市之后，幼发拉底河的河道将靠近底格里斯河，两条河流之间连接着一条狭窄的水道。在夺取了古希腊城市奈阿波利斯（Neapolis）之后，罗马军团将沿着这条水道，向东航行到位于底格里斯河河畔的塞琉西亚。高大的塞琉西亚里戒备森严，但罗马人可以寄希望于这座城市里大量希腊人口的支持和援助。[5]

塞琉西亚和泰西封这两座首府位于底格里斯河的两侧，彼此相对，因此罗马人需要征用或建造船只，才能横渡到这两座雄伟的帕提亚城。罗马人可能猜测，一旦泰西封被攻占，帕提亚人就将放弃对巴比伦的控制，其中包括位于波斯湾源头的查拉克斯·斯帕西努。因此，伊西多尔认为，罗马军事行动的下一阶段是入侵伊朗，以夺取帕提亚帝国的第二座皇城：埃克巴坦那（Ecbatana）。

巴比伦地区人口密集，灌溉面积广，灌溉区间距较短。但是伊朗的各个城市之间的陆地通道干旱多山，这给入侵部队带来了困难。伊西多尔用一种新的术语来描述入侵伊朗的路线上的地点，包括他称之为 stathmoi 或驿站的那些地方。这些地方可能是商队供应站（商队客店）、军事设施或帕提亚管理人员用来传递政府命令的通信站。这些地点中的许多地方也有可能身兼数职，并且由于帕提亚帝国依赖骑兵，所以这些前哨站对维持其帝国的凝聚力至关重要。由于帕提亚皇室冬天在泰西封越冬，夏天到埃克巴坦那避暑，因此，为了这些官方游客的便利，这两座城市之间的道路维护得很好。所以，如果罗马人占领了巴比伦，那么这条道路将为帕提亚统治者提供一条快速有效的逃生路线。伊西多尔把埃克巴坦那描述为一座储存着帕提亚国库的大都会，并报告说，它还有一座专门供奉伊朗女神阿奈提斯（Anaitis）的大寺庙。[6]

离开底格里斯河的河岸后，罗马军队将通过一座名为阿特米塔（Artemita）的希腊城市，该城市位于巴比伦的边缘。从这个地方开始，罗马军团不得不穿过开阔的地势，到达一些设有商队供应站的乡村。在通往扎格罗斯山脉（Zagros Mountain）的路上，他们在进入米底之前，须穿过另一座希腊城市卡拉（Chala）。[7]

罗马军团需要穿过中部地区的 10 个村庄，每个村庄都为旅客们设置了驿站。征服了这些地方后，罗马人将抵达一座名为巴伽斯塔纳（Bagistana）的山区城市，该城市控制着通往孔科巴耳城（Concobar）的通道，到那时，罗马军队将接近帕提亚在米底的统治中心。如果他们再向东推进，那么他们得到的建议是：占领一座名为巴兹格拉班（Bazigraban）的海关，此海关控

制了往来于巴比伦和伊朗之间的商队贸易。此地附近有一个名为阿德剌帕那
（Adrapana）的皇家夏宫，该宫殿周围有帕提亚贵族的狩猎场，可以打猎和
进行其他马术运动。[8]

　　伊西多尔建议罗马军团在过了阿德剌帕那之后，继续前进，去占领附近
的首都埃克巴坦那。埃克巴坦那对于能否征服米底至关重要，在占领了埃克巴
坦那之后，伊西多尔建议穿过该区域，继续前行，去占领三个重要的商队供
应站、战略位置上的 10 个村庄和另外 5 个城市。这一部分的战线止于拉伽
（Rhaga）附近，该城市的人口数量大于埃克巴坦那。拉伽附近是米底—查
拉克斯城，这座城市围绕着一座设有防御工事的军事设施而兴起，帕提亚人
在这座军事设施内安顿了一些草原盟友，也就是马尔狄人（公元前 176 年—
公元前 171 年）。[9] 米底—查拉克斯城位于卡斯比亚（Caspius）山麓，并控
制了通往南里海隘口的通道。这个位置是米底的边界，因此夺取该城市将导
致帕提亚帝国的西部领土完全处在罗马统治之下。根据普林尼的说法，埃克
巴坦那距离塞琉西亚 750 英里，距离被称为里海隘口的战略通道 20 英里。

　　伊朗东部的大片地区都是充满了含盐沉积物的恶劣沙漠。这些地区是
古代史前海域的遗迹，这些海水已经完全蒸发，只在山脉之间留下了广阔的
荒原。为了占领其余的帕提亚地区，罗马部队需要取道赫卡尼亚，一个延伸
到里海南岸周围的富饶之地。这个辽阔的沿海地带里有草地，但其内陆有落
叶阔叶林和高地高山草甸，这里曾栖息着现今已经灭绝了的里海虎。在这
些森林及其草地边缘，豹子、猞猁、棕熊、野猪和狼都是这里的人的猎物。

　　然而，为了进入赫卡尼亚，罗马人不得不穿过一条狭窄的名为南里海隘
口的峡谷，这条峡谷洞穿了厄尔布尔士山脉（Alburz Mountains）。在卡雷
（Carrhae）被俘虏的军团曾走过这个荒凉的山口，所以罗马当局已经有了
关于此地区的、内容令人痛心的目击实录。这条 8 英里宽的道路堪够一辆运
货马车行驶，普林尼记载道，峡谷的"两侧向悬崖突出，看起来好像被火烧
过了一样，峡谷狭窄的通道只被一条咸水河拦截"。多份罗马报告显示：这里

的周边国家在 28 英里范围内几乎完全无水。这里的山涧溪流常年流的是盐水，只有在冬季积雪融化的情况下，才能获得淡水。因此，如果有任何以步兵为主的罗马军队试图从帕提亚骑兵部队手中抢夺这个战略性位置，那么这个区域将对罗马提出严峻挑战。所以，普林尼得出结论："实际上这条通道将帕提亚帝国与外界隔绝了。"

普林尼看过那些利用从亚历山大各战役中收集来的信息所绘制的入侵伊朗的路线。这些研究表示，南里海隘口距离特斯河（锡尔河）预估为 600 英里，因此，南里海隘口是一个中心战略点。还有数据统计显示，南里海隘口距大夏首都巴尔赫（Balkh）约 450 英里，距古印度北部边界约 2000 英里。

这些路线的现代调查证实了这些古代数据的准确性。普林尼报告说，从里海隘口到帕提亚首都赫卡通皮洛斯（Hecatompylos）的距离是 133 罗马里（当代的 122 英里）。使用现代技术测量，两地距离接近 125 英里，不过沿途可能与古代道路略有偏差。[10]

伊西多尔勾勒了一条进入赫卡尼亚这一富饶之地的路线，以帮助任何准备夺取里海隘口的罗马军队。过了里海隘口之后，罗马军团将抵达一个通向伊朗城市阿帕米亚（Apamia）的狭窄山谷。从那里起，入侵路线不得不转向东部，引领军队去占领另外一些配有商队供应站、可能是帕提亚军事前哨基地的村庄。这个地区没有任何城市，罗马人在穿过赫卡尼亚的途中，将途经 35 个有驿站的村庄。只有经过这 35 个村庄后，他们才能到达帕提亚的边境地区，即他们的敌人的故乡。[11]

帕提亚的西部边境有一个名为阿萨阿克（Asaac，阿萨克）的伊朗城市。它位于里海东南岸，帕提亚帝国的创建人阿萨息斯一世（Arsaces I）和他的草原追随者在这里定居后，被他的追随者们拥戴为这里的国王（公元前 250年—公元前 211 年）。伊西多尔报告说，阿萨阿克是古代伊朗宗教琐罗亚斯德教（Zoroastrianism）的一个重要的文化中心，它里面有许多寺庙保留有神圣的不灭之火。[12]

阿萨阿克附近是设防城市尼萨（Parthaunisa，尼萨城），最早的帕提亚统治者的古代皇家陵墓便建于此地。[13] 此地位于土库曼斯坦（Turkmenistan）阿什哈巴德（Ashgabat）附近，在其发掘工作中，此地出土了雕有饰纹的象牙酒杯或仪式性的圆锥体奠酒杯，称为雷顿酒杯（rytons）。在该城市还发现了数千份用波斯语写在泥板上的帕提亚帝国的行政记录，这些文本记录了葡萄酒和其他农产品交付给帕提亚在尼萨的管理者的情况。它们还记录了军事头衔，例如边防官员（Border-Warden）和要塞指挥官（Fortress-Commander），他们负责监督向皇家中心运送经济作物。[14]

帕提亚的这一地区没有驿站，因为该地区已经有足够的城市来提供有篷马车，以及促进骑兵军队的输送。帕提亚以北是欧亚草原，但南部的土地覆盖着沙漠，这意味着：任何罗马入侵路线都必须直接通过该地区。伊西多尔列出了一系列与帕提亚作战时必须占领的城市，其中包括扩伽塔尔（Gathar）、西洛克（Siroc）、阿泡阿尔克提卡（Apauarctica）和剌高（Ragau）。到此为止，罗马就可以完成预期的征服帕提亚的军事行动了，不过，越过帕提亚，再往东行，还有一些地区附属于帕提亚，罗马帝国可能也想征服他们。

帕提亚以外的地区

伊西多尔列出了一条从帕提亚东部进入马尔吉安那的路线，若是进入马尔吉安那，罗马军队便可占领木鹿绿洲。木鹿周围的地区几乎没有任何定居点，仅有两个隶属于帕提亚的村庄可以通向这个绿洲。[15] 罗马指挥官希望能够在这里找到曾在克拉苏和马克·安东尼麾下的被俘虏的军团成员。到了公元前20年，这些俘虏已经在帕提亚的管理下生活了几十年。

罗马人接到报告称，木鹿群山环绕，这些山围着绿洲形成了一条187英里的圈。穿过群山之后，便是一片广袤的沙漠，这片沙漠向东至少延伸了120英里。木鹿绿洲中的水资源来自穆尔加布河（Murghab River），此河发源于阿富汗北部边缘的山脉，在土库曼斯坦的卡拉库姆沙漠（Karakum Desert）中枯竭，全长500英里。库尔蒂乌斯（Curtius）记载，亚历山大大帝在木鹿附近的山上建立了6座希腊城镇，这些城镇"间隔很小，以便彼此寻求互助"。普林尼声称：亚历山大也在这条河附近建立了一座城市，但是那里的定居点已经被敌军放弃或摧毁。安条克一世在河流附近建立了一个设有围墙的古希腊城市：马尔吉安那的安条克城，以此开垦绿洲。他命人建造了一堵周长约8英里的墙，将这个城市周围的农村都围了起来。

后世的考古遗迹和记录表明，这个古代领土曾出现过汉人的踪迹。一名中国士兵在被伊朗军队俘虏后，曾在公元八世纪来到了木鹿。他看到了一座商队之城，这座城市围着一堵周长3英里的城墙，并设有铁门。当他回到中国时，他报告说，这里"墙宇高厚，市廛平正"。据考察发现，这些古代黏土城墙壁垒的遗迹横跨马尔吉安那的北部地区。这些防御措施可能是为了保护领土不受敌人骑兵的侵犯，但其遗迹无法抵御岁月的侵蚀。这些防御措施可能是希腊人、帕提亚人或萨珊人（Sassanid，公元224年—公元651年）命令本地土著或在战争中俘获的外国俘虏修建和修缮的。

普林尼描述了马尔吉安那如何"以阳光明媚的气候而闻名"，以及如何获得认可，成为帕提亚帝国少数几个种植葡萄的地区之一。斯特拉波强调了该地的葡萄酒生产，并描述了适合葡萄栽培的肥沃土壤，他记载道："人们发现，这里的葡萄藤蔓需要两个人才能抱住（周长10英尺），一串葡萄可以长到2腕尺（3英尺）。"这表明，当公元前53年，第一批罗马俘虏被送入木鹿时，当地的葡萄种植可能已经成熟。

许多罗马俘虏很可能在马尔吉安那的安条克城附近的城镇定居，成了当地农民。这些意大利俘虏中的一些人可能在战前就具备葡萄栽培的经验，这是一项宝贵的技能。在皇城尼萨曾出土了一种帕提亚黏土泥板，里面记录了木鹿绿洲交付葡萄酒的情况（公元前 40 年以前）。有两名 Tagmadars 负责安排和监督此次交付工作，而 Tagmadars 是希腊指定部队官员的职称。这两个人有帕提亚的名字：弗拉巴克塔克（Frabaxtak）和弗拉法恩（Frafarn），他们可以指挥那些被分配到皇家葡萄园中的罗马工人队。另一种可能性是，一些罗马俘虏学习了帕提亚文化，并获得了帕提亚的官职。贺拉斯让他的读者想象了一下这些罗马俘虏的命运："克拉苏、马克和阿普里亚的士兵们是否生活在米底人的统治下，并可耻地与外国女人结了婚？"

木鹿是帕提亚在内亚领地的东部边界，而这片绿洲将成为罗马人坚固的前哨基地。如果罗马人有任何向东进军到奥克苏斯河的行为，那么他们不可避免地要与其他草原民族产生冲突，这些草原民族包括粟特的马尔狄人（康居）和大夏的吐火罗人（月氏—贵霜）。这些草原民族正在发展成为强大的政权，强大到他们派遣的骑兵军队可以与他们的对手帕提亚的军队势力匹敌。普林尼解释说："这些民族的人口数量庞大到能够做到与帕提亚平起平坐。"对罗马而言，与这些国家打仗将是一个巨大的挑战，因此，罗马军队远征时更轻松的路线是向南进军，去征服伊朗东部的一个有争议的沙漠地区：阿里亚（Aria，阿富汗西部）。

斯特拉波对阿里亚和马尔吉安那的描述为："亚洲最强大的地区，因为它们是被山脉包围的人口稠密的平原。"许多大河在这些广阔的平原中交汇，灌溉着这些平原，从而令这里的土地肥沃，适合葡萄栽培，并能够支撑大城市的发展。斯特拉波估计，阿里亚中部所占区域长约 200 英里，宽约 30 英里。

在此期间，阿里亚的统治者是帕提亚王子。伊西多尔为罗马入侵军队绘制了一条从木鹿通向此区域主要城市的路线。这些城市包括坎达克（Candac）、阿尔塔考安（Artacauan）和首都雅利安那的亚历山大城（Alexandria Ariana），该首都由马其顿的军事殖民者建立。伊西多尔还提到了"一个非常伟大的城市"法拉（Phra），以及另外 5 个城市比斯（Bis）、伽里（Gari）、尼亚（Nia）、帕任（Parin）和科洛克（Coroc）。这个城市网的存在意味着罗马军队将要夺取的是城市，而不是基于村庄的商队供应站。[16]
但是这个地区离巴比伦很遥远，伊西多尔对阿里亚各个城市的实际状况几乎
没有任何细节描述。

　　如果阿里亚被征服，那么帕提亚对古代伊朗的统治将全部瓦解，如果罗
马军团继续向南前行，那么他们将挑起与其他国家的冲突。阿里亚东部是阿
拉霍西亚（阿富汗南部）的领土，伊西多尔称该地区的草原统治者为"塞西
亚的塞种人"。这些塞种人受帕提亚帝国的管辖，但是罗马人可以鼓动他们与
罗马联盟，成为罗马附庸国的统治者或国王。伊西多尔列出了一条穿过阿拉
霍西亚的路线，罗马军队可以从这条路线抵达巴尔达（Barda）、明城（Min），
帕拉肯提（Palacenti）和首都西伽尔（Sigal），塞西亚—塞种人的皇宫就在
西伽尔。该城附近是一个名为亚历山德鲁波利斯（Alexandropolis）的希腊
城市，这是马其顿军事殖民地的另一个遗址。[17]

　　据伊西多尔描述，帕提亚人把阿拉霍西亚东部称为"白色印度"。这可
能是因为该地区中的伊朗人在公元前三世纪时，曾属于古印度的孔雀王朝
（Mauryan Empire），因此，阿拉霍西亚的市政管理机构保留了浓厚的印度
文化元素。阿拉霍西亚控制了兴都库什山脉（Hindu Kush）的一些入口以及
通往印度王国的一些山路。伊西多尔绘制了一条穿越该地区的路线，通过这
条路线，罗马军队可以穿过几个重要的城市，包括比宇特（Biyt）、法耳萨那
（Pharsana）和科洛科亚（Chorochoad）。他还记录了一个名为德米特里亚
城（Demetrias）的希腊城市，该城市可能是希腊—巴克特里亚王国国王德
米特里一世（Demetrius）建立的，德米特里一世于公元前180年征服了此
地区。伊西多尔绘制的行程终点是阿拉霍西亚的亚历山德里亚（坎大哈），该
地区是亚历山大和他的将军们建立的另一个马其顿基地。伊西多尔解释说，
这座城市被认为是"希腊人的"，但"就这个地方而言，这片土地是在帕提亚
人统治下的"。[18]

　　如果罗马人征服了这些地区，那么他们将占领帕提亚地区的每个希腊城

市，并将其帝国的边界推到大夏和犍陀罗国（Gandhara）。过了阿拉霍西亚之后，便是印度王国，当时的印度王国还处于印度—塞种人及其国王阿泽斯（Azes）的统治之下。公元前 26 年，阿泽斯派出特使前往罗马，向奥古斯都提出政治联盟。苏埃托尼乌斯记录说："这些印度—塞种人来自我们以前道听途说的一些国家，他们请求与奥古斯都和罗马人民建立友谊（拉丁语：amicitia）。"[19] 在早些时候，塞种人已经能够调动 2 万名骑射手上战场，但阿泽斯可能仅能调动其中部分战斗力。[20] 奥罗修斯（Orosius）指出，塞种大使们期待西方发动与波斯的对战，并以"亚历山大大帝的荣耀来称赞奥古斯都皇帝"。为了强调其与希腊文化的联系，阿泽斯发行了一种印有雅典娜女神图像的货币，并刻上希腊铭文，称自己为"王中之王"。公元前 22 年，阿泽斯向罗马皇帝派出了更多的特使，这些特使带来了一封以希腊文写成的皇室信件，信中承诺："无论奥古斯都想往哪边前进，阿泽斯都已经准备好为奥古斯都提供一条穿越其国家的通道，并准备与奥古斯都合作，去做任何光荣的事情。"阿泽斯国王证实：印度北部有 600 个小国已经向他效忠，并且"渴望与奥古斯都·恺撒联盟"。迪奥报告说，早先的提案已经正式确立，并且两国之间坚定地达成了一份"友谊条约"。奥古斯都在他的备忘录宣言中强调了这些会议的军事方面，他记录说，"印度有几个国王向我派来了大使，他们从未见过任何罗马将军的营地"。[21] 出于对这次联盟的尊重，伊西多尔提供的军事路线为：罗马人的侵略将止于阿拉霍西亚，也就是盟国塞种人王国的边界附近。

奥古斯都可能因为一名罗马执政官（最高地方行政长官）赐予了阿泽斯一些荣誉和礼物，其中包括一个库鲁斯折椅（curule chair）。库鲁斯折椅是一种独特的椅子，当执政官做出正式的外交裁决或司法裁决时，他们就会坐到这种椅子上。因此，这种椅子象征着罗马在外地的帝国高级指挥官的政治权威和军事权威。据李维描述，公元前 203 年，罗马人要求与努米底亚国王马西尼萨建立军事联盟，共同抵抗北非城邦迦太基（Carthage），马西尼萨也因此获得了库鲁斯折椅。罗马将军西庇阿（Scipio）向马西尼萨颁发的皇家勋章包括"一顶金冠、一张库鲁斯折椅、一根象牙权杖、一件镶紫边的托加袍和一件带棕榈刺绣的束腰外衣"。罗马元老院批准了这些礼物，并将其他代表罗马人社会地位的物品赐予这名国外的国王，这些物品包括"两件带有金色扣子的紫色斗篷、两件带紫边（元老院衣服上的紫色条纹）刺绣的束腰外衣、两匹穿着华丽马衣的马、一套配有胸甲的骑兵盔甲、两顶适合行政官的配有军用家具的帐篷"。在位于塔克西拉（Taxila）附近的塞种人王国首都西尔卡普（Sirkap）的发掘工作中，考古学家们发现了一种类似于库鲁斯折椅的可折叠铁椅的残骸。这种椅子成了印度—帕提亚人所占据的印度河上游地区的一种政治权威的象征。当丘就却（Kujula Kadphises）于公元一世纪末征服了这个地区时，他描绘了一幅关于一名臣服于他的帕提亚王子坐在库鲁斯折椅上的画。

和解

奥古斯都认为，现在不是与帕提亚开战的好时机，因此他在执政的头十年内，没有执行任何入侵计划。而到了公元前 20 年，这个机会就来了，当时亚美尼亚人请求罗马人协助罢免一个与帕提亚人结盟的不得人心的国王。奥古斯都从居住在罗马的东方王子中挑选了一位来代替那位国王，他最终选择的是一名伊朗贵族——提格拉涅斯。公元前 20 年，罗马军队进入亚美尼亚，提格拉涅斯三世正式从奥古斯都继子提比略那里接受了他的王冠。这对于帕提亚来说是一个挑衅的行为，因为前亚美尼亚国王是由帕提亚国王弗拉特斯四世任命的。但是帕提亚人当时正陷入对塞种人的东部战争当中，于是，他们决定不立即报复，或进一步恶化亚美尼亚的局势。维护西部边境的和平符合他们的利益，即使这意味着罗马对亚美尼亚的影响进一步加深。

公元前 20 年，奥古斯都与帕提亚国王弗拉特斯四世达成了一项长期和平协议，这项协议使两位统治者能够将其军事活动集中在其他边界，从而扩大各自的帝国。公元前 19 年，罗马军队成功征服西班牙北部，并消灭了阿尔卑斯山（Alps）其余的反抗势力。到公元前 12 年为止，罗马人吞并了潘诺尼亚，并确定了保护意大利和希腊之间主要陆路通道的多瑙河边界。然后，罗马军团开始入侵德国，以占领莱茵河以外的领土。在东方，帕提亚人战胜了塞种人所控制的兴都库什山脉以外的领土，并在富裕的印度王国中安置了同盟军阀，成为印度亲王。帕提亚帝国于公元前 10 年完成了东征，当时帕提亚人罢免了塞种人国王阿泽斯，而其余的塞种人军阀逃到了南方，在印度西海岸的古吉拉特邦（Gujarat）创建一个新的统治王朝。

按照公元前 20 年缔结的政治协议，弗拉特斯四世应归还克拉苏军团所丢失的战旗，并遣返已在木鹿定居的罗马战俘。奥古斯都向他的继子提比略发布了一项帝国使命：从帕提亚人那里收回战旗，并将它们送回罗马，到那时，罗马与帕提亚之间缔结的政治协议就表示罗马胜利了。迪奥·卡西乌斯（Dio Cassius）报告说，皇帝"接受了战旗，就好像他已经在战争中征服了帕提亚人，并为这一成就感到自豪"。

通过归还这些战旗，弗拉特斯四世撤销了之前的战争托词，并允许奥古斯都去平息罗马国内的那些想要发动进一步冲突和军事报复之人所带来的政治压力。帕提亚的让步可能是为了维护外交关系而表现出来的善意，但是，罗马人的荣耀感因弗拉特斯四世的这一让步而得到满足。奥古斯都在他的备忘录宣言中记载说："我迫使帕提亚人把三个罗马军队的战利品和战旗归还给我，并让他们恳求罗马人民的友谊。"[22]

帕提亚外交官可能已经建议通过婚姻联盟，以加入罗马帝国的统治王朝。奥古斯都有一个十几岁的女儿，名叫朱莉娅（Julia），她已经和一位名叫马尔库斯·克劳迪乌斯·马塞卢斯（Marcus Claudius Marcellus）的罗马青年结婚。但是当马尔库斯在公元前 23 年突然去世时，也许弗拉特斯四世曾要求与朱莉娅或其他一些有名望的罗马贵族妇女结婚，但这一请求被拒绝了，因为通婚这一行为表明这两个帝国在国际地位上是平等的。奥古斯都想表明自己是公民的国家元首而不是王朝的国王，所以他宁愿不采用其他古代帝国统治者实行的婚姻联盟。公元前21年，奥古斯都将朱莉娅嫁给了他的首席指挥官兼最值得信赖的政治顾问——马尔库斯·维普萨尼乌斯·阿格里帕（Marcus Vipsanius Agrippa）。由于没有答应将公主嫁给弗拉特斯四世，于是奥古斯都将一位名为穆萨（Musa）的意大利女奴作为礼物送给了弗拉特斯四世。弗拉特斯四世与穆萨结了婚，当穆萨生下儿子弗拉阿塔西斯（Phraataces）之后，她被封为地位比较高的妃子。穆萨最终成了帕提亚皇后，并且能够影响皇室的继承。

公元前20年达成的政治协议呈现的是帕提亚完全屈服于罗马的权威，帕提亚归还军旗的画面也被画了下来，以作为外国归顺的象征。罗马第一门（Prima Porta）有一尊引人注目的奥古斯都雕像，这座雕像雕刻的皇帝赤脚站着，右臂没有持剑，而是以一种平静的姿态举起。他穿戴的胸甲上雕刻了帕提亚人归还战旗的情形，图中，一名帕提亚人跪在地上，向一名罗马指挥官提交俘虏的徽章，这一场景也被刻在了罗马于公元前19年发行的帝国硬币上。罗马人决定将返回的战旗展示在罗马新建的一座纪念性神庙当中，以纪念战神玛尔斯·乌尔托（Mars Ulto，复仇者玛尔斯）。[23]奥维德也曾在写给皇家的诗歌中庆祝了遗失战旗的回归，他写道："你们帕提亚人不再持有我们耻辱的证据。"[24]贺拉斯向奥古斯都说"全世界的战争都在您的主持下结束了"，以及 "帕提亚人畏惧您统治之下的罗马"。

在接下来的10年里，奥古斯都与弗拉特斯四世保持良好的关系，公元前11年至公元前7年，帕提亚国王把他的一些较大的儿子送到罗马，由皇帝"托管"。[25]弗拉特斯四世的这个行为可能有其个人动机，因为帕提亚的一些政见不同的贵族经常撺掇年轻的王子们从他们的父亲手中夺取权力。因此，通过派遣这些年轻的王子前往罗马，弗拉特斯四世既能避免与这些候选人展开宫廷斗争，又不必剥夺他们的皇室地位。帕提亚的皇后穆萨可能也赞同弗拉特斯四世的这一举措，以便为她自己的儿子弗拉阿塔西斯清除继位的阻碍。

斯特拉波指出了这一时期帝国宣传的影响，他解释说："帕提亚人非常强大，但他们已经屈服于罗马的优越地位，并返回了他们用来纪念战胜罗马的军事奖杯。此外，弗拉特斯还毕恭毕敬地把他的孩子和孙辈们交给奥古斯都，意图通过这些人质来确保他的友谊。"在这些事件发生几个世纪后，奥罗修斯写下一段文字，称其相信"帕提亚人的行为像是全世界的注意力都集中在他们身上，他们以为罗马帝国可能正拼尽全部力量去攻打他们"。出于这个原因，"他们自愿退回了他们在克拉苏死后夺取的战旗，并且在给予人质后，遵守承诺，虚心诚信，从而获得了长久条约"。

罗马驻叙利亚总督马库斯·提库斯（Marcus Titius）负责监督帕提亚王子在帝国边境的转移。他们被送到罗马，他们的家人和他们在皇室的生活必需品由奥古斯都用罗马帝国的钱来资助。这个交换让罗马皇帝对帕提亚的皇位继承有一定的影响力，并进一步确保了穆萨那拥有一半意大利血统的儿子弗拉阿塔西斯得以继位，成为帕提亚的国王。奥古斯都从这些帕提亚王子那里获得了巨大的政治优势，这些王子在罗马的身份是臣服于罗马皇权的王室候选人。他们的存在表明，帕提亚可能最终会成为罗马的一个附庸王国，其统治者也将服从罗马帝国的利益。贺拉斯对这一影响的描述是："弗拉特斯现在因为承认奥古斯都皇帝的法律和权力而跪下恳求。"

战争的进一步展望

公元前6年，另一场政治危机威胁到了罗马和帕提亚之间的和平。当亚美尼亚国王提格拉涅斯三世逝世时，亚美尼亚人在没有首先寻求罗马批准的情况下，任命了提格拉涅斯三世的儿子们为联合统治者，这被视为挑战该地区罗马当局的一次危险的独立声明。为了遏制罗马人的侵略，亚美尼亚人寻求帕提亚的支持，以保障他们重新实现地区自治。公元前5年，奥古斯都向亚美尼亚派遣了一支军队，令罗马候选人当上了国王，几个月后，这位新国王被当地人民起义推翻。之后，亲罗马派被驱逐，提格拉涅斯四世（Tigranes Ⅳ）获得了帕提亚国王弗拉特斯四世的支持，成了独立自主的亚美尼亚的新统治者。这是帕提亚人的政治胜利，他们获得了新的盟友来支持他们的政权，并扩大他们对黑海的政治影响力。

但奥古斯都不准备接受亚美尼亚之争的这一结果，并计划恢复罗马对这个王国的所有权。帕提亚的入侵被重新视为一次军事举动，因此，罗马人派遣特工去东方，以进一步搜集关于帕提亚帝国的情报。公元前2年，奥古斯都给了他最年长的孙子盖乌斯（Gaius）东部帝国的一个特殊指挥部，让他负责通过外交或军事力量与帕提亚进行交涉。[26] 盖乌斯20岁出头，与亚历山大开始征服波斯时的年纪相仿。这位年轻的将军深受罗马人民的喜爱，他的指挥部令人们重新燃起了东部胜利即将到来的期望。

在此期间，罗马举行了戏剧公开演出，以展现帕提亚战争的前景，并将罗马舆论引导至期待新的征战之上。有一次，皇帝命人在朱里亚神庙（Saepta Julia）中心的巨大广场内放了很深的水。在广场周围的看台上，罗马人群观看了一场特别的模拟海战，战士们穿着古装在船上作战，[27] 重现了阿提米西恩（Artemisium）的胜利。当时雅典人领导的希腊舰队战胜了一支入侵的波斯舰队（公元前480年）。这场奇观让罗马观众回想起古典文明过去战胜伊朗陆地力量时的情景。这场戏剧表明，盖乌斯即将在罗马点燃反对帕提亚侵略者的斗争。

奥维德描述了这一奇观，并写下了"整个世界似乎都聚焦在这个城市"，以及有多少罗马人被这种"外国浪漫博得了欢心"这样的句段。在激烈的模拟战之后，即便是奥维德也热血沸腾地想要与帕提亚帝国一战高下。他解释说："皇帝正准备征服全世界。远东的国家很快就会服从我们的法律，包括傲慢的帕提亚人。因为他们会受到应有的惩罚。"也许很多罗马人对此前的外交协议并不满意，而盖乌斯的任命为他们提供了一个全面报复的机会。奥维德写道："哦，克拉苏的灵魂和他的鹰旗因为被野蛮人占领而感到耻辱，现在你将感到高兴和快活，因为你们的复仇者已经准备就绪！"[28]

从帕提亚帝国获得新的财富这一前景也影响了罗马人的意见。许多人会想起奥古斯都在征服了埃及，并夺取了托勒密王朝的宝藏后，向罗马公民提供了怎样一大笔资金。他们同样期待盖乌斯能够给他们带来战利品，奥维德宣称："我们正义的事业将战胜帕提亚人，我们年轻的英雄会带来胜利。东方的财富应该添加到罗马的财富当中。"[29]

战胜东部的王国意味着罗马将会举行令人印象深刻的庆祝活动，奥维德期待见证这些激动人心的公众庆祝活动。这些事件的亮点将是一场军事胜利，届时，从东方获取的珍宝和战俘将会被放在安装在马车上的舞台上，在人口稠密的罗马市中心游行。奥维德形象化了帕提亚胜利纪念碑，并建议他的读者了解外国事件，即使他们对世界事务知之甚少。他告诉他的男性读者："一个美女可能会要求你告诉她这位战败的君主的名字，或者你可能不得不向她解释'这些标志是什么意思''这是什么国家'或'那个山脉或河流代表什么'。即使你没有真正地了解，你也必须自信地设想好她的问题和答案。"奥维德举了一个正确回应的例子："这是带着皱皱的皇冠的幼发拉底河，天蓝色头发的图案象征着底格里斯人，那些人是亚美尼亚人，那个女人代表波斯。"他还建议，追求者应该引用令人印象深刻的古希腊神话，并夸大那些正在游行的外国俘虏的重要性，告诉她"他们是被俘虏的将军，然后随便编出他们的名字"。[30]

但罗马和帕提亚之间的战争因国王弗拉特斯四世被谋杀而偃旗息鼓。公元前2年，一则新闻传到了罗马：穆萨皇后毒死了她的丈夫，让她17岁的儿子弗拉阿塔西斯坐上了帕提亚的王位，成了弗拉特斯五世。[31]当盖乌斯和他的指挥团队正前往叙利亚时，弗拉阿塔西斯派遣大使向奥古斯都说明了他的担忧，并请求罗马送回所有可能威胁他的皇位的帕提亚王子。奥古斯都拒绝了这一要求，拒绝交出这些王室候选人。然后，奥古斯都又拒绝承认弗拉阿塔西斯为帕提亚的"王中之王"，令形势更加恶化。将这些帕提亚王子留在罗马，可以确保若是弗拉阿塔西斯不服从罗马未来的政策，那么奥古斯都将保留干涉帕提亚继承权的权利。

当盖乌斯·恺撒抵达叙利亚时，他重申了罗马在亚美尼亚的权力，并让东部军团开始备战。但他并没有立即发动对帕提亚的袭击，而是进入了政治谈判。公元前1年秋天，盖乌斯和弗拉阿塔西斯在幼发拉底河的两岸集结了各自的军队。在一场精心准备的盛会上，两位年轻人在同等数量的人员和政治顾问的陪同下，在幼发拉底河中游的一个岛上相遇。在两军的见证下，他们协商了和平协议的细节，并交换了承诺，以确认各自帝国的地位和权利。然后他们在河的两岸举行了官方庆祝活动，罗马营地为弗拉阿塔西斯和他的贵族们举办招待会；第二天晚上，帕提亚人则为盖乌斯和他的罗马指挥官们举行宴会。再一次，罗马和帕提亚之间的长期和平与合作似乎已经得到保护，但是，这些年轻的将军在几年内都相继死亡。

幼发拉底协议保证：如果罗马要恢复对亚美尼亚的统治，那么帕提亚人不会干涉。罗马军队在亚美尼亚发起了一场战役，重新占领了该地区，并在那里安置了一个有利于罗马利益的王室候选人。到了公元4年，罗马的胜利似乎有了保证，盖乌斯同意会见一位名叫阿顿（Addon）的亚美尼亚领导人，两人准备商讨投降条款。阿顿声称拥有重要文件，并要求私下与盖乌斯见面，将这些文件交给盖乌斯。当盖乌斯身体向前倾去接这些文件时，阿顿将一把隐藏的匕首插入这名年轻男子的身体，给他留下了致命的伤口。盖乌斯，这位有望继承奥古斯都皇位的王子，因受伤过重，年仅24岁就去世了。

那时候，奥古斯都已经66岁了，罗马皇室已经没有任何人有足够的威望来掌管这个特殊的东部指挥部。随着盖乌斯的去世，避世隐居、年已中年的提比略成为最有可能继承奥古斯都皇位的人选。但众所周知，提比略已经与皇室疏远，并退出了政坛和军队。

与此同时，帕提亚贵族对拥有一半意大利血统的国王弗拉阿塔西斯的支持开始动摇。为了使自己的外国血统合法化，弗拉阿塔西斯授予了他的母亲穆萨皇后以盛誉，但他无法平息日益严重的暴动。公元 4 年，他被他的竞争对手，也就是帕提亚的摄政王奥罗德斯（Orodes）赶下台。在夺取宝座之后，奥罗德斯三世将弗拉阿塔西斯处死，随后对大部分帕提亚贵族展开了一系列暴力性报复。结果，奥罗德斯因为他的残忍而被暗杀。[32]

公元 6 年，帕提亚人派了一名大使前去拜见奥古斯都，请求释放弗拉特斯四世的另一个儿子沃诺尼斯（Vonones），这位王子仍作为质子住在罗马。奥古斯都答应了，沃诺尼斯在公元 7 年被加冕为帕提亚国王。斯特拉波表明罗马人期望帕提亚可以成为罗马的附属国。他评论说："现在帕提亚人已经到罗马去寻找一个人当他们的国王，并且正准备把他们的全部权力交给罗马人。"但是，沃诺尼斯已经在罗马度过了 20 多年，他的臣民们都认为他的观念和行为举止都太"罗马式"了。沃诺尼斯忽视了帕提亚的礼节，并没有表现出足够的兴趣来参与马术和狩猎等能够加强执政贵族之间的社会联系的草原活动。[33] 这时候，米底开始叛乱，公元 12 年，阿尔达班（Artabanus），一名叛乱的王子被拥戴为泰西封的国王。[34]

如果盖乌斯和弗拉阿塔西斯没有英年早逝，那么他们可能已经改变了西方世界的政治命运。但这些事件发生后，罗马错过了征服帕提亚的机会，失去了在古代伊朗建立联合王朝的机会。这意味着有一个外国政权将继续控制着穿越中东、连接罗马和河中地区的商队通道，控制着塔里木丝绸之路和古中国的经济财富。

第十四章
通向中国的罗马大道

　　印度商人向罗马商人提供了关于中国位置的一些基本信息。罗马航海家们通过星星来确定遥远国家的位置，并绘制出航海的方向。夜间行走在无任何特征的沙漠时，也需要这些星座做向导。希腊领航员试图将印度人提供的关于中国的信息与星座联系起来，这些星座可能会揭示这个遥远国家的地理位置。《厄立特里亚海航行记》中写道："秦国位于小熊座（Ursa Minor）的正下方，肯定与本都（黑海）和里海（公元50年）的外部处于同一水平面。"根据这个观点，西方人认为中国与里海处于同一纬度，其位置是中国真实位置的偏北方。

　　随着海洋贸易的发展，罗马船只开始在印度南端航行，能够抵达恒河（Ganges）和缅甸（Burma）的城市港口。但是这些罗马船只的航海范围仍然在印度洋之内，其中阻碍了他们向东进一步航行的主要障碍是长达1000英里的马来半岛（Malay Peninsula）。罗马船只依赖季节性天气，一旦到了11月，东北季风开始刮起时，他们就应该乘船返回埃及。在这段时间里，所有罗马船只均无法再绕着马来半岛航行，去探索更远的土地。

　　公元二世纪初，一位名叫亚历山德罗斯的希腊水手从一些印度商人那里收集了一些详细信息，这些印度商人乘船到了马来半岛北部的塔马拉

（Tamala）。从塔马拉出发，这些商人在狭窄的克拉地峡（Kra Isthmus）跋涉了100英里，登上了东部沿海地区的其他印度船只。这些船舶准备穿越泰国湾（Gulf of Thailand），而船上的印度船员准备前往柬埔寨（Cambodia）和越南（Vietnam），以寻找新的贸易机会。当他们到达越南南端的时候，这些船中的一部分人向南驶入公海，然后穿过婆罗洲（Borneo）。[1] 在古代，婆罗洲是一片广阔的、密林丛生的岛屿，它的面积几乎和小亚细亚（现代土耳其）一样大。因此，当这些印度船只在婆罗洲那700英里长的北部海岸登陆时，他们不确定这片陆地是岛屿还是亚洲大陆的南部延伸地带。

亚历山德罗斯写的《航行记》（Periplus）未保存下来，但克罗狄斯·托勒密所绘制的亚洲东南边缘的地图的大部分地理数据来源于此书。利用这些信息，托勒密将"秦尼国"（Sinae，汉朝）定位在亚洲大陆边缘的一片狭窄的区域。但托勒密在重建远东地区时犯了错误，他推论说，婆罗洲的北部海岸是亚洲大陆的一部分，因此这部分海岸令秦尼国的海岸向东南延伸，包围了整个南部海洋。[2]

梅斯远征队

几个世纪以来，塔里木盆地周围的陆路丝绸之路为中国提供了一条通道，供其将货物运达大夏、印度和帕提亚。据报道，只有一个罗马商团冒险进入了中亚，并沿塔里木路线到了中华帝国。该商团是罗马商人梅斯·提提阿努斯（Maes Titianus）在公元100年前后派遣的。但是这种联系是非常特殊的，并且只有在领先的古代帝国之间出现特殊情况时才有可能发生。

公元一世纪后期，汉朝将军班超将外交和军事力量联合起来，恢复了中国对塔里木盆地各王国的统治权（公元74年—公元97年）。公元84年，班超占领了喀什，从此，汉朝可以重新与大夏里的月氏人建立直接的政治关系。

中国的统治为丝绸之路带来了稳定，并阻止了中间的王朝妨碍商队出行，或者垄断通过塔里木地区的各段商道。公元 87 年，帕提亚人派遣一位大使来到中国，以回应这些发展。汉章帝接待了这位大使。[3] 后来，这位大使带着东方的商品回国，并将中华帝国的最新消息带回到了帕提亚在伊朗的首都埃克巴坦那，以及帕提亚在巴比伦的首都泰西封。

梅斯·提提阿努斯可能受到了这些事件的影响，从而计划在中亚进行商业投资。公元 100 年前后，梅斯安排了一个商业代理团队沿着从伊朗到阿富汗的帕提亚商队路线旅行。这个罗马商团通过贵霜帝国的北部地区，然后到达塔里木地区。在帕米尔高原附近的某个地方，他们被汉朝官员拦截，并被汉朝官员从塔里木盆地中的王国向东转移到了中国。迷茫的罗马人被送到了中国首都洛阳，并被带到了汉朝的皇帝面前。在他们回到罗马帝国后，该商团向梅斯提供了一份报告书，汇报了他们的冒险行动，而梅斯就此写了一份报告给他的商务伙伴。一些受过教育的希腊人和罗马人都阅读过商团所提供的报告书，其中包括那些从这份报告书中提取姓名、距离和方向的地理学家。其中一位地理学家是来自叙利亚提尔城（Tyre）的数学家，他叫马里纳斯（Marinus）。马里纳斯能够加入研究具有重大的意义，因为提尔城以其编织行业而闻名，而且该城市是国际丝绸贸易的主要参与者。[4] 梅斯的原始报告未保存到现代，但克罗狄斯·托勒密将马里纳斯收集的数据抄了下来。托勒密使用梅斯的信息来绘制新的远东地图，并确定罗马人所称的秦尼人（中国人）的地理位置。[5]

克罗狄斯·托勒密记录梅斯是“一个马其顿人，他的名字叫提提阿努斯，他是商人的儿子，他本身也是个商人”。[6] 梅斯·提提阿努斯中的“梅斯”是叙利亚人的名字，而中间的名字“提提阿努斯”表明他来自一个罗马家庭，而这个家庭的公民身份是一位名为提提安（Titian）的男子授予的。梅斯可能已经从他的一名祖先那儿继承了罗马公民的身份，这位祖先曾服侍过一位名为马库斯·提库斯的政界要员。提库斯在公元前 13 年任罗马驻叙利亚的总督，并按照奥古斯都皇帝的命令，帮忙促成了罗马与帕提亚缔结一份重要的和平协议。根据这份协议，帕提亚国王弗拉特斯四世把他几个年幼的儿子和孙子送到罗马，由罗马皇帝来对他们进行政治监护。[7]斯特拉波描述了马库斯如何接待了帕提亚国王的四个子女、四个孙子和两个继女。马库斯负责这些帕提亚皇室成员进入叙利亚后的安全和健康，直到他们被送达罗马。

马库斯·提库斯应该是派出了可信赖的叙利亚仆人到帕提亚首都泰西封去传达讯息，并安排好这些皇室成员的安全护送工作。马库斯可能授予了这些仆人当中的一些人罗马公民的身份，如此一来，这些人便成了自由民，也就可以利用他们的知识和政治关系来创建成功的事业，比如商业。他们认识一些在泰西封颇有地位的人，而这些人可以获得大量的丝绸，然后将这些丝绸运往叙利亚的各个城市。梅斯·提提阿努斯可能是这些商人家族中的一员，也就是说他是一位能够与帕提亚贵族联系的罗马公民，这确保了他的许多商业要求能得到批准。在这个特殊的背景下，他也就能够安排他的一些商业代理人加入帕提亚的一个商队，当时这个商队正启程穿过伊朗，前往大夏和贵霜帝国。

克罗狄斯·托勒密复原了梅斯商团的行走路线。这支远征队的第一阶段是穿越帕提亚帝国，他们从幼发拉底河边境出发，一直到伊朗东部边缘的木鹿。在夏季来临之前，帕提亚商队将离开炎热且潮湿的泰西封城，然后伴着米底那干燥而凉爽的气候，向东前往季节性首都埃克巴坦那。这段旅程约250英里，途经伊朗高原外缘的扎格罗斯山脉中的一些道路。春天时，这个商队就沿着这条路线行驶，这时候，山上的雪开始融化，为商队和骑在马上的护送者提供临时的溪水。

帕提亚商队在穿过古伊朗时，他们可以在埃克巴坦那这座拥有数重城墙的城市留宿，并获得补给。出了埃克巴坦那之后，这支商队向北穿过伊朗高原，去往里海沿岸。这段旅程需要穿过一些下沉到赫卡尼亚那狭窄海岸的山谷，全长约200英里。赫卡尼亚长300英里，是山脉和里海海岸之间的一片低洼地带。这片肥沃的平原是东西方向出行的重要走廊，因为它为商队提供了一条能够沿着伊朗高原东部路段进行补给的路线。到了赫卡尼亚边缘，商队便会通过伊朗城市赫卡通皮洛斯（Qumis），这是帕提亚人从中亚草原迁徙到伊朗东北部（公元前 238 年—公元前 209 年）后建立的第一个首都。

从赫卡通皮洛斯到位于木鹿的帕提亚边境，这支商队所行走的路线中有超过 450 英里的路段处于干旱地带。木鹿是帕提亚帝国的最后一个重要的前哨基地，过了那里，商队将进入贵霜领土，如果再往东行 300 英里，他们就可以到达大夏首都薄知（巴尔赫）。数百年前，大夏隶属于希腊王国，该国城市人口包括马其顿殖民者的后裔（公元前 256 年—公元前 140 年）。

公元 100 年，帕提亚和贵霜帝国之间存在着较好的友谊，这意味着商队能够在这两国的领域之间畅通无阻，而到达薄知的帕提亚商人则可向东行至帕米尔高原。大夏距贵霜帝国边境的一个贸易前哨基地——石头城（塔什库尔干）大约 500 英里。石头城生活的是草原民族，这个地方也就是克罗狄斯·托勒密所称的"塞西亚人"的聚会场所。据托勒密计算，从泰西封到石头城的整条路线的长度可以抵得上大约 2.628 万个大型露天体育场的周长总和，这大约为 2600 英里。[8] 商队每天可以行进 15 英里，但由于时常需要停下来休息，所以走完这段旅程可能需要耗费多达 6 个月的时间。

帕米尔高原的石头城距离塔里木盆地边缘的绿洲城市喀什约 250 英里。也许梅斯派来的罗马商人预计会在这个遥远的地方完成他们的贸易往来，然后开始长途跋涉回到叙利亚。但在公元 100 年，喀什为汉朝的一部分，边境的汉朝吏员也非常忠于职守。当时，都护将军班超正计划退役，并希望带上一批来自塔里木地区以外的西方国家的外国人一起返回洛阳，以此博得汉朝皇帝的青睐。当汉朝吏员正四处搜寻外国人代表，去向朝廷叙述他们各自的遥远的故乡时，这些罗马商人刚好出现在石头城。结果，梅斯商团被带到了班超在塔里木盆地的营地，然后，这支商团同意了前往洛阳。

梅斯商团中的商人讲希腊语，汉朝吏员是在一个曾受古希腊王朝统治的国家（大夏）附近发现他们的。这些商人也和帕提亚商人一起出行，所以他们没有说明自己是罗马人。这意味着当时的中国官员不知道他们正在与大秦（罗马帝国）的百姓打交道。在中国军队的护送下，梅斯商团走了600英里，方穿过塔里木盆地各王国，然后他们被带过了玉门关，来到了通向中原的长600英里的河西走廊，然后，又走了400英里，才到洛阳。

这段旅程向罗马地理学家们揭示了东亚地区的真实规模。托勒密记载道："从石头城到丝城（Sera），也就是赛里斯国（Seres）的首都的行程需耗费7个月，估计两城之间的距离抵得上3.62万个大型露天体育场的周长总和。"[9]这一距离大约为3600英里，这表明从幼发拉底河出发，大约一整年就可以抵达中原。如此一来，往返两地的人至少得离家两年。

梅斯写了一份关于他的商团的旅程的完整报告，但是这份报告已经遗失，只有克罗狄斯·托勒密在其所绘制的地图上的论述中简要总结了这份报告，才使得这份报告为人所知。托勒密描述了梅斯商团如何在希腊或罗马政府以前未知的土地上旅行了7个月。当他们在塔里木地区旅行时，这支商队沿着一条"受暴风雨影响"的路线行驶，直到他们进入了赛里斯国的首都——皇城洛阳。梅斯商团发现与他们一道的是数十名来自中亚的使臣，这些使臣是来向中原朝廷致敬的。[10]

《后汉书》从汉朝的角度解释了与梅斯商团的偶遇，并记录了此次偶遇的时间为公元100年。看起来，梅斯商团介绍自己为马其顿人，并解释了他们的故乡叙利亚与中华帝国之间的遥远距离。这些信息被翻译后，呈给了朝廷，汉朝书吏记载：梅斯商团来自两个以前不为人知的地区，该地区名为蒙奇和兜勒（马其顿和提尔城）。《后汉书》中说："于是远国蒙奇、兜勒皆来归服，遣使贡献。"这些外国使者告诉汉朝官员：蒙奇和兜勒距离汉朝首都洛阳大约1万英里（4万里）。这使得这些西域地区成了当时与中国政权接触的各地区当中最遥远的地区，并且，汉朝还把蒙奇和兜勒当成了位于罗马帝国境内的两个地区。

梅斯商团遵循外国使节惯用的外交礼节，并被允许进入皇宫，去向汉和帝表达礼节性的归顺。这支商团当时携带了在叙利亚作坊中被重新编织的薄丝绸，以及一些印有罗马皇帝头像的帝国金币。《后汉书》记载道，东汉政府赐蒙奇、兜勒的使者"金印紫绶"。此时，有数十名访问使节来向汉朝进贡，而梅斯商团与来自亚洲西部边缘的一个小国的、富有异国情调的外国人一起受到了汉朝官员的招待。他们在被护送回石头城开启返回遥远的叙利亚的旅程之前，可能收到了最精致的汉朝丝绸作为外交礼物。

梅斯撰写的报告描述了远东之旅，这份报告挑战了西方人对于中亚的传统印象，他们一直认为中亚已经被怪物和食人族占领了。这次远征证实了亚洲东部地区存在着强大而组织严密的王国。人们对中国有了全新的认识，这也就可以解释尤维纳利斯（Juvenal）有一次在抱怨罗马妇女干涉传统男性利益时的评论，他打断了将军问："中国人的意图是什么？"

梅斯的报告为远距离商业的发展和罗马知识水平的提高提供了独特的机遇。罗马在叙利亚和埃及的臣民们首次确切地知道远东有一个东方超级大国，这个国家还能制作大量的丝绸和钢铁。当罗马皇帝图拉真忙于征服达契亚时（公元 101 年—公元 106 年），梅斯远征队的报告在罗马—叙利亚传播开来。也许罗马皇帝正是了解到了这次与遥远东方的接触以及东方商业的价值，才会计划去征服帕提亚的。

安敦大使

据中国史料记载，公元 166 年，一艘罗马船只驶过马来半岛，越过泰国湾，到达了南中国海。这些罗马船员随后沿着越南海岸向北航行，并停靠在一个名为日南（Rinan）的中国军事前哨基地。日南位于汉帝国的南部边缘，红河（Red River）在这里注入东京湾。汉朝驻日南的负责人允许罗马船员上岸，并安排人护送其中一些船员去位于洛阳的皇宫。

《后汉书》有一卷的内容类似于简短的百科全书，其中有一段专门描述"大秦"，里面就描述了中国和罗马的这次接触。此书作者注重事实描述，并认为没什么必要去解释此次接触的目的。不幸的是，这段简短的记录是所有关于汉朝政府和罗马代表之间第一次会晤的记录当中，唯一留存下来的。这次会晤是两大古文明第一次有机会来相互交流有关商业、文化和技术创新方面的信息。但这次会晤的影响并不深远，而中国的一些记录是这些罗马代表到达过汉朝的唯一记录。这表明，那些罗马船员可能没有安全返回埃及，因为他们的返航行程可能要跨越全球四分之一的地区，并须横渡 8000 英里的海洋。

罗马的臣民到达中国的原因可能与公元 162 年发生的事情有关，当时的帕提亚国王沃洛吉西斯四世（Vologases IV）入侵了罗马的附属国亚美尼亚，并让自己的候选人当上了亚美尼亚的国王。作为回应，相邻的卡帕多西亚里的罗马总督马库斯·塞达蒂乌斯·塞威里阿努斯（Marcus Sedatius Severianus）也率军进入亚美尼亚，以恢复帝国秩序。但这支罗马军队被帕提亚的一支骑兵从侧翼包抄，最后被围起来屠杀了。这意味着罗马皇帝马可·奥勒留被迫与帕提亚帝国宣战。在东部边疆经历了近 50 年的和平之后，罗马帝国和帕提亚帝国准备展开全面的军事冲突。[11]

随着局势的恶化，罗马人可能决定与远东的强国直接接触，以此来威胁帕提亚的利益。这些强国应该包括位于阿富汗的贵霜帝国，以及从帕提亚主要领地分裂出来的里海王国赫卡尼亚。这种形式的外交往来所采用的常规路线是：埃及及其红海与印度之间的通道。一些罗马商人可能会收到来自国家的、待传递给外国统治者的信息，而远方王国的大使们坐着罗马商船前往印度区域，或从印度区域到罗马时，都会从安全通道通过。

在罗马军团与帕提亚支持的军团对战，以争夺亚美尼亚的控制权时（公元 58 年—公元 63 年），这种形式的联系证明了它的重要性。在这场战争中，罗马人的胜利得益于东方的冲突，这一冲突令帕提亚的军人从亚美尼亚的战场中撤走。塔西佗记载道："我们更容易成功，因为帕提亚人完全深陷赫卡尼亚之战的泥潭当中。赫卡尼亚人曾向罗马皇帝发送信息，要求与罗马联盟，并出于信誉保证，解释了他们如何扣留了东方的帕提亚国王。"在返回时，这些赫卡尼亚特使就乘坐从埃及驶往印度王国的罗马船只离开。塔西佗描述了罗马指挥官科尔布罗（Corbulo）"是多么地担心这些代表会在越过幼发拉底时，在敌人的前哨基地那儿被拦截。于是，他安排一名护卫护送这些代表，将他们护送到红海岸边，然后，他们就可以避开帕提亚的领地，安全返回自己的故乡"。[12] 这些特使本来可以穿过贵霜帝国，从印度王国到达阿富汗的北部边界，然后再从这里抵达里海东岸的赫卡尼亚。

罗马人可能在公元 163 年再次使用了同样的商人网络来联系远方的王国来反对帕提亚政权。但这一次，罗马皇帝似乎决定联系赛里斯人（中国人），并派遣罗马代表前往远东。也许马可·奥勒留想与梅斯·提提阿努斯所描述的神秘的、备有钢铁的帝国建立联系。

公元 163 年春天，罗马共治皇帝路奇乌斯·维鲁斯（Lucius Verus）抵达叙利亚，筹备罗马军团与帕提亚的对战。大约在同一时间，罗马安排代表团从红海的港口出发，去联系赛里斯国。这个代表团第一个接触的国家是贵霜帝国，此国已通过陆地丝绸之路与中国打过交道。但到了这个时期，塔里木盆地的各王国不再受汉朝统治，而且贵霜帝国也无法提供保证通过中亚的安全通道。

另一条通往中国的路线是穿越整个印度洋，然后绕马来半岛航行，直到抵达泰国湾和南中国海。这条路线是一些印度商人在探索越南的北海岸时发现的。根据汉朝史料记载，在公元 160 年，印度王国的一名摄政王设法通过这条新的海上路线，派遣使者到中国南部。[13] 这条海上通道的发现为远距离的外交和商业联系提供了一条重要的新途径。马可·奥勒留派遣一些罗马使者（也可能是商界名流），去确认这条路线，并与汉政府直接联系。

这些罗马人在东部港口度过了公元 165 年的冬天，然后在公元 166 年夏

季季风来临时，恢复航行。他们从缅甸出发，然后顺着马来半岛航行 1000
英里，接着穿过危险重重的马六甲海峡，进入泰国湾。到了泰国后，他们航
行了 500 英里到达越南南端，接着再航行 1000 英里到达亚洲东南沿海地区，
最后到达汉帝国南部边缘的日南。这些罗马人可能在公元 166 年夏末抵达日
南，在这之前，他们在海上或各个外国港口漂泊了 14 个月以上。

日南当时由一名汉朝官员管理，他负责管理中国在该地区的利益，且其
权力凌驾于当地统治者之上。公元 166 年，汉政府在经历了一系列的军事行
动之后，刚刚恢复了日南郡的秩序。[14] 因此，抵达日南港口的罗马人应该会
看到无数穿着奇怪的制服、手持着新奇武器的军人。这些旅行家一定已经意
识到：他们正在与一个类似于罗马的大型军事化帝国打交道。

日南的中国指挥官认识到了这些罗马来宾的重要性，因此，他立即安排
人将他们护送到洛阳，随行的还有从他们船上搬下来的一些货物样本。日南到
洛阳的路程超过 1200 英里，几乎与埃及到意大利的距离相同。而这群罗马人
所走的路主要是一系列主干道，他们不仅乘坐着官方的马车，还有一小队中国
骑兵护送。中国主要干道的宽度超过 50 英尺，是罗马最宽的道路的两倍。这
些干道中央会铺设一条车道，专供皇家马车和信使使用。干线道路上还会设驿
置，用来管理书信传递和保存公文记录。此外，干线道路上每 6 英里还会设
一个邮亭，每个邮亭都会安排士兵把守，以维持这个区域的治安和监管此地
的交通。驿置与驿置之间的距离为 10 英里，驿置里面备有骏马供驿使和朝廷
官员使用，此外，驿置还提供住宿之处。[15] 但即便有了这些便利条件，这些罗
马人在马不停蹄地向北赶路的情况下，还是花了几周的时间才到达都城洛阳。

在向北行走的途中，罗马人应该看到了中原乡村里那高耸的瞭望塔，它
们被当作多层粮仓来使用。他们还有机会观察到围绕着汉朝各城市的坚固的
雉堞。至于希腊或罗马人期望在重要城市中心看到的雄伟的、石头建造的古
典建筑，这些城市里一座都没有。相反，中国最大的几座建筑都是采用精心
雕刻的木材来支撑亮色陶砖这样的构造。

这些罗马旅行者应该会注意到其他的文化差异。在中国，包括孤儿和寡妇在内的地位低下的穷人穿的是较厚的丝织品，国家会给他们发一些基本的衣物当作救济品。在罗马帝国，高品质的钢铁很罕见，但在中国，它们既可以用来制作作战装备，又可以用来制作普通工具。在罗马，皇帝的肖像被广泛应用于硬币、军徽和公共雕像，但中国人并没有以同样的方式来表现对皇帝的敬意。在前往中国的几周旅程当中，罗马的特使们可能会想知道汉朝皇帝是否会像图拉真一样，是一名驰骋疆场的将士，还是会像马可·奥勒留一样，是哲学家、政治家。

当罗马特使到达洛阳时，他们可能被带到皇宫内的行政总部进行评估。当时的中国是由许许多多的文官管理的，而汉朝在洛阳的宫殿群则类似于一个聚集了一群饱学之士、档案管理员、大臣和官吏的自成体系的城市。汉朝官员有可能从一群居住在洛阳的印度商人当中，或者洛阳城内的某一个寺庙当中，请来了一些译员来翻译。除此之外，汉朝官员还请来了一些居住在洛阳的帕提亚贵族，他们来中国的目的是通商和传播佛教。当罗马特使看到汉朝官员身边陪着这些帕提亚贵族时，想必是极其不安的。

在受到仔细询问之后，这些罗马代表被传唤到内廷，得以觐见汉朝皇帝。作为外交礼仪的一部分，汉朝官员向罗马特使们询问了一系列常规问题，旨在确认其国家的规模和特征。据中国史料记载，罗马代表们声称其代表"安敦"（Antun），即当时正在执政的罗马皇室和罗马皇帝马可·奥勒留·安东尼（Marcus Aurelius Antoninus）。那时候的中国人才认识到罗马有一个与汉朝相似的执政政治家族，他们将这个王朝的名字安东尼简称成"安敦"。

安东尼代表证实，有一条经过帕提亚领土的陆路可以直通罗马帝国。他们告诉中国人，罗马帝国一直在试图派代表到中国，但是他们的努力被那些想要控制陆上丝绸贸易的帕提亚人阻挡。中国人还问了更多关于罗马商人与印度之间的贸易的利润。中国人可能问过这些特使罗马帝国的军事实力，因为这是汉朝关于外国势力的大部分报告的一项重要内容。但这些特使没有透露罗马的军队人数或解释他们的作战方式，也许他们认为向外国势力披露这些信息是不明智的，或是帕提亚人出现在汉朝宫廷的这一事实导致了他们无法回应。

一般而言，使者们会向外国统治者提供一些具有异国情调且昂贵的外交礼物，以表示对该统治者的尊重和对其声望的衡量。即便是贸易代表团也会采取这种做法，以便与外国政府的商业谈判能够成功开始。然而，安东尼代表团似乎既没有贵重的外交礼物也没有高价值的罗马商品能够用来送给汉政府。这不可能是一种疏忽，所以罗马人在以前的一些遭遇中，可能丢失了他们准备好的礼物。也许，他们在来中国的途中，在经过东方诸王国时，不得不把这些物品献给了某个王国的统治者。也有可能是在上一年冬天，他们用这些礼物来支付在避风港生活的费用了。

因此，他们向汉朝皇帝献上了从他们船上带下来的、随着他们一起运到洛阳皇宫的货物样品，来取代罗马的外交礼物。令汉朝官员感到失望的是，这只是一批普通的东方商品。从丝绸之路的现有报告来看，汉人们希望能够收到宝石首饰、精致的红珊瑚做成的物品或精致且色彩艳丽的西方织物。据《后汉书》记载："大秦王安敦遣使自日南徼外献象牙、犀角、玳瑁，始乃一通焉。"

安东尼特使没有解释为什么他们没有献上合适的外交礼物，这引起了汉政府的关注。汉朝政府以前收集的所有报道都表明：罗马帝国和中华帝国一样强大，所以没有献上合适的外交礼品的行为实在令人怀疑。这样的行为会让人认为罗马人可能缺乏诚意，或者表明罗马帝国并不像现有报告所声称的那样富裕。《后汉书》评论说："其所表贡，并无珍异，疑传者过焉。"

1885年，德国的一名学者弗雷德瑞克·赫尔斯（Friedrich Hirth）翻译了《后汉书》的这段文字，因此假设当时的中国人对罗马代表们持"怀疑态度"。他认为这些罗马特使是投机的罗马商人，他们将贸易的货物当作外交礼品来献给汉朝。[16] 但是汉政府有这群罗马特使的评估报告书，而且，据《后汉书》透露，这群大使确实身负罗马皇帝下达的某项使命。《后汉书》清晰地记录道，这些微薄的礼物使得某些中国官员对当时描述罗马帝国财富和重要性的一些既定报告的真实性产生了怀疑。汉政府与罗马大使相互交换礼物后，这次会面就结束了，然后，这些安东尼特使就被护送回日南，那里停留着等待他们回归的船只。

安东尼特使们可能想要在印度过完公元 168 年的夏天，然后预计在该年 11 月份回到埃及。根据这个时间表，中国人预计会在公元 170 年再次见到罗马派来的大使。但是，罗马并没有再次派大使过来，甚至连一个想要利用此新时机来大赚一笔的商人都没有。中国官员试图去解释罗马方失联的原因，并注意到了安东尼特使们之前献上的礼物的情况。他们相信这些特使是真正的罗马大使，但他们得出的结论是：罗马并不像那些外国知情者所声称的那样富有，或在政治上雄心勃勃。

然而，如果安东尼代表们安全返回了埃及，那么他们就会发现罗马帝国当时正处于前所未有的危机之中。公元 165 年，罗马军团成功入侵了帕提亚帝国，他们夺取了塞琉西亚，并占领了巴比伦。但是在该年冬季，罗马军队中突发了一种未知的疾病，这种致命的疾病很快就在军队中传播开来。罗马军队被迫放弃战争，然后带着大量受感染的士兵撤回叙利亚。迪奥描述道，共治皇帝路奇乌斯·维鲁斯"因供应短缺和疾病而失去了他的许多士兵，但他与幸存者们一起回到了叙利亚"。

返回的士兵将疾病传播到罗马帝国的主要城市。《罗马君王传》评论道："维鲁斯开始厄运缠身，他在返回的途中，无论到了哪个行省，这种疾病就好像跟着他到了那个行省，直到它在罗马蔓延开来。"学者们称这种疾病为"安东尼瘟疫"，它很快变成了流行病，在罗马的许多地方蔓延开来。而此前受到感染的地区重新暴发了重大疫情，给罗马人民造成了更多的痛苦和死亡。公元 168 年，罗马宫廷医生盖伦不得不去治疗驻守在意大利东北部的罗马军队中暴发的一种疾病。他报告说："当我到达阿奎莱亚时，我发现这种疾病的感染强度比其他传染病的感染强度更大。罗马皇帝立即带着几名士兵回到罗马，但大多数人难以幸免于感染，并大都难逃一死。"[17] 公元 169 年，共治皇帝路奇乌斯·维鲁斯可能因为一种未曾公开的疾病，也可能因为预防性药物的毒性发作，而突然去世了。

盖伦记录了这种疾病的症状和影响，从他的记录来看，这种疾病似乎是一种致命的新型天花病毒。由于罗马人没有对这种致命的毒株产生遗传性抗体，因此，这次感染导致许多人死亡。在埃及找到的一些写在莎草纸上的文献提到了这一时期大概的死亡率。斯科诺帕伊尼索斯（Socnopaiou Nesos）村庄出土的税务记录证实：公元 178 年 9 月至公元 179 年 2 月，有一个村庄本来有 244 名男性，但其中 78 名男性因为这种疾病而丧生。这数量几乎占了 6 个月内所死亡的男性人数的三分之一了。在维鲁努姆（Virunum），也就是诺里库姆（Noricum）铁矿场附近，有一块铜匾，上面记录了密特拉神（Mithras）教的成员名单。公元 183 年，在这种疾病刚刚暴发期间，太阳洞穴（Mithraeum）中的 98 名成员中有 5 名成员因此疾病而丧生。[18] 现代天花病毒的菌株可导致幸存者视力受损或不育，因此，许多感染者康复后留下了严重的残疾，这导致他们之后的生活不得不依赖于他人，并且还令他们更容易患上其他的疾病。

在罗马军团受疾病感染时，日耳曼军队攻破了罗马北部边界的防御。马可·奥勒留在其剩余的执政年间，努力复兴罗马帝国，并保卫其欧洲边界。罗马人所不知道的是，同样的疾病正在远东蔓延，它给中华帝国造成的死亡率不亚于它在罗马造成的死亡率。据《后汉书》记载，公元 162 年，驻扎在北部边疆地区的汉军当中，有三分之一的军人在此疾病的早期暴发阶段死亡或变得虚弱。[19] 在此疾病蔓延的情况下，两大帝国的人力都严重受损，因此，国际贸易开始衰弱，而长途交流也不再可行。这一灾难性疾病减少了定居居民的数量，并令汉朝和罗马的军队陷入瘫痪，因此，在两大帝国为了个人生存而奋战时，这两个相距甚远的帝国之间联盟的希望就此破灭。

罗马与华南地区的接触

公元 184 年，中华帝国因为一场声势浩大的农民起义——黄巾起义（Yellow Scarves Rebellion）而变得动荡不堪。起义军鼓动中国农民和民兵头扎黄巾，来表明他们信奉起义军所建的太平道，这个太平道主张通过符水来治病。为了恢复秩序，汉政权赋予了各地州牧、郡守和将领们更大的政治、军事和经济的权力。这些新的军阀镇压了黄巾军，然后自己开始夺权（公元 196 年—公元 208 年）。于是，中国被分裂成了三个敌对的国家，其中，北半部地区（魏国）受军阀曹操的统治。剩余两个王国则占据了位于中国长江以南的那些纬度较低的省份，其中占据西部地区的是蜀国，而占据东部地区的是吴国。公元 220 年，懦弱无能的汉献帝被迫传位给曹操之子，汉朝正式灭亡。

在这个时期，随着人口数量的降低和帝国收入的减少，罗马帝国也正处于严峻的政治和经济不稳定时期。罗马所面临的危机还包括一次内战，这场内战令罗马帝国面临着被分裂为三个敌对领域的威胁（公元 192 年—公元 197 年）。那时，克罗迪乌斯·阿尔宾努斯（Clodius Albinus）占领了高卢，佩森尼尔斯·奈哲尔（Pescennius Niger）占领了叙利亚，而塞普蒂米乌斯·塞维鲁（Septimius Severus）则占领了潘诺尼亚和意大利。后来，塞维鲁成功击败了其他两名对手，并开创了一个新的帝国王朝，为罗马维持了数十年的稳定（公元 198 年—公元 235 年）。

中国有本古书名叫《梁书》，书中记载了一位名叫秦论（Lun）的罗马商人于公元 226 年抵达中国华南地区的情形。秦论的这个中文名字可能是中国学者根据他的希腊名字利昂（Leon）音译简化而来的。[20]秦论，或者说利昂，当时乘坐一艘罗马船只从泰国出发，并绕到了越南，最终抵达吴国。秦论到达越南后，中国驻东京湾的太守对他进行了一番询问，而秦论声称自己是一名专门从事远洋贸易的商人。东京湾的太守令人将秦论送到了吴国在中原的首都——武昌（现在的鄂州），吴国皇帝孙权的宫殿也在那里。[21]

公元 226 年，吴国和中国北方强大的魏国在政治和军事上都陷入了僵局。但孙权想扩大他的领域，并注重将他的统治范围向南扩展到柬埔寨和越南。他认为在中国东海有海上利益可图，并正准备派遣 1 万人的舰队去征服附近的台湾岛（公元 230 年）。[22] 在中国已经分裂为三个敌对王国之后，当得知罗马帝国依旧完整统一时，孙权想必是很惊讶的。《梁书》报道说："权问方土谣俗，论具以事对。"在当时的情况下，与罗马建立政治和商业联系这一前景肯定令人感兴趣。因此，据《梁书》记载，孙权选了一位名为刘咸的中国官员，陪同秦论回罗马帝国。

在吴官时，秦论对中国军队在东南亚俘获的一些非常矮小的黑皮肤的俘虏感兴趣。秦论说，这些人在罗马很罕见，也很珍贵，因此，孙权送了 20 名这样的俘虏给秦论作为礼物，当时的孙权可能是希望更多的罗马商人来吴国。秦论在公元 227 年前后离开中国，但没有记录表明他的船只安全返回罗马帝国。他的船可能遭遇风浪破坏、受到泰国湾海盗的袭击，或者因马六甲海峡那令人麻痹的平静假象而被撞碎。《梁书》记录说："咸于道物故，论乃径还本国。"[23] 但同一时期的罗马资料并没有提到这次接触，也没有提到有任何来自远方的外国人曾经觐见过亚历山大·塞维鲁（Severus Alexander，公元 222 年—公元 235 年在位）。两大帝国再一次建立直接政治和商业接触的机会失去了。

结论
中国和罗马之间的丝绸之路和经济

　　中国汉朝和罗马帝国是古代世界最大、最繁荣的两个帝国，但根据直接的测量，两国领土之间的距离有 3000 多英里。由于受到极端环境的影响，两国之间的土地地形有许多是地球上最荒凉的，其中包括河西走廊里的草原、塔里木盆地里炙热的塔克拉玛干沙漠，以及与兴都库什山脉和喜马拉雅山脉相接的山顶终年积雪的帕米尔高原。大夏，这个干旱的内陆国家位于古代丝绸之路的中心，从这里向南走可以抵达印度王国，向西走则可到达伊朗东部的沙漠平原。想要穿越伊朗的旅行者们必须走贫瘠的山路，因为伊朗高原守卫森严。即便是从巴比伦到叙利亚的旅程也不是一次简单的冒险，因为这段旅程需要穿过沙漠，而这沙漠又被不同的敌对势力占领着。从中国边境到罗马的实际行程超过 5000 英里，因为这条路线横跨中亚，途经难以通行的沙漠、草原和山脉。

　　这些丝绸之路的各个路段受到其他帝国的控制，这些帝国包括东亚草原上的匈奴帝国、阿富汗的贵霜帝国和伊朗的帕提亚帝国。因此，罗马陆路贸易商无法到达中亚，而中国商人也无法直接进入罗马辖区。相反，若某些路段拥有来自特定国家的、在各大领地经营运输和贸易业务的商人，那么丝绸之路在该路段就能经营起来。这种国际网络使得中国丝绸能够通过一系列的中介到达罗马市场。这些中介包括来自塔里木地区的城市人口和来自河中地区的粟特人。叙利亚的罗马商人可以到巴比伦，从帕提亚的经销商那里买到东方丝绸，不过，一些途经印度洋的罗马船只也会运一些丝绸到罗马，这些船会去印度的一些城市港口，然后载一些东方织物回埃及。

这种国际商业的价值可以说比其规模或文化影响更重要。斯特拉波报道说，每年都会有120艘罗马船只驶往印度，据罗马的一份法律文件《穆泽里斯纸草》记载，这些船中，其中一艘船的货物价值总额稍稍超过900万塞斯特斯。这一证据表明，罗马帝国每年进口的东方货物的价值可能超过10亿塞斯特斯。至于货物税收，可参考位于帕尔米拉的一座墓塔的碑文，该墓塔建于公元二世纪，上面记载了价值3.6亿塞斯特斯的外国商品在进入叙利亚时，如何进行税收评估。这项贸易活动意义非常重大，因为罗马政府对所有跨越帝国边境的货物征四分之一税，也就是"tetarte"税。因此，国际商业是罗马的主要收入来源。

收入对比

罗马帝国靠其军团维护统治，在这种军事结构下，士兵薪酬来源于国家收入，其中包括土地税和人头税。为了征税，罗马帝国会定期进行人口普查，以确定其附属国的人口规模和财富分布情况。众所周知，基督教的《新约》（New Testament）就提及了这一做法。根据书中的描述，当时奥古斯都皇帝发布命令：在受罗马控制的所有地区进行一次人口普查，文中的表达为"恺撒奥古斯都有旨意下来，叫天下人民都报名上册"。当地的帝国总督就可以提供一个行省的人口详情，普林尼就向他的读者提供了他在塔拉哥纳西班牙行省（Hispania Tarraconensis）执政时（公元72年—公元74年）当地人口普查的部分详情。现存的史料几乎没有保留罗马人口的数据，因此，现代学者只能使用其他证据，如很久之后的历史资料所提供的参考数据，来估算罗马人口的规模。因此，根据最新估算，罗马帝国的人口数量在 4500 万人至6000 万人之间。

中国幸存的史料提供了有关远东人口规模的更精确的信息。据公元前 2 年汇编的一份中国人口普查报告记载，汉帝国约有 1240 万户人家，总人口约为 5960 万人，耕地总面积约为 8.27 亿亩（14.7 万平方英里以上）。[1]地处中国东部沿海的江苏省的尹湾出土了大量写在简牍上的古籍文献，里面的内容证实了所述数据。这些简牍当中，有一个木牍记录了公元前 15 年，东海郡的管理和税收记录。根据木牍记载，东海郡有 26.6 万户人家，人口约为 140 万人，耕地面积超过 5500 平方英里。[2]因此，东海郡的耕地面积占整个汉帝国耕地面积的二十七分之一，而其人口数量占整个汉帝国人口数量的四十分之一。[3]

与罗马百姓所缴纳的税相比，大多数中国百姓向中央政府提交的税目要更多。汉朝对成年男子（15—56 岁）征收"算赋"，每人每年要向政府缴纳120 钱（对于拥有一份报酬丰厚的工作的百姓而言，这笔钱四天或五天就可以赚回来）。[4]汉朝还征收土地产量的三十分之一作为田租，这种税通常用粮食来支付。汉朝每年大约有 50 万人到达有资格服兵役的年龄，但汉帝国的正规军只需要征用一小部分人。[5]因此，汉政府允许将要服役之人除了缴纳常规的算赋之外，再每年缴纳一次"更赋"，便可以免除服役。[6]汉朝商人也必须支付更重的算赋，但汉政府并没有对跨越帝国边境的货物征收高额关税。

汉朝的另一收入来源是"献费"。汉朝分封同姓和异姓子弟为王，建立诸侯国，诸侯国内的税收由诸侯王征收，但诸侯王每年要向汉朝缴纳黄金，作为献费。[7]汉帝国在重要的工业上也保持着垄断地位，包括盐的生产，盐是保存食品的必要元素。此外，在汉初的某些时期，大多数武器、工具和农具制造所需的铁的生产由汉帝国经营。这些垄断使政府能够根据市场需求来调节价格并创造大量收入。[8]

　　尹湾汉墓简牍进一步提供了关于汉帝国郡收入的信息。根据尹湾汉墓简牍的记录，东海郡的年收入为 26660 万钱，谷类收入为 50.66 万石（1.6474万吨）。这笔收入当中，东海郡已经使用了其中的 14580 万钱和 41.26 万石粮食，剩余的将被存起来或上缴给其他管理中心。[9]这意味着，在抵销了该郡的支出后，该郡上缴给中央政府的钱币不到其总收入的一半，而上缴的谷物大约为总谷物收入的五分之一。

　　公元一世纪，汉朝官员、哲学家桓谭写了一本书，名为《新论》，书中记录了汉帝国的收入情况。据桓谭记录，汉政府每年征税超过 40 亿钱，其中大约一半税收用于支付官吏俸禄，其余的金钱藏在库房内，为禁钱。根据桓谭的说法，汉帝还有自己的皇室私库，每年收入约 83 亿钱。这表明汉帝国年收入总额约为 123 亿钱。

　　在基本层面上，金钱可以被看作用来保护资源和人力的媒介。因此，通过比较雇用一名士兵或工人的成本，中国的收入可以等值转换成罗马的收入。在罗马帝国前期，1 枚银币值 4 枚大的塞斯特斯铜币，这笔金额可以支付一个成年男性一天的工资。每枚塞斯特斯内含大约 28 克金黄色的铜，也就是山铜（oricbalcum），山铜由大约 80% 的铜和 20% 的锌组成。中国汉朝时期的主要货币是一种称为"五铢钱"的小铜币，一个人一天劳动的工资大约值 20枚铜币。每枚五铢钱含 3.2 克青铜，青铜由 90% 的铜和 10% 的锡组成。粗略算来，这意味着汉朝 123 亿钱的收入相当于罗马 25 亿塞斯特斯的收入。

　　史料表明，到公元一世纪后期，罗马帝国每年的收入约为 11 亿塞斯特斯。[10] 因此，按照上述算法，汉帝国的年收入是罗马帝国年收入的两倍多。但是，两大帝国地区管理的成本和责任级别各不相同。例如，汉政府任命管理人员来管理郡级城市的税收和公民支出。相反，罗马帝国的市政管理通常由附属行省的当地杰出人物来管理，这些人将负责征收其行省内的税收，然后在抽取成本和利润后，向罗马政府上缴约定数额的贡税。

在汉朝的四十个主要的郡中，汉政府可能能够从大部分郡获得可观的资金，因为几个世纪以来，这些地区中的许多地区一直是管理完善的中国的一部分。例如，汉政府就从东海郡收取了相当于5300万塞斯特斯的税收。这税收中，其中2900万塞斯特斯被用于支付东海郡当地的花费，剩余的2400万塞斯特斯则被上缴到了洛阳。[11]

罗马政权在统治前期必须在不同的条件下运作，因为罗马帝国的大部分地区是新征服的领地，这些领地几乎没有预先建立的城市基础设施。罗马帝国大约有五十个行省，但据史料记载，一旦这些地区的开支都抵销后，这些地区中的大部分地区只能向罗马上缴不到400万塞斯特斯的贡税。欧洲西北部的凯尔特领地和日耳曼领地在市政管理中推行经济货币化的时间较晚，因此，这些地区的早期收入看起来相对较低。[12]此外，罗马帝国对于其在东地中海中占领的大部分领地，仅征收适度的税收。据苏埃托尼乌斯透露，罗马财政部每年从小亚细亚中的一个小附属国——科马吉尼那收取的费用仅为500万塞斯特斯。[13]这笔金额大约是汉政府可以从中国单个郡所获得收入的四分之一。

罗马帝国要求附属民族提交贡税，以表示该民族臣服于罗马，如果该民族反抗，那么罗马帝国会增加他们须提交的金额和物资，以示惩罚。罗马帝国会与附属民族缔结长期协议，确定上缴贡税的数额，所以，这意味着若是罗马帝国统治下的某一王国变得更加繁荣，罗马帝国不一定能从该王国获得更多的收入。罗马帝国对于跨越省界的货物征收较低税收，大约为四十分之一（2.5%），这意味着国内的贸易并不会带来大量税收。[14]例如，如果高卢人所在的各个行省需要跨省运输价值4000万塞斯特斯的货物，那么罗马帝国对这批货物所征收的税为100万塞斯特斯。

史料表明，罗马帝国只要求其大部分附属国缴纳适当的贡税即可。这意味着，罗马中央政府征收的税收当中，只有一小部分来自普通百姓。据《新约》记载，罗马成年男性每年需要上缴的人头税（tributum capitis）仅为1

银币（价值 4 塞斯特斯或一天的劳动薪酬）。也就是说，100 万名成年男子缴纳的人头税总和仅有 400 万塞斯特斯，若罗马帝国想要大幅提升收入，那么其对人口增长的需求就会非常大。

在大多数罗马行省，财产税似乎也相对较低。据阿庇安报道，罗马在叙利亚的臣民每年须缴纳的土地税（tributum solis）仅为其已评定资产的 1%。[15] 罗马土地税可用钱币或等量的农产品来支付，政府会将收到的农产品运到附近的驻地，或在公开市场出售。据塔西佗提到过的罗马—不列颠的粮食税，约瑟夫斯描述了公元 66 年犹太战争时期，犹太省的反叛军如何从"帝国粮仓"中夺取粮食。[16]

罗马贡税的等级在一开始签协议时就固定了，这意味着地区人口或财富的增长，并不一定会增加罗马帝国的收入。相反，如果一个地区农业增收、人口增多，那么这意味着这个地区每个人需要缴纳的贡税减少了。人口普查报告向中央政府揭示了这些人口变化，中央政府随后做出的回应是：减免一些地区的部分税收负担。有时候，一些城市全城上下都不用缴税，以作为特殊的奖励或特权。公元 70 年，韦斯巴芗免除了恺撒利亚（Caesaria Martima）居民的人头税，而他的继承人提图斯免除了该地居民的土地税。[17]

在帝国初期，罗马公民和享有国家军饷的士兵都不必支付人头税。这一点意义重大，因为西班牙、高卢和不列颠的大部分地区在被罗马征服之前，没有城镇或城市。北欧因被罗马占领后才被城市化，而许多最早的城镇和城市围绕着堡垒和老牌殖民地而发展。为了罗马公民的利益，罗马帝国将其附属国上缴的贡税当作向该附属国征收的税款。因此，即使这些城镇慢慢发展成了城市，罗马中央政府也不会向它们征税。

罗马经济还出现了一个问题：粮食生产大规模失衡。克里米亚每年生产的粮食超过 8.4 万吨，这足以养活 20 多万人口。这些粮食大部分被出口到地中海东部的大型希腊城市，否则，单靠其本地种植的农产品，这些城市无法维持其人口规模和密度。罗马市的人口接近 100 万人，但政府得向一些精选的男性公民发放一些粮食补助才能维持这一人口数量。每年约有 20 万名公民有资格获得一份补助，这些补助高于他们的基本需求，补助所包含的粮食足以养活都城内的 40 万名百姓。[18] 每年用于补助的粮食有 8.8 万吨，这些粮食都是从北非沿岸和埃及尼罗河河谷的农场运过来的。[19] 根据约瑟夫斯的记录，这些粮食中，约有三分之一的粮食（也就是 2.9 万吨）产自埃及。[20] 正如塔西佗所说，"这里并不是一个会令意大利陷入穷困的荒凉之地。我们更喜欢在非洲和埃及耕种，并愿意承担一切风险，将罗马人民的生活牢牢系在那些船只上"。

公元三世纪，这个供应系统第一次中断，当时，日耳曼族的一个分支部族——哥特族从北欧波罗的海沿岸的林地迁移到了黑海上游地区。他们占领了庞塔斯草原，并在多瑙河附近定居，在那里，他们引进了农业，并采用了来自塞西亚人的骑兵训练方式。公元三世纪中叶，哥特人派遣船只袭击黑海沿岸的罗马港口，与此同时，他们的军队侵占了克里米亚，并征服了切索尼斯王国。[21] 如此一来，克里米亚的食物资源和人口资源的控制权从罗马人手中转移到了哥特人手中。公元 322 年至公元 336 年间，君士坦丁皇帝向哥特族和萨尔马提亚宣战，迫使这两个国家归顺罗马。[22] 最终，哥特族的新王国成了罗马帝国的同盟国，但他们不受罗马帝国的直接管理。

罗马的收入

有关罗马行省收入的最有力的证据来自共和国后期的资料。据普鲁塔克记载，在庞培吞并了叙利亚和小亚细亚的大部分地区之后（公元前 60 年），罗马帝国的总收入达到了 3.4 亿塞斯特斯。[23] 当恺撒要求新占领的高卢提交价值 4000 万塞斯特斯的贡税时（公元前 50 年），这一收入有所增加。[24] 但据史料记载，罗马所征收的贡税数额相对适中，并没有随着时间的推移而大大增加。例如，菲洛斯特拉托斯（Philostratus）就曾描述过罗马帝国如何向位于小亚细亚西部的行省征收价值 2800 万塞斯特斯的贡税。[25] 波斯帝国在600 年前统治过该地区，而当时波斯帝国向该地区征收的贡税数额与罗马帝国征收的数额几乎一致。

埃及行省是一个例外，因为它被视为罗马帝国的庄园。该地区人口众多，管理严密，且该地区为罗马帝国带来了高额度的、灵活的收入。斯特拉波证实，埃及托勒密王朝为其国王创造了价值 3 亿塞斯特斯的收入，但罗马向该王国征收的贡税总额超过这一收入。据约瑟夫斯记录，到公元一世纪中叶，随着印度洋商业的全面发展，埃及每年向罗马帝国提交的收入超过 5.7 亿塞斯特斯。

由于罗马政府通过用新开采的金矿来铸造钱币这一方式来负担支出，因此，罗马大部分行省所需缴纳的贡税数额依旧很低。斯特拉波描述了西班牙南部的国有矿山每年如何向罗马共和国提供 39 吨以上的白银（价值 3600 万塞斯特斯）。据普林尼记载，截至公元 73 年，罗马在西班牙的金矿的年产黄金量在 7 吨以上（价值 8000 万塞斯特斯）。这表明，罗马每年可以从其矿场中获得价值超过 1.2 亿塞斯特斯的金（银）块。这些金（银）块可以用来铸造足够多的贵金属货币，来支付罗马十个军团或整个帝国三分之一军队的薪酬。[26]

由于罗马从国际贸易征税中获得了巨额利润，因此，罗马贡税的数额也可以保持较低水平。在埃及，如果通过海路从印度进口了总值超过 10 亿塞斯特斯的商品，那么埃及收税官可征收 2.5 亿塞斯特斯的 "tetarte" 税。巴尔米拉出口商品总值如果达 3.6 亿塞斯特斯，那么罗马在安条克和其他叙利亚城市的收税官征收的税收就可达 9000 万塞斯特斯。[27] 罗马出口到帕提亚、阿拉伯和印度的商品和金（银）块也须缴纳上述税收。

开支比较

中国和罗马在管理国家的制度上还存在着重大差异。汉朝须向大批在洛阳或其他郡县任职的官员支付俸禄，这些官员则须征收郡县的税收和管理郡县的行政。汉朝单文官就有 12 万人，相比之下，罗马军人数量达 30 万人。[28] 汉朝的这种管理方式使得汉政府每年得支付相当于 4 亿塞斯特斯的俸禄。

而按照罗马的制度，罗马皇帝的利益是由一个庞大的、基于家庭的自由民和行政奴隶网络来管理的。罗马帝国还保留了元老院，元老院的成员有 600 名，都是罗马前任执政官，这些成员每个人都符合所需的财产资格，也就是 100 万塞斯特斯。[29] 除了意大利，罗马的管理主要采用以军事为基础的制度，在这种制度下，各总督管理其所任职领地中的帝国部队。罗马各行省当中大约有 160 个高级职位，这些职位由元老和一些权势较小的贵族——骑士（equites）来担任，担任这些职位的财产资格为 40 万塞斯特斯。[30] 这些管理者的薪酬很高，但他们经常使用本地军官或从其家族中挑选出来的人员来管理行省的事务。因此，据现代学者计算，前期罗马政府每年应该会花费 7500 万塞斯特斯来支付其"平民"雇员的薪酬。[31]

最近有学者估计，早期的罗马帝国每年在军事上的支出至少达 6.4 亿塞斯特斯。[32] 这大约是 30 万名职业军人的成本，这些职业军人包括军团士兵、辅助士兵、罗马禁卫军（Praetorian Guard）和帝国海军。罗马军队有大约三十个军团，当这些军团满员时，每个军团将大约包括 5000 名军团士兵和 5000 名辅助士兵。每个军团每年须花费大约 1100 万塞斯特斯来维持，不过，罗马帝国向服役满 25 年的士兵慷慨支付的退役津贴占了这笔成本的绝大部分。在帝国初期，罗马士兵最集中的地方是莱茵河边界，这里驻守着八个军团，而这八个军团每年耗资大约为 8800 万塞斯特斯。这笔金额与中国支付给最大的草原国家，以作为该国不侵犯中国北部边疆的奖励的金额相似。

　　汉帝国在军事机构上的花费少于罗马在军事机构上的花费。东汉帝国分为两大军队势力：南军和北军。南军中有部分士兵是农民，他们只是应征短期服役；相比之下，北军由职业士兵团组建而成，这些士兵是因为预先计划好的进攻战役而应征入伍的。[33] 东汉还广泛使用骑兵团，这些骑兵团中的骑兵来自好战的草原民族，这些民族已经臣服于汉朝，并已获许在边疆定居。

　　保卫洛阳的北军部队中大约有 3500 名士兵，与之相比，罗马附近驻扎有 9 支禁卫军（4500 名士兵）。[34] 中国边境的军事基地可容纳数百名职业军人，并且，在骑兵部队的协助下，这些军人能够保护大片汉朝边疆。根据在边疆发现的古代文献的记载，汉朝曾有一支由 3250 名一线职业军人组成的部队，在保卫敦煌和朔方之间距离达 620 英里的领地。[35] 中国北部边境覆盖了 3000 多英里，因此，根据上述驻军密度，北军须派遣 1.6 万名士兵来保护汉帝国的北部边境。东汉还建立了几个大型军事基地，以监测在中国边境附近定居的附属草原民族。有证据表明，这些前哨基地当中，每个基地都有数千名固定士兵驻守。

　　中国边防驻军中的步兵每月军饷约 600 钱。军官收到的军饷相对来说要多得多，而骑兵由于要养马，所以军饷也会更高。这些军饷可能以食物或金钱的形式来发放，不过，中国政府仍然需要通过税收或其他方式筹集资源来支付这些军饷。一支拥有 2.5 万名职业步兵的常规军队每年至少要花费 1.8 亿钱。如果转换成罗马货币，这笔费用相当于 3600 万塞斯特斯，差不多是罗马三个军团（3 万人）的成本了。

　　当全员参与战争时，一支包括 20 万名应征士兵的中国军队每年将需要 14.4 亿钱（2.88 亿塞斯特斯）来支付军饷和补给物资。远东地区的战争成本较高，因为中国军队必须进入草原或其他偏远地区，才能与敌对国家交战，这些敌对国家战时的机动性往往都很高。这些战争涉及长距离供应问题，以及将人员和资源转移到远离帝国生产核心的边境土地所涉及的巨大成本。公元二世纪，汉朝向占领其缅甸—西藏边疆土地的西羌宣战。这场为期12年的战争的总成本被证实为240亿钱，或者说每年成本约为20亿钱。这场战争每年的耗资如果换算成罗马货币，约为4亿塞斯特斯，这笔金额相当于罗马帝国年收入的三分之一。

后来的资料显示，戴克里先（Diocletian）皇帝极大地扩大了罗马军队的规模（公元284年—公元305年）。拜占庭学者约翰·里杜斯（John Lydus）审查了公元四世纪的官方数据，他报告说，在这一时期，罗马帝国有389704名士兵和45562名海军。[36] 罗马有一本名叫《百官志》（List of Offices）的书籍，书中记载了罗马部队的清单。按照书中的说法，如果书中所列部队都在役，并且都满员，那么后期的罗马军队可能拥有多达50万名士兵（公元395年—公元420年）。在此期间，罗马军队分为驻守在驻地的边疆部队，以及随时能作战的、机动的野战军。

对草原的统治

草原各民族对于汉朝政府及其边境安全来说，是一个严重的威胁。在其政治巅峰时期，匈奴（"Hun-nu"）吞并了几个草原大国，并拥有24支军队，每支军队可提供多达1万名骑兵。[37] 在战争时期，这些人可以组成包含数十万名骑兵的军队。

在两个世纪的时间内，汉朝陆陆续续地在草原发动了远距离战役，以杀死或捕捉那些为匈奴提供军事力量的人和牲畜，从而削弱了匈奴的实力。随着时间的推移，匈奴被削弱，汉朝的一些位于偏远草原的更为重要的附属国实现了独立。但是，直到公元一世纪中叶，汉朝才彻底打败匈奴，当时，匈奴因内战而分裂，南匈奴则向汉朝求救。南匈奴归顺汉朝后，其八个部落的族人，包括多达 5 万名战士，被安置到中华帝国的边境地区。汉朝还命令南匈奴单于移居西河郡（山西吕梁）建立受汉朝管辖的属国。这些新归附的匈奴人为汉朝服兵役，以从汉政府换取大量的经济补贴，其中包括食物、衣服和钱币。

随着汉朝统帅率领士兵进一步远征到草原外围，北匈奴也在随后的军事行动中被打败。汉朝对北匈奴的决定性战役是稽落山之战，该战役发生时间是公元 89 年，发生地点是阿尔泰山附近。在这次战役当中，中国军队出动了 4.6 万名骑兵（其中 3 万名骑兵来自南匈奴盟军），在稽落山战胜了北匈奴单于，并迫使北匈奴单于投降。随后几年的战争中，北匈奴剩余的人向西逃到了中亚草原里中华帝国当时尚不知晓的一些地方。

匈奴帝国瓦解后，一个名为鲜卑的草原民族成为蒙古的主导民族。鲜卑族曾隶属于匈奴，他们居住在亚洲草原东部边缘的大兴安岭附近。但是，随着匈奴帝国的分裂，鲜卑获得了独立，并开始扩大他们在蒙古的范围和影响力。《后汉书》记载："北单于逃走，鲜卑因此转徙据其地。匈奴余种留者尚有十余万落，皆自号鲜卑，鲜卑由此渐盛。"据说，鲜卑拥有更好的叶片钢和更优良的马种，因此，"他们兵利马疾"。

还有一个草原民族名为乌桓，在中国保护其边疆的战略中，该民族占据了重要的位置。《后汉书》称："鲜卑者，其言语习俗与乌桓同。"公元前 121 年，乌桓脱离匈奴独立，并与汉朝结盟，之后，汉政府允许他们沿着汉朝边界定居。汉朝向乌桓人发放经济补贴，但乌桓族须为此在汉军中长期服役，以帮助汉朝边界免受其他草原民族的侵害。

汉帝国当时认识到了战争将耗资巨大，因此，汉朝选择最好还是避免大规模冲突。所以，为了维持边界的和平，东汉政府向外族支付大量补贴，以购买他们的人力来服兵役或抵御侵袭。到公元一世纪，汉政府每年要向位于汉朝边界的南匈奴支付 1.01 亿钱，向内蒙古草原上的鲜卑支付 2.7 亿钱。位于中国南部边境（西藏—缅甸）的西羌族和北部的乌桓族也得到过类似的钱款。中国当时的 7.4 亿钱如换算成罗马货币，则相当于 1.48 亿塞斯特斯。这笔钱应该足够用来支付一支大型常规军（相当于十三个军团）的军饷，只是，汉政府认为这种购买和平的方式更安全、更经济。

早期的中国和罗马帝国各面临着不同的军事、政治和财政挑战。两个帝国都必须征收大量税收才能为国家管理提供资金，以及建立一个可防止内部动荡和阻止外敌入侵的军事基础设施。罗马帝国对此的政策是斥巨资打造庞大的专业军队，而汉朝则是保持一个较小的军事结构，然后向外族势力提交贡税，以确保其边疆的和平和稳定。中国工坊生产的丝绸具有独特的国际价值，这为汉朝提供了宝贵的可再生资源，如此一来，汉朝就可以用丝绸取代贵金属，来为边疆部队支付军饷，以及补给属国。

中国人建立了一个人数众多、开销庞大的官僚机构，这一机构可以管理从其臣民征收来的高额税收。相比之下，前期罗马帝国的大部分收入来自贵金属矿的开采，以及对其领地和东方国家之间的国际贸易所征收的税收。商业税为罗马帝国提供资金，但罗马商人在巴比伦、阿拉伯和印度贸易中心花费的金（银）块的资源有限。贸易不平衡必将导致罗马帝国无法维持原有的繁荣景象或适应古典时代晚期的挑战。最为重要的是，罗马军队未能压制草原势力，因此，当东亚的一个草原民族出现在欧洲时，罗马帝国将因其而崩溃。

匈奴、匈人和帝国瓦解

公元四世纪，匈奴的一个分支向西迁徙到了庞塔斯—里海大草原上。这个被罗马人称为匈人（Huns）的匈奴分支击败了阿兰人，并征服了东欧人口众多的哥特王国。在这个过程中，他们导致了大量难民迁入欧洲，从而破坏了罗马帝国的稳定。在接下来的一个世纪里，匈人对罗马领地发动了破坏性的攻击，从而破坏了罗马边防，并最终导致了西罗马帝国的垮台（公元476年）。

　　匈奴人的西进运动发生在中国历史上所称的十六国时期（公元304年—公元439年）。《古粟特文信札》记录了东山再起的匈奴在公元312年如何侵略华北，以及洗劫汉朝设有围墙的首都洛阳。这一次袭击是一支匈奴分支领导的，他们自称为"汉赵国"（Han Zhao）之人，因为他们的首领自称是汉朝一名和亲公主与冒顿单于的后代。这支袭击军队有5万名草原骑兵，他们还洗劫了故都长安，并在战争期间（公元304年—公元319年）抓到了两名晋朝皇帝。

　　结果，中国的北方地区分裂成许多小王国，这些王国的许多民族和王族曾是中原王朝的附属。其中一些国家和他们的继承人生活在草原领地当中，这些领地受南匈奴人后裔的统治。这些后裔包括河西走廊北部的朗族、内蒙古北部的铁弗族和鄂尔多斯高原上的夏国。公元351年至公元376年，一个名为前秦的强大边疆政权开始征服其战争对手，但在其国力衰弱之后，北魏取得了全面胜利，并控制了中国北方（公元386年—公元534年）。

　　北魏采用中国式管理方式来管理国家，并利用佛教思想来推动他们的政权。北魏的统治者是鲜卑的后裔，因此，这个政权拥有许多可以在草原上作战的技艺精湛的骑兵，他们的崛起促使匈奴分支向西迁移至里海大草原。据中国史书《魏书》记载，到了公元四世纪初，居住在大草原上的柔然在此期间占领了大部分中亚地区，其西北地区"有匈奴余种"。

　　其中一个匈奴分支自称为"白匈奴"，而白色是该族古代文化中象征西方的色彩。[38] 罗马历史学家阿米安努斯证实：这支分部沿着一条迁徙路线进入了河中地区，到了河中地区后，他们对隶属于萨珊波斯帝国的土地虎视眈眈（公元356年）。波斯人称这群侵略者为"匈尼特人"（Chionites），但是印度人称他们为"匈人"（Huna）。[39] 这群匈尼特人迅速占领了大夏，而拜占庭学者浮士德（Faustus）记录了公元 368 年，波斯国王如何招募亚美尼亚士兵到其军队中，以试图捍卫他的东部各行省。公元 6 世纪，拜占庭学者普罗柯比（Procopius）称这些侵略者为"嚈哒人（Hephthalite Huns），也称其为白匈奴（White Huns）"，并报告说："他们与我们所了解的匈人截然不同。"[40]

关于匈奴另一个分支（匈人）的记录最早出现在公元 370 年的罗马史料当中，当时，这支部族抵达了里海以北的土地，并越过了伏尔加河。这些匈人来自不为人知的领土，他们迅速征服了占领黑海以北草原地区（塞西亚）的阿兰人和哥特人。佐西姆斯（Zosimus）报道说："一个直到这个时候才为人知晓的野蛮民族突然出现，然后袭击了伊斯特河（多瑙河）那边的塞西亚人。"佐西姆斯声称，这些匈人似乎不是"塞西亚人"，并且没有"王室"。克劳狄安（Claudian）确认说，这些匈人来自"塞西亚最东端边界"以外的地方。[41] 阿米安努斯解释说："一个迄今不为人知的种族从地球上某个神秘的隐居地冒了出来，并像一场来自高山的暴风雪一样，抓住或摧毁挡住他们去路的一切事物。"

匈人已经移居，以寻找栖身之所，他们带着妻子、孩子、马匹和马车来到了庞塔斯草原。佐西姆斯解释说："他们的战士无法徒步作战，他们很少走路，并且没办法在地面上站得很稳，但他们常年坐在马背上，甚至可以在马背上睡觉。"据罗马史料记载，这些匈人拥有优质的马匹和更高超的射箭技巧，并且在战斗时，表现得比其他草原国家的战士更加锲而不舍。

一些罗马史料表明，匈人拥有蒙古人血统。约达尼斯（Jordanes），公元六世纪的拜占庭历史学家，对匈人的描述是："皮肤黝黑，头大但不明显。他们的眼睛小得像针头。"约达尼斯报告说，男性匈人会仪式性地用刀片划破面部，以在丧礼中表示悲恸的心情。普罗柯比还指出，匈人的发型独特，一群在君士坦丁堡观看赛车竞技比赛的人还曾效仿过他们的发型。匈人的发型是"前额刘海剪短到太阳穴的位置，其余头发蓬乱地垂到背部"。[42]

约达尼斯报告说，匈人是一群"身材矮小、身手敏捷、肩膀宽阔、警惕心强的骑兵，他们主要使用的武器是弓箭，他们紧绷的脖子自豪地保持竖直"。阿米安努斯对匈人的记载与约达尼斯的记录相似，他描述匈人拥有"健壮的身体、强劲的四肢和粗壮的脖子"。约达尼斯认为匈人因为终身骑马而毁容了，并且他们下马走路时会变得很笨拙。圣希多尼乌斯（Sidonius）将匈人比作古典神话中的人马怪，并描述了他们如何在刚开始会走时，就学着去骑马。圣希多尼乌斯报告说："这些骑手总是骑在马上，你可能会认为那些骑手的腿和马的腿已经紧紧地融在了一起；别人是乘坐在马背上，而他们则是生活在了马背上。"[43] 据阿米安努斯报告，这些匈人即便是召开军事会议时都不曾下马，"如果有重要的事项需要审议时，他们都会坐在马背上，作为一个共同体进行咨询"。

人们认为匈人的马优于庞塔斯草原上的塞西亚人和欧洲的罗马骑兵所使用的西方马种。一位名为维盖提乌斯（Vegetius）的罗马人写了一篇关于兽医学的研究，在此著作中，他列出了匈人的马的特征。这些马"头大，呈钩状，眼睛突出，鼻孔小，下巴宽，颈部强壮而坚硬，马鬃垂到膝盖以下，肋骨过大，背部呈弯曲状，尾巴浓密，马胫骨强劲有力，骸骨小，蹄宽，腰部呈凹形，臀瘦，没有脂肪或肌肉，背部长而不高，腹部有褶皱，并且骨头大"。这类描述刚好符合中亚草原各国所用的马。

罗马的马的养殖费用很高，因为它们的马厩必须保持温暖，而且它们也常常需要兽医来检查。维盖提乌斯解释说，匈人的马不需要马厩，并且能够轻松地忍受更寒冷的天气，也更能挨饿。与罗马的马相比，它们的寿命更长，也更不易受伤。匈人的马性情温和敏感，因此，它们也更能忍受伤痛。所以，在维盖提乌斯看来，"在战争适应性方面，匈人的马在所有马种当中排第一位"。

匈人的征战

技艺精湛的匈人弓箭手可能比全副武装、擅长使用笨重长矛冲锋陷阵的萨尔马提亚骑兵技高一筹。约达尼斯报告说："阿兰人在战斗时和匈人没什么差别，只是他们的文化、风格和外貌有所不同。匈人通过持续不断的攻击使阿兰人疲惫不堪，并制服了他们。"佐西姆斯证实了匈人战士通过持续不断的攻击战胜了西方草原居民："他们依靠所骑战马的速度、冲锋和撤退的突然性，以及边骑马边射击等优势，大肆屠杀了塞西亚人。"克劳狄安指出，他们的攻击似乎看起来"无序，但具有令人难以置信的敏捷性，这使得匈人能够经常在预料不到的情况下回到战斗中"。

阿米安努斯描述了匈人战士如何在排成楔形队伍后，骑马上战场，与此同时，"他们的声音混杂在一起，造成了一种声势浩荡的响声"。他们"为了行动敏捷和出其不意的效果，轻装上阵，并故意突然分散成小队人马，四处进攻，杀人如麻"。匈人弓箭手的射箭技巧超过所有其他国家的战士，但若有机可乘，"他们会飞奔过中间地带，持剑与敌军短兵相接"。他们还会扔出"绳子编成的套索，去套住他们的敌人，缠住或绑住敌人的四肢，让他们无法骑马或行走"。与中国人制造的精密的弩箭不同的是，哥特人和罗马人的远程武器在射程上无法胜过匈人的武器，也无法轻易瞄准匈人骑射手。

阿米安努斯记录说，在短短几年之内，匈人"占领了阿兰人的领土"，他们"杀死并抢劫了许多阿兰人，然后与剩余的阿兰人缔结联盟条约，让这些阿兰人加入自己的国家"。这为匈人军队提供了许多装备有鳞片盔甲和锁子甲的萨尔马提亚骑兵。在打败了阿兰人之后，匈人向西去攻击哥特人。到了公元四世纪，哥特族已经发展成了一个人口大国，他们居住在从波罗的海沿岸延伸到黑海北部沿岸的适合发展农业的领地上。庞塔斯草原上的哥特人采取了骑兵的训练方式，但他们的作战武器是长矛，而不是塞西亚人所使用的精密的反曲弓。普罗柯比解释说，哥特族的弓箭手"全副武装地步行进入战场"。

　　哥特族长矛兵的速度比不上匈人战士骑马的速度，甚至，在近身作战时，哥特骑兵也很难击败戴着头盔、身穿薄片铠甲的匈人战士。普罗柯比曾描述过一名精锐的匈人士兵"被12名手持长矛的哥特战士包围的情形，当时这些哥特战士拿着长矛一起刺向他，但是他的胸甲承受住了这些攻击，所以，在一名哥特士兵成功刺到他的后背之前，他受的伤并不重，被刺到的那个位置在右腋上方，那里没有盔甲保护"。这名匈人士兵只戴了一顶头盔和穿了一件类似于夹克衫的链甲或薄片铠甲，因为另外一支长矛刺伤了他外露的大腿。

　　据罗马史料记载，让一名匈人骑兵摔下马或将之杀死的难度很大。圣希多尼乌斯曾描述过一名被长矛刺伤的匈人："他被戳穿了，他的胸甲前后都被戳穿了，被戳穿的两个洞血流如注。"[44] 一些匈人手持盾牌，沙卓门（Sozomen）就曾描述过一名倚靠在其盾牌上的匈人士兵："正如他在与敌人谈判时的习惯一样。"从一些墓穴中出土的资料显示，一些匈人沿袭了一种人为地令头颅变形的草原风俗，他们将幼童的头用布缠住，从而让儿童的颅骨发育成细长的形状。[45] 一些罗马人认为这种习俗与战争有关，如果战士的脸被压平了，那么他们就更容易戴上护鼻的宽头盔了。[46] 少数比较富有的匈人会给他们的盔甲镀金，这可能是在模仿奄蔡人佩戴金饰的习俗。据阿马西亚（Amasia）的阿斯特里乌斯（Asterius）记录，"这群野蛮人的盔甲很浮夸"，阿斯特里乌斯还描述了黑海沿岸的一名匈人首领向一位信奉基督教的代表赠送镀金胸甲的情景。

　　当哥特王国被匈人击败时，数万名来自哥特族和阿兰的难民向南逃跑，以寻求罗马帝国的保护。阿米安努斯报道说："他们因为缺乏生活必需品而身心交瘁，所以，他们想要寻找一个远离这些野蛮人的新家园，经过深思熟虑后，他们认为色雷斯是一个合适的避难所，因为那里土壤非常肥沃，也因为多瑙河那气势磅礴的洪水将这个地方与那些受战争侵袭的土地隔离开来了。"哥特王朝与罗马帝国结盟，阿米安努斯记录了这个战败国的大部分臣民突然出现在多瑙河河畔，并要求进入帝国领土的情形。佐西姆斯报告说："受匈人胁迫，幸存的塞西亚人（哥特人和阿兰人）不得不背井离乡，他们跨过多瑙河，然后恳求皇帝接受他们，并承诺愿意成为罗马士兵，为帝国效忠。"成千上万的哥特人、阿兰人，以及他们的家人获准进入罗马边境行省，但尽管罗马政府对他们下达了没收令，一些人还是贿赂了一些罗马官员，从而能够在横渡多瑙河时随身携带武器。

这些难民被禁锢在边境附近的难民营，在这里，他们受到了罗马各级官员的层层剥削和虐待，不过，罗马政府还是会向他们提供有限的物资。结果，哥特难民与一些强盗一起叛乱，并占领了巴尔干村（Balkan）（公元376年—公元378年）。公元378年，罗马帝国东部皇帝瓦伦斯（Valens）御驾亲征，讨伐哥特军，但在哈德良堡战役中，他被哥特草原骑兵彻底打败。[47]瓦伦斯和他的东部野战军中的大部分士兵在这场战役中被杀害，而他们的敌人"掠夺了这些尸体上的罗马装备来武装自己"。

在接下来的整整一个世纪里，哥特人把持了罗马帝国的政治，夺取了受帝国控制的领土。他们占领了肥沃的适合发展农业的领土，要求罗马各城市上缴贡税，还夺取了各种军械库和帝国工坊。西哥特王国的首领亚拉里克（Aleric）吹嘘说，罗马的色雷斯行省为他的战士们制造了长矛、剑和头盔。[48]同时，匈人向西迁移到位于多瑙河边境的匈牙利牧场。短短几十年，他们征服并占领了从多瑙河到伏尔加河的距离超过1700英里的领土。

罗马面临的威胁

狄奥多西一世（Theodosius I）是最后一位统治统一的罗马帝国的君主。公元393年，他在罗马高级将领弗拉维斯·斯提里科（Flavius Stilicho）的指导和保护下，封年仅9岁的次子为西罗马帝国的国王。然后，狄奥多西的长子阿卡迪乌斯（Arcadius）继承了他的皇位，管理着官僚主义盛行的东罗马帝国。当时，西罗马政府处于一些将军的管控之下，这些将军背后有哥特军阀和日耳曼军阀的支持，而这些军阀在西罗马帝国都有正规的职位。

西罗马帝国政府设法与当时占领了东欧大部分地区的匈人联盟。相反，东罗马帝国则是匈人袭击、侵略和勒索的目标。公元 395 年，匈人派遣一支军队穿越高加索山脉，袭击东罗马帝国。哲罗姆（Jerome）描述了这些袭击事件带来的突如其来的恐慌，"他们到达任何一个地方都令人出乎意料，因为在他们抵达前，都没有任何传言说他们会来，而且他们不放过任何一个人，无论那个人信何种宗教、有何种身份，以及年龄几何"。匈人军队进入亚美尼亚，然后骑马向南去掠夺叙利亚，因为安条克和提尔城中的百姓都撤退到了这两个地区的城市。罗马当局怀疑匈人可能正计划去耶路撒冷（Jerusalem）掠夺黄金，于是，一些有钱的罗马公民乘船逃走，以免被抓或被杀。[49] 哲罗姆证实了这些侵略的影响，他写道："罗马士兵，这个世界的主宰，在看到那些走路都不利索的匈人时，在恐惧中颤抖并退缩。"[50]

之后，匈人将注意力转向西方，并征服了日耳曼中部的各民族，从而导致流离失所的日耳曼民族再次迁移，进入了西罗马帝国。公元 405 年，数万名苏维汇人（Suebians）、汪达尔人和阿兰人举家越过莱茵河边境，定居在了罗马高卢。多达 8 万名汪达尔人在迁徙时经过了西班牙，公元 429 年，他们闯入北非，夺取了向罗马供应粮食的肥沃农田。

在此期间，西罗马帝国的军事领导人招募了匈人战士去担任高级指挥官的高级保镖。西罗马皇帝霍诺留斯（Honorius，公元 393 年—公元 423 年）留了 300 名匈人在意大利首都拉文纳（Ravenna），而斯提里科，西罗马帝国的大元帅（Magister Militum），由来自匈人军队的一名贴身侍卫保护。公元 409 年，皇帝霍诺留斯招募了 1 万名匈人骑兵，来帮助意大利抵御威胁罗马的西哥特军队。佐西姆斯指出，罗马人后来发现要供养这么多的骑兵有些困难，因此，他们决定不再雇用这些骑兵，但这些骑兵撤退后，西哥特人于次年就来掠夺罗马了。公元 425 年，罗马指挥官弗拉维斯·埃提乌斯（Flavius Aetius）请求匈人军队的支援，以解决西罗马帝国的继承纠纷。他带领 6 万名匈人战士去意大利北部谈和，这令他获得了大元帅的称号。在此期间，匈人军队吸收了其附属国最具优势的军事制度，约达尼斯曾描述过这些附属国的各种各样的风采，例如"苏维汇人（日耳曼人）徒步战斗，匈人使用弓箭战斗，而阿兰人全副武装，组成一条战线"。

公元 445 年，一位名为阿提拉（Attila）的首领被拥戴为匈人的皇帝，在统一了其附属国后，"他召集了大量受其管辖的其他部落"。约达尼斯对阿提拉的描述为："身材矮小，胸膛宽阔，脑袋很大，眼睛很小；他留着稀疏的灰白色的胡子，长着扁平的鼻子；他的肤色很深。"据说，他"特别喜欢战争，但为人比较内向，他擅长提供建议，对于上门求助的人比较讲情面。对于被他征服的民族，他表现得比较仁慈"。

在阿提拉的指挥下，匈人军队削弱了罗马政权的政治和军事实力，并最终导致西罗马帝国瓦解。像匈奴一样，匈人想要独占和榨取他们帝国对手的财富，而不是征服或摧毁它们。据说，当阿提拉占领了意大利的米兰（Milan）市时，他看到一幅罗马皇帝们坐在金色的宝座上，而塞西亚人在他们的脚前躺着的画。他命令重画这幅画，将画改成"阿提拉坐在一张王座上，而罗马皇帝们肩上扛着一个麻袋，并正在将麻袋里的黄金倒在阿提拉的面前"。[51] 据记载，在阿提拉的葬礼演说当中，阿提拉收到的歌颂是这样的："他控制了塞西亚和日耳曼王国，吓坏了东、西罗马帝国，占领了罗马各个城市，安抚了罗马人的请求，他还每年收取贡税以代替掠夺。"

阿提拉对东罗马帝国的袭击始于公元 441 年，当时匈人军队越过了多瑙河边境，并掠夺了巴尔干半岛。匈人不仅带上了那些具有渡河技能的罗马俘虏，他们还带来了许多攻城武器——破城槌，他们把这些破城槌都安装在大型的草原民族所使用的货车上。如果他们受到敌方袭击的威胁，那么他们的重型木制货车可以迅速组合，以形成一个堡垒般的木制要塞。普利斯库斯

（Priscus）描述了罗马的一座设防城市尼什（Naissus）被围攻的情景，当时匈人用"大量的破城槌"去攻击尼什的城墙。匈人弓箭手躲在这些货车当中，从柳条编制的被隐藏起来的窗口中射出箭矢，这使得尼什城中的守军不得不从城垛中出来，因为匈奴的破城槌一直在向前滚进。这些破城槌有一个很大的带有金属头部的横梁，这些横梁被固定在链条上，如此一来，匈人们就可以利用绳索将它们给拉回来，然后利用横梁摇摆的力量向前撞击。尼什城城墙有好几处被撞倒了，于是，匈人和他们的哥特族盟友们利用梯子攀登上了被撞毁的城墙，然后入城烧杀抢掠。匈人以绝对优势的兵力迅速完成了这次围攻，公元443年，匈人威胁要攻击重兵把守的帝国首都君士坦丁堡（拜占庭），但并未展开行动。成千上万的罗马臣民，包括许多技艺精湛的城市工匠，在这次袭击中被抓，然后被送到匈人在匈牙利和庞塔斯草原中的故乡。罗马编年史将这场冲突称为"东罗马帝国的又一场灾难：帝国有70多个城市遭到了掠夺，但西罗马帝国没有提供任何援助"。[52]

东罗马帝国只能花钱消灾，他们向匈人奉献了6000磅黄金，并答应每年再进贡2100磅黄金（如果换成公元一世纪的货币，这笔钱相当于840万塞斯特斯）。此外，东罗马帝国还以8金苏勒德斯（gold solidi）每人的价格，赎回了数万名罗马俘虏。据普利斯库斯记载："这些贡税非常重，因为帝国的许多资源和宝库已用尽了。"普利斯库斯报告说："东罗马帝国假装他们是自愿与匈人缔结协议的。但是，由于他们的指挥官被恐惧压得透不过气来了，所以，他们迫切渴望和平，也正因如此，无论匈人提出的条款多么严苛，他们都不得不假装高高兴兴地接受了这些条款。"尽管有这些异议，但东罗马帝国还是有能力支付以后的贡税的，据约翰·里杜斯记载，在公元457年，东罗马帝国的国库中就存储了10万磅黄金，"而世界之敌——阿提拉，本来是想把这些黄金夺走的"。

公元449年，东罗马帝国政府选中普利斯库斯率领一支使团去匈人的王廷。普利斯库斯去了匈人位于多瑙河以北的一个首府，这个首府看起来就好像一个用木头建成的大村庄，其规模差不多就是罗马一个镇的大小。阿提拉的王宫由精心打磨的木材和装饰性木板打造而成，虽然它的外围装饰着塔楼，但匈人建这些塔楼的目的是"为了美观，而不是为了防御"。普利斯库斯报告说，一名在锡尔米乌姆（Sirmium）被抓的罗马俘虏在这个首府建造了一座温水浴室，这证明了当时的匈人正在使用新的工程技术。阿提拉接见了罗马使团，收到了他们带来的请愿书，并在其王廷中检查了法律案件。普利斯库斯记录说，阿提拉的其中一位王室秘书叫罗司提哥（Rusticius），他曾是罗马的行政官，也是战俘，匈人雇用他是因为"他在语言和写信方面的天赋"。阿提拉还声称发现了古典神话中战神玛尔斯（阿瑞斯）的圣剑，这把宝剑是萨尔马提亚宗教中的圣物，阿提拉想通过此方式来巩固自己的政权。

还有另外一件事表明了匈人的文化适应能力。普利斯库斯在匈人首府会见了一位前罗马商人，那人说的是流利的希腊语，但他完全是"塞西亚人的打扮"，而且他还按照塞西亚人的风格剪了头发。这名希腊人解释说，他曾是多瑙河附近费米拉孔（Viminacium）的富人，但匈人攻占了这座城市之后，他就被抓住，然后被带到匈人的国家，为匈人服务。他"曾在与罗马人的战争中，英勇地作战"，并"根据塞西亚人的法律，用战利品换取了自由"。他本可以回到帝国，但他娶了一位塞西亚族的女人，而且他的外国妻子还给他生了几个孩子，所以，他就留下来继续为匈人服务。

在普利斯库斯进入匈人的王廷时，他和西罗马政府的来访使臣讨论了阿提拉所构成的威胁。这些使臣向普利斯库斯解释说："那些统治塞西亚或任何其他土地的国家当中，没有人能够在如此短的时间内取得如此大的成就。"他们警告普利斯库斯说，阿提拉"统治了塞西亚的一切，让罗马人进贡，并且正在盘算更大的成就，因为他想入侵波斯来扩张领土"。使臣们解释说，米底与匈人的领地很近，而且，匈人知道通向高加索山脉的主要路线。他们相信，阿提拉"不用走很远，就可以轻易占领米底、帕提亚和波斯，并迫使他们向匈人支付贡税。因为他有一支任何国家都无法抵挡的军事力量"。其中一名罗马使臣康斯坦提奥罗斯（Constantiolus）警告说，如果波斯落入匈人手中，那么到时候西罗马帝国将任由阿提拉摆布。康斯坦提奥罗斯声称："目前，我们因为阿提拉的身份而带黄金给他，但如果他占领了帕提亚、米底和波斯，那么他将再也无法忍受罗马人的独立政权。"不过，与罗马人的预期相反的是，匈人的下一个军事目标并不是波斯帝国。

公元 450 年，阿提拉找到了一个与西罗马帝国交战的借口。当时，西罗马皇帝瓦伦丁尼安三世（Valentinian Ⅲ）同父异母的姐妹奥诺莉亚（Honoria）向阿提拉求婚。这样的联盟本可以赋予阿提拉控制帝国继承权的权力，但是西罗马皇帝拒绝了这一婚姻，因为他坚持让奥诺莉亚嫁给一位年纪有些大的元老。与此同时，东罗马帝国拒绝支付其向匈人承诺过的年贡。普利斯库斯报告说："阿提拉尚未决定先拿谁开刀，但他决定要先发动一场规模大一点的战争，于是，他决定先攻打西罗马帝国，因为，这样的话，他就能够同时攻打哥特人和法兰克人（Franks）。"这两个民族曾逃离了匈人的统治，去寻求罗马的保护。

公元 451 年，阿提拉带领一支匈人军队，以及大批哥特（东哥特人）和日耳曼的援军，攻击罗马帝国。他率领的这支入侵队伍包括 6 万多名战士，这是西方世界最大的野战军。阿提拉掠夺了高卢各城，并用其"破城槌"向重兵把守的奥尔良市（Orleans）"发动了猛烈的攻击"。[53] 为了应战，西罗马帝国与占据了高卢大部分地区，并视匈人为宿敌的阿兰人、法兰克人和西哥特人结盟。在这场史称沙隆战役（Battle of the Catalaunian Plains）的战斗中，这两支军队展开了大规模的交战，但双方最终陷入相持不下的僵局，于是，匈人军队撤出高卢。[54]

第二年，匈人军队穿越阿尔卑斯山脉，掠夺了意大利北部的主要城市，然后威胁罗马（公元 452 年）。在这种情况下，罗马政权无法再获得日耳曼盟友的支持，而帝国剩余的部队无法组织起足够的防御。约达尼斯描述了匈人军队是如何袭击设防城市阿奎莱亚："（匈人军队）带着各种各样的战争器械，快速闯入这座城市，他们在城市中肆意掠夺，分割战利品，并极其残忍地蹂躏那个几乎没有任何东西的城市。"约达尼斯声称，侵略者在进入罗马之前，就"已经摧毁了意大利最大的城市"。教皇利奥（Leo）被选为大使前往罗马，之后，西罗马帝国不得不与匈人缔结和平协议，答应向匈人进贡。阿提拉还重申了他对帝国婚姻联盟的要求，并要求政府交出奥诺莉亚公主，"以及她应得的皇室财富"。

这场战役耗尽了罗马的战争能力，在这之后，这个帝国将更容易遭到其他外国势力的入侵和剥削。在征服了西罗马帝国之后，阿提拉带着他的军队回到了匈人王国，以策划针对西哥特人和阿兰人的新战役。他还预计会与东罗马帝国发生冲突，因为东罗马帝国拒绝支付曾向匈人王室承诺的贡税。但在公元 453 年，在他与一位名叫伊尔迪科（Ildico）的日耳曼公主结婚的那天晚上，阿提拉突然死于脑溢血。阿提拉的去世导致了其附属国纷纷反叛，而他的帝国也在一系列冲突中解体。匈人造成的威胁已经减弱，但在此期间，西罗马帝国的大部分地区受日耳曼各国的直接统治，这些土地之前已经被日耳曼各国占领了，或者被罗马帝国分给日耳曼各国，以换取他们为罗马服兵役。罗马的最后一位皇帝名叫罗慕路·奥古斯都（Romulus Augustus），公元 476 年，他被日耳曼国王奥多亚克（Odoacer）废黜。这场大规模的草原入侵耗费了不到一个世纪的时间，但在这段时间里，涌入的外国难民动摇、掏空并摧毁了西罗马帝国。

在古代，匈人是从远东跨越草原，然后进入罗马边境的数量最庞大、影响最深的群体，他们的迁徙路程超过 5000 英里。但在丝绸之路的漫长历史中，还有许多其他默默无名的贫穷或被剥削的个人，因为战争、奴役或贸易等原因而穿越中亚各帝国。考古学家在意大利南部瓦努里（Vagnari）挖掘古代遗址时，发掘了公元一世纪参与纺织生产的奴隶工人的墓地。对这些遗骸的 DNA 测试显示，埋在该地块的一名男子具有遗传自其母亲的远东血统。

尽管这里有与丝绸之路有关的所有财富，但他唯一拥有的只是一个普通的木碗，那只木碗就放在他的尸体旁边，等他来世再用。无论这个人是谁，也不管他的祖先是怎么发现自己位于罗马帝国的中心的，他都已经结束了他的奴隶生涯，并被埋在一个荒凉山坡上的一个简陋的坟墓里。

附录一　经济数据

罗马货币

4 塞斯特斯铜币 = 1 银币。

25 银币 = 1 奥里斯金币。

1 天的薪酬 = 1 银币。

一支军团的花费

多米提安（公元 81 年—公元 96 年）加薪前，为 1100 万塞斯特斯。加薪后的花费为：

1500 万塞斯特斯。

军饷（每月）

罗马：1 奥里斯金币 = 100 塞斯特斯，或 30 银币 = 120 塞斯特斯。

中国：1 匹丝绸 = 600 钱

100—120 塞斯特斯（罗马）= 600 钱（中国）。

收入（按年计算）

汉朝：123 亿钱（=25 亿塞斯特斯）。

罗马帝国：10 亿塞斯特斯（现代学者根据帝国支出做出的估算）。

罗马帝国的支出：10 亿塞斯特斯（按年计算）[1]

军饷：军团、辅助人员、罗马禁卫军和罗马海军（30 万名士兵）的薪酬总计 = 6.4 亿塞斯特斯以上。

平民雇员（160 名官员）的薪酬总计 = 7500 万塞斯特斯。

包括封赏（偶尔给士兵发放的礼金）在内的帝国援助 = 4400 万塞斯特斯。

帝国建筑项目 = 6000 万塞斯特斯。

皇室成员和皇室礼物 = 5000 万—1 亿塞斯特斯。

汉朝支出（每年）

官员俸禄（120285 名官员）：20 亿钱（=4 亿塞斯特斯）。

北军中 2.5 万名职业士兵的军饷总计：1.8 亿钱（=3600 万塞斯特斯）。

战争期间，一支军队（包括 20 万名应征士兵）的军饷总计：14.4 亿钱（=2.88 亿塞斯特斯）。

与羌族（西藏——缅甸）作战时，汉朝每年的支出：20 亿钱（=4 亿塞斯特斯）。[2]

向外国势力支付的金额：8 亿钱以上（=1.6 亿塞斯特斯以上）。

丝绸的价格（中华帝国）

印有官印的敦煌绸缎的价格："任城国亢父缣一匹，幅广二尺二寸（20 英尺），长四丈（12 英尺），重廿四两（12.2 盎司），直钱六百一十八（铸币）"。

一匹素绢（12 盎司）的价格 = 600 钱（1 个月的标准薪资）。

丝绸的价格（罗马帝国）

波斯商人出售的素绢织物的价格（低价）= 500 塞斯特斯。[3]

罗马市场中一磅白丝的价格（高价）= 1000—2000 塞斯特斯。[4]

罗马帝国对金线绣花丝绸长袍的估价 = 2600 塞斯特斯。

一磅帝国丝绸的价格 = 4500 塞斯特斯。

罗马昂贵的真丝裙的价格 = 1 万塞斯特斯。

一磅紫色丝织物的价格 = 2.4 万塞斯特斯。[5]

附录二　经济比较

古代帝国

汉帝国：36 个郡（公元前 202 年）。

罗马帝国（早期帝国时期）：40 个行省和 6 个附属国（大陆面积：200 万平方英里）。

贵霜帝国：大夏、阿拉霍西亚、印度王国和印度北部（大陆面积：150 万平方英里）。

帕提亚帝国：18 个王国（大陆面积：100 万平方英里）。

中国东海郡（人口为汉朝总人口的四十分之一）

货币税收：26660 万钱（=5300 万塞斯特斯，其中 2900 万用于当地支出，剩余的 2400 万上缴给了中央政府）。

实物税收：4.3 万吨谷物（其中 3.5 万吨用于当地消耗，剩余的 8000 吨上缴给中央政府）。

罗马行省

安纳托利亚境内科马吉尼那王国的年收入（公元 18 年—公元 38 年）：500 万塞斯特斯。[1]

克里米亚境内切索尼斯王国上缴的年贡（公元前 1 世纪）：480 万塞斯特斯。

"三个行省上交的贡税" = 1000 万塞斯特斯。

罗马地中海的船运

运往罗马的救济粮食的重量：8.8 万吨。[2]

埃及的贡税：2.9 万吨。[3]

克里米亚的船运

克里米亚—希腊：总共 213 艘船（每艘船的载重量为 75 吨），船上货物总重为 1.6 万吨。

克里米亚境内切索尼斯王国上缴的贡税（公元前一世纪）：7800 吨谷物。

罗马金（银）块的出口：1 亿塞斯特斯

罗马出口到阿拉伯半岛南部、印度和中国的金（银）块（公元 75 年）总值：1 亿塞斯特斯。

出口到印度，包括兴都库什丝绸之路的金（银）块总值：5000 万塞斯特斯（金和银）。

附录三 汉朝经济

汉帝国

人口（公元前 2 年）：1240 万户人家，5960 万人，8.27 亿亩（147105 平方英里）耕地。

汉朝军队物资：2300 万个军用装备，包括 50 万个弩弓和 1100 多万支弩箭。[1]

汉朝的收入（按年计算）：123 亿钱

政府户部以货币计值的税收收入：40 亿钱。

皇家私库收到的税收：83 亿钱。

（实物税收：价值 = 60 亿钱。）

东海郡的收入（公元前 15 年）[2]

东海郡有 26.6 万户人家，140 万人口（汉朝总人口的四十分之一）。

3100 万亩（5521 平方英里）耕地。

货币税收：26660 万钱。

实物税收：50.66 万石谷物。

该地区已花费的税收：14580 万钱加 41.26 万石谷物。

向外国势力支付的金额（公元 50 年—公元 100 年）：8 亿多钱

塔里木地区：7500 万钱。

鲜卑（蒙古草原）：2.7 亿钱。

南匈奴（草原边界）：1.01 亿钱。

乌桓（内蒙古）：1.01 亿钱。[3]

羌族（西藏—缅甸）：2.7 亿钱。[4]

中国向匈奴支付的丝绸

公元前 51 年：6000 斤絮和 8000 匹锦绣绮縠杂帛。

公元前 49 年：8000 斤絮和 9000 匹锦帛。

公元前 33 年：1.6 万斤絮和 1.8 万匹锦帛。

公元前 25 年：2 万斤絮和 2 万匹锦绣缯帛。

公元前 1 年：3 万斤絮、3 万匹锦绣缯帛和 370 套衣服。

附录四　罗马的收入

罗马帝国的收入：11.5 亿塞斯特斯

收入（按年计算）：6.4 亿塞斯特斯

罗马共和国的收入（公元前 61 年）：3 亿塞斯特斯（如果加上银的产量，那么收入应为 3.4 亿塞斯特斯）。[1]

高卢（公元前 50 年刚征服的地区）缴纳的贡税：4000 万塞斯特斯。[2]

罗马—埃及的收入：3 亿塞斯特斯。[3]

金（银）块收入：1.2 亿多塞斯特斯（高产时期）

西班牙银矿：39 吨以上的银，价值 3600 万塞斯特斯。

伊比利亚金矿：7 吨以上的金子，价值 8000 万塞斯特斯。

位于达尔马提亚（克罗地亚）的金矿（发现于公元 55 年）：价值 7000 万塞斯特斯的金子。

贸易收入：3.9 亿多塞斯特斯

从印度—埃及进口的货物价值：11.04 亿塞斯特斯，须缴纳的四分之一海关税（tetarte）= 2.76 亿塞斯特斯。

从波斯—叙利亚（取道巴尔米拉）进口的货物价值：3.6 亿塞斯特斯，须缴纳的四分之一海关税 = 9000 万塞斯特斯。

罗马出口额：至少 1 亿塞斯特斯，须缴纳的四分之一海关税 = 2500 万塞斯特斯。

附录五　军事实力

西汉帝国（公元前 206 年—公元 9 年）

汉朝军队：多达 40 万名训练有素的应征士兵。

有一个地区动员部署了 30 万名士兵，来抵御匈奴入侵军队（公元前 133 年）。

汉朝动员了 8.5 万名骑兵，来将匈奴驱逐出境（公元前 177 年）。

汉朝派遣了两支大军前往草原作战，每支大军各包括 10 万名步兵和 5 万名骑兵（公元前 119 年）。合计 20 万名步兵和 10 万名骑兵。

汉朝的扩张

汉朝远征军横跨塔里木地区，到了费尔干纳：6 万名士兵、10 万头牛和 3 万匹马（公元前 104 年—公元前 101 年）。

汉朝与塔里木地区的各盟国攻击了匈奴单于在草原上的堡垒：4 万名士兵（公元前 36 年）。

东汉帝国（公元 25 年—公元 220 年）

首都洛阳的军队：3536 名士兵。[1]

北部边界（3100 英里）：可能有 2 万名士兵，这个区域包括那些用来监督草原附属国的军事据点。[2]

在中国军队服役的 3 万名南匈奴战士（公元 89 年发生的战役）。

前期罗马帝国（30 个军团）

30 万名长期服役的专业士兵。

罗马军团：5000 名军团士兵和 120 名骑兵。[3]

早期每个军团都配有 5000 名辅助人员。[4]

早期每个军团都有骑兵部队辅助，每个骑兵部队有 500 名骑兵。

罗马军事活动的规模（帝国前期）

罗马驻守在莱茵河边界的军队：8 万名士兵（8 个军团）。其中有 4 万名是军团士兵，有 4

万名是辅助人员，可能还有 5000 名骑兵。

驻守在多瑙河的军队（8 个军团）。

罗马驻守在叙利亚和小亚细亚的军队：4 万名士兵（4 个军团）。其中有 2 万名是军团士兵，有 2 万名是辅助人员，可能还有 2500 名骑兵。一些罗马附属国还向这里的驻军派遣了援军。

罗马驻黑海的军队：3000 名士兵和 40 艘战舰。其中有 1000 多名士兵（几个步兵大队）驻守在附属国切索尼斯王国（克里米亚）。[5]

帕提亚帝国（伊朗—伊拉克）

骑兵：4 万名弓箭手和 4000 名重装长矛轻骑兵。

罗马—帕提亚之间的战争（共和时代）

罗马入侵美索不达米亚（克拉苏，公元前 53 年）

3.5 万名罗马步兵（7 支军团）和 5000 名辅助骑兵。[6]

帕提亚军队：9000 名骑射手和 1000 名重甲骑兵。[7]

伤亡：2 万名罗马士兵被杀，1 万名罗马士兵被抓，并被运送到了中亚的木鹿城。[8]

罗马入侵米底（马克·安东尼，公元前 36 年）

6 万名罗马步兵（16 支军团）和 1 万名骑兵。[9]

帕提亚军队：3.6 万名骑射手和 4000 名重甲骑兵。

帕提亚军队在弗拉斯帕之战（Battle of Phraaspa）中的伤亡（此次战役以罗马获胜告终）：80 名战士被杀，30 名战士被俘虏。[10]

罗马在战争中的伤亡：4 万名军团士兵和 4000 名骑兵被杀或被俘。[11]

西亚

亚美尼亚军队：1 万名重甲骑兵、6000 名骑兵和 3 万名步兵。[12]

高加索伊比利亚：1.9 万名步兵。[13]

罗马附属国科马吉尼那（小亚细亚）：2000 名骑兵、3000 名步兵和 3000 名弓箭手。

驻守中亚的希腊军队（公元前 250 年—公元前 140 年）

希腊—大夏王国：2 万名方阵步兵和 1 万名骑兵。

印度—希腊军队（兴都库什山脉和印度河）：6 万名主要通过征兵募集的印度士兵。

贵霜帝国（阿富汗和印度北部）

防守军队——月氏国：10 万名骑兵。

进攻军队——贵霜军队：7万名士兵，其中包括骑射手和重甲骑兵。

从印度征募来的士兵：6万名战士和200头大象。[14]

匈奴（东亚草原）

匈奴帝国：24名首领，率领24万名骑兵。

匈奴帝国加上其在草原上的盟友：32万名骑兵接受调集，去保卫他们的领土（公元前200年）。

进攻军队—10万名匈奴战士集结，以入侵中国领土，以及占领中国主要城市（公元前133年）。

驻守军队—匈奴占领汉朝领土：3万名匈奴士兵驻守在上郡，另外3万名匈奴士兵驻守在云中郡（公元前158年）。

草原国家（亚洲草原）

乌桓—内蒙古：附属于汉帝国，并沿着中国北部边界分布。该国有3000名骑兵在汉朝服役。

鲜卑—蒙古草原：10万名骑兵。

匈奴—东亚草原：24万名骑兵。

乌孙—伊犁河谷和巴尔喀什湖（草原中部）：18.8万名骑兵。进攻军队：8万名战士。

康居—粟特—费尔干纳：9万名骑兵。

塞种人—从伊犁河谷迁徙到粟特—大夏，然后向南占领了印度王国：2万名骑兵。[15]

塞西亚军队（庞塔斯草原）：3万名骑兵与2万名萨尔可斯人（萨尔马提亚）交战。[16]

萨尔马提亚（草原西部）

阿兰人—奄蔡里海大草原：10万名骑兵。[17]

萨尔可斯人（庞塔斯草原东部）：2万名骑兵。

罗克索拉尼人（庞塔斯草原—多瑙河）：5万名骑兵。突袭军队：9000名战士。[18]

雅斯基（匈牙利）：可能有2万名骑兵。去外国服役的士兵：在与罗马交战后，该国有8000名骑兵被送到罗马军队服役。

古典时代晚期

罗马帝国——东罗马帝国和西罗马帝国分摊了军队

389704名士兵和45562名海军（公元4世纪）。[19]

如果部队满员，那么总共有50万名士兵（公元395年—公元420年）。

草原的入侵（公元 4 世纪—公元 5 世纪）

来自南匈奴的"汉赵国"—"匈奴"（河西走廊和华北地区）：总共有五个部落，其中骑兵有 5 万人。他们入侵了中国首都洛阳和旧都长安，并抓走了两位晋朝皇帝（公元 311 年—公元 316 年）。[20]

匈人（庞塔斯—里海大草原和匈牙利牧场）。进攻军队：6 万名战士（公元 425 年）。

阿提拉匈人帝国（人力资源）

匈牙利平原：2 万名骑兵。[21]

庞塔斯草原：7 万名骑兵（哥特人、塞西亚人、阿兰人和匈人）。

之后的日耳曼附属国，他们的士兵都充当步兵。单个日耳曼民族可以集结 1 万名战士，去和阿玛尼王朝的哥特人、鲁吉亚人、斯基里人、图林根人、法兰克人、格皮德人、勃艮第人和赫鲁利人一起，与匈人的敌人交战。能够参战的日耳曼战士可能达 8 万人。

来自里海大草原的、同盟的匈人和阿兰人：可能有 10 万名战士。

因匈人进攻而逃跑的日耳曼人和阿兰人

单个日耳曼民族：1 万名战士。

哥特人：特温基人（10000 名战士）和格鲁森尼人（可能也是 1 万名战士）入侵巴尔干半岛（公元 376 年—公元 378 年）。

拉达盖苏斯（Radagaisus）率哥特人入侵意大利（公元 405 年—公元 406 年），结果有 1.2 万名自由战士向罗马军队投降。[22]

汪达尔人和阿兰人占领了西班牙，并入侵了北非（公元 409 年—公元 429 年），参战人数达 8 万名，其中还有妇女和儿童。

注释

前言：古代世界经济

1. 科斯马斯，《基督教地形学》，第 1 卷，第 137 页。

2. 范晔，《后汉书》，卷八十八。

3. 奥古斯都，《奥古斯都功德碑》，第 15 段。

4. 据《穆泽里斯纸草》记载，从罗马商船 Hermapollon 上搬下来的印度货物价值 900 多万塞斯特斯（P. Vindob. G. 40822）。商船队总共有 120 艘船（斯特拉波，第 2 卷，第 5 章，第 12 节）。瑞恩·麦克劳克林，《罗马帝国与印度洋：古代经济与非洲、阿拉伯和印度的王国》（笔与剑出版社，2014 年）。

5. 乌姆贝尔奇斯中第 70 号墓塔上的阿拉米语碑文。以银币、staters 和 myriads 这三种货币单位给出的总数相同（相当于 9000 万塞斯特斯）。瑞恩·麦克劳克林，《罗马帝国和绿洲诸王国：古代世界经济和通向埃及、叙利亚、阿拉伯、佩特拉、巴尔米拉和波斯的商队路线》（即将出版）。

6. 参见附录一。

7. 瑞恩·麦克劳克林，《罗马和远东：通向阿拉伯、印度和中国古代土地的贸易路线》（布鲁姆斯伯里出版公司，2010 年）。

8. 参见附录一。

第一章 钢铁与丝绸

1. 布鲁斯·弗埃尔，《剑桥古代史·人口》，第十一卷：《帝国盛期》（1996 年），第 811—816 页。

2. 奥古斯都，《奥古斯都功德碑》，第 15 段（记录了男性公民的数量）。

3. 塔西佗，《编年史》，第 3 卷，第 55 章。

4. 范晔，《后汉书》，卷十二。

5. 阿庇安，《内战史》，第 5 卷，第 9 节。

6. 韦格蒂乌斯,《兵法简述》,第 4 卷,第 8 章。

7. 维特鲁威,《建筑十书》,第 6 卷,第 2 章。

8. 奥维德,《变形记》,第 14 章。

9. 贺拉斯,《颂诗集》,第 4 部,第 16 首。

10. 贺拉斯,《长短句集》,第 17 首。

11. 盖伦,《希腊和罗马时期的手术器械》,第 2 卷,第 682 页。

12. 艾曼鲁尔·梅尔,《古老的中产阶级》(哈佛大学出版社,2012 年),第 68—70 页。

13. 阿弗迪,《诺里库姆》,第 73—74 页。

14. 马提亚尔,《隽语》,第 4 卷,第 55 首。

15. 班固,《汉书》,卷七十。

16. 普鲁塔克,《克拉苏》,第 18 页,第 24—25 页,第 27 页。

17. 阿普列尤斯,《佛罗里达》,第 6 页。

18. 查士丁尼,《学说汇纂》,第 39 卷,第 4 章,第 16 节,第 7 条。

19. 克莱曼特,《导师》,第 2 卷,第 3 章。

20. 亚里士多德,《动物志》,第 5 卷,第 19 章。

21. 拉西克,《罗马东方贸易新探》,第 625 页。

22. 普罗柯比,《秘史》,第 25 章,第 14 节。

23. 戴克里先,《最高价格法》,第 23—24 页。

24.《拉丁铭文集成》,第 14 卷,第 3711—3712 条。

25.《拉丁铭文集成》,第 14 卷,第 2793 条,第 2812 条。

26.《拉丁铭文集成》,第 6 卷,第 9892 条。格雷巴,《罗马时代及之前的纺织品制作》(2013 年),第 114—115 页。

27.《拉丁铭文集成》,第 4 卷,第 1507 条。

28. 戴克里先,《最高价格法》,第 7 页。

29. 同上书,第 20 页。

30. 同上书,第 19 页。

31. 同上书,第 23—24 页。

32. 伊丽莎白·巴伯,《史前纺织业》(普林斯顿大学出版社,1991 年),第 31 页。

33. 李约瑟、罗宾·耶茨,《中国科学技术史》,第五卷(剑桥大学出版社,2004 年),第 283—290 页。

34. 吴芳思,《丝绸之路》(加州大学出版社,2002 年),第 52 页。

35. 玄奘,《大唐西域记》(大唐关于西部区域的记录)。

第二章 丝绸在罗马社会的应用

1. 塞内卡，《淮德拉》，第 352 行。

2. 塔西佗，《编年史》，第 13 卷，第 31 章。

3. 斯塔特姆，《建筑史》（1950 年），第 94 页。

4. 卢克莱修，《物性论》，第 4 卷，第 75—83 行。

5.《不列颠罗马铭文集》，第 1171 个铭文。

6. 阿诺比乌，《驳异教者论》，第 3 卷，第 21 章。

7. 阿普列尤斯，《金驴记》，第 11 卷，第 47 行。

8. 同上书，第 8 卷，第 36 行。

9. 普鲁登修斯，《心灵的冲突》，第 1011—1050 行。

10. 阿普列尤斯，《金驴记》，第 2 卷，第 9 节。

11. 苏埃托尼乌斯，《卡利古拉》，第 52 页。

12. 约瑟夫斯，《犹太战争史》，第 7 卷，第 4—5 章。

13. 普鲁塔克，《皮提亚神谕》，第 4 页。

14. 苏埃托尼乌斯，《奥古斯都》，第 40 页。

15. 西塞罗，《驳瓦提尼乌斯》，第 30—32 页。

16. 圣依西多禄，《词源》，第 19 卷，第 24 章，第 6 节。

17. 莱斯莉·阿德金斯、罗伊·阿德金斯，《古代罗马社会生活》（牛津大学出版社，1994 年），第 383 页。

18. L. 克莱兰，《希腊和罗马服饰大全》（劳特利奇出版社，2007 年）。

19. 西塞罗，《论责任》，第 1 卷，第 150—152 页。保罗，《意见集》，第 5 卷，第 28 章，第 3 节。

20. 塔西佗，《编年史》，第 2 卷，第 33 章。

21. 苏埃托尼乌斯，《卡利古拉》，第 52 页。

22. 昆提利安，《雄辩术原理》，第 12 卷，第 10 章，第 42 页。

23. 塞内卡，《道德书简》，第 90 页。

24. 克劳迪安，《执政官普罗比努斯和奥利布里乌斯颂歌》，第 1 页。

25. 奥古斯都，《奥古斯都功德碑》，第 15 段。

26. 同上书，第 8 段。

27. 阿普列尤斯，《金驴记》，第 2 卷，第 11 节。

28. 斐洛，《论梦》，第 2 节，第 52 行。

29. 奥索尼乌斯，《警句诗》，第 26 首。

30. 圣希多尼乌斯·阿波黎纳里斯，《卡门》，第 23 首。

31. 戴克里先，《最高价格法》，第 22 页。

32. 同上书，第 7 页。

33. 贺拉斯，《讽刺诗集》，第 1 部，第 2 首，第 86—110 行。

34. 卢西恩，《法沙利亚》，第 10 卷，第 169—171 行。

35. 贺拉斯，《讽刺诗集》，第 1 部，第 2 首，第 86—110 行。

36. 阿普列尤斯，《金驴记》，第 2 卷，第 6—10 节。

37. 塞内卡，《论恩惠》，第 7 卷，第 9 节。

38. 塞内卡，《悲剧作品集》，第 1 卷，第 387—391 行。

39. 塞内卡，《论恩惠》，第 7 卷，第 9 节。

40. 贺拉斯，《颂诗集》，第 4 部，第 13 首。

41. 贺拉斯，《长短句集》，第 8 首，第 15 行。

42. 奥维德，《爱情三论》，第 1 首，第 14 行。

43. 附录一。

44. 奥维德，《爱的艺术》，第 2 卷，第 8 页。

45. 阿普列尤斯，《金驴记》，第 4 卷，第 31 节。

46. 同上书，第 3 卷，第 46 节。

47. 克劳迪安，《霍诺留斯和玛丽娅颂》，第 10 页。

48. 塞贝斯塔、邦凡特，《罗马世界的服饰》(威斯康星大学出版社，2001 年)，第 55 页。

49. 佩特罗尼乌斯，《萨蒂利卡》，第 8 卷，第 104 节。

50. 普鲁塔克，《道德论集：给新娘新郎的建议》，第 48 页。

51. 赫利奥多罗斯，《埃修匹加》，第 10 卷，第 309 页。

52. 普林尼，《书信集》，第 5 卷，第 16 章。

53. 克莱曼特，《导师》，第 2 卷，第 11 章。

54. 同上。

55. 同上。

56. 哲罗姆，《书信集》，第 117 封，第 6 章。

57. 格隆提乌斯，《梅拉尼亚》，第 4 页，第 6 页。

58. 阿普列尤斯，《金驴记》，第 2 卷，第 9 节。

59. 盖伦，《医学方法》，第 13 卷，第 22 章。

60. 瑞恩·麦克劳克林，《罗马帝国和绿洲诸王国：古代世界经济和通向埃及、叙利亚、阿拉伯、佩特拉、巴尔米拉和波斯的商队路线》(即将出版)。

61. 托勒密，《地理学》，第 1 卷，第 12 节（从石头城到丝城的行程耗时 7 个月）。

62. 司马迁，《史记》，卷一百二十三。

63. 令狐德棻，《周书》，卷五十。

64. 丝绸：370 袭衣，3 万匹锦绣缯帛，以及 3 万斤（3.3 万磅）絮。班固，《汉书》，卷九十四。

65. 房玄龄，《晋书》，卷二十六，第 5 段。

66. 维吉尔，《农事诗》，第 2 卷，第 120 行。

67. 西利乌斯·伊塔利库斯，《布匿战记》，第 17 卷，第 595—596 行。

68. 赫利奥多罗斯，《埃修匹加》，第 10 卷，第 25 页。

69. 奥索尼乌斯，《游戏文章》，第 11 卷，第 6 章。

第三章 中华帝国与匈奴帝国

1. 格拉夫，《中国人眼中的东罗马》（1996 年），第 199—216 页。

2. 希尔，《后汉书·西域传》（2009 年）。

3. 希尔，《魏略·西戎传》（即将出版）。

4. 司马迁，《史记》，卷八十八。

5. 同上。

6. 伯顿·华滋生，《史记》英文版：第 2 卷（哥伦比亚大学出版社，1961 年），第 183 页。

7. 雷蒙·道森，《史记·秦始皇本纪》选译本（牛津大学出版社，1994 年），第 22 页。

8. 截至公元 2 年的人口增长：5770 万人。鲁惟一，《秦汉帝国的官僚体制》（2002 年），第 142 页。

9. 附录五。

10. 余英时，《汉代贸易与扩张》（加州大学出版社，1967 年），第 14 页。

11. 克里斯·皮尔斯，《中华帝国军队》（鱼鹰出版社，1995 年），第 16 页。

12. 布尔努瓦，《丝绸之路》（2012 年），第 295 页。

13. 鲁惟一，《汉代的统治阶层》（荷兰博睿学术出版社，2004 年），第 77—78 页。

14. 司马迁，《史记》，卷六。

15. 简·波特尔（编辑），《秦始皇》（大英博物馆出版社，2007 年），第 204 页。

16. 尼克尔，《秦兵马俑》（大英博物馆出版社，2007 年），第 158—179 页。

17. 坦纳，《死亡人数计算》（2013 年），第 75 页。

18. 威廉·林赛、保发，《秦始皇陵兵马俑》（2009 年）。

19. 司马迁，《史记》，卷六。

20.安杰拉·福尔科·霍华德，《中国雕塑》（耶鲁大学出版社，2006年），第74页。

21.帕特里克·纳恩，《太平洋最近一千年的气候、环境和社会》（爱思唯尔出版社，2007年），第9页。

22.班固，《汉书》，卷九十四。

23.余英时，《汉代贸易与扩张》（加州大学出版社，1967年），第40页。

24.班固，《汉书》，卷九十四。

25.勒特韦克，《拜占庭帝国的大战略》（贝尔纳普出版社，2011年），第23—24页。

26.司马迁，《史记》，卷一百一十。

27.丹尼斯·塞诺（编辑），《剑桥早期内亚史》，第1卷（1990年），第121—122页。

28.余英时，《汉代贸易与扩张》（加州大学出版社，1967年），第41页。

29.同上书，第49页。

30.司马迁，《史记》，卷一百一十。班固，《汉书》，卷九十四。

31.司马迁，《史记》，卷一百二十三。

32.《中国历史地图集》，第2册，第17—18页。

33.狄宇宙，《古代中国与其强邻》（剑桥大学出版社，2002年），第203页。

34.《中国历史地图集》，第2册，第17—18页。

35.司马迁，《史记》，卷一百一十。

36.伯顿·华滋生，《史记》英文版：第2卷（哥伦比亚大学出版社，1961年），第177—178页。

37.司马迁，《史记》，卷一百零二。班固，《汉书》，卷五十。

38.余英时，《汉代贸易与扩张》（加州大学出版社，1967年），第99—100页。

39.伯顿·华滋生，《史记》英文版：第2卷（哥伦比亚大学出版社，1961年），第177—178页。

40.司马迁，《史记》，卷一百一十。

第四章　西域的发现

1.鲁惟一，《汉武帝时期的战役》（哈佛大学出版社，1974年）。

2.司马迁，《史记》，卷一百零九。

3.狄宇宙，《古代中国与其强邻》（剑桥大学出版社，2002年），第241—286页。

4.司马迁，《史记》，卷一百二十三。

5.同上。

6.同上。

7.同上。

8. 芮乐伟·韩森，《丝绸之路新史》（牛津大学出版社，2012年），第9—10页。

9. 吴芳思，《丝绸之路》（加州大学出版社，2002年），第75页。

10. 迈克尔·缪伦，《欧亚互市与传奇故事》（芝加哥大学出版社，2014年），第15—16页。

11. 司马迁，《史记》，卷一百二十三。

12. 班固，《汉书》，卷九十六。

13. 伯顿·华滋生，《史记》英文版：第2卷（哥伦比亚大学出版社，1961年），第272页。

14. 弗兰克·霍尔特，《亚历山大大帝与巴克特里亚》（荷兰博睿学术出版社，1989年），第23页。

15. 布尔努瓦，《丝绸之路》（2012年），第4章。

第五章 丝绸之路的维护

1. 范晔，《后汉书》，卷一百一十八。

2. 同上。

3. 班固，《汉书》，卷九十六。

4. 司马迁，《史记》，卷一百二十三。

5. 同上。

6. 余英时，《汉代贸易与扩张》（加州大学出版社，1967年），第194—195页。

7. 附录五。

8. 德效骞，《古代中国的一座罗马城》（中国社会出版社，1957年）。反驳:桑普森，《罗马战败:克拉苏，卡莱和入侵东方》（2008年），第182—185页。

9. 克里斯托弗·马修，《古代中国包围战中的希腊装甲步兵》（2011年）。

10. 余英时，《汉代贸易与扩张》（加州大学出版社，1967年），第89—91页。

11. 同上书，第45—47页。

12. 范晔，《后汉书》，卷一百一十九。

13. 司马迁，《史记》，卷一百二十三。

14. 伊西多尔，《帕提亚驿程志》。

15. 范晔，《后汉书》，卷八十八。

16. 同上。

17. 同上。

18. 希尔，《后汉书·西域传》（2009年）。

19. 《后汉书》，卷八十八。

20. 同上。

21. 斯特拉波，《地理学》，第 11 卷，第 11 章，第 1 节。

22. 托勒密，《地理学》，第 6 卷，第 16 章。

23. 马洛瑞、梅维恒，《塔里木木乃伊》（2000 年）。

24. 伊丽莎白·巴伯，《乌鲁木齐的木乃伊》（诺顿出版社，2000 年），第 47—70 页。

25.《誓愿图》：主题 5，第 9 号窟。

26. 奥利金，《驳塞尔修斯》，第 7 卷，第 62—64 段。

第六章 贵霜帝国

1. 阿里安，《亚历山大远征记》，第 3 卷，第 28 章。

2. 科昂，《希腊在东方的定居点：从亚美尼亚和美索不达米亚到巴克特里亚和印度》（加州大学出版社，2013 年），第 225 页—244 页。

3. 克泰夏斯，《残篇》，第 1 卷，第 7 章。

4. 范晔，《后汉书》，卷八十八。

5. 司马迁，《史记》，卷一百二十三。

6. 尼尔·福克纳，《罗马：雄鹰帝国》（劳特利奇出版社，2013 年），第 218 页。

7. 范晔，《后汉书》，卷八十八。

8. 约瑟夫斯，《犹太古事记》，第 20 卷，第 4 章。

9. 范晔，《后汉书》，卷一百一十八。

10. 丹尼，《中亚文明史》（1996 年），第 279—284 页。

11. 同上书，第 261 页。

12. 同上书，第 356 页。

13. 同上书，第 352—353 页。

14. 慕克吉，《贵霜帝国的兴衰》（1988 年），第 315 页。

15. 丹尼，《中亚文明史》（1996 年），第 424—427 页。

16. 埃里亚努斯，《杂闻轶事》，第 12 卷，第 48 章。

17. 威廉·塔恩，《巴克特里亚和印度的希腊人》（剑桥大学出版社，1938 年），第 179 页。格策尔·科昂，《希腊在东方的定居点：从亚美尼亚和美索不达米亚到巴克特里亚和印度》（加州大学出版社，2013 年），第 325—327 页。

18. 菲洛斯特拉托斯，《阿波罗尼奥》，第 2 章，第 20 页。

19. 普加琴科娃，《贵霜艺术》（1999 年），第 367 页。

20. 刘欣如，《世界历史上的丝绸之路》（牛津大学出版社，2010 年），第 50 页。

21. 钱德拉，《古印度贸易和贸易路线》(1977 年)，第 10 页。

22. 史蒂文·德拉蒙德、林恩·纳尔逊，《罗马帝国的西部边界》(劳特利奇出版社，1994 年)，第 30 页。

23. 约翰·罗斯菲尔德，《贵霜王朝艺术》(加州大学出版社，1967 年)，第 58 页。

24. 塔西佗，《编年史》，第 14 卷，第 25 章。

25. 普鲁塔克，《庞培》，第 70 页。

26. 塔西佗，《编年史》，第 14 卷，第 25 章。

27. 奥勒留·维克多，《罗马史》，第 15 卷，第 4 章。

28. 大卫·怀特豪斯，《来自贝格拉姆城的玻璃》(大都会艺术博物馆，2012 年)，第 54—64 页。

29. 李昉，《太平御览》，卷三百五十九。

30. 阿普列尤斯，《佛罗里达》，第 6 页。

31. 约翰·吕杜斯，《论罗马行政官》，第 2 卷，第 28 章。

32. 朱利安·贝纳特，《图拉真》(劳特利奇出版社，2003 年)，第 103 页，第 175 页。

33. T·弗兰克，《罗马经济史》(约翰·霍普金斯大学出版社，1959 年)，第 425—426 页，第 443—444 页。

34. 肯尼斯·哈尔，《罗马经济中的货币制度》(约翰·霍普金斯大学出版社，1996 年)，第 302 页。

35. 萨马德，《犍陀罗的辉煌》(2011 年)，第 108 页。

36. 迈克尔·法齐奥、玛丽安·莫菲特，《世界建筑史》(劳伦斯·金出版公司，2003 年)，第 125—126 页。

37. 沃威克·鲍尔，《罗马在东方》(劳特利奇出版社，2000 年)，第 141 页。

38. 范晔，《后汉书》，卷八十八。

39. 同上书，卷七十二。

40. 那原道，《约翰威立中国宗教指南》(约翰威立国际出版公司，2012 年)，第 69 页。

41. 芮乐伟·韩森，《丝绸之路新史》(牛津大学出版社，2012 年)，第 32 页。

42. 埃里克·沃明顿，《罗马帝国和印度的商业》(剑桥大学出版社，1928 年)，第 299 页。

43. 苏埃托尼乌斯，《提比略》，第 66 页。

44. 波菲利，《戒除荤食》，第 4 卷，第 17 章。斯托比亚斯，《牧歌集》，第 3 卷，第 56 章，第 141 节（"来自艾梅沙的安东尼努斯" = 埃拉伽巴路斯）。

第七章 粟特商人

1. 格伦·布夫，《剑桥希腊化世界指南》(剑桥大学出版社，2006 年)，第 17 页。

2. 弗兰克·霍尔特，《走进骸骨之地》(加州大学出版社，2012 年)，第 126—128 页。

3. 司马迁，《史记》，卷一百二十三。

4. 班固，《汉书》，卷七十。

5. 同上书，卷九十六。

6. 同上。

7. 魏义天，《粟特商人史》(荷兰博睿学术出版社，2005 年)，第 79—81 页。

8. 同上书，第 81 页。

9. 芮乐伟·韩森，《丝绸之路新史》(牛津大学出版社，2012 年)，第 30—52 页。

10. 刘欣如，《丝绸与宗教》(牛津大学出版社，1996 年)，第 13 页。

11. 法显，《佛国记》，卷三 (公元 399 年—公元 412 年)。

12. 《妙法莲华经》(*Lotus Sutra*)，观世音菩萨—"俯视大地的神"或路迦那他—"世尊"。

13. 苏珊·惠特菲尔德，《丝绸之路》(加州大学出版社，2004 年)，第 143 页。

14. 刘欣如，《欧亚地区的联系》(麦格劳 – 希尔教育出版公司，2007 年)，第 86—87 页。

15. 同上书，第 87—88 页。

16. 《尼雅文书》，第 706 号文书 (公元 269 年)。芮乐伟·韩森，《丝绸之路新史》(牛津大学出版社，2012 年)，第 51—52 页。

17. 《尼雅文书》，第 693 号文书。

18. 《尼雅文书》，第 701 号文书。

19. 《尼雅文书》，第 673 号文书。

20. 《尼雅文书》，第 697 号文书。

21. 《尼雅文书》，第 684 号文书。

22. 《尼雅文书》，第 680 号文书，第 702 号文书。

23. 芮乐伟·韩森，《丝绸之路新史》(牛津大学出版社，2012 年)，第 54 页。

24. 同上书，第 44 页。

25. 《楼兰文书》，第 886 号文书。

26. 《楼兰文书》，第 46 号文书。

27. 魏义天，《粟特商人史》(荷兰博睿学术出版社，2005 年)，第 57 页。

28. 同上书，第 57 页。

29. 同上书，第 58 页。

30.《疏勒文书》，第 509 号文书。

31. 芮乐伟·韩森，《丝绸之路新史》（牛津大学出版社，2012 年），第 237 页。

32.《疏勒文书》，第 170 号文书。

33. 芮乐伟·韩森，《丝绸之路新史》（牛津大学出版社，2012 年），第 15 页。

34. 同上书，第 17 页。

35. 法显，《佛国记》（公元 399 年—公元 412 年）。

36. 刘欣如，《世界历史上的丝绸之路》（牛津大学出版社，2010 年），第 64 页。

37.《古粟特文信札（3 号）》（3 年内，有 5 支商队离开中国）。

38. 布尔努瓦，《丝绸之路》（2012 年），第 217 页。

39. 陈寿，《三国志》，卷四。

40. 令狐德棻，《周书》，卷五十。

41.《古粟特文信札》，第 5 页。

42. 范晔，《后汉书》，卷九十三。

43. 马尔沙克，《中国发现的中亚金属制品》（2004 年），第 47—55 页。

44.《古粟特文信札》，第 2 页。

45. 魏义天，《粟特商人史》（荷兰博睿学术出版社，2005 年），第 271 页。

46.《古粟特文信札》，第 2 页。

47. 哲罗姆，《致普林奇皮亚》，第 3 页。

48. 哲罗姆，《致德米特里》，第 19 页。

49. 芮乐伟·韩森，《丝绸之路新史》（牛津大学出版社，2012 年），第 265 页。

50. 斯图尔特，《永恒之火：历史和想象中的拜火教》（2013 年），第 24—27 页。

51. 许理和，《佛教征服中国》（1959 年），第 51—55 页。

52. 芮乐伟·韩森，《丝绸之路新史》（牛津大学出版社，2012 年），第 116—117 页。

53.《古粟特文信札》，第 2 页。

54. 魏义天，《粟特商人史》（荷兰博睿学术出版社，2005 年），第 53 页。

55.《古粟特文信札》，第 2 页。

56. 同上。

57. 同上。

58. 同上书，第 5 页。

59. 同上。

60. 同上书，第 3 页。

61. 同上书，第 1 页。

第八章 里海路线与克里米亚

1. 范晔，《后汉书》，卷八十八。

2. 阿里安，《亚历山大远征记》，第3卷，第29章。

3. 约瑟夫斯，《犹太战争史》，第7卷，第8章，第4节。

4. 塔西佗，《编年史》，第6卷，第34章。

5. 戴克里先，《最高价格法》，第17页，第35页。凯文·格林，《罗马经济考古学》(加州大学出版社，1983年)，第40页。

6. 阿波罗尼奥斯·罗迪乌，《阿尔戈英雄纪》，第2卷，第316行。

7. 同上书，第2卷，第549行。

8. 戴克里先，《最高价格法》，第17页，第35页。凯文·格林，《罗马经济考古学》(加州大学出版社，1983年)，第40页。

9. 普鲁塔克，《庞培》，第32—38页。

10. 阿庇安，《米特拉达梯战争》，第103页。

11. 普鲁塔克，《庞培》，第36—38页。

12. 同上书，第41—42页。

13. 普鲁塔克，《恺撒》，第50页。苏埃托尼乌斯，《尤利乌斯·恺撒》，第37页。

14. 约瑟夫斯，《犹太古事记》，第16卷，第2章，第1—2节。

15. 塔西佗，《编年史》，第12卷，第15章。

16. 约瑟夫斯，《犹太战争史》，第2卷，第16章，第3节。

17. 《拉丁铭文选辑》，第2824条。

18. 塔西佗，《编年史》，第13卷，第39章。

19. 《拉丁铭文选辑》，第8795条。

20. 苏埃托尼乌斯，《奥古斯都》，第48页。

21. 苏埃托尼乌斯，《尼禄》，第19页。

22. 塔西佗，《历史》，第1卷，第6章。

23. 塔西佗，《编年史》，第3卷，第47—48章。

第九章 黑海之旅

1. 阿伦·鲍曼(编辑)，《剑桥古代史》，第十一卷：《帝国盛期》(剑桥大学出版社，2000年)，第139页，第605页。

2. 艾萨克，《古典时期种族主义的诞生》(2004年)，第371页。

3. 阿里安，《航行记》，第 12 页。

4. 同上书，第 1 页。色诺芬，《万人远征记》，第 4 页。

5. 皮塔西，《罗马军舰》(2011 年)，第 119—123 页 (三层桨座战船)，第 123—126 页 (黎本尼亚船)。

6. 阿里安，《航行记》，第 1 页。

7. 同上书，第 3 页。

8. 利德尔、阿里安，《黑海航行记》(2003 年)，第 93 页。

9. 阿里安，《航行记》，第 3 页。

10. 同上书，第 4 页。

11. 《拉丁铭文集成》，第 10 卷，第 1202 条。《拉丁铭文选辑》，第 2660 条。

12. 利德尔、阿里安，《黑海航行记》(2003 年)，第 95—96 页。

13. 阿里安，《航行记》，第 6 页。

14. 阿波罗尼奥斯·罗迪乌斯，《阿尔戈英雄纪》，第 4 卷，第 452—476 行。

15. 同上书，第 2 卷，第 1262 行。

16. 阿庇安，《米特拉达梯战争》，第 103 页。

17. 维吉尔，《农事诗》，第 4 卷，第 367 行。

18. 阿里安，《航行记》，第 9 页。

19. 阿波罗尼奥斯·罗迪乌斯，《阿尔戈英雄纪》，第 1 卷，第 936 行。

20. 阿里安，《航行记》，第 9 页。

21. 同上书，第 11 页。

22. 同上。

23. 同上。

24. 阿波罗尼奥斯·罗迪乌斯，《阿尔戈英雄纪》，第 2 卷，第 1242 行。

25. 阿里安，《航行记》，第 10 页。

26. 利德尔、阿里安，《黑海航行记》(2003 年)，第 103—104 页。

27. 阿里安，《航行记》，第 17 页。

28. 普林尼，《书信集》，第 63 卷。

29. 琉善，《亚历山大——伪先知》，第 57 节。欧帕托尔国王: 公元 153 年—公元 174 年。

30. 阿里安，《航行记》，第 17 页。

31. 同上书，第 18 页。

32. 同上书，第 19 页。

33. 同上。

34. 《拉丁铭文选辑》，第 986 条。

35. 阿里安，《航行记》，第 21 页。

36. 托勒密，《地理学》，第 5 卷。

第十章 萨尔马提亚

1. 琉善，《托克萨里斯》，第 39 节。

2. 司马迁，《史记》，卷一百二十三。托勒密，《地理学》，第 6 卷，第 9 章（阿兰聊国—奄蔡 = "阿兰国"）。

3. 塔西佗，《编年史》，第 12 卷，第 15 章。

4. 同上书，第 12 卷，第 16—17 章。

5. 塔西佗，《历史》，第 1 卷，第 79 章。

6. 瓦莱里乌斯·弗拉库斯，《阿尔戈远航》，第 6 卷，第 219 行。

7. 布热津斯基、米尔彻扎克，《萨尔马提亚人》（2003 年），第 33—34 页。

8. 塔西佗，《历史》，第 1 卷，第 79 章。

9. 瓦莱里乌斯·弗拉库斯，《阿尔戈远航》，第 6 卷，第 233 行。

10. 塔西佗，《历史》，第 1 卷，第 79 章。

11. 布热津斯基、米尔彻扎克，《萨尔马提亚人》（2003 年），第 39 页。

12. 塔西佗，《历史》，第 4 卷，第 51 章。苏埃托尼乌斯，《韦斯巴芗》，第 6 页。

13. 塔西佗，《编年史》，第 6 卷，第 33 章。

14. 同上书，第 6 卷，第 34—35 章。

15. 塔西佗，《编年史》，第 6 卷，第 33 章。

16. 约瑟夫斯，《战争》，第 7 卷，第 4 章，第 3 节。

17. 苏埃托尼乌斯，《多米提安》，第 38 页。

18. 阿伦·鲍曼（编辑），《剑桥古代史》，第十一卷：《帝国盛期》（剑桥大学出版社，2000 年），第 309 页。

19. 塔西佗，《历史》，第 1 卷，第 79 章。

20. 同上书，第 3 卷，第 5 章。

21. 约瑟夫斯，《战争》，第 7 卷，第 4 章，第 3 节。

22. 阿伦·鲍曼（编辑），《剑桥古代史》，第十二卷：《帝国危机》（剑桥大学出版社，2005 年），第 111 页。

23. 《拉丁铭文集成》，第 3 卷，第 1457 条。《拉丁铭文集成》，第 6 卷，第 41142 条（马尔库斯·克劳迪乌斯·弗朗特）。

第十一章 帕提亚帝国

1. 阿庇安，《叙利亚战争》，第16—20页。

2. 司马迁，《史记》，卷一百二十三。

3. 普鲁塔克，《苏拉》，第5页。

4. 同上。

5. 普鲁塔克，《庞培》，第33页。

6. 同上。

7. 同上书，第45页。

8. 西塞罗，《反对皮索》，第48—49页。普鲁塔克，《安东尼》，第3章，第2节。

9. 桑普森，《罗马战败：克拉苏，卡莱和入侵东方》(2008年)。

10. 普鲁塔克，《克拉苏》，第16页。

11. 普鲁塔克，《泰尔穆斯》，第28页。

12. 普鲁塔克，《克拉苏》，第18页。

13. 同上书，第16页。

14. 同上书，第17页。

15. 同上书，第19页。

16. 阿庇安，《内战史》，第2卷，第18节。

17. 普鲁塔克，《克拉苏》，第20页。

18. 同上书，第17页。

19. 同上书，第18页。

20. 奥罗修斯，《历史》，第6卷，第13章。

21. 普鲁塔克，《克拉苏》，第22页。

22. 同上书，第21页；"马吉安钢铁闪闪发光、锋利而炫目"，第24页；"帕提亚人刺入马种的长矛是钢制长矛，很重"，第27页。

23. 同上书，第21页；"马蹄铁由青铜和钢制成"，第24页；"生皮和钢制成的胸甲"，第25页。

24. 同上书，第21—22页。

25. 同上书，第23页。

26. 同上。

27. 同上书，第24页。

28. 同上。

29. 同上。

30. 同上书，第25页。

31. 司马迁，《史记》，卷一百零九。

32. 普鲁塔克,《克拉苏》,第 25 页。

33. 同上。

34. 同上。

35. 同上书,第 26 页。

36. 同上书,第 25 页。

37. 同上书,第 26—27 页。

38. 司马迁,《史记》,卷一百零九。

39. 普鲁塔克,《克拉苏》,第 27 —30 页。

40. 同上书,第 31 页。

41. 同上书,第 32 页。

42. 司马迁,《史记》,卷一百二十三。

第十二章 帕提亚与罗马

1. 普鲁塔克,《恺撒》,第 58 页。

2. 普鲁塔克,《安东尼》,第 39 页。

3. 同上。

4. 同上。

5. 同上书,第 40 页。

6. 同上书,第 46 页。

7. 同上书,第 46—47 页。

8. 同上书,第 47 页。

9. 同上书,第 48 页。

10. 同上书,第 49 页。

11. 同上书,第 50 页。

12. 谢尔登,《罗马在帕提亚的战争》(2010 年),第 66—73 页。

13. 阿庇安,《内战史》,第 2 卷,第 110 节。

14. 普鲁塔克,《安东尼》,第 58 页。

15. 阿基里斯·塔提乌斯,《琉基佩和克勒托丰》,第 2 卷,第 3 章。

16. 塞涅卡,《论愤怒》,第 3 卷,第 40 节。

17. 塔西佗,《历史》,第 1 卷,第 20 章。

18. 附录四。

第十三章 罗马入侵帕提亚的计划

1. 苏埃托尼乌斯,《奥古斯都》,第 21 页。

2. 米拉,《商队城市》(1998 年),第 120 页。

3. 伊西多尔,《帕提亚驿程志》,第 1 页。

4. 同上。

5. 普鲁塔克,《克拉苏》,第 17 页。

6. 伊西多尔,《帕提亚驿程志》,第 6 页。

7. 同上书,第 3 页。

8. 同上书,第 6 页。

9. 同上书,第 7 页。

10. 唐纳德·恩格斯,《亚历山大大帝与马其顿军队的后勤》(加州大学出版社,1978 年),第 157 页。

11. 伊西多尔,《帕提亚驿程志》,第 8—10 页。

12. 同上书,第 11 页。

13. 同上书,第 12 页。

14. M. 布罗修斯,《波斯人》(劳特利奇出版社,2006 年),第 118—119 页。

15. 伊西多尔,《帕提亚驿程志》,第 13—14 页。

16. 同上书,第 16—17 页。

17. 同上书,第 18—19 页。

18. 同上书,第 19 页。

19. 苏埃托尼乌斯,《奥古斯都》,第 21 页。

20. 克泰夏斯,《残篇》,第 1 卷,第 7 章(公元前 530 年)。

21. 奥古斯都,《奥古斯都功德碑》,第 31 段。

22. 同上书,第 29 段。

23. 同上。

24. 奥维德,《岁时纪》,第 5 卷,第 580—594 行。

25. 苏埃托尼乌斯,《屋大维》,第 21 页。

26. 苏埃托尼乌斯,《奥古斯都》,第 29 页。

27. 奥维德,《爱的艺术》,第 1 卷,第 6 页。

28. 同上。

29. 同上。

30. 同上。

31. 约瑟夫斯,《犹太古事记》,第 18 卷,第 2 章,第 4 节。

32. 同上。

33. 同上。塔西佗,《编年史》,第2卷,第2—3章。

34. 塔西佗,《编年史》,第2卷,第3章。

第十四章 通向中国的罗马大道

1. 托勒密,《地理学》,第1卷,第14章。

2. 同上书,第7卷,第3章;第7卷,第5章;第7卷,第7章;第8卷,第1章。伯格伦、琼斯,《托勒密的地理学》(2000年),第22页。

3. 班固,《后汉书》,卷八十八。

4. 普罗柯比,《秘史》,第25章。

5. 托勒密,《地理学》,第1卷。

6. 同上书,第1卷,第11章。

7. 苏埃托尼乌斯,《屋大维》,第21页。

8. 托勒密,《地理学》,第1卷,第11章。

9. 同上。

10. 莱斯利、加德纳,《汉文史料中的罗马帝国》(1996年),第148页。

11. 谢尔登,《罗马在帕提亚的战争》(2010年),第155—157页。

12. 塔西佗,《编年史》,第14卷,第25章。

13. 范晔,《后汉书》,卷八十八。

14. 莱斯利、加德纳,《汉文史料中的罗马帝国》(1996年),第137页,第153页。

15. 李约瑟,《中国科学技术史》:第四卷(1971年),第3—38页。

16. 夏德,《中国与罗马东边地》(1885年),第173—178页。

17. 盖伦,《欧拉全集》,第19卷,第17—18章。

18. 《拉丁铭文集成》,第3卷,第5567条。

19. 范晔,《后汉书》,卷六十五。

20. 莱斯利、加德纳,《汉文史料中的罗马帝国》(1996年),第100—101页。

21. 姚思廉,《梁书》,卷四十八。

22. 李小兵,《中国参战:一部百科全书》(2012年),第454—455页。

23. 姚思廉,《梁书》,卷四十八。

结论: 中国和罗马之间的丝绸之路和经济

1. 班固,《汉书》,卷二十八。《剑桥中国史》,第一卷:《剑桥中国秦汉史》(1986年),第596页。

2. 鲁惟一，《汉代的统治阶层》（荷兰博睿学术出版社，2004 年），第 60 页。

3. 沙伊德尔，《汉朝和罗马帝国的国家收入和支出》（2012 年），第 3 页。

4. 许倬云、杰克·杜尔，《汉代农业》（华盛顿大学出版社，1980 年），第 76—77 页。

5. 沙伊德尔，《汉朝和罗马帝国的国家收入和支出》（2012 年），第 5 页。

6. 张春树，《中华帝国的兴起》（密歇根大学出版社，2007 年），第 78 页。

7. 鲁惟一，《汉代的统治阶层》（荷兰博睿学术出版社，2004 年），第 284—286 页。

8. 张春树，《中华帝国的兴起》（密歇根大学出版社，2007 年），第 82—85 页。

9. 鲁惟一，《汉代的统治阶层》（荷兰博睿学术出版社，2004 年），第 60 页。

10. 附录 D。

11. 鲁惟一，《汉代的统治阶层》（荷兰博睿学术出版社，2004 年），第 60 页。

12. 苏埃托尼乌斯，《尤利乌斯·恺撒》，第 25 页（"高卢三大势力"组成了 5 个行省）。

13. 苏埃托尼乌斯，《卡利古拉》，第 16 页。

14. 阿伦·鲍曼（编辑），《剑桥古代史》，第十一卷：《帝国盛期》（剑桥大学出版社，2000 年），第 738 页。

15. 阿庇安，《叙利亚战争》，第 50 页。

16. 塔西佗，《阿古利可拉传》，第 19 章。约瑟夫斯，《人生》，第 13 节。

17. 《法学汇编》（罗马法），第 50 卷，第 15 章，第 3 节；第 50 卷，第 8 章，第 7 节。

18. 奥古斯都，《奥古斯都功德碑》，第 15 段。G. 奥尔德雷特、D. 马丁利，《为罗马城提供补给》（密歇根大学出版社，1999 年），第 178 页。

19. 霍普金斯，《模型、船只和大宗货物》（剑桥大学出版社，1983 年），第 86 页。

20. 约瑟夫斯，《犹太战争史》，第 2 卷，第 16 章，第 4 节。

21. 阿伦·鲍曼（编辑），《剑桥古代史》，第十二卷：《帝国危机》（剑桥大学出版社，2005 年），第 37—55 页。

22. 赫维格·沃尔弗拉姆，《哥特史》（加州大学出版社，1979 年），第 59—63 页。

23. 普鲁塔克，《庞培》，第 45 页。

24. 苏埃托尼乌斯，《尤利乌斯·恺撒》，第 25 页。

25. 菲洛斯特拉托斯，《智者的生活》，第 548 页。

26. 附录四。

27. 瑞恩·麦克劳克林，《罗马帝国与丝绸之路二：埃及、佩特拉和巴尔米拉的古代经济和国土》（即将出版）。

28. 格兰特·哈代、司马安，《汉帝国和中国帝国的建立》（格林伍德出版社，2005 年），第 43 页。

29. 奥古斯都，《奥古斯都功德碑》，第 8 段。

30. 基思·霍普金斯，《死亡与复兴》（剑桥大学出版社，1985 年），第 186 页。

31. 理查德·邓肯－琼斯，《古罗马帝国的货币和政府》（剑桥大学出版社，1994年），第33—45页。

32. 附录一。

33. 鲁惟一，《秦汉帝国的官僚体制》（2006年），第63页。

34. 标准队列：480名士兵。阿伦·鲍曼（编辑），《剑桥古代史》，第十卷：《奥古斯都的帝国》（剑桥大学出版社，1996年），第385页。比较数据：沙伊德尔，《汉朝和罗马帝国的国家收入和支出》（2012年），第23页。

35. 鲁惟一，《汉代的行政记录》（劳特利奇出版社，1967年），第90—91页。

36. 约翰·里杜斯，《论月份》，第1卷，第27章。

37. 陆威仪，《早期中华帝国》（哈佛大学出版社，2007年），第132页。

38. 吉德炜，《中国文明的起源》（加州大学出版社，1983年），第447页。

39. 丹尼，《中亚文明史》：第3卷（1999年），第169页。

40. 迈克尔·马斯（编辑），《剑桥阿提拉时代指南》（2014年），第173—192页。

41. 克劳狄安，《反对鲁菲努斯》，第1卷，第325行。

42. 普罗柯比，《秘史》，第7章。

43. 圣希多尼乌斯，《阿维图斯颂》，第262—266页。

44. 同上书，第289—292页。

45. 西蒙·麦克唐尔，《卡塔隆平原451罗马最后一次大战》（鱼鹰出版社，2015年），第6页。

46. 圣希多尼乌斯，《阿维图斯颂》，第253—255页。

47. 西蒙·麦克唐尔，《阿德里安堡378哥特人击败罗马》（鱼鹰出版社，2001年）。

48. 克劳狄安，《哥特战争》，第536行。

49. 哲罗姆，《书信集》，第77章，第8封。

50. 同上书，第60章，第17封。

51. R.布罗克利，《晚期罗马帝国古典历史学家残篇：尤纳皮乌斯、奥林匹奥多路斯、普里斯库斯和马尔库斯》，第2卷（1983年），第315页。

52.《452年编年史》，第447条。

53. 都尔的额我略，《法兰克民族史》，第2卷，第7章。

54. 西蒙·麦克唐尔，《卡塔隆平原451罗马最后一次大战》（鱼鹰出版社，2015年）。

附录一：经济数据

1. 剑桥学术：理查德·邓肯－琼斯，《古罗马帝国的货币和政府》（剑桥大学出版社，1994年），第33—45页。霍普金斯，《罗马、税收、租金与贸易》（2002年），第200页。

2. 战争成本：12 年内（公元 107 年—公元 118 年），耗费了 240 亿钱。范晔，《后汉书》，卷一百一十七。

3. 普罗柯比，《秘史》，第 25 章。价格：8 金苏勒德斯（36 克金）每磅 = 5 奥里斯（公元 1 世纪的价格）。

4. 戴克里先，《最高价格法》，第 22 页（公元 301 年）。价格：1.2 万贬值的银币（1 天的劳动薪酬为 25—50 贬值的银币，按照公元 1 世纪的兑换率，这些银币价值 4 塞斯特斯）。

5. 戴克里先，《最高价格法》，第 22 页。价格：15 万贬值的银币。

附录二：经济比较

1. 苏埃托尼乌斯，《卡利古拉》，第 16 页（20 多年的税收额达 1 亿塞斯特斯）。

2. 霍普金斯，《模型、船只和大宗货物》（剑桥大学出版社，1983 年），第 86 页。

3. 约瑟夫斯，《犹太战争史》，第 2 卷，第 16 章，第 4 节。

附录三：汉朝经济

1. 鲁惟一，《汉代的统治阶层》（荷兰博睿学术出版社，2004 年），第 77—78 页。

2. 同上书，第 60 页。

3. 假设汉朝向乌桓支付的金额与其向南匈奴支付的金额一样。

4. 假设汉朝向羌族支付的金额与其向鲜卑支付的金额一样。

附录四：罗马的收入

1. 普鲁塔克，《庞培》，第 45 页。

2. 苏埃托尼乌斯，《尤利乌斯·恺撒》，第 25 页。

3. 约瑟夫斯，《犹太战争史》，第 2 卷，第 16 章，第 4 节。《犹太古事记》，第 19 卷，第 8 章，第 2 节。

附录五：军事实力

1. 沙伊德尔，《汉朝和罗马帝国的国家收入和支出》（2012 年），第 23 页。

2. 鲁惟一，《汉代的统治阶层》（荷兰博睿学术出版社，2004 年），第 63 页。

3. 约瑟夫斯，《犹太战争史》，第 3 卷，第 6 章，第 2 节。

4. 塔西佗，《编年史》，第 4 卷，第 5 章。

5. 约瑟夫斯，《犹太战争史》，第 2 卷，第 16 章，第 3 节。塔西佗，《编年史》，第 12 卷，第 15 章。

6. 普鲁塔克,《克拉苏》, 第 20 页。

7. 同上书, 第 21 页。

8. 同上书, 第 31 页。

9. 普鲁塔克,《安东尼》, 第 37—38 页。

10. 同上书, 第 39 页。

11. 同上书, 第 50—51 页。

12. 普鲁塔克,《克拉苏》, 第 19 页。

13. 普鲁塔克,《庞培》, 第 34 页。

14. 阿里安,《亚历山大远征记》, 第 6 卷, 第 2 章, 第 2 节。

15. 克泰夏斯,《残篇》, 第 1 卷, 第 7 章 (公元前 530 年, 塞种人为波斯国王居鲁士而战)。

16. 琉善,《托克萨里斯》, 第 39 节。

17. 司马迁,《史记》, 卷一百二十三。

18. 塔西佗,《历史》, 第 1 卷, 第 79 章。

19. 约翰·吕杜斯,《论月份》, 第 1 卷, 第 27 章。

20. 勒内·格鲁塞,《草原帝国》(罗格斯大学出版社, 1970 年), 第 56 页。

21. 林德纳,《古今游牧民族、马匹和匈人》,(1981 年), 第 3—19 页 (根据草地容积, 以及每
    名骑手配 10 匹马来算, 骑兵的数量预计为 1.5 万名)。

22. 小奥林匹奥多罗斯,《残篇》, 第 9 页。

参考文献

1.莱斯莉·阿德金斯、罗伊·阿德金斯,《古代罗马社会生活》(牛津大学出版社,1994 年)。

2.戴维·波特尔(编辑),《罗马帝国的生、死和娱乐》一书中,G.奥尔德雷特和 D.马丁利发表的《为罗马城提供补给》(密歇根大学出版社,1999 年),第 171—204 页。

3.雷蒙德·阿彻,《早期历史中南亚的考古》(剑桥大学出版社,1995 年)。

4.沃威克·鲍尔,《罗马在东方》(劳特利奇出版社,2001 年)。

5.伊丽莎白·巴伯,《史前纺织业》(普林斯顿大学出版社,1991 年)。

6.伊丽莎白·巴伯,《乌鲁木齐的木乃伊》(诺顿出版社,2000 年)。

7.朱利安·贝纳特,《图拉真》(劳特利奇出版社,2003 年)。

8.L.伯格伦、A.琼斯,《托勒密的地理学》(2000 年)。

9.R.布罗克利,《晚期罗马帝国古典历史学家残篇:尤纳皮乌斯、奥林匹奥多路斯、普里斯库斯和马尔库斯》,第 2 卷(1983 年)。

10.阿伦·鲍曼(编辑),《剑桥古代史》,第十一卷:《帝国盛期》(剑桥大学出版社,2000 年)。

11.阿伦·鲍曼(编辑),《剑桥古代史》,第十卷:《奥古斯都的帝国》(剑桥大学出版社,1996 年)。

12.阿伦·鲍曼(编辑),《剑桥古代史》,第十二卷:《帝国危机》(剑桥大学出版社,2005 年)。

13.M.布罗修斯,《波斯人》(劳特利奇出版社,2006 年)。

14.理查德·布热津斯基、M.米尔彻扎克,《萨尔马提亚人》(鱼鹰出版社,2003 年)。

15.格伦·布夫,《剑桥希腊化世界指南》(剑桥大学出版社,2006 年)。

16.布赖恩·坎贝尔,《罗马军队》(劳特利奇出版社,1994 年)。

17.张春树,《中华帝国的兴起》(密歇根大学出版社,2007 年)。

18.L.克莱兰,《希腊和罗马服饰大全》(劳特利奇出版社,2007 年)。

19.格策尔·科昂,《希腊在东方的定居点:从亚美尼亚和美索不达米亚到巴克特里亚和印度》(加州大学出版社,2013 年)。

20.罗斯·考恩,《罗马军团战术》(鱼鹰出版社,2007 年)。

21.雷蒙·道森,《史记·秦始皇本纪》选译本(牛津大学出版社,1994 年)。

22.狄宇宙,《古代中国与其强邻》(剑桥大学出版社,2002 年)。

23. 狄雅可诺夫、里夫施茨，《尼萨出土的帕提亚语经济文书》（隆德汉弗莱斯出版社，1976 年）。

24. 史蒂文·德拉蒙德和林恩·纳尔逊，《罗马帝国的西部边界》（劳特利奇出版社，1994 年）。

25. 德效骞，《古代中国的一座罗马城》（中国社会出版社，1957 年）。

26. 理查德·邓肯 – 琼斯，《古罗马帝国的货币和政府》（剑桥大学出版社，1994 年）。

27. 休·埃尔顿，《罗马帝国边界》（劳特利奇出版社，1996 年）。

28. 唐纳德·恩格斯，《亚历山大大帝与马其顿军队的后勤》（加州大学出版社，1978 年）。

29. 尼尔·福克纳，《罗马：雄鹰帝国》（劳特利奇出版社，2013 年）。

30. 迈克尔·法齐奥、玛丽安·莫菲特，《世界建筑史》（劳伦斯·金出版公司，2003 年）。

31. T. 弗兰克，《罗马经济史》（约翰霍普金斯大学出版社，1959 年）。

32. 布鲁斯·弗埃尔，《剑桥古代史·人口》，第十一卷：《帝国盛期》（剑桥大学出版社，1996 年），
第 811—816 页。

33. 格雷巴，《罗马时代及之前的纺织品制作》（2013 年）。

34. 《阿拉伯叙利亚考古年鉴》第 42 期中，D. 格拉夫发表的《中国人眼中的东罗马》（1996 年），
第 199—216 页。

35. 约翰·葛人杰，《罗马、帕提亚和印度》（剑与笔出版社，2013 年）。

36. 彼得·格林，《阿尔戈英雄纪》（加州大学出版社，1997 年）。

37. 凯文·格林，《罗马经济考古学》（加州大学出版社，1983 年）。

38. 勒内·格鲁塞，《草原帝国》（罗格斯大学出版社，1970 年）。

39. 芮乐伟·韩森，《丝绸之路新史》（牛津大学出版社，2012 年）。

40. 格兰特·哈代、司马安，《汉帝国和中国帝国的建立》（格林伍德出版社，2005 年）。

41. 肯尼斯·哈尔，《罗马经济中的货币制度》（约翰·霍普金斯大学出版社，1996 年）。

42. 厄得坎普，《罗马军队指南》一书中，彼得·赫兹发表的《罗马军队的财政和成本》（约翰
威立国际出版公司，2010 年），第 306—322 页。

43. 希尔，《魏略·西戎传》（即将出版）。

44. 夏德，《中国与罗马东边地》（凯辛格出版公司，1885 年）。

45. 弗兰克·霍尔特，《亚历山大大帝与巴克特里亚》（荷兰博睿学术出版社，1989 年）。

46. 弗兰克·霍尔特，《走进骸骨之地》（加州大学出版社，2012 年）。

47. 彼得·加恩西（编辑），《古代贸易和饥荒》一书中，霍普金斯发表的《模型、船只和大宗
货物》（剑桥哲学学会，1983 年），第 84—109 页。

48. 沃尔特·沙伊德尔（编辑），《古代经济》一书中，基思·霍普金斯发表的《罗马、税收、
租金与贸易》（爱丁堡大学出版社，2000 年），第 190—232 页。

49. 基思·霍普金斯，《死亡与复兴》（剑桥大学出版社，1985 年）。

50. 彼得·加恩西，《古代贸易和饥荒》一书中，霍普金斯发表的《模型、船只和大宗货物》（剑

桥大学出版社，1983 年）。

51. 安杰拉·福尔科·霍华德，《中国雕塑》（耶鲁大学出版社，2006 年）。

52. 何四维，《中国在中亚》（布里尔出版社，1979 年）。

53. 本杰明·艾萨克，《古典时期种族主义的诞生》（普林斯顿大学出版社，2004 年）。

54. 吉德炜，《中国文明的起源》（加州大学出版社，1983 年）。

55. 陆威仪，《早期中华帝国》（哈佛大学出版社，2007 年）。

56. 简·波特尔（编辑），《秦始皇》一书中，J. 林发表的《阴间的装甲部队》（大英博物馆出版社，2007 年）。

57. 刘欣如，《欧亚地区的联系》（麦格劳 – 希尔教育出版公司，2007 年）

58. 刘欣如，《丝绸与宗教》（牛津大学出版社，1996 年）

59. 刘欣如，《世界历史上的丝绸之路》（牛津大学出版社，2010 年）。

60. 弗兰克·克尔曼，《中国人的战争方式》一书中，鲁惟一发表的《汉武帝时期的战役》（哈佛大学出版社，1974 年）。

61. 鲁惟一，《汉代的统治阶层》（荷兰博睿学术出版社，2004 年）。

62. 鲁惟一，《汉代的行政记录》（劳特利奇出版社，1967 年）。

63. 勒特韦克，《拜占庭帝国的大战略》（贝尔纳普出版社，2011 年）。

64. 迈克尔·马斯（编辑），《剑桥阿提拉时代指南》（2014 年）。

65. 西蒙·麦克唐纳尔，《阿德里安堡 378 哥特人击败罗马》（鱼鹰出版社，2001 年）。

66. 西蒙·麦克唐纳尔，《卡塔隆平原 451 罗马最后一次大战》（鱼鹰出版社，2015 年）。

67. 约翰·曼，《兵马俑：中国第一位皇帝和国家的诞生》（班坦图书公司，2010 年）。

68. 詹姆斯·瓦特，《走向盛唐》一书中，马尔沙克发表的《中国发现的中亚金属制品》（耶鲁大学出版社，2004 年），第 47—55 页。

69. 《亚洲史杂志》第 45 卷，第 1 篇，克里斯托弗·马修发表的《古代中国包围战中的希腊装甲步兵》（2011 年），第 17—37 页。

70. 艾曼鲁尔·梅尔，《古老的中产阶级》（哈佛大学出版社，2012 年）。

71. 瑞恩·麦克劳克林，《罗马和远东：通向阿拉伯、印度和中国古代土地的贸易路线》（布鲁姆斯伯里出版公司，2010 年）。

72. 瑞恩·麦克劳克林，《罗马帝国和印度洋：古代经济与非洲、阿拉伯和印度的王国》（剑与笔出版社，2014 年）。

73. 瑞恩·麦克劳克林，《罗马帝国和绿洲诸王国：古代世界经济和通向埃及、叙利亚、阿拉伯、佩特拉、巴尔米拉和波斯的商队路线》（即将出版）。

74. 迈克尔·缪伦，《欧亚互市与传奇故事》（芝加哥大学出版社，2014 年）。

75. 那原道，《约翰威立中国宗教指南》（约翰威立国际出版公司，2012 年）。

76. 李约瑟、罗宾·耶茨，《中国科学技术史》，第五卷（剑桥大学出版社，2004 年）。

77. 李约瑟，《中国科学技术史》，第四卷（剑桥大学出版社，1971 年）。

78. 简·波特尔，《秦始皇》一书中，尼克尔发表的《秦兵马俑》（大英博物馆出版社，2007 年）。

79. 帕特里克·纳恩，《太平洋最近一千年的气候、环境和社会》（爱思唯尔出版社，2007 年）。

80. 克里斯·皮尔斯，《中华帝国军队》（鱼鹰出版社，1995 年）。

81. 简·波特尔（编辑），《秦始皇》（大英博物馆出版社，2007 年）。

82. 约翰·罗斯菲尔德，《贵霜王朝艺术》（加州大学出版社，1967 年）。

83. 菲利普·沙宾（编辑），《剑桥希腊和罗马战争史》，卷二（2007 年）。

84. 沙伊德尔，《汉朝和罗马帝国的国家收入和支出》（2012 年）。

85. 塞贝斯塔、邦凡特，《罗马世界的服饰》（威斯康星大学出版社，2001 年）。

86. 丹尼斯·塞诺（编辑），《剑桥早期内亚史》，第 1 卷（1990 年）。

87. 威廉·塔恩，《巴克特里亚和印度的希腊人》（剑桥大学出版社，1938 年）。

88. 安娜·特罗菲莫瓦，《黑海地区的希腊人》（保罗·盖蒂博物馆，2007 年）。

89. 史蒂芬·特恩布尔，《中国长城》（鱼鹰出版社，2012 年）。

90. 丹尼斯·崔瑞德（编辑），《剑桥中国史》，第一卷：《剑桥中国秦汉史》（剑桥大学出版社，1986 年）。

91. 丹尼斯·崔瑞德（编辑），《剑桥中国秦汉史》（1996 年）。

92. 魏义天，《粟特商人史》（荷兰博睿学术出版社，2005 年）。

93. 汪海岚，《丝绸之路上的货币》（大英博物馆出版社，2004 年）。

94. 埃里克·沃明顿，《罗马帝国和印度的商业》（剑桥大学出版社，1928 年）。

95. 伯顿·华滋生，《史记》英文版，第 2 卷（哥伦比亚大学出版社，1961 年）。

96. 约安·阿鲁兹（编辑），《阿富汗：丝绸之路沿途的锻造文明》一书中，大卫·怀特豪斯发表的《来自贝格拉姆城的玻璃》（大都会艺术博物馆，2012 年），第 54—64 页。

97. 苏珊·惠特菲尔德，《丝绸之路》（加州大学出版社，2004 年）。

98. 赫维格·沃尔弗拉姆，《哥特史》（加州大学出版社，1979 年）。

99. 吴芳思，《丝绸之路》（加州大学出版社，2002 年）。

100. 彼得·鲁尔基，《中国历史中的战争论》一书中，吴淑惠发表的《辩论与决策：阿尔泰山之战》（2013 年），第 41—78 页。

101. 许倬云、杰克·杜尔，《汉代农业》（华盛顿大学出版社，1980 年）。

102. 余英时，《汉代贸易与扩张》（加州大学出版社，1967 年）。

103. 罗哲文，《中国历代皇帝陵墓》（外文出版社，1993 年）。

104. 许理和，《佛教征服中国》（荷兰博睿学术出版社，1959 年）。

致谢

　　我曾就读于贝尔法斯特的拉甘学院。这是北爱尔兰地区的首个跨区域综合学院，其创立宗旨是：摒除种族、宗教和社会阶层的分歧，为所有文化和经济背景的年轻人提供教育。

　　我在贝尔法斯特完成了考古学和古代历史专业的本科学位课程。北爱尔兰教育与学习部曾为我的博士研究早期阶段（2002 年至 2005 年）提供经费资助。后来，在没有进一步资金支持的情况下，我利用业余的时间和有限的收入继续这项研究。2010 年，我编写完成《罗马与遥远的东方》专题论文。2014 年，笔与剑出版社（Pen & Sword Press）出版了我编写的《罗马帝国与印度洋》。

　　由于没有显赫的学术地位和固定的收入，我吃了不少苦头才出版了一系列研究论文。另外，如果没有父母的慷慨支持，我是不可能做到这一点的。因此，我谨以这本书献给我亲爱的家人：我的父母、我的兄弟里昂（Leon）和我的妹妹雷莉娜（Thayna）。

拉乌尔·麦克劳克林
贝尔法斯特
2015 年 12 月

历史年代表

早王朝时期

公元前 550 年—公元前 330 年：波斯阿契美尼德王朝统治西亚。

公元前 334 年—公元前 323 年：马其顿王国的亚历山大征服波斯帝国和印度河流域的各个王国。

公元前 323 年—公元前 303 年：马其顿王国分裂成相互敌对的几个希腊化帝国。

公元前 250 年：希腊指挥官在巴克特里亚宣布独立，建立巴克特里亚王国。

公元前 238 年：一位名为阿尔沙克的草原部落酋长建立帕提亚帝国（伊朗）。

公元前 230 年—公元前 221 年：秦国打败六国。

公元前 221 年：秦朝统一中国。秦始皇成为中国历史上的第一位皇帝。

公元前 210 年：秦始皇驾崩。

公元前 209 年：单于冒顿建立匈奴帝国。

公元前 209 年：塞琉古国王安条克三世攻打巴克特里亚王国。

公元前 206 年：刘邦受封汉王。

公元前 202 年：刘邦成为中国西汉王朝的开国皇帝。

公元前 200 年：中国无法击败匈奴，同意议和。

公元前二世纪

公元前 192 年—公元前 188 年：罗马军队击败塞琉古国王安条克三世。

公元前 180 年：巴克特里亚王国的国王德米特里一世开始征服印度河流域的各个王国。

公元前 176 年—公元前 174 年: 月氏族被匈奴驱逐出自己的家园。

公元前 155 年: 月氏占领河中地区, 原居此地的塞种人被迫西迁。

公元前 150 年: 帕提亚人重创希腊—巴克特里亚王国。

公元前 148 年—公元前 138 年: 帕提亚人从塞琉古国进军, 征服伊朗和伊拉克。

公元前 145 年: 希腊—巴克特里亚王国被塞种人占领。

公元前 141 年: 汉武帝登上帝位。

公元前 139 年—公元前 124 年: 汉朝派遣张骞出使中亚。

公元前 133 年: 中国开始重新攻打匈奴。

公元前 123 年: 中国打败匈奴, 控制河西走廊, 版图扩至塔里木盆地。

公元前 124 年: 月氏打败帕提亚军队。

公元前 120 年: 月氏从河中地区迁至巴克特里亚。

公元前 120 年—公元前 63 年: 本都王国的国王米特里达梯四世统治小亚细亚。

公元前 118 年: 希腊船只开始往返埃及与印度之间。

公元前 104 年—公元前 101 年: 中国军队攻打费尔干纳 (大宛), 以获得优良的马匹。

公元前 100 年: 中国控制整个塔里木地区。

公元前 100 年: 帕提亚帝国向中国派遣特使。

公元前一世纪

公元前 66 年—公元前 63 年: 庞培带领罗马统治小亚细亚和叙利亚。

公元前 60 年—公元前 51 年: 匈奴因内战分裂, 部分依附中国。

公元前 53 年: 帕提亚人消灭了一支由克拉苏领导的罗马军队。

公元前 50 年: 塞种人在印度河上游地区建立政权。

公元前 50 年: 萨尔马提亚人入侵并占领庞塔斯草原。

公元前 36 年: 马克·安东尼率军攻打帕提亚, 但以失败告终。

公元前 36 年: 中国领导的塔里木军队在巴尔喀什湖附近打败郅支单于。

公元前 31 年: 罗马将军屋大维击败了马克·安东尼并吞并埃及。

公元前 27 年: 屋大维成为罗马帝国的第一位皇帝。

公元前 20 年: 罗马和帕提亚签订政治协议, 确保两国之间的和平。

公元前 10 年: 帕提亚从塞迦进军, 征服印度河流域。

公元前 1 年: 罗马和帕提亚签订新的和平协议。

公元一世纪

公元 9 年—公元 23 年: 王莽篡位, 放弃塔里木地区。

公元 25 年: 汉朝复辟, 定都洛阳。

公元 35 年: 高加索王国雇用萨尔马提亚弓骑兵来攻打亚美尼亚。

公元 44 年: 希腊哲学家阿波罗尼乌斯访问印度西北部。

公元 49 年: 切索尼斯王国和罗马—奄蔡联盟内部出现反抗。

公元 50 年:《厄立特里亚海航行记》记录了罗马到印度的航程。

公元 50 年: 丘就却·迦德菲塞斯统一月氏, 建立贵霜帝国。

公元 55 年: 丘就却·迦德菲塞斯率军攻打帕提亚帝国。

公元 60 年: 埃阿热格人 (Iazyges) 占领匈牙利平原, 迫使难民横渡多瑙河。

公元 69 年: 罗克索拉尼人横渡多瑙河下游, 突袭罗马边境。

公元 75 年: 奄蔡突袭亚美尼亚并攻打帕提亚。

公元 74 年—公元 79 年: 班超将军重新建立汉朝在塔里木地区的统治地位。

公元 80 年—公元 102 年: 维马·塔克图征服印度河流域和印度北部。

公元 87 年: 帕提亚帝国向中国派遣特使。

公元 89 年: 汉朝击败北匈奴。

公元 90 年: 贵霜军队在塔里木西部地区袭击汉朝军队。

公元 92 年: 埃阿热格人突袭罗马边境, 消灭了罗马的一个军团。

公元 97 年: 汉朝派遣甘英出使罗马帝国。

公元二世纪

公元 101 年：叙利亚商人梅斯·提提阿努斯（Maes Titianus）派其代理人到汉朝。

公元 105 年—公元 106 年：图拉真率军征服达契亚王国。

公元 106 年：印度与贵霜帝国派遣使者参加图拉真在罗马举行的庆功活动。

公元 114 年—公元 116 年：图拉真率军入侵帕提亚帝国。

公元 127 年：帕提亚帝国与贵霜帝国开战。

公元 132 年—公元 137 年：阿里安成为卡帕多细亚的罗马总督。

公元 161 年：马可·奥勒留·安东尼成为罗马皇帝。

公元 161 年—公元 166 年：帕提亚帝国与罗马帝国开战。

公元 162 年：瘟疫导致三分之一的汉朝边防军折损。

公元 165 年：巴比伦尼亚暴发瘟疫。

公元 166 年：罗马安东尼皇帝派出的使臣从海上绕过马来西亚，到达汉朝境内。

公元 169 年：入侵的埃阿热格人打败了一支罗马军队。

公元 173 年—公元 175 年：罗马军队击败埃阿热格人，双方缔结和平条约。

公元 184 年—公元 205 年：黄巾起义动摇汉朝统治。

公元 192 年—公元 197 年：罗马帝国发生内战。

公元 214 年—公元 218 年：印度／贵霜帝国的僧人到达罗马的叙利亚。

公元 220 年：汉朝灭亡，中国分裂成 3 个国家。

公元 220 年—公元 280 年：中国进入三国时代。

公元 226 年：罗马商人秦论通过海路到达中国。

公元 235 年—公元 284 年：罗马帝国进入战争和严重的政治动荡时期。

公元 230 年—公元 276 年：日耳曼哥特人定居庞塔斯草原，并突袭黑海地区。

公元 255 年—公元 257 年：哥特人征服克里米亚的切索尼斯。

公元 304 年：中国进入五胡十六国时期，分裂为众多的国家。

近古时期

公元 311 年—公元 316 年: 南匈奴攻陷洛阳和长安, 俘虏了两个皇帝。

公元 311 年: 古粟特文信札的年代。

公元 351 年—公元 376 年: 前秦统一中国北方和周边草原。

公元 322 年—公元 336 年: 君士坦丁大帝征服哥特人和萨尔马提亚人。

公元 330 年: 君士坦丁堡 (拜占庭) 成为东罗马首都。

公元 356 年—公元 368 年: "滑国" 迁移到河中地区并攻击波斯领土。

公元 370 年: 匈奴横渡伏尔加河, 攻击庞塔斯草原上的哥特人和奄蔡人。

公元 376 年—公元 378 年: 手握武装的哥特难民定居罗马境内。

公元 370 年—公元 395 年: 匈奴与东欧大草原上战败的奄蔡人相互融合。

公元 399 年: 中国法显和尚前往印度带回佛经。

公元 395 年: 匈奴军队越过高加索山, 攻打罗马叙利亚。

公元 400 年: 匈奴占领匈牙利草原, 逼近罗马边境。

公元 405 年: 日耳曼和奄蔡的难民逃离匈奴, 突破莱茵河边境。

公元 409 年: 匈奴军队受雇对战哥特。

公元 410 年: 西哥特人洗劫罗马。

公元 425 年: 大批匈奴军队要求参加罗马王位继承战争。

公元 429 年: 日耳曼汪达尔人跨过西班牙南部, 征服非洲北部。

公元 434 年: 阿提拉统一西欧的匈奴领地。

公元 441 年—公元 443 年: 匈奴军队攻击和掠夺巴尔干。

公元 449 年: 罗马派遣普利斯库斯出使匈奴。

公元 451 年: 匈奴军队入侵高卢。

公元 452 年: 匈奴军队摧毁意大利北部。

公元 453 年: 匈奴王阿提拉去世, 匈奴帝国崩解。

公元 476 年: 日耳曼国王废黜了西罗马的最后一位皇帝。

中国古代史学家

公元前 145 年—公元前 86 年：中国学者司马迁（《史记》作者）的在世时间。

公元前 81 年：西汉朝廷关于国家专营垄断的辩论被整理成册，即《盐铁论》。

公元 3 年—公元 54 年：为《汉书》（公元前 210 年—公元 9 年）编纂奠定基础的西汉朝廷官员班彪的在世时间。

公元 32 年—公元 92 年：《汉书》编纂者班固（班彪之子）的在世时间。

公元 45 年—公元 116 年：修完《汉书》的班昭（班彪之女）的在世时间。

公元 239 年—公元 265 年：《魏略》（公元 220 年—公元 265 年）编纂者鱼豢的在世时间。

公元 398 年—公元 445 年：根据朝廷记录编纂《后汉书》（公元 25 年—公元 220 年）的中国历史学家范晔的在世时间。

贵霜王朝的翕侯

赫拉欧斯（公元 0 年—公元 30 年）："贵霜王朝的统治者。"

丘就却·迦德菲塞斯（公元 30 年—公元 80 年）：统一巴克特里亚的月氏；征服喀布尔河流域、斯瓦特、犍陀罗、塔克西拉、克什米尔、阿拉霍西亚。

维马·塔克图（公元 80 年—公元 102 年）：征服印度河流域和印度北部。

威玛·迦德菲塞斯（阎膏珍）（公元 102 年—公元 127 年）：王国扩张至恒河上游的城市。

迦腻色伽（公元 127 年—公元 151 年）：推动恒河流域的战争，对东部的帕提亚国王沃洛吉斯三世（公元 105 年—公元 147 年）开战。

胡维色伽（公元 151 年—公元 187 年）：贵霜铸币上雕刻的罗马和希腊—埃及的神明。